Igl

Anästhesietechnische- und Operationstechnische-Assistenten-Gesetz (ATA-OTA-G)

Anästhesietechnische- und Operationstechnische-Assistenten-Ausbildungs- und -Prüfungsverordnung (ATA-OTA-APrV)

Gesetzes- und Verordnungsbegründungen – Erläuterungen

Anästhesietechnische- und Operationstechnische-Assistenten-Gesetz (ATA-OTA-G) Anästhesietechnische- und Operations-technische-Assistenten-Ausbildungs- und -Prüfungsverordnung (ATA-OTA-APrV)

Gesetzes- und Verordnungsbegründungen – Erläuterungen

von

Prof. Dr. Gerhard Igl

2., ergänzte Auflage

medhochzwei

Bibliografische Information der Deutschen Nationalbibliothek

Die Deutsche Nationalbibliothek verzeichnet diese Publikation in der Deutschen Nationalbibliografie; detaillierte bibliografische Daten sind im Internet über http://dnb.d-nb.de abrufbar.

Bei der Herstellung des Werkes haben wir uns zukunftsbewusst für umweltverträgliche und wiederverwertbare Materialien entschieden.
Der Inhalt ist auf elementar chlorfreiem Papier gedruckt.

ISBN 978-3-98800-022-4

www.medhochzwei-verlag.de

Satz: Reemers Publishing Services GmbH, Krefeld
Druck: mediaprint solutions GmbH, Eggertstraße 28, 33100 Paderborn
Umschlaggestaltung: kreativmedia KONZEPTION & DESIGN, Hückelhoven
Titelbild: © Dmitry Kalinovsky/shutterstock.com # 229043905
A002

Vorwort

Das Gesetz über den Beruf der Anästhesietechnischen Assistentin und des Anästhesietechnischen Assistenten und über den Beruf der Operationstechnischen Assistentin und des Operationstechnischen Assistenten (Anästhesietechnische- und Operationstechnische-Assistenten-Gesetz – ATA-OTA-G) ist als Art. 1 des Gesetzes über die Ausbildung zur Anästhesietechnischen Assistentin und zum Anästhesietechnischen Assistenten und über die Ausbildung zur Operationstechnischen Assistentin und zum Operationstechnischen Assistenten vom 14.12.2019 (BGBl. I S. 2768) vom Bundestag beschlossen worden. Es ist – mit Ausnahme weniger Vorschriften – am 1.1.2022 in Kraft getreten.

Mit diesem Gesetz werden unter Berücksichtigung der Entwürfe des Bundesrates (BR-Drs. 357/19), der bestehenden Empfehlungen der Deutschen Krankenhausgesellschaft und der Regelungen der Länder Sachsen-Anhalt, Schleswig-Holstein und Thüringen die hierin abgebildeten Ausbildungsinhalte bundeseinheitlich zusammengeführt und weiterentwickelt. Damit werden die Berufsbilder der Anästhesietechnischen und Operationstechnischen Assistenz als Gesundheitsfachberuf anerkannt und die Zulassung zu den genannten Berufen geregelt (so die Gesetzesbegründung, BT-Drs. 19/13825, S. 48).

Die Ausbildungs- und Prüfungsverordnung über die Ausbildung zur Anästhesietechnischen Assistentin und zum Anästhesietechnischen Assistenten und über die Ausbildung zur Operationstechnischen Assistentin und zum Operationstechnischen Assistenten (Anästhesietechnische- und Operationstechnische-Assistenten-Ausbildungs- und Prüfungsverordnung – ATA-OTA-APrV) ist als Art. 1 der Ausbildungs- und Prüfungsverordnung über die Ausbildung zur Anästhesietechnischen Assistentin und zum Anästhesietechnischen Assistenten und über die Ausbildung zur Operationstechnischen Assistentin und zum Operationstechnischen Assistenten und zur Änderung der Ausbildungs- und Prüfungsverordnung für Notfallsanitäterinnen und Notfallsanitäter vom 4.11.2020 (BGBl. I S. 2295) vom Bundesministerium für Gesundheit im Benehmen mit dem Bundesministerium für Bildung und Forschung erlassen worden. Sie ist am 1.1.2022 in Kraft getreten.

Danach ist das ATA-OTA-G durch Art. 11 des Gesetzes zur Reform der technischen Assistenzberufe in der Medizin und zur Änderung weiterer Gesetze (MTA-Reform-Gesetz) vom 24.2.2021 (BGBl. I S. 274) geändert worden. Die geänderten Vorschriften sind am 1.1.2022 in Kraft getreten.

Dieser Stand der Gesetz- und Verordnungsgebung ist der 1. Auflage (2021) dieses Werkes zugrunde gelegen. Die jetzt vorliegende 2. Auflage ist wegen der Änderung und Einfügung zahlreicher Vorschriften notwendig geworden. Die 2. Auflage ist auf dem Stand der Gesetz- und Verordnungsgebung vom 1.10.2023. Weiter sind einige kleinere redaktionelle Berichtigungen vorgenommen worden.

Das ATA-OTA-G ist zuletzt durch Art. 8 des Gesetzes zur Umsetzung der Richtlinie (EU) 2019/1152 des Europäischen Parlaments und des Rates vom 20. Juni 2019 über transparente und vorhersehbare Arbeitsbedingungen in der Europäischen Union im Bereich des Zivilrechts und zur Übertragung von Aufgaben an die Sozialversicherung für Landwirtschaft, Forsten und Gartenbau vom 20.7.2022 (BGBl. I S. 1174) geringfügig durch Anfügung eines Absatzes 7 an § 26 geändert worden (in Kraft ab 1.8.2022). Umfangreichere Änderungen und Einfügungen hat hingegen die ATA-OTA-APrV durch Art. 3 der Verordnung zur Modernisierung der Prüfungsverfahren im Recht der Heilberufe (Heilberufe-Prüfungsrechtmodernisierungsverordnung) vom 7.6.2023 (BGBl. 2023 I Nr. 148) erfahren (in Kraft ab 1.10.2023).

Das vorliegende Werk enthält neben dem Abdruck des Gesetzes auch die Gesetzesbegründungen. Auf eigenständige Kommentierungen des ATA-OTA-G durch den Verfasser des Werkes ist bei denjenigen Vorschriften verzichtet worden, bei denen die Gesetzesbegründung bereits zum Verständnis der Vorschriften hinreicht. Die Erläuterungen zur ATA-OTA-APrV enthalten neben dem Abdruck der Verordnung auch den Abdruck der Verordnungsbegründung ohne Kommentierung. Damit ist das Werk nicht insgesamt als rechtliche Kommentierung zu verstehen. Es soll den Ausbildungseinrichtungen und den dort tätigen Personen in Führungsverantwortung vor allem als erste Handreichung bei der Umsetzung des ATA-OTA-G und der ATA-OTA-APrV dienen.

Dank gebührt auf Verlagsseite Frau *Annette Xandry* für die Aufnahme des Werkes in das Verlagsprogramm und die immer wohlwollende und entgegenkommende Betreuung sowie Frau *Melanie Christner* für ihre Geduld und Akribie bei der technischen Umsetzung des Manuskriptes.

Hamburg, im September 2023 *Gerhard Igl*

Inhaltsverzeichnis

D.
Erläuterungen

Abkürzungsverzeichnis

a. a. O.	am angegebenen Ort
Abl.	Amtsblatt
Abs.	Absatz
Anm.	Anmerkung
Art.	Artikel
AufenthG	Aufenthaltsgesetz
Aufl.	Auflage
Az.	Aktenzeichen
BAG	Bundesarbeitsgericht
BAGE	Entscheidungen des Bundesarbeitsgerichts
BAnz.	Bundesanzeiger
BayVBl	Bayerische Verwaltungsblätter
BayVGH	Bayerischer Verwaltungsgerichtshof
BBiG	Berufsbildungsgesetz
BDSG	Bundesdatenschutzgesetz
Beschl.	Beschluss
BGB	Bürgerliches Gesetzbuch
BGBl.	Bundesgesetzblatt
BR-Drs.	Bundesrat Drucksache
BT-Drs.	Deutscher Bundestag Drucksache
BTHG	Bundesteilhabegesetz
BVerfG	Bundesverfassungsgericht
BVerfGE	Entscheidungen des Bundesverfassungsgerichts
BVerwG	Bundesverwaltungsgericht
BVerwGE	Entscheidungen des Bundesverwaltungsgerichts
BQFG	Berufsqualifikationsfeststellungsgesetz
DQR	Deutscher Qualifikationsrahmen
DSGVO	Datenschutz-Grundverordnung
EFZG	Entgeltfortzahlungsgesetz
EQR	Europäischer Qualifikationsrahmen
Erl.	Erläuterungen
et al.	et alii (= und andere)
etc.	et cetera (= und übrige)
EU	Europäische Union
Fn.	Fußnote
GBl.	Gesetzblatt; Gesetz- und Verordnungsblatt
GG	Grundgesetz
GKV	Gesetzliche Krankenversicherung
GMBl	Gemeinsames Ministerialblatt
GmS-OGB	Gemeinsamer Senat der obersten Gerichtshöfe des Bundes
Halbs.	Halbsatz
Hrsg.	Herausgeber

i. d. F.	in der Fassung
i. S. v.	im Sinne von
i. V. m.	in Verbindung mit
JArbSchG	Jugendarbeitsschutzgesetz
KrPflG	Krankenpflegegesetz
NJW	Neue Juristische Wochenschrift
NZA	Neue Zeitschrift für Arbeitsrecht
NZS	Neue Zeitschrift für Sozialrecht
MD	Medizinischer Dienst
MDS	Medizinischer Dienst des Spitzenverbandes Bund der Krankenkassen
MedR	Medizinrecht
MTBG	Gesetz über die Berufe in der medizinischen Technologie (MT-Berufe-Gesetz)
Nr.	Nummer
PflR	PflegeRecht
PTAG	Gesetz über den Beruf der pharmazeutisch-technischen Assistentin und des pharmazeutisch-technischen Assistenten (PTA-Berufsgesetz)
RL	Richtlinie
Rn.	Randnummer
S.	Satz; Seite
s.	siehe
SGB	Sozialgesetzbuch
SGB V	Sozialgesetzbuch – Fünftes Buch
StGB	Strafgesetzbuch
SvEV	Sozialversicherungsentgeltverordnung
u. a.	und andere
Urt.	Urteil
VG	Verwaltungsgericht
VGH	Verwaltungsgerichtshof
vgl.	vergleiche
VN-BRK	VN-Behindertenrechtskonvention
VwGO	Verwaltungsgerichtsordnung
VwVfG	Verwaltungsverfahrensgesetz
WHO	World Health Organization
z. B.	zum Beispiel

A.

Gesetzestext

Gesetz über den Beruf der Anästhesietechnischen Assistentin und des Anästhesietechnischen Assistenten und über den Beruf der Operationstechnischen Assistentin und des Operationstechnischen Assistenten (Anästhesietechnische- und Operationstechnische-Assistenten-Gesetz – ATA-OTA-G)*

vom 14.12.2019 (BGBl. I S. 2768),
zuletzt geändert durch Art. 8 G vom 20.7.2022 (BGBl. I S. 1174)

Inhaltsübersicht

---

* **Anm. d. Verlages:**
Das Gesetz wurde verkündet als Art. 1 des Gesetzes über die Ausbildung zur Anästhesietechnischen Assistentin und zum Anästhesietechnischen Assistenten und über die Ausbildung zur Operationstechnischen Assistentin und zum Operationstechnischen Assistenten. § 66 ist zum 21.12.2019 in Kraft getreten. Im Übrigen ist das Gesetz am 1.1.2022 in Kraft getreten.

Abschnitt 1
Erlaubnis zum Führen der Berufsbezeichnung

§ 1 Erlaubnis zum Führen der Berufsbezeichnung „Anästhesietechnische Assistentin" oder „Anästhesietechnischer Assistent"

(1) Wer die Berufsbezeichnung „Anästhesietechnische Assistentin“ oder „Anästhesietechnischer Assistent“ führen will, bedarf der Erlaubnis.

(2) Die Erlaubnis, die Berufsbezeichnung „Anästhesietechnische Assistentin“ oder „Anästhesietechnischer Assistent“ zu führen, wird auf Antrag erteilt, wenn die antragstellende Person

1. die Ausbildung zur Anästhesietechnischen Assistentin oder zum Anästhesietechnischen Assistenten mit der staatlichen Prüfung erfolgreich abgeschlossen hat oder ihre Berufsqualifikation außerhalb des Geltungsbereichs dieses Gesetzes erworben hat und diese Berufsqualifikation nach Abschnitt 3 anerkannt wird,
2. sich nicht eines Verhaltens schuldig gemacht hat, aus dem sich die Unzuverlässigkeit zur Berufsausübung ergibt,
3. in gesundheitlicher Hinsicht zur Berufsausübung nicht ungeeignet ist und
4. über Kenntnisse der deutschen Sprache verfügt, die zur Berufsausübung erforderlich sind.

(3) [1]Beantragt eine Person, die ihre Berufsqualifikation außerhalb des Geltungsbereichs dieses Gesetzes erworben hat, die Erlaubnis, so prüft die zuständige Behörde zunächst, ob diese Berufsqualifikation anerkannt wird. [2]Erst danach prüft sie, ob bei der antragstellenden Person die in Absatz 2 Nummer 2 bis 4 genannten Voraussetzungen vorliegen.

(4) Die Entscheidung, ob die Erlaubnis erteilt wird, trifft die zuständige Behörde des Landes, in dem

1. die antragstellende Person die staatliche Prüfung abgelegt hat oder
2. die antragstellende Person mit einer außerhalb des Geltungsbereichs dieses Gesetzes erworbenen Berufsqualifikation den Beruf der Anästhesietechnischen Assistentin oder des Anästhesietechnischen Assistenten ausüben will.

§ 2 Erlaubnis zum Führen der Berufsbezeichnung „Operationstechnische Assistentin" oder „Operationstechnischer Assistent"

(1) Wer die Berufsbezeichnung „Operationstechnische Assistentin“ oder „Operationstechnischer Assistent“ führen will, bedarf der Erlaubnis.

(2) Die Erlaubnis, die Berufsbezeichnung „Operationstechnische Assistentin“ oder „Operationstechnischer Assistent“ zu führen, wird auf Antrag erteilt, wenn die antragstellende Person

1. die Ausbildung zur Operationstechnischen Assistentin oder zum Operationstechnischen Assistenten mit der staatlichen Prüfung erfolgreich abgeschlossen hat oder ihre Berufsqualifikation außerhalb des Geltungsbereichs dieses Gesetzes erworben hat und diese Berufsqualifikation nach Abschnitt 3 anerkannt wird,
2. sich nicht eines Verhaltens schuldig gemacht hat, aus dem sich die Unzuverlässigkeit zur Berufsausübung ergibt,
3. in gesundheitlicher Hinsicht zur Berufsausübung nicht ungeeignet ist und
4. über Kenntnisse der deutschen Sprache verfügt, die zur Berufsausübung erforderlich sind.

(3) [1]Beantragt eine Person, die ihre Berufsqualifikation außerhalb des Geltungsbereichs dieses Gesetzes erworben hat, die Erlaubnis, so prüft die zuständige Behörde zunächst, ob diese Berufsqualifikation anerkannt wird. [2]Erst danach prüft sie, ob bei der antragstellenden Person die in Absatz 2 Nummer 2 bis 4 genannten Voraussetzungen vorliegen.

(4) Die Entscheidung, ob die Erlaubnis erteilt wird, trifft die zuständige Behörde des Landes, in dem

1. die antragstellende Person die staatliche Prüfung abgelegt hat oder
2. die antragstellende Person mit einer außerhalb des Geltungsbereichs dieses Gesetzes erworbenen Berufsqualifikation den Beruf der Operationstechnischen Assistentin oder des Operationstechnischen Assistenten ausüben will.

§ 3 Rücknahme der Erlaubnis zum Führen der Berufsbezeichnung

(1) Die Erlaubnis zum Führen der Berufsbezeichnung ist zurückzunehmen, wenn

1. bei der Erteilung
   a) der Erlaubnis zum Führen der Berufsbezeichnung „Anästhesietechnische Assistentin“ oder „Anästhesietechnischer Assistent“ die Ausbildung zur Anästhesietechnischen Assistentin oder zum Anästhesietechnischen Assistenten nicht abgeschlossen gewesen ist oder die Voraussetzungen für die Anerkennung der außerhalb des Geltungsbereichs dieses Gesetzes erworbenen Berufsqualifikation nicht vorgelegen haben oder
   b) der Erlaubnis zum Führen der Berufsbezeichnung „Operationstechnische Assistentin“ oder „Operationstechnischer Assistent“ die Ausbildung zur Operationstechnischen Assistentin oder zum Operationstechnischen Assistenten nicht abgeschlossen gewesen ist oder die Voraussetzungen für die Anerkennung der außerhalb des Geltungsbereichs dieses Gesetzes erworbenen Berufsqualifikation nicht vorgelegen haben oder

2. die antragstellende Person sich bis zur Erteilung der Erlaubnis eines Verhaltens schuldig gemacht hat, aus dem sich ihre Unzuverlässigkeit zur Berufsausübung ergibt.

(2) Die Erlaubnis kann zurückgenommen werden, wenn bei ihrer Erteilung die antragstellende Person in gesundheitlicher Hinsicht nicht zur Berufsausübung geeignet gewesen ist.

(3) Im Übrigen bleiben die dem § 48 des Verwaltungsverfahrensgesetzes entsprechenden landesgesetzlichen Vorschriften unberührt.

§ 4 Widerruf der Erlaubnis zum Führen der Berufsbezeichnung

(1) Die Erlaubnis zum Führen der Berufsbezeichnung ist zu widerrufen, wenn bekannt wird, dass sich die Inhaberin oder der Inhaber einer Erlaubnis eines Verhaltens schuldig gemacht hat, aus dem sich die Unzuverlässigkeit zur Berufsausübung ergibt.

(2) Die Erlaubnis zum Führen der Berufsbezeichnung kann widerrufen werden, wenn die Inhaberin oder der Inhaber einer Erlaubnis in gesundheitlicher Hinsicht dauerhaft nicht mehr zur Berufsausübung geeignet ist.

(3) Im Übrigen bleiben die dem § 49 des Verwaltungsverfahrensgesetzes entsprechenden landesgesetzlichen Vorschriften unberührt.

§ 5 Ruhen der Erlaubnis zum Führen der Berufsbezeichnung

(1) Das Ruhen der Erlaubnis zum Führen der Berufsbezeichnung kann angeordnet werden, wenn

1. gegen die Inhaberin oder den Inhaber einer Erlaubnis ein Strafverfahren eingeleitet worden ist wegen des Verdachts auf Begehung einer Straftat, aus der sich die Unzuverlässigkeit zur Berufsausübung ergeben würde, oder
2. die Inhaberin oder der Inhaber der Erlaubnis in gesundheitlicher Hinsicht vorübergehend nicht mehr zur Ausübung des Berufs geeignet ist oder
3. sich erweist, dass die Inhaberin oder der Inhaber der Erlaubnis nicht über die Kenntnisse der deutschen Sprache verfügt, die für die Ausübung des Berufs in Deutschland erforderlich sind.

(2) Die Anordnung des Ruhens der Erlaubnis ist aufzuheben, sobald ihre Voraussetzungen nicht mehr vorliegen.

Abschnitt 2
Ausbildung und Ausbildungsverhältnis

Unterabschnitt 1
Allgemeines

§ 6 Nichtanwendung des Berufsbildungsgesetzes

Auf die Ausbildung zum Beruf der Anästhesietechnischen Assistentin und des Anästhesietechnischen Assistenten und zum Beruf der Operationstechnischen Assistentin und des Operationstechnischen Assistenten und auf das Ausbildungsverhältnis ist das Berufsbildungsgesetz nicht anzuwenden.

Unterabschnitt 2
Ausbildung

§ 7 Ziel der Ausbildung

(1) [1]Die Ausbildung zur Anästhesietechnischen Assistentin oder zum Anästhesietechnischen Assistenten und zur Operationstechnischen Assistentin oder zum Operationstechnischen Assistenten vermittelt die für die Berufsausübung erforderlichen fachlichen und methodischen Kompetenzen zur eigenverantwortlichen Durchführung und zur Mitwirkung, insbesondere in den operativen oder anästhesiologischen Bereichen der stationären und ambulanten Versorgung sowie in weiteren diagnostischen und therapeutischen Versorgungsbereichen, einschließlich der zugrunde liegenden Lernkompetenzen sowie der Fähigkeit zum Wissenstransfer und zur Selbstreflexion. [2]Darüber hinaus vermittelt sie personale und soziale Kompetenzen. [3]Die Vermittlung hat entsprechend dem anerkannten Stand medizinischer, medizinisch-technischer und weiterer bezugswissenschaftlicher Erkenntnisse zu erfolgen.

(2) Die Ausbildung befähigt die Anästhesietechnische Assistentin oder den Anästhesietechnischen Assistenten und die Operationstechnische Assistentin oder den Operationstechnischen Assistenten außerdem, die konkrete Situation der Patientinnen und Patienten, insbesondere deren Selbständigkeit und Selbstbestimmung sowie deren kulturellen und religiösen Hintergrund, in ihr Handeln mit einzubeziehen.

(3) [1]Den Auszubildenden wird vermittelt, ihre persönliche und fachliche Weiterentwicklung als notwendig anzuerkennen und lebenslanges Lernen als Teil der eigenen beruflichen Biographie zu verstehen. [2]Die Ausbildung führt dazu, dass die Auszubildenden ein professionelles, ethisch fundiertes berufliches Selbstverständnis entwickeln, das der Bedeutung ihrer zukünftigen Tätigkeit angemessen ist.

§ 8 Gemeinsames Ausbildungsziel

Alle Auszubildenden sind zu befähigen,

1. eigenverantwortlich insbesondere die folgenden Aufgaben auszuführen:
   a) Herstellen der Funktions- und Betriebsbereitschaft des jeweiligen Einsatzbereichs unter Beachtung spezifischer Anforderungen von diagnostischen und therapeutischen Versorgungsbereichen im ambulanten und stationären Bereich,

b) geplantes und strukturiertes Vorbereiten, Durchführen und Nachbereiten von berufsfeldspezifischen Maßnahmen der medizinischen Diagnostik und Therapie,
c) sach- und fachgerechtes Umgehen mit Medikamenten, medizinischen Geräten und Materialien sowie mit Medizinprodukten,
d) Sicherstellen der Funktions- und Betriebsbereitschaft des jeweiligen Versorgungsbereichs,
e) Einhalten der Hygienevorschriften sowie der rechtlichen Arbeits- und Gesundheitsschutzvorschriften,
f) Übernehmen der Patientinnen und Patienten in den jeweiligen Versorgungsbereichen unter Berücksichtigung ihres gesundheitlichen Zustandes,
g) Überwachen des gesundheitlichen Zustandes der Patientinnen und Patienten und seines Verlaufs während des Aufenthaltes in den jeweiligen Versorgungsbereichen,
h) fachgerechte Übergabe und Überleitung der Patientinnen und Patienten einschließlich des Beschreibens und der Dokumentation ihres gesundheitlichen Zustandes und dessen Verlaufs,
i) angemessenes Kommunizieren mit den Patientinnen und Patienten sowie weiteren beteiligten Personen und Berufsgruppen,
j) Durchführen von qualitätssichernden und organisatorischen Maßnahmen in den jeweiligen Einsatzbereichen sowie Dokumentieren der angewendeten Maßnahmen,
k) Aufbereiten von Medizinprodukten und medizinischen Geräten und
l) Einleiten lebenserhaltender Sofortmaßnahmen bis zum Eintreffen der Ärztin oder des Arztes,

2. im Rahmen der Mitwirkung insbesondere die folgenden Aufgaben auszuführen:
   a) fach- und situationsgerechtes Assistieren bei anästhesiologischen Maßnahmen und Verfahren und operativen Eingriffen in anästhesiologischen und operativen Funktionsbereichen und weiteren Versorgungsbereichen und
   b) eigenständiges Durchführen ärztlich veranlasster Maßnahmen in anästhesiologischen und operativen Funktionsbereichen und weiteren Versorgungsbereichen sowie
3. insbesondere die folgenden übergreifenden fachlichen, methodischen und personalen Kompetenzen anzuwenden:
   a) interdisziplinäre und multiprofessionelle Zusammenarbeit und fachliche Kommunikation,
   b) Entwicklung und Umsetzung berufsübergreifender Lösungen, die die Optimierung der Arbeitsabläufe ermöglichen und die Bedürfnisse der Patientinnen und Patienten berücksichtigen,
   c) Analyse, Evaluation, Sicherung und Weiterentwicklung der Qualität des eigenen beruflichen Handelns,
   d) Mitwirkung an der Einarbeitung neuer Mitarbeiterinnen und Mitarbeiter sowie an der praktischen Ausbildung von Angehörigen von Gesundheitsfachberufen und
   e) Berücksichtigung von Aspekten der Qualitätssicherung, der Patientensicherheit, der Ökologie und der Wirtschaftlichkeit.

§ 9 Spezifisches Ausbildungsziel für Anästhesietechnische Assistentinnen und Anästhesietechnische Assistenten

Die zur Anästhesietechnischen Assistentin oder zum Anästhesietechnischen Assistenten Auszubildenden sind zu befähigen,

1. eigenverantwortlich insbesondere die folgenden Aufgaben auszuführen:
   a) Herstellen der Funktions- und Betriebsfähigkeit des anästhesiologischen Versorgungsbereichs,
   b) Vorbereiten und Koordinieren der zur Durchführung anästhesiologischer Maßnahmen und Verfahren erforderlichen Arbeitsabläufe sowie deren Nachbereitung,
   c) sach- und fachgerechtes Umgehen mit Medikamenten, die zur Anästhesie und im Rahmen der Anästhesie in anästhesiologischen Versorgungsbereichen angewendet werden,
   d) Durchführen von bedarfsgerechten Maßnahmen und Verfahren zur Betreuung der Patientinnen und Patienten während ihres Aufenthaltes im anästhesiologischen Versorgungsbereich unter Berücksichtigung ihres jeweiligen physischen und psychischen Gesundheitszustandes und
   e) Überwachen des gesundheitlichen Zustandes der Patientinnen und Patienten und seines Verlaufs während des Aufenthaltes in den jeweiligen Versorgungsbereichen und Aufwacheinheiten außerhalb von Intensivtherapiestationen sowie
2. im Rahmen der Mitwirkung insbesondere die folgenden Aufgaben auszuführen:
   a) fach- und situationsgerechtes Assistieren bei anästhesiologischen Maßnahmen und Verfahren in anästhesiologischen Funktionsbereichen und weiteren Versorgungsbereichen und
   b) eigenständiges Durchführen ärztlich veranlasster Maßnahmen in anästhesiologischen Funktionsbereichen und weiteren Versorgungsbereichen.

§ 10 Spezifisches Ausbildungsziel für Operationstechnische Assistentinnen und Operationstechnische Assistenten

Die zur Operationstechnischen Assistentin oder zum Operationstechnischen Assistenten Auszubildenden sind zu befähigen,

1. eigenverantwortlich insbesondere die folgenden Aufgaben auszuführen:
   a) Herstellen der Funktions- und Betriebsfähigkeit des operativen Versorgungsbereichs,
   b) Vorbereiten und Koordinieren der zur Durchführung operativer Eingriffe erforderlichen Arbeitsabläufe und deren Nachbereitung,
   c) geplantes und strukturiertes Ausführen der Springertätigkeit,
   d) Durchführen von bedarfsgerechten Maßnahmen und Verfahren zur Betreuung der Patientinnen und Patienten während ihres Aufenthaltes im operativen Versorgungsbereich unter Berücksichtigung ihres jeweiligen physischen und psychischen Gesundheitszustandes und
   e) Überwachen des gesundheitlichen Zustandes der Patientinnen und Patienten und seines Verlaufs während des Aufenthaltes in den jeweiligen Versorgungsbereichen außerhalb von Aufwacheinheiten und Intensivtherapiestationen sowie

2. im Rahmen der Mitwirkung insbesondere die folgenden Aufgaben auszuführen:
   a) fach- und situationsgerechtes Assistieren bei operativen Eingriffen in operativen Funktionsbereichen und weiteren Versorgungsbereichen und
   b) eigenständiges Durchführen ärztlich veranlasster Maßnahmen in operativen Funktionsbereichen und weiteren Versorgungsbereichen.

§ 11 Voraussetzungen für den Zugang zur Ausbildung

Die Ausbildung darf nur absolvieren, wer

1. mindestens einen der folgenden Abschlüsse besitzt:
   a) den mittleren Schulabschluss oder einen anderen gleichwertigen Schulabschluss oder
   b) eine nach einem Hauptschulabschluss oder einer gleichwertigen Schulbildung erfolgreich abgeschlossene Berufsausbildung
      aa) in einem Beruf, für den eine reguläre Ausbildungsdauer von mindestens zwei Jahren vorgeschrieben ist,
      bb) in einer landesrechtlich geregelten Assistenz- oder Helferausbildung in der Pflege von mindestens einjähriger Dauer, die die Mindestanforderungen, die von der Arbeits- und Sozialministerkonferenz 2012 und von der Gesundheitsministerkonferenz 2013 in den „Eckpunkten für die in Länderzuständigkeit liegenden Ausbildungen zu Assistenz- und Helferberufen in der Pflege“ (BAnz AT 17.02.2016 B3) beschlossen wurden, erfüllt, oder
      cc) in einer bis zum 31. Dezember 2021 begonnenen, erfolgreich abgeschlossenen landesrechtlich geregelten Ausbildung in der Krankenpflegehilfe oder in der Altenpflegehilfe von jeweils mindestens einjähriger Dauer,
2. sich nicht eines Verhaltens schuldig gemacht hat, aus dem sich die Unzuverlässigkeit zur Absolvierung der Ausbildung ergibt,
3. in gesundheitlicher Hinsicht zur Absolvierung der Ausbildung nicht ungeeignet ist und
4. über die Kenntnisse der deutschen Sprache verfügt, die für die Ausbildung erforderlich sind.

§ 12 Dauer

(1) Die Ausbildung dauert in Vollzeit drei Jahre.

(2) [1]Die Ausbildung kann auch in Teilzeit absolviert werden. [2]In diesem Fall darf sie höchstens fünf Jahre dauern.

(3) Der theoretische und praktische Unterricht der Anästhesietechnischen Assistentinnen und Anästhesietechnischen Assistenten und der Operationstechnischen Assistentinnen und Operationstechnischen Assistenten kann zur Hälfte gemeinsam erfolgen.

§ 13 Teile der Ausbildung

(1) Die Ausbildung besteht aus

1. theoretischem Unterricht,
2. praktischem Unterricht und
3. einer praktischen Ausbildung.

(2) Der zeitliche Anteil der Ausbildung unterteilt sich in

1. mindestens 2100 Stunden theoretischen und praktischen Unterrichts und
2. mindestens 2500 Stunden praktischer Ausbildung.

§ 14 Ausbildungsorte

(1) Der theoretische und der praktische Unterricht finden in staatlichen, staatlich genehmigten oder staatlich anerkannten Schulen statt.

(2) [1]Die praktische Ausbildung wird in einem dafür geeigneten Krankenhaus oder in mehreren dafür geeigneten Krankenhäusern durchgeführt. [2]Teile der praktischen Ausbildung können auch in einer dafür geeigneten ambulanten Einrichtung oder in mehreren dafür geeigneten ambulanten Einrichtungen durchgeführt werden, soweit diese Teile der praktischen Ausbildung die praktische Ausbildung im Krankenhaus nicht überwiegen.

(3) Findet die praktische Ausbildung in mehreren Einrichtungen der praktischen Ausbildung statt, so übernimmt die Einrichtung die Verantwortung für die Durchführung der praktischen Ausbildung, an der der überwiegende Teil der praktischen Ausbildung stattfindet (verantwortliche Einrichtung der praktischen Ausbildung).

(4) Die Schule und die Einrichtungen der praktischen Ausbildung wirken bei der Ausbildung auf der Grundlage von Kooperationsverträgen zusammen.

(5) [1]Die Eignung als Einrichtung der praktischen Ausbildung stellt die zuständige Behörde fest. [2]Die zuständige Behörde kann im Fall von Rechtsverstößen einer Einrichtung die Durchführung der praktischen Ausbildung untersagen.

(6) Auszubildende sind für die gesamte Dauer der Ausbildung Arbeitnehmer im Sinne von § 5 des Betriebsverfassungsgesetzes oder von § 4 des Bundespersonalvertretungsgesetzes der verantwortlichen Einrichtung der praktischen Ausbildung.

§ 15 Pflegepraktikum

In der praktischen Ausbildung ist ein Pflegepraktikum in dem jeweiligen Versorgungsbereich zu absolvieren, der für die Ausbildung zur Anästhesietechnischen Assistentin und zum Anästhesietechnischen Assistenten oder für die Ausbildung zur Operationstechnischen Assistentin und zum Operationstechnischen Assistenten relevant ist.

§ 16 Praxisanleitung

(1) Die Einrichtungen der praktischen Ausbildung stellen jeweils die Praxisanleitung sicher.

(2) Die Praxisanleitung muss mindestens 15 Prozent der Zeit eines Einsatzes der praktischen Ausbildung betragen.

(3) Bis zum 31. Dezember 2028 darf die Praxisanleitung abweichend von Absatz 2 weniger als 15 Prozent, muss aber mindestens 10 Prozent der praktischen Ausbildungszeit betragen.

§ 17 Praxisbegleitung

(1) Die Schule unterstützt die praktische Ausbildung, indem sie eine Praxisbegleitung in angemessenem Umfang gewährleistet.

(2) Die Praxisbegleitung betreut und beurteilt die Auszubildenden während ihrer Praxiseinsätze fachlich im Benehmen mit der Praxisanleitung und unterstützt die Praxisanleitung.

(3) Die Einrichtungen der praktischen Ausbildung unterstützen die Schule bei der Durchführung der von der Schule zu leistenden Praxisbegleitung.

§ 18 Curriculum der Schule und Ausbildungsplan für die praktische Ausbildung

(1) Die Schule erstellt ein schulinternes Curriculum für den theoretischen und den praktischen Unterricht nach den Vorgaben dieses Gesetzes und auf der Grundlage der Ausbildungs- und Prüfungsverordnung nach § 66.

(2) Die verantwortliche Einrichtung der praktischen Ausbildung erstellt einen Ausbildungsplan für die praktische Ausbildung nach den Vorgaben dieses Gesetzes und auf der Grundlage der Ausbildungs- und Prüfungsverordnung nach § 66.

(3) Die Schule und die verantwortliche Einrichtung der praktischen Ausbildung stimmen im gegenseitigen Einvernehmen das schulinterne Curriculum und den Ausbildungsplan ab.

§ 19 Gesamtverantwortung der Schule

(1) Die Gesamtverantwortung für die Koordination des theoretischen und praktischen Unterrichts mit der praktischen Ausbildung trägt die Schule.

(2) Die Schule hat in Abstimmung mit den Einrichtungen der praktischen Ausbildung sicherzustellen, dass die oder der Auszubildende für die Teilnahme an Ausbildungsveranstaltungen der Schule und für die Teilnahme an Prüfungen freigestellt wird und dass bei der Gestaltung der Ausbildung auf die dafür erforderlichen Lernzeiten und Vorbereitungszeiten Rücksicht genommen wird.

§ 20 Pflichten der Einrichtungen der praktischen Ausbildung

(1) Die Einrichtungen der praktischen Ausbildung haben die Ausbildung in einer durch ihren Zweck gebotenen Form planmäßig sowie zeitlich und sachlich gegliedert so durchzuführen, dass das Ausbildungsziel in der vorgesehenen Zeit erreicht werden kann.

(2) Die Einrichtungen der praktischen Ausbildung haben den vorgegebenen Mindestumfang der Praxisanleitung sicherzustellen.

(3) [1]Die Einrichtungen der praktischen Ausbildung haben die oder den Auszubildenden für die Teilnahme an Ausbildungsveranstaltungen der Schule und für die Teilnahme an Prüfungen freizustellen. [2]Die Einrichtungen der praktischen Ausbildung haben auch bei der Gestaltung der praktischen Ausbildung auf die erforderlichen Lernzeiten und Vorbereitungszeiten Rücksicht zu nehmen.

(4) [1]Die Einrichtungen der praktischen Ausbildung dürfen der oder dem Auszubildenden nur Aufgaben übertragen, die dem Ausbildungsziel und ihrem oder seinem Ausbildungsstand entsprechen. [2]Die übertragenen Aufgaben sollen den physischen und psychischen Kräften der oder des Auszubildenden angemessen sein.

§ 21 Staatliche Prüfung

(1) Die Ausbildung schließt mit einer staatlichen Prüfung ab.

(2) In der staatlichen Prüfung müssen sowohl im Beruf der Anästhesietechnischen Assistentin und des Anästhesietechnischen Assistenten als auch im Beruf der Operationstechnischen Assistentin und des Operationstechnischen Assistenten die gemeinsamen Ausbildungsinhalte in gleicher Form geprüft werden.

§ 22 Mindestanforderungen an Schulen

(1) Die Ausbildung darf nur von einer Schule durchgeführt werden, die staatlich, staatlich genehmigt oder staatlich anerkannt ist.

(2) Die staatliche Genehmigung oder Anerkennung der Schule erfolgt durch die zuständige Behörde.

(3) Schulen müssen nachweisen, dass

1. sie hauptberuflich von einer pädagogisch qualifizierten Person geleitet werden, die über eine Ausbildung in einem Gesundheitsberuf und eine abgeschlossene Hochschulausbildung mindestens auf Masterniveau oder auf einem vergleichbarem Niveau verfügt,
2. sie über ein Verhältnis von hauptberuflichen Lehrkräften für den theoretischen und den praktischen Unterricht von mindestens einer Vollzeitstelle zu 20 Ausbildungsplätzen verfügt,
3. ihre hauptamtlichen Lehrkräfte fachlich in den Bereichen Anästhesietechnik oder Operationstechnik qualifiziert sind und über eine abgeschlossene Hochschulausbildung im Bereich Pädagogik verfügen,
4. bei ihr die für die Ausbildung erforderlichen Räume und Einrichtungen sowie ausreichende Lehrmittel und Lernmittel vorhanden sind und
5. die Durchführung der praktischen Ausbildung in geeigneten Krankenhäusern und Einrichtungen sichergestellt ist.

(4) [1]Die Länder können durch Landesrecht das Nähere zu den Anforderungen der Anerkennung bestimmen und darüber hinausgehende Anforderungen festlegen. [2]Für die Lehrkräfte des theoretischen und des praktischen Unterrichts können sie

regeln, dass die geforderte Hochschulausbildung auf bestimmte Hochschularten und Studiengänge beschränkt wird.

§ 23 Verkürzung der Ausbildungsdauer durch Anrechnung gleichwertiger Ausbildungen

(1) Die zuständige Behörde kann auf Antrag eine erfolgreich abgeschlossene Ausbildung oder erfolgreich abgeschlossene Teile einer Ausbildung im Umfang ihrer Gleichwertigkeit auf die Dauer der Ausbildung zur Anästhesietechnischen Assistentin und zum Anästhesietechnischen Assistenten oder auf die Ausbildung zur Operationstechnischen Assistentin und zum Operationstechnischen Assistenten anrechnen.

(2) Die antragstellende Person hat der zuständigen Behörde rechtzeitig vor Ausbildungsbeginn die Nachweise der anderen erfolgreich abgeschlossenen Ausbildung oder der erfolgreich abgeschlossenen Teile einer anderen Ausbildung vorzulegen.

(3) [1]Die Anrechnung darf nur in dem Umfang erfolgen, dass mindestens ein Drittel der Dauer der Ausbildung zur Anästhesietechnischen Assistentin und zum Anästhesietechnischen Assistenten oder der Ausbildung zur Operationstechnischen Assistentin und zum Operationstechnischen Assistenten absolviert werden muss. [2]Durch die Anrechnung darf nicht gefährdet werden, dass die oder der Auszubildende das Ausbildungsziel erreicht.

(4) In jedem Fall verkürzt sich um die Hälfte

1. die Zeit für die Ausbildung zur Anästhesietechnischen Assistentin oder zum Anästhesietechnischen Assistenten bei Personen, die die Ausbildung zur Operationstechnischen Assistentin oder zum Operationstechnischen Assistenten erfolgreich abgeschlossen haben
   a) nach diesem Gesetz oder
   b) nach einer der in § 69 Absatz 1 Nummer 1 bis 4 genannten Vorschriften und
2. die Zeit für die Ausbildung zur Operationstechnischen Assistentin oder zum Operationstechnischen Assistenten bei Personen, die die Ausbildung zur Anästhesietechnischen Assistentin oder zum Anästhesietechnischen Assistenten erfolgreich abgeschlossen haben
   a) nach diesem Gesetz oder
   b) nach einer der in § 69 Absatz 1 Nummer 1 bis 4 genannten Vorschriften.

§ 24 Verlängerung der Ausbildungsdauer

(1) Eine Auszubildende oder ein Auszubildender kann bei der zuständigen Behörde beantragen, dass die Ausbildungsdauer verlängert wird.

(2) [1]Die Verlängerung wird genehmigt, wenn die Verlängerung erforderlich ist, um das Ausbildungsziel zu erreichen. [2]Die Ausbildungsdauer darf jedoch fünf Jahre nicht überschreiten.

(3) Über die Genehmigung entscheidet die zuständige Behörde des Landes, in dem die Ausbildung durchgeführt wird oder entsprechend dem Antrag durchgeführt

werden soll, in Abstimmung mit der verantwortlichen Einrichtung der praktischen Ausbildung und der Schule.

(4) Beabsichtigt die zuständige Behörde, dem Antrag nicht stattzugeben, so ist die oder der Auszubildende vor der Entscheidung anzuhören.

§ 25 Anrechnung von Fehlzeiten

(1) [1]Auf die Dauer der Ausbildung werden angerechnet:

1. Urlaub, einschließlich Bildungsurlaub, und Ferien,
2. Fehlzeiten wegen Krankheit oder aus anderen Gründen, die die oder der Auszubildende nicht zu vertreten hat,
   a) bis zu 10 Prozent des theoretischen und des praktischen Unterrichts und
   b) bis zu 10 Prozent der Stunden der praktischen Ausbildung sowie
3. Fehlzeiten aufgrund mutterschutzrechtlicher Beschäftigungsverbote.

[2]Die Unterbrechung der Ausbildung wegen Fehlzeiten aufgrund mutterschutzrechtlicher Beschäftigungsverbote und Fehlzeiten wegen Krankheit oder aus anderen Gründen, die die oder der Auszubildende nicht zu vertreten hat, darf eine Gesamtdauer von 18 Wochen nicht überschreiten.

(2) [1]Die oder der Auszubildende kann bei der zuständigen Behörde beantragen, dass ihr oder ihm auch andere als die in Absatz 1 genannten Fehlzeiten und über Absatz 1 hinausgehende Fehlzeiten angerechnet werden. [2]Die Anrechnung hat zu erfolgen, wenn

1. eine besondere Härte vorliegt und
2. bei der oder dem Auszubildenden das Erreichen des Ausbildungsziels durch die Anrechnung nicht gefährdet wird.

(3) Über die Anrechnung von Fehlzeiten entscheidet die zuständige Behörde.

(4) Ist eine Anrechnung der Fehlzeiten nicht möglich, kann die Ausbildung nach § 24 verlängert werden.

(5) Freistellungsansprüche nach dem Betriebsverfassungsgesetz, dem Bundespersonalvertretungsgesetz oder den Landespersonalvertretungsgesetzen bleiben unberührt.

Unterabschnitt 3
Ausbildungsverhältnis

§ 26 Ausbildungsvertrag

(1) [1]Zwischen dem Ausbildungsträger und der oder dem Auszubildenden ist ein Ausbildungsvertrag zu schließen. [2]Der Abschluss und jede Änderung des Ausbildungsvertrages bedürfen der Schriftform. [3]Die schriftliche Form kann nicht durch die elektronische Form ersetzt werden.

(2) Der Ausbildungsvertrag muss mindestens enthalten:

1. die Bezeichnung des Berufs, zu dem nach den Vorschriften dieses Gesetzes ausgebildet wird,
2. den Beginn und die Dauer der Ausbildung,

3. den Ausbildungsplan für die praktische Ausbildung,
4. die Dauer der regelmäßigen täglichen oder wöchentlichen Arbeitszeit,
5. die Höhe der Ausbildungsvergütung einschließlich des Umfangs etwaiger Sachbezüge nach § 30,
6. die Modalitäten zur Zahlung der Ausbildungsvergütung und
7. die Dauer des Urlaubs.

(3) Des Weiteren sollen folgende Angaben, Informationen und Hinweise im Vertrag enthalten sein oder dem Vertrag beigefügt werden:

1. die Dauer der Probezeit,
2. Angaben über die der Ausbildung zugrunde liegende Ausbildungs- und Prüfungsverordnung nach § 66,
3. Angaben zu den Voraussetzungen, unter denen der Ausbildungsvertrag gekündigt werden kann, sowie
4. Hinweise auf die dem Ausbildungsvertrag zugrunde liegenden tariflichen Bestimmungen, Betriebs- oder Dienstvereinbarungen sowie auf die Rechte als Arbeitnehmer im Sinne von § 5 des Betriebsverfassungsgesetzes oder von § 4 des Bundespersonalvertretungsgesetzes der Einrichtung der praktischen Ausbildung.

(4) Der Ausbildungsvertrag ist bei Minderjährigen gemeinsam von den Minderjährigen und deren gesetzlichen Vertretern zu schließen.

(5) [1]Eine Vertragsurkunde ist der oder dem Auszubildenden auszuhändigen. [2]Ist die oder der Auszubildende noch minderjährig, so ist auch ihren oder seinen gesetzlichen Vertretern eine Vertragsurkunde auszuhändigen.

(6) [1]Ist die Schule Ausbildungsträger, wird der Ausbildungsvertrag nur wirksam, wenn die verantwortliche Einrichtung der praktischen Ausbildung dem Ausbildungsvertrag zustimmt. [2]Ist die verantwortliche Einrichtung der praktischen Ausbildung Ausbildungsträger, wird der Ausbildungsvertrag nur wirksam, wenn die Schule dem Ausbildungsvertrag zustimmt. [3]Ist ein Dritter Ausbildungsträger, wird der Ausbildungsvertrag nur wirksam, wenn die Schule und die verantwortliche Einrichtung der praktischen Ausbildung dem Ausbildungsvertrag zustimmen.

(7) Auf den Ausbildungsvertrag sind, soweit sich aus seinem Wesen und Zweck sowie aus diesem Gesetz nichts anderes ergibt, die für den Arbeitsvertrag geltenden Rechtsvorschriften und Rechtsgrundsätze anzuwenden.

§ 27 Pflichten des Ausbildungsträgers

(1) Der Ausbildungsträger hat die Ausbildung in einer durch ihren Zweck gebotenen Form planmäßig sowie zeitlich und sachlich gegliedert so durchzuführen, dass das Ausbildungsziel in der vorgesehenen Zeit erreicht werden kann.

(2) Der Ausbildungsträger ist verpflichtet, die Vergütung während der gesamten Ausbildung zu zahlen.

(3) [1]Der Ausbildungsträger hat der oder dem Auszubildenden die Ausbildungsmittel kostenlos zur Verfügung zu stellen, die zur Ausbildung und zum Ablegen der

staatlichen Prüfung erforderlich sind. [2]Zu den Ausbildungsmitteln gehören insbesondere Fachliteratur, Zugang zu Datenbanken, Instrumente und Apparate.

§ 28 Pflichten der oder des Auszubildenden

(1) Die oder der Auszubildende hat sich zu bemühen, das Ausbildungsziel zu erreichen.

(2) Insbesondere ist die oder der Auszubildende verpflichtet,

1. an den vorgeschriebenen Ausbildungsveranstaltungen der Schule teilzunehmen,
2. die Aufgaben, die ihr oder ihm im Rahmen der Ausbildung übertragen werden, sorgfältig auszuführen,
3. die Rechte der Patientinnen und Patienten zu wahren und ihre Selbstbestimmung zu achten,
4. die Bestimmungen über die Schweigepflicht, die für Beschäftigte in Einrichtungen der praktischen Ausbildung gelten, einzuhalten und über Betriebsgeheimnisse Stillschweigen zu bewahren und
5. einen schriftlichen Ausbildungsnachweis zu führen.

§ 29 Ausbildungsvergütung

(1) Der Ausbildungsträger hat der oder dem Auszubildenden eine angemessene monatliche Ausbildungsvergütung zu gewähren.

(2) Der oder dem Auszubildenden ist die Vergütung auch zu zahlen

1. für die Zeit, in der die oder der Auszubildende teilnimmt
   a) am theoretischen und praktischen Unterricht,
   b) an Prüfungen und
   c) an Ausbildungsmaßnahmen, die außerhalb der Ausbildungsstätte durchgeführt werden, oder
2. bis zur Dauer von sechs Wochen, wenn
   a) Bestandteile der Ausbildung, für die die oder der Auszubildende sich bereitgehalten hat, nicht durchgeführt werden oder
   b) die oder der Auszubildende ihre oder seine Pflichten aus dem Ausbildungsverhältnis nicht erfüllen kann aus Gründen, die er oder sie nicht zu verschulden hat.

§ 30 Sachbezüge

(1) [1]Auf die Ausbildungsvergütung können Sachbezüge angerechnet werden. [2]Maßgeblich für die Bestimmung der Werte der Sachbezüge sind die Werte, die in der Verordnung über die sozialversicherungsrechtliche Beurteilung von Zuwendungen des Arbeitgebers als Arbeitsentgelt in der jeweils geltenden Fassung bestimmt sind.

(2) [1]Die Anrechnung von Sachbezügen ist nur zulässig, soweit dies im Ausbildungsvertrag vereinbart worden ist. [2]Der Wert der Sachbezüge darf 75 Prozent der Bruttovergütung nicht überschreiten.

(3) Kann die oder der Auszubildende aus berechtigtem Grund Sachbezüge nicht abnehmen, so ist der Wert für diese Sachbezüge nach den Sachbezugswerten auszuzahlen.

§ 31 Überstunden und ihre Vergütung

Eine über die vereinbarte regelmäßige Ausbildungszeit hinausgehende Beschäftigung ist nur ausnahmsweise zulässig und besonders zu vergüten oder in Freizeit auszugleichen.

§ 32 Probezeit

(1) Die ersten sechs Monate des Ausbildungsverhältnisses sind die Probezeit.

(2) Die Dauer der Probezeit kann davon abweichen, sofern sich aus tarifvertraglichen Regelungen eine andere Dauer ergibt.

§ 33 Ende des Ausbildungsverhältnisses

(1) Das Ausbildungsverhältnis endet unabhängig vom Zeitpunkt der staatlichen Abschlussprüfung mit Ablauf der Ausbildungszeit.

(2) [1]Die oder der Auszubildende kann beim Ausbildungsträger schriftlich eine Verlängerung des Ausbildungsverhältnisses verlangen, wenn sie oder er

1. die staatliche Prüfung nicht bestanden hat oder
2. ohne eigenes Verschulden die staatliche Prüfung nicht vor Ablauf der Ausbildungszeit ablegen kann.

[2]Die Ausbildungszeit verlängert sich bis zur nächstmöglichen Durchführung der staatlichen Prüfung, höchstens jedoch um ein Jahr.

§ 34 Kündigung des Ausbildungsverhältnisses

(1) Während der Probezeit kann das Ausbildungsverhältnis von jedem Vertragspartner jederzeit ohne Einhalten einer Kündigungsfrist gekündigt werden.

(2) [1]Nach der Probezeit kann das Ausbildungsverhältnis von jedem Vertragspartner ohne Einhalten einer Kündigungsfrist nur gekündigt werden, wenn

1. die oder der Auszubildende sich eines Verhaltens schuldig gemacht hat oder macht, aus dem sich die Unzuverlässigkeit zur Absolvierung der Ausbildung ergibt,
2. die oder der Auszubildende in gesundheitlicher Hinsicht dauerhaft nicht oder nicht mehr zur Absolvierung der Ausbildung geeignet ist oder
3. ein sonstiger wichtiger Grund vorliegt.

[2]In diesen Fällen ist die Kündigung zu begründen.

(3) Nach der Probezeit kann die oder der Auszubildende mit einer Kündigungsfrist von vier Wochen das Ausbildungsverhältnis ohne Angabe des Kündigungsgrundes kündigen.

(4) Die Kündigung muss schriftlich erfolgen.

(5) [1]Eine Kündigung aus einem sonstigen wichtigen Grund ist unwirksam, wenn die Tatsachen, die der Kündigung zugrunde liegen, der kündigungsberechtigten Person länger als 14 Tage bekannt sind. [2]Ist ein vorgesehenes Güteverfahren vor einer außergerichtlichen Stelle eingeleitet, so wird bis zu dessen Beendigung der Lauf der Frist nach Satz 1 gehemmt.

§ 35 Beschäftigung im Anschluss an das Ausbildungsverhältnis

Wird die oder der Auszubildende im Anschluss an das Ausbildungsverhältnis beschäftigt, ohne dass hierüber ausdrücklich etwas vereinbart worden ist, so gilt ein Arbeitsverhältnis auf unbestimmte Zeit als begründet.

§ 36 Nichtigkeit von Vereinbarungen

(1) Eine Vereinbarung, die zu Ungunsten der oder des Auszubildenden von den §§ 26 bis 35 abweicht, ist nichtig.

(2) Nichtig ist auch eine Vereinbarung über

1. die Verpflichtung der oder des Auszubildenden, für die Ausbildung eine Entschädigung oder Schulgeld zu zahlen,
2. Gebühren für Prüfungen,
3. Vertragsstrafen,
4. den Ausschluss oder die Beschränkung von Schadensersatzansprüchen und
5. die Festsetzung der Höhe eines Schadensersatzes in Pauschalbeträgen.

(3) [1]Nichtig ist zudem eine Vereinbarung, die die Auszubildende oder den Auszubildenden für die Zeit nach der Beendigung des Ausbildungsverhältnisses in der Ausübung ihrer oder seiner beruflichen Tätigkeit beschränkt. [2]Wirksam ist eine innerhalb der letzten sechs Monate des Ausbildungsverhältnisses getroffene Vereinbarung darüber, dass die oder der Auszubildende nach Beendigung des Ausbildungsverhältnisses ein Arbeitsverhältnis eingeht.

§ 37 Ausnahmeregelung für Mitglieder geistlicher Gemeinschaften

Die §§ 26 bis 36 finden keine Anwendung auf Auszubildende, die Diakonissen, Diakonieschwestern oder Mitglieder geistlicher Gemeinschaften sind.

Abschnitt 3
Anerkennung von im Ausland erworbenen Berufsqualifikationen

§ 38 Anforderung an die Anerkennung einer außerhalb des Geltungsbereichs dieses Gesetzes abgeschlossenen Ausbildung

(1) Eine außerhalb des Geltungsbereichs dieses Gesetzes erworbene Berufsqualifikation wird anerkannt, wenn

1. sie mit der in diesem Gesetz geregelten Ausbildung gleichwertig ist oder
2. die antragstellende Person die erforderliche Anpassungsmaßnahme erfolgreich absolviert hat.

(2) Die Überprüfung der Gleichwertigkeit der Berufsqualifikation erfolgt auf der Grundlage der eingereichten Ausbildungsnachweise und Arbeitszeugnisse.

(3) [1]Die zuständige Behörde bestätigt der antragstellenden Person innerhalb eines Monats den Empfang der Unterlagen und teilt gegebenenfalls mit, welche Unterlagen fehlen. [2]Die Prüfung des Antrags muss so schnell wie möglich abgeschlossen werden, spätestens jedoch drei Monate nach Einreichung der vollständigen Unterlagen.

(4) Auf Antrag ist der antragstellenden Person ein gesonderter Bescheid über die Feststellung der Gleichwertigkeit ihrer Berufsqualifikation zu erteilen.

§ 39 Nichtanwendbarkeit des Berufsqualifikationsfeststellungsgesetzes

Das Berufsqualifikationsfeststellungsgesetz findet mit Ausnahme des § 17 des Berufsqualifikationsfeststellungsgesetzes keine Anwendung.

§ 40 Begriffsbestimmungen zu den ausländischen Staaten

(1) [1]Mitgliedstaat im Sinne dieses Gesetzes ist ein Mitgliedstaat der Europäischen Union. [2]Andere Mitgliedstaaten sind alle Mitgliedstaaten außer der Bundesrepublik Deutschland.

(2) [1]Vertragsstaat im Sinne dieses Gesetzes ist ein Vertragsstaat des Abkommens über den Europäischen Wirtschaftsraum. [2]Andere Vertragsstaaten sind alle Vertragsstaaten außer der Bundesrepublik Deutschland.

(3) Drittstaat ist ein Staat, der weder Mitgliedstaat noch Vertragsstaat ist.

(4) Gleichgestellter Staat ist ein Drittstaat, der bei der Anerkennung von Berufsqualifikationen nach dem Recht der Europäischen Union einem Mitgliedstaat gleichgestellt ist.

(5) Herkunftsstaat ist der Mitgliedstaat, der andere Vertragsstaat oder der gleichgestellte Staat, in dem die Berufsqualifikation erworben worden ist.

(6) Aufnahmestaat ist der andere Mitgliedstaat, der andere Vertragsstaat oder der gleichgestellte Staat, in dem eine Anästhesietechnische Assistentin oder ein Anästhesietechnischer Assistent oder eine Operationstechnische Assistentin oder ein Operationstechnischer Assistent niedergelassen ist oder Dienstleistungen erbringt.

§ 41 Ausbildungsnachweise bei Berufsqualifikationen, die in einem anderen Mitgliedstaat, in einem anderen Vertragsstaat oder in einem gleichgestellten Staat abgeschlossen worden sind

(1) Bei einer Berufsqualifikation, die in einem anderen Mitgliedstaat, in einem anderen Vertragsstaat oder in einem gleichgestellten Staat abgeschlossen worden ist, soll die Überprüfung der Gleichwertigkeit der Berufsqualifikation nur aufgrund der folgenden Ausbildungsnachweise erfolgen:

1. Europäischer Berufsausweis, aus dem hervorgeht, dass die antragstellende Person eine Berufsqualifikation erworben hat, die in diesem Staat erforderlich ist für den unmittelbaren Zugang zu einem Beruf, der dem Beruf der Anästhesietechnischen

Assistentin und des Anästhesietechnischen Assistenten oder dem Beruf der Operationstechnischen Assistentin und des Operationstechnischen Assistenten entspricht,

2. Europäischer Berufsausweis für den Beruf der Anästhesietechnischen Assistentin und des Anästhesietechnischen Assistenten oder für den Beruf der Operationstechnischen Assistentin und des Operationstechnischen Assistenten,
3. ein Ausbildungsnachweis,
   a) der dem Niveau entspricht, das genannt ist in Artikel 11 Buchstabe a der Richtlinie 2005/36/EG des Europäischen Parlaments und des Rates vom 7. September 2005 über die Anerkennung von Berufsqualifikationen (ABl. L 255 vom 30.9.2005, S. 22; L 271 vom 16.10.2007, S. 18; L 93 vom 4.4.2008, S. 28; L 33 vom 3.2.2009, S. 49; L 305 vom 24.10.2014, S. 115), die zuletzt durch den Delegierten Beschluss (EU) 2019/608 (ABl. L 104 vom 15.4.2019, S. 1) geändert worden ist, in der jeweils geltenden Fassung, und
   b) aus dem hervorgeht, dass die antragstellende Person eine Ausbildung erworben hat, die in diesem Staat erforderlich ist für den unmittelbaren Zugang zu einem Beruf, der dem Beruf der Anästhesietechnischen Assistentin und des Anästhesietechnischen Assistenten oder dem Beruf der Operationstechnischen Assistentin und des Operationstechnischen Assistenten entspricht, oder
4. ein Diplom, aus dem hervorgeht, dass die antragstellende Person eine Ausbildung erworben hat, die in diesem Staat erforderlich ist für den unmittelbaren Zugang zu einem Beruf, der dem Beruf der Anästhesietechnischen Assistentin und des Anästhesietechnischen Assistenten oder dem Beruf der Operationstechnischen Assistentin und des Operationstechnischen Assistenten entspricht.

(2) Diplome im Sinne dieses Gesetzes sind Ausbildungsnachweise nach Artikel 3 Absatz 1 Buchstabe c der Richtlinie 2005/36/EG in der jeweils geltenden Fassung, die mindestens dem in Artikel 11 Buchstabe b der Richtlinie 2005/36/EG genannten Niveau entsprechen und denen eine Bescheinigung des Herkunftsstaats über das Ausbildungsniveau beigefügt ist.

(3) Als Diplome gelten auch

1. Ausbildungsnachweise oder eine Gesamtheit von Ausbildungsnachweisen, die von einer zuständigen Behörde des Herkunftsstaats ausgestellt worden sind, sofern die Ausbildungsnachweise
   a) den erfolgreichen Abschluss einer Ausbildung bescheinigen, die in einem Mitgliedstaat, einem Vertragsstaat oder einem gleichgestellten Staat auf Vollzeitbasis oder Teilzeitbasis im Rahmen formaler oder nichtformaler Ausbildungsprogramme erworben worden sind,
   b) von diesem Herkunftsstaat als gleichwertig anerkannt worden sind,
   c) in Bezug auf die Aufnahme oder Ausübung des Berufs der Anästhesietechnischen Assistentin und des Anästhesietechnischen Assistenten oder des Berufs der Operationstechnischen Assistentin und des Operationstechnischen Assistenten dieselben Rechte verleihen oder auf die Ausübung dieses Berufs vorbereiten und
2. Berufsqualifikationen, die zwar nicht den Erfordernissen der Rechts- oder Verwaltungsvorschriften des Herkunftsstaats für die Aufnahme oder Ausübung des

Berufs der Anästhesietechnischen Assistentin und des Anästhesietechnischen Assistenten oder des Berufs der Operationstechnischen Assistentin und des Operationstechnischen Assistenten entsprechen, ihrer Inhaberin oder ihrem Inhaber jedoch Rechte verleihen, die nach dem Recht des Herkunftsstaats erworben worden sind.

§ 42 Ausbildungsnachweise bei Ausbildungen, die in einem Drittstaat abgeschlossen worden sind

(1) Bei einer Berufsqualifikation, die in einem Drittstaat, der kein gleichgestellter Staat ist, abgeschlossen worden ist, sind die Ausbildungsnachweise vorzulegen, die

1. in dem Drittstaat ausgestellt worden sind und
2. mit angemessenem Aufwand beizubringen sind.

(2) In Ausnahmefällen kann der Abschluss der Berufsqualifikation auch auf andere Art und Weise glaubhaft gemacht werden.

(3) Ist die Gleichwertigkeit der Berufsqualifikation bereits in einem anderen Mitgliedstaat, in einem anderen Vertragsstaat oder in einem gleichgestellten Staat anerkannt worden, so ist die entsprechende Bescheinigung vorzulegen.

§ 43 Gleichwertigkeit der Berufsqualifikation

Eine Berufsqualifikation, die außerhalb des Geltungsbereichs dieses Gesetzes abgeschlossen worden ist, ist gleichwertig mit der in diesem Gesetz geregelten Ausbildung zur Anästhesietechnischen Assistentin oder zum Anästhesietechnischen Assistenten oder mit der in diesem Gesetz geregelten Ausbildung zur Operationstechnischen Assistentin oder zum Operationstechnischen Assistenten, wenn

1. sie keine wesentlichen Unterschiede aufweist gegenüber der in Abschnitt 2 und in der Ausbildungs- und Prüfungsverordnung nach § 66 geregelten Ausbildung oder
2. wesentliche Unterschiede vollständig durch den Nachweis von Kenntnissen, Fähigkeiten und Kompetenzen aufgrund von Berufserfahrung oder von lebenslangem Lernen ausgeglichen werden.

§ 44 Wesentliche Unterschiede bei der Berufsqualifikation

(1) Wesentliche Unterschiede liegen vor,

1. wenn in der Berufsqualifikation mindestens ein Themenbereich oder ein berufspraktischer Bestandteil fehlt, der in Deutschland Mindestvoraussetzung für die Ausübung des Berufs der Anästhesietechnischen Assistentin oder des Anästhesietechnischen Assistenten oder des Berufs der Operationstechnischen Assistentin oder des Operationstechnischen Assistenten ist, oder
2. wenn in dem Beruf mindestens eine reglementierte Tätigkeit nicht ausgeübt wird, die in Deutschland Mindestvoraussetzung für die Ausübung des Berufs der Anästhesietechnischen Assistentin oder des Anästhesietechnischen Assistenten oder des Berufs der Operationstechnischen Assistentin oder des Operationstechnischen Assistenten ist.

(2) Die inhaltlichen wesentlichen Abweichungen nach Absatz 1 müssen sich auf Themenbereiche oder berufspraktische Bestandteile beziehen, deren Kenntnisse, Fähigkeiten und Kompetenzen eine wesentliche Voraussetzung für die Ausübung des jeweiligen Berufs im Geltungsbereich dieses Gesetzes sind.

§ 45 Ausgleich durch Berufserfahrung oder durch lebenslanges Lernen

(1) Wesentliche Unterschiede können vollständig oder teilweise ausgeglichen werden durch Kenntnisse, Fähigkeiten und Kompetenzen, die die antragstellende Person erworben hat

1. durch Berufserfahrung im Rahmen ihrer tatsächlichen und rechtmäßigen Ausübung des Berufs der Anästhesietechnischen Assistentin oder des Anästhesietechnischen Assistenten oder des Berufs der Operationstechnischen Assistentin oder des Operationstechnischen Assistenten in Vollzeit oder Teilzeit oder
2. durch lebenslanges Lernen.

(2) Die Anerkennung der nach Absatz 1 Nummer 2 erworbenen Kenntnisse, Fähigkeiten und Kompetenzen setzt voraus, dass sie von einer dafür in dem jeweiligen Staat zuständigen Stelle formell als gültig anerkannt worden sind.

(3) Für die Anerkennung ist nicht entscheidend, in welchem Staat die jeweiligen Kenntnisse, Fähigkeiten und Kompetenzen erworben worden sind.

§ 46 Anpassungsmaßnahmen

(1) Ist die Berufsqualifikation der antragstellenden Person nicht mit der in diesem Gesetz geregelten Berufsqualifikation gleichwertig, so ist für eine Anerkennung eine Anpassungsmaßnahme durchzuführen.

(2) Dies gilt auch für den Fall, dass die Gleichwertigkeit der Berufsqualifikation nur mit einem unangemessenen zeitlichen oder sachlichen Aufwand festgestellt werden kann, da die antragstellende Person die erforderlichen Unterlagen oder Ausbildungsnachweise aus Gründen, die nicht in der antragstellenden Person liegen, nicht vorlegen kann.

§ 47 Anerkennung der Berufsqualifikation nach Eignungsprüfung oder Anpassungslehrgang

(1) Als Anpassungsmaßnahme ist eine Eignungsprüfung oder ein Anpassungslehrgang erforderlich, wenn die antragstellende Person

1. eine Berufsqualifikation nachweist, die in einem anderen Mitgliedstaat, in einem anderen Vertragsstaat oder in einem gleichgestellten Staat erworben worden ist, oder
2. eine Berufsqualifikation nachweist, die
   a) in einem Drittstaat, der kein gleichgestellter Staat ist, erworben worden ist und
   b) bereits in einem anderen Mitgliedstaat, in einem anderen Vertragsstaat oder in einem gleichgestellten Staat anerkannt worden ist.

(2) Die antragstellende Person hat das Recht, zwischen dem Ablegen der Eignungsprüfung oder dem Absolvieren eines Anpassungslehrgangs zu wählen.

(3) Verfügt eine antragstellende Person lediglich über einen Ausbildungsnachweis, der dem in Artikel 11 Buchstabe a der Richtlinie 2005/36/EG genannten Niveau entspricht, so muss sie eine Eignungsprüfung ablegen.

§ 48 Anerkennung der Berufsqualifikation nach Kenntnisprüfung oder Anpassungslehrgang

(1) Als Anpassungsmaßnahme ist eine Kenntnisprüfung oder ein Anpassungslehrgang erforderlich, wenn die antragstellende Person eine Berufsqualifikation nachweist, die

1. in einem Drittstaat, der kein gleichgestellter Staat ist, erworben worden ist und
2. weder in einem anderen Mitgliedstaat noch in einem anderen Vertragsstaat noch in einem gleichgestellten Staat anerkannt worden ist.

(2) Die antragstellende Person hat das Recht, zwischen dem Ablegen der Kenntnisprüfung oder dem Absolvieren eines Anpassungslehrgangs zu wählen.

(3) Der Anpassungslehrgang schließt mit einer Prüfung ab.

(4) Ist die Prüfung nach Absatz 3 bestanden worden, so wird die Berufsqualifikation anerkannt.

§ 49 Eignungsprüfung

(1) Die Eignungsprüfung erstreckt sich auf die wesentlichen Unterschiede, die zuvor bei der antragstellenden Person festgestellt worden sind.

(2) Ist die Eignungsprüfung erfolgreich abgelegt worden, so wird die Berufsqualifikation anerkannt.

§ 50 Kenntnisprüfung

(1) Die Kenntnisprüfung erstreckt sich auf den Inhalt der staatlichen Abschlussprüfung.

(2) Ist die Kenntnisprüfung erfolgreich abgelegt worden, so wird die Berufsqualifikation anerkannt.

§ 51 Anpassungslehrgang

(1) Den Inhalt und Umfang des Anpassungslehrgangs regelt die auf der Grundlage des § 66 erlassene Ausbildungs- und Prüfungsverordnung.

(2) Der Anpassungslehrgang darf höchstens drei Jahre dauern.

Abschnitt 4
Dienstleistungserbringung

Unterabschnitt 1
Personen, die die Dienstleistungserbringung in Deutschland beabsichtigen

§ 52 Dienstleistungserbringung

Eine Staatsangehörige oder ein Staatsangehöriger eines anderen Mitgliedstaates, eines anderen Vertragsstaates oder eines gleichgestellten Staates darf als dienstleistungserbringende Person im Rahmen vorübergehender und gelegentlicher Dienstleistungen im Sinne des Artikels 57 des Vertrages über die Arbeitsweise der Europäischen Union (ABl. C 326 vom 26.10.2012, S. 47) den Beruf der Anästhesietechnischen Assistentin oder des Anästhesietechnischen Assistenten oder den Beruf der Operationstechnischen Assistentin oder des Operationstechnischen Assistenten ausüben, wenn sie oder er zur Dienstleistung berechtigt ist.

§ 53 Meldung der Dienstleistungserbringung

(1) Wer beabsichtigt, in Deutschland als dienstleistungserbringende Person tätig zu sein, ist verpflichtet, dies der in Deutschland zuständigen Behörde vorab schriftlich zu melden.

(2) Bei der erstmaligen Meldung sind folgende Dokumente vorzulegen:

1. ein Nachweis der Staatsangehörigkeit,
2. ein Nachweis der Berufsqualifikation,
3. eine Bescheinigung über eine zum Zeitpunkt der Vorlage bestehende rechtmäßige Niederlassung in einem anderen Mitgliedstaat, in einem anderen Vertragsstaat oder in einem gleichgestellten Staat
   a) für die Tätigkeit in einem reglementierten Beruf, der einem in diesem Gesetz geregelten Beruf entspricht, oder
   b) für die Tätigkeit in einem Beruf, der einem in diesem Gesetz geregelten Beruf entspricht und der nicht reglementiert ist, sowie zusätzlich ein Nachweis in beliebiger Form, dass die Tätigkeit in dem Beruf während der vorhergehenden zehn Jahre mindestens ein Jahr lang in einem oder in mehreren Mitgliedstaaten, Vertragsstaaten oder gleichgestellten Staaten rechtmäßig ausgeübt worden ist,
4. eine Erklärung, dass die meldende Person über die Kenntnisse der deutschen Sprache verfügt, die zur Ausübung des Berufs erforderlich sind, und
5. eine Bescheinigung, aus der sich ergibt, dass
   a) die Ausübung dieser Tätigkeit nicht, auch nicht vorübergehend, untersagt ist und
   b) keine Vorstrafen der meldenden Person vorliegen.

(3) Die erstmalige Meldung ist an die zuständige Behörde des Landes zu richten, in dem die Dienstleistung erbracht werden soll.

§ 54 Berechtigung zur Dienstleistungserbringung

Zur Dienstleistungserbringung ist nur berechtigt, wer

1. über eine zur Dienstleistungserbringung berechtigende Berufsqualifikation verfügt,
2. in einem anderen Mitgliedstaat, in einem anderen Vertragsstaat oder in einem gleichgestellten Staat rechtmäßig niedergelassen ist und
   a) die Ausübung des Berufs, der dem Beruf, in dem die Dienstleistungserbringung angestrebt wird, entspricht, in diesem anderen Mitgliedstaat, in diesem anderen Vertragsstaat oder in dem gleichgestellten Staat reglementiert ist oder
   b) die Ausübung des Berufs oder die Ausbildung zu dem Beruf, der dem Beruf, in dem die Dienstleistungserbringung angestrebt wird, entspricht, in diesem anderen Mitgliedstaat, in diesem anderen Vertragsstaat oder in dem gleichgestellten Staat nicht reglementiert ist und die meldende Person den Beruf während der vorhergehenden zehn Jahre mindestens ein Jahr lang in einem oder in mehreren Mitgliedstaaten, Vertragsstaaten oder gleichgestellten Staaten ausgeübt hat,
3. sich nicht eines Verhaltens schuldig gemacht hat, aus dem sich die Unzuverlässigkeit zur Ausübung des Berufs der Anästhesietechnischen Assistentin oder des Anästhesietechnischen Assistenten oder des Berufs der Operationstechnischen Assistentin oder des Operationstechnischen Assistenten ergibt,
4. in gesundheitlicher Hinsicht geeignet ist zur Ausübung des Berufs der Anästhesietechnischen Assistentin oder des Anästhesietechnischen Assistenten oder des Berufs der Operationstechnischen Assistentin oder des Operationstechnischen Assistenten und
5. über Kenntnisse der deutschen Sprache verfügt, die zur Ausübung des Berufs der Anästhesietechnischen Assistentin oder des Anästhesietechnischen Assistenten oder des Berufs der Operationstechnischen Assistentin oder des Operationstechnischen Assistenten erforderlich sind.

§ 55 Zur Dienstleistungserbringung berechtigende Berufsqualifikation

(1) Zur Dienstleistungserbringung berechtigen folgende Berufsqualifikationen:

1. eine abgeschlossene Ausbildung nach diesem Gesetz oder
2. eine Berufsqualifikation, die
   a) in einem anderen Mitgliedstaat, in einem anderen Vertragsstaat oder in einem gleichgestellten Staat erworben worden ist,
   b) in dem Staat, in dem sie erworben worden ist, erforderlich ist für den unmittelbaren Zugang zu einem Beruf, der dem Beruf der Anästhesietechnischen Assistentin und des Anästhesietechnischen Assistenten oder dem Beruf der Operationstechnischen Assistentin und des Operationstechnischen Assistenten entspricht, und
   c) entweder nach den §§ 43 bis 45 mit der in diesem Gesetz geregelten Ausbildung gleichwertig ist oder wesentliche Unterschiede nur in einem Umfang aufweist, der nicht zu einer Gefährdung der öffentlichen Gesundheit führt.

(2) Weist eine Berufsqualifikation wesentliche Unterschiede in einem Umfang vor, der zu einer Gefährdung der öffentlichen Gesundheit führt, so kann die meldende Person zum Erwerb einer zur Dienstleistung berechtigenden Berufsqualifikation eine Eignungsprüfung ablegen, die sich auf diese wesentlichen Unterschiede erstreckt.

(3) Die meldende Person kann auch dann eine Eignungsprüfung ablegen, wenn die Gleichwertigkeit ihrer Berufsqualifikation nur mit einem unangemessenen zeitlichen oder sachlichen Aufwand festgestellt werden kann, da die die Meldung erstattende Person die erforderlichen Unterlagen oder Nachweise aus Gründen, die sie nicht zu verantworten hat, nicht vorlegen kann.

(4) Ist die Eignungsprüfung erfolgreich abgelegt worden, so berechtigt die Berufsqualifikation der meldenden Person zur Dienstleistungserbringung.

§ 56 Überprüfen der Berechtigung zur Dienstleistungserbringung

(1) Die zuständige Behörde überprüft, ob die meldende Person berechtigt ist, in Deutschland die Tätigkeit der Anästhesietechnischen Assistentin oder des Anästhesietechnischen Assistenten oder die Tätigkeit der Operationstechnischen Assistentin oder des Operationstechnischen Assistenten als dienstleistungserbringende Person vorübergehend und gelegentlich auszuüben.

(2) [1]Den vorübergehenden und gelegentlichen Charakter der Dienstleistungserbringung beurteilt die zuständige Behörde im Einzelfall. [2]In ihre Beurteilung bezieht sie Dauer, Häufigkeit, regelmäßige Wiederkehr und Kontinuität der Dienstleistungserbringung ein.

(3) Soweit es für die Überprüfung der Gleichwertigkeit der Berufsqualifikation erforderlich ist, kann die zuständige Behörde bei der zuständigen Behörde des Staates, in dem die meldende Person niedergelassen ist, Informationen über den Ausbildungsgang der meldenden Person anfordern.

§ 57 Rechte und Pflichten der dienstleistungserbringenden Person

(1) Ist eine Person berechtigt, den Beruf der Anästhesietechnischen Assistentin oder des Anästhesietechnischen Assistenten oder den Beruf der Operationstechnischen Assistentin oder des Operationstechnischen Assistenten als dienstleistungserbringende Person vorübergehend und gelegentlich auszuüben, so hat sie beim Erbringen der Dienstleistung in Deutschland die gleichen Rechte und Pflichten wie Personen mit einer Erlaubnis zum Führen der Berufsbezeichnung nach § 1 Absatz 1 oder § 2 Absatz 1.

(2) Die dienstleistungserbringende Person darf je nach ausgeübter Tätigkeit die Berufsbezeichnung „Anästhesietechnische Assistentin“ oder „Anästhesietechnischer Assistent“ oder die Berufsbezeichnung „Operationstechnische Assistentin“ oder „Operationstechnischer Assistent“ führen, auch wenn sie nicht die Erlaubnis zum Führen der Berufsbezeichnung nach § 1 Absatz 1 oder § 2 Absatz 1 besitzt.

(3) [1]Die dienstleistungserbringende Person ist verpflichtet, der zuständigen Behörde unverzüglich zu melden:

1. eine Änderung der Staatsangehörigkeit,
2. den Verlust der rechtmäßigen Niederlassung im Beruf der Anästhesietechnischen Assistentin oder des Anästhesietechnischen Assistenten oder im Beruf der Operationstechnischen Assistentin oder des Operationstechnischen Assistenten in einem anderen Mitgliedstaat, in einem anderen Vertragsstaat oder in einem gleichgestellten Staat,
3. die Tatsache, dass ihr die Ausübung dieses Berufs untersagt ist, auch bei vorübergehender Untersagung,
4. die Tatsache, dass bei ihr eine Vorstrafe vorliegt, oder
5. die Tatsache, dass sie in gesundheitlicher Hinsicht nicht mehr geeignet ist zur Ausübung des Berufs der Anästhesietechnischen Assistentin oder des Anästhesietechnischen Assistenten oder des Berufs der Operationstechnischen Assistentin oder des Operationstechnischen Assistenten.

[2]Die Änderungsmeldung ist der zuständigen Behörde des Landes zu machen, in dem die Dienstleistung erbracht wird.

§ 58 Pflicht zur erneuten Meldung

(1) Beabsichtigt die dienstleistungserbringende Person nach Ablauf eines Jahres nach der letzten Meldung erneut, vorübergehend und gelegentlich Dienstleistungen im Geltungsbereich dieses Gesetzes zu erbringen, ist die Meldung zu erneuern.

(2) Die erneute Meldung ist der zuständigen Behörde des Landes zu machen, in dem die Dienstleistung erbracht werden soll.

Unterabschnitt 2
Personen mit Erlaubnis zum Führen der Berufsbezeichnung in Deutschland

§ 59 Bescheinigung, die erforderlich ist zur Dienstleistungserbringung in einem anderen Mitgliedstaat, einem anderen Vertragsstaat oder in einem gleichgestellten Staat

(1) Üben deutsche Staatsangehörige oder Staatsangehörige eines anderen Mitgliedstaates, eines anderen Vertragsstaates oder eines gleichgestellten Staates den Beruf der Anästhesietechnischen Assistentin und des Anästhesietechnischen Assistenten oder den Beruf der Operationstechnischen Assistentin und des Operationstechnischen Assistenten in Deutschland aufgrund einer Erlaubnis zum Führen der Berufsbezeichnung nach § 1 Absatz 1 oder § 2 Absatz 1 aus, so wird ihnen auf Antrag eine Bescheinigung von der zuständigen Behörde ausgestellt, damit sie die Möglichkeit haben, in einem anderen Mitgliedstaat, in einem anderen Vertragsstaat oder in einem gleichgestellten Staat ihren Beruf als dienstleistungserbringende Person im Sinne des Artikels 57 des Vertrages über die Arbeitsweise der Europäischen Union vorübergehend und gelegentlich auszuüben.

(2) Die Bescheinigung wird von der zuständigen Behörde des Landes ausgestellt, in dem die antragstellende Person den Beruf der Anästhesietechnischen Assistentin oder des Anästhesietechnischen Assistenten oder den Beruf der Operationstechnischen Assistentin oder des Operationstechnischen Assistenten ausübt.

(3) Die Bescheinigung hat zu enthalten:

1. die Bestätigung, dass die antragstellende Person rechtmäßig niedergelassen ist
   a) als Anästhesietechnische Assistentin oder Anästhesietechnischer Assistent oder
   b) als Operationstechnische Assistentin oder Operationstechnischer Assistent,
2. dass der antragstellenden Person die Ausübung dieses Berufs nicht, auch nicht vorübergehend, untersagt ist und
3. dass die antragstellende Person über die berufliche Qualifikation verfügt, die für die Berufsausübung erforderlich ist.

Abschnitt 5
Zuständigkeiten und weitere Aufgaben der Behörden

Unterabschnitt 1
Zuständigkeit

§ 60 Zuständige Behörde

(1) Die Länder bestimmen die zur Durchführung dieses Gesetzes zuständigen Behörden.

(2) Die Länder können vereinbaren, dass insbesondere die folgenden Aufgaben von einem anderen Land oder von einer gemeinsamen Einrichtung der Länder wahrgenommen werden:

1. Aufgaben im Verfahren der Anerkennung der Gleichwertigkeit von Ausbildungen, die im Ausland abgeschlossen worden sind, und
2. Aufgaben bei der Entgegennahme der Meldung zur Dienstleistungserbringung und Aufgaben bei der Überprüfung, ob eine Person in Deutschland berechtigt ist, den Beruf der Anästhesietechnischen Assistentin oder des Anästhesietechnischen Assistenten oder den Beruf der Operationstechnischen Assistentin oder des Operationstechnischen Assistenten als dienstleistungserbringende Person im Rahmen vorübergehender und gelegentlicher Dienstleistungen im Sinne des Artikels 57 des Vertrages über die Arbeitsweise der Europäischen Union auszuüben.

Unterabschnitt 2
Weitere Aufgaben

§ 61 Unterrichtungs- und Überprüfungspflichten

(1) Die zuständige Behörde des Landes, in dem eine Person den Beruf der Anästhesietechnischen Assistentin oder des Anästhesietechnischen Assistenten oder den Beruf der Operationstechnischen Assistentin oder des Operationstechnischen Assistenten ausübt oder zuletzt ausgeübt hat, unterrichtet die zuständigen Behörden des Herkunftsstaats unverzüglich, wenn

1. diese Person sich eines Verhaltens schuldig gemacht hat, aus dem sich die Unzuverlässigkeit zur Berufsausübung ergibt,

2. bei dieser Person
   a) die Erlaubnis zum Führen der Berufsbezeichnung zurückgenommen worden ist,
   b) die Erlaubnis zum Führen der Berufsbezeichnung widerrufen worden ist oder
   c) das Ruhen der Erlaubnis zum Führen der Berufsbezeichnung angeordnet worden ist,
3. dieser Person die Ausübung der Tätigkeit der Anästhesietechnischen Assistentin oder des Anästhesietechnischen Assistenten oder die Ausübung der Tätigkeit der Operationstechnischen Assistentin oder des Operationstechnischen Assistenten untersagt worden ist oder
4. in Bezug auf diese Person Tatsachen vorliegen, die eine der in den Nummern 1 bis 3 genannten Sanktionen oder Maßnahmen rechtfertigen.

(2) Erhält die zuständige Behörde eines Landes Auskünfte von der zuständigen Behörde eines Aufnahmestaates, die sich auf die Ausübung des Berufs der Anästhesietechnischen Assistentin und des Anästhesietechnischen Assistenten und auf die Ausübung des Berufs der Operationstechnischen Assistentin und des Operationstechnischen Assistenten im Geltungsbereich dieses Gesetzes auswirken können, so hat sie

1. die Richtigkeit der ihr übermittelten Auskünfte zu überprüfen,
2. zu entscheiden, in welcher Art und in welchem Umfang weitere Überprüfungen durchzuführen sind, und
3. die zuständige deutsche Behörde zu unterrichten über die Konsequenzen, die aus den ihr übermittelten Auskünften zu ziehen sind.

(3) Das Bundesministerium für Gesundheit benennt nach Mitteilung der Länder

1. die Behörden, die für die Ausstellung oder Entgegennahme der in der Richtlinie 2005/36/EG genannten Ausbildungsnachweise und sonstigen Unterlagen oder Informationen zuständig sind, sowie
2. die Behörden, die die Anträge annehmen und Entscheidungen treffen können, die im Zusammenhang mit der Richtlinie 2005/36/EG stehen.

(4) Das Bundesministerium für Gesundheit unterrichtet die anderen Mitgliedstaaten und die Europäische Kommission unverzüglich über die Benennung.

(5) [1]Die für die Entscheidungen nach diesem Gesetz zuständigen Behörden übermitteln dem Bundesministerium für Gesundheit statistische Aufstellungen über die getroffenen Entscheidungen, die die Europäische Kommission für den nach Artikel 60 Absatz 1 der Richtlinie 2005/36/EG erforderlichen Bericht benötigt. [2]Das Bundesministerium für Gesundheit leitet die ihm übermittelten statistischen Aufstellungen an die Europäische Kommission weiter.

§ 62 Warnmitteilung

(1) Die zuständige Behörde eines Landes unterrichtet die zuständigen Behörden der anderen Mitgliedstaaten, der anderen Vertragsstaaten und der anderen gleichgestellten Staaten durch eine Warnmitteilung über

1. den Widerruf der Erlaubnis zum Führen der Berufsbezeichnung, sofern er sofort vollziehbar oder unanfechtbar ist,
2. die Rücknahme der Erlaubnis zum Führen der Berufsbezeichnung, sofern sie sofort vollziehbar oder unanfechtbar ist,
3. die Anordnung des Ruhens der Erlaubnis zum Führen der Berufsbezeichnung, sofern sie sofort vollziehbar oder unanfechtbar ist,
4. das durch gerichtliche Entscheidung getroffene vorläufige Verbot, den Beruf der Anästhesietechnischen Assistentin und des Anästhesietechnischen Assistenten oder den Beruf der Operationstechnischen Assistentin und des Operationstechnischen Assistenten auszuüben, oder
5. das durch unanfechtbare gerichtliche Entscheidung getroffene Verbot, den Beruf der Anästhesietechnischen Assistentin und des Anästhesietechnischen Assistenten oder den Beruf der Operationstechnischen Assistentin und des Operationstechnischen Assistenten auszuüben.

(2) Die Warnmitteilung enthält folgende Angaben:

1. die zur Identifizierung der betroffenen Person erforderlichen Angaben, insbesondere deren
   a) Namen und Vornamen,
   b) Geburtsdatum und
   c) Geburtsort,
2. den Beruf der betroffenen Person und
3. Angaben über die Behörde oder das Gericht, die oder das die Entscheidung getroffen hat.

(3) Die Warnmitteilung erfolgt unverzüglich, spätestens jedoch drei Tage

1. nach Eintritt der Unanfechtbarkeit einer Entscheidung nach Absatz 1 Nummer 1, 2 oder Nummer 4 oder
2. nach Bekanntgabe einer Entscheidung nach Absatz 1 Nummer 4.

(4) Für die Warnmitteilung ist das Binnenmarkt-Informationssystem zu verwenden, das eingerichtet worden ist durch die Verordnung (EU) Nr. 1024/2012 des Europäischen Parlaments und des Rates vom 25. Oktober 2012 über die Verwaltungszusammenarbeit mit Hilfe des Binnenmarkt-Informationssystems und zur Aufhebung der Entscheidung 2008/49/EG der Kommission („IMI-Verordnung") (ABl. L 316 vom 14.11.2012, S. 1).

(5) [1]Gleichzeitig mit der Warnmitteilung unterrichtet die Behörde, die die Warnmitteilung getätigt hat, die betroffene Person schriftlich über die Warnmitteilung und deren Inhalt. [2]Der Unterrichtung hat sie eine Rechtsbehelfsbelehrung beizufügen. [3]Wird ein Rechtsbehelf gegen die Warnmitteilung eingelegt, so ergänzt die Behörde, die die Warnmitteilung getätigt hat, die Warnmitteilung um einen entsprechenden Hinweis.

§ 63 Löschung einer Warnmitteilung

Ist die Entscheidung, die die Warnmitteilung ausgelöst hat, aufgehoben worden, so löscht die Behörde, die die Warnmitteilung getätigt hat, die entsprechende Warnmitteilung im Binnenmarkt-Informationssystem unverzüglich, spätestens drei Tage nach der Aufhebung der Entscheidung.

§ 64 Unterrichtung über gefälschte Berufsqualifikationsnachweise

(1) Wird gerichtlich festgestellt, dass eine Person bei ihrem Antrag auf Erteilung der Erlaubnis zum Führen der Berufsbezeichnung oder auf Anerkennung der Gleichwertigkeit einer außerhalb des Geltungsbereichs dieses Gesetzes abgeschlossenen Ausbildung gefälschte Ausbildungsnachweise vorgelegt hat, so unterrichtet die zuständige Behörde die zuständigen Behörden der anderen Mitgliedstaaten, der anderen Vertragsstaaten und der gleichgestellten Staaten über

1. die Identität dieser Person, insbesondere über deren
   a) Namen und Vornamen,
   b) Geburtsdatum und
   c) Geburtsort und
2. den Umstand, dass diese Person gefälschte Ausbildungsnachweise vorgelegt hat.

(2) Für die Unterrichtung über die Fälschung ist das Binnenmarkt-Informationssystem zu verwenden.

(3) Die Unterrichtung über die Fälschung erfolgt unverzüglich, spätestens jedoch drei Tage nach Unanfechtbarkeit der Feststellung.

(4) [1]Gleichzeitig mit der Unterrichtung über die Fälschung unterrichtet die Behörde, die die Unterrichtung über die Fälschung vorgenommen hat, die betroffene Person schriftlich über die Unterrichtung über die Fälschung und deren Inhalt. [2]Der Unterrichtung hat sie eine Rechtsbehelfsbelehrung beizufügen. [3]Wird ein Rechtsbehelf gegen die Unterrichtung über die Fälschung eingelegt, so ergänzt die Stelle, die die Unterrichtung über die Fälschung getätigt hat, die Unterrichtung über die Fälschung um einen entsprechenden Hinweis.

§ 65 Verwaltungszusammenarbeit bei Dienstleistungserbringung

(1) Übt eine dienstleistungserbringende Person im Geltungsbereich dieses Gesetzes den Beruf der Anästhesietechnischen Assistentin oder des Anästhesietechnischen Assistenten oder den Beruf der Operationstechnischen Assistentin oder des Operationstechnischen Assistenten aus oder führt diese Berufsbezeichnung, ohne dass die Voraussetzungen dafür vorliegen, so unterrichtet die zuständige Behörde unverzüglich die zuständige Behörde des Niederlassungsstaats dieser dienstleistungserbringenden Person über den Verstoß.

(2) Die zuständige Behörde ist bei berechtigten Zweifeln an den von der dienstleistungsberechtigten Person vorgelegten Dokumenten berechtigt, von der zuständigen Behörde des Niederlassungsstaats der dienstleistenden Person folgende Informationen darüber anzufordern,

1. ob die Niederlassung der dienstleistungserbringenden Person in diesem Staat rechtmäßig ist und
2. ob gegen die dienstleistungserbringende Person berufsbezogene disziplinarische oder strafrechtliche Sanktionen vorliegen.

(3) Auf Anforderung der zuständigen Behörden eines anderen Mitgliedstaates, eines anderen Vertragsstaates oder eines gleichgestellten Staates übermitteln die zuständigen Behörden in Deutschland nach Artikel 56 der Richtlinie 2005/36/EG der anfordernden Behörde:

1. alle Informationen darüber, dass die Niederlassung der dienstleistungserbringenden Person im Beruf der Anästhesietechnischen Assistentin und des Anästhesietechnischen Assistenten oder im Beruf der Operationstechnischen Assistentin und des Operationstechnischen Assistenten in Deutschland rechtmäßig ist,
2. alle Informationen über die gute Führung der dienstleistungserbringenden Person und
3. Informationen darüber, dass gegen die dienstleistungserbringende Person berufsbezogen keine disziplinarischen oder keine strafrechtlichen Sanktionen vorliegen.

Abschnitt 6
Verordnungsermächtigung

§ 66 Ermächtigung zum Erlass der Ausbildungs- und Prüfungsverordnung

(1) Das Bundesministerium für Gesundheit wird ermächtigt, im Benehmen mit dem Bundesministerium für Bildung und Forschung durch Rechtsverordnung, die der Zustimmung des Bundesrates bedarf, in einer Ausbildungs- und Prüfungsverordnung Folgendes zu regeln:

1. die Mindestanforderungen an die Ausbildungsziele nach den §§ 7 bis 10, einschließlich der Abgrenzung der Ausbildungsinhalte von den ärztlichen Tätigkeiten,
2. das Nähere über das Pflegepraktikum nach § 15, das einen Überblick über die pflegerische Versorgung von Patientinnen und Patienten vor und nach operativen und anästhesiologischen Eingriffen vermittelt,
3. das Nähere über die Qualifikationsanforderungen der Praxisanleitung nach § 16,
4. das Nähere über die staatliche Prüfung nach § 21,
5. das Nähere über die Urkunden für die Erlaubnis nach den §§ 1, 2 und 69 Absatz 2,
6. das Nähere über die Nachprüfung nach § 69 Absatz 3 sowie
7. für Inhaberinnen und Inhaber von außerhalb des Geltungsbereichs dieses Gesetzes erworbenen Ausbildungsnachweisen, die eine Erlaubnis nach § 1 oder § 2 in Verbindung mit Abschnitt 3 beantragen:
   a) das Verfahren bei der Prüfung der Voraussetzungen nach § 1 Absatz 2 Nummer 2 und 3 und § 2 Absatz 2 Nummer 2 und 3, insbesondere
      aa) die Vorlage der von der antragstellenden Person vorzulegenden Nachweise und
      bb) die Ermittlung durch die zuständige Behörde entsprechend Artikel 50 Absatz 1 bis 3a in Verbindung mit Anhang VII der Richtlinie 2005/36/EG,
   b) die Pflicht für Inhaberinnen und Inhabern solcher Ausbildungsnachweise, nach Maßgabe des Artikels 52 Absatz 1 der Richtlinie 2005/36/EG die in Deutschland geltende Berufsbezeichnung zu führen und deren etwaige Abkürzung zu verwenden,

c) die Fristen für die Erteilung der Erlaubnis,
d) das Nähere zur Durchführung und zum Inhalt der Eignungsprüfung, der Kenntnisprüfung und des Anpassungslehrgangs,
e) das Verfahren bei der Ausstellung eines Europäischen Berufsausweises und

8. das Verfahren und das Nähere zu den Voraussetzungen der Dienstleistungserbringung nach Abschnitt 4 Unterabschnitt 1.

(2) [1]Abweichungen durch Landesrecht von den Regelungen des Verwaltungsverfahrens in der nach Absatz 1 erlassenen Rechtsverordnung sind ausgeschlossen. [2]Abweichend von Satz 1 können die Länder Abweichungen von den Fristenregelungen vorsehen, die durch Rechtsverordnung im Fall des § 81a des Aufenthaltsgesetzes erlassen werden.

Abschnitt 7
Bußgeldvorschriften

§ 67 Bußgeldvorschriften

(1) Ordnungswidrig handelt, wer

1. ohne Erlaubnis nach § 1 Absatz 1 die Berufsbezeichnung „Anästhesietechnische Assistentin“ oder „Anästhesietechnischer Assistent“ führt,
2. ohne Erlaubnis nach § 2 Absatz 1 die Berufsbezeichnung „Operationstechnische Assistentin“ oder „Operationstechnischer Assistent“ führt oder
3. einer vollziehbaren Anordnung nach § 5 Absatz 1 zuwiderhandelt.

(2) Die Ordnungswidrigkeit kann mit einer Geldbuße bis zu dreitausend Euro geahndet werden.

Abschnitt 8
Übergangs- und Schlussvorschriften

§ 68 Übergangsvorschrift für die Mindestanforderungen an Schulen

(1) Die Voraussetzungen des § 22 Absatz 3 Nummer 1 und 3 gelten als erfüllt, wenn als Schulleitung oder als Lehrkräfte Personen eingesetzt werden, die am 1. Januar 2022

1. eine Schule leiten, die entweder Anästhesietechnische oder Operationstechnische Assistenten ausbildet oder die Anästhesietechnische und Operationstechnische Assistenten ausbildet,
2. als Lehrkräfte an einer Schule unterrichten, die entweder Anästhesietechnische oder Operationstechnische Assistenten ausbildet oder die Anästhesietechnische und Operationstechnische Assistenten ausbildet,
3. über die Qualifikation zur Leitung oder zur Tätigkeit als Lehrkraft an einer Schule, die entweder Anästhesietechnische oder Operationstechnische Assistenten ausbildet oder die Anästhesietechnische und Operationstechnische Assistenten ausbildet, gemäß der „DKG-Empfehlung zur Ausbildung und Prüfung von

Operationstechnischen und Anästhesietechnischen Assistentinnen/Assistenten“ in der jeweiligen Fassung verfügen,
4. über die Qualifikation zur Leitung oder zur Tätigkeit als Lehrkraft an einer Schule, die Medizinischtechnische Assistenten für den Operationsdienst ausbildet, gemäß der in Thüringen geltenden Schulordnung für die Höhere Berufsfachschule – dreijährige Bildungsgänge – (GVBl. 2005, S. 3) vom 13. Dezember 2004, die zuletzt durch Artikel 16 der Verordnung vom 8. August 2013 (GVBl. S. 208, 238) geändert worden ist, verfügen,
5. über die Qualifikation zur Leitung oder zur Tätigkeit als Lehrkraft an einer Schule, die Operationstechnische Angestellte auf Grundlage der in Schleswig-Holstein geltenden Landesverordnung über die Berufsausbildung zur oder zum Operationstechnischen Angestellten vom 8. Juni 2004 (GVOBl. S. 190) ausbildet, verfügen,
6. über die Qualifikation zur Leitung oder zur Tätigkeit als Lehrkraft an einer Schule, die Operationstechnische Assistenten auf Grundlage der in Sachsen-Anhalt geltenden Verordnung über die Ausbildung für die operationstechnische Assistenz vom 15. März 2010, die zuletzt durch Verordnung vom 26. Januar 2015 (GVBl. LSA S. 34) geändert worden ist, ausbildet, verfügen,
7. über die Qualifikation zur Leitung oder zur Tätigkeit als Lehrkraft an einer Schule, die entweder Anästhesietechnische oder Operationstechnische Assistenten ausbildet oder die Anästhesietechnische und Operationstechnische Assistenten ausbildet, nach sonstigen landesrechtlichen Bestimmungen verfügen oder
8. ein berufspädagogisches Studium absolvieren zur Leitung einer Schule oder Lehrkraft an einer Schule, die Anästhesietechnische und Operationstechnische Assistenten ausbildet, und dieses nach Inkrafttreten dieses Gesetzes erfolgreich abschließen.

(2) [1]Die Genehmigung oder Anerkennung einer Schule ist zurückzunehmen, wenn die Schule der zuständigen Behörde nicht bis zum 1. Januar 2028 nachweist, dass sie die in § 22 genannten Voraussetzungen für die staatliche Anerkennung erfüllt. [2]Die Voraussetzungen des § 22 Absatz 3 Nummer 1 und 3 gelten als erfüllt, wenn als Schulleitung oder als Lehrkräfte Personen eingesetzt werden, die nach dem 1. Januar 2022 mindestens drei Jahre lang in der entsprechenden Position tätig gewesen sind.

§ 69 Weitergeltung für die Erlaubnis zum Führen der Berufsbezeichnung

(1) Folgende Berechtigungen gelten als Erlaubnis zum Führen der Berufsbezeichnung nach § 1 Absatz 1 oder § 2 Absatz 1:

1. die Berechtigung zum Führen der Berufsbezeichnung „Anästhesietechnische Assistentin“ oder „Anästhesietechnischer Assistent“ oder zum Führen der Berufsbezeichnung „Operationstechnische Assistentin“ oder „Operationstechnischer Assistent“, die erteilt worden ist auf der Grundlage der „DKG-Empfehlung zur Ausbildung und Prüfung von Operationstechnischen und Anästhesietechnischen Assistentinnen/Assistenten“ in der jeweils geltenden Fassung,
2. die Berechtigung zum Führen der Berufsbezeichnung „Medizinisch-technische Assistentin für den Operationsdienst“ oder „Medizinisch-technischer Assistent für den Operationsdienst“, die erworben worden ist auf der Grundlage der in Thüringen geltenden Schulordnung für die Höhere Berufsfachschule – drei-

jährige Bildungsgänge – (GVBl. 2005, S. 3) vom 13. Dezember 2004, die zuletzt durch Artikel 16 der Verordnung vom 8. August 2013 (GVBl. S. 208, 238) geändert worden ist,
3. die Berechtigung zum Führen der Berufsbezeichnung „Operationstechnische Angestellte“ oder „Operationstechnischer Angestellter“, die erteilt worden ist auf der Grundlage der in Schleswig-Holstein geltenden Landesverordnung über die Berufsausbildung zur oder zum Operationstechnischen Angestellten vom 8. Juni 2004 (GVOBl. S. 190) und
4. die Berechtigung zum Führen der Berufsbezeichnung „Operationstechnische Assistentin“ oder „Operationstechnischer Assistent“, die erteilt worden ist auf der Grundlage der in Sachsen-Anhalt geltenden Verordnung über die Ausbildung für die operationstechnische Assistenz vom 15. März 2010, die zuletzt durch Verordnung vom 26. Januar 2015 (GVBl. LSA S. 34) geändert worden ist.

(2) [1]Eine Person, die eine der in Absatz 1 genannten Berechtigungen besitzt, kann bei der zuständigen Behörde beantragen, dass ihr eine Urkunde über die Erlaubnis zum Führen der Berufsbezeichnung nach § 1 Absatz 1 oder § 2 Absatz 1 erteilt wird. [2]Die Erlaubnis wird erteilt, wenn die antragstellende Person

1. sich nicht eines Verhaltens schuldig gemacht hat, aus dem sich die Unzuverlässigkeit zur Berufsausübung ergibt,
2. in gesundheitlicher Hinsicht zur Berufsausübung nicht ungeeignet ist und
3. über Kenntnisse der deutschen Sprache verfügt, die zur Berufsausübung erforderlich sind.

[3]In diesem Fall sind auf der Erlaubnis zusätzlich anzugeben

1. die ihr zugrunde liegende Berufsqualifikation nach dem bisherigen Recht und
2. das Datum, an dem die ursprüngliche Berechtigung zum Führen der Berufsbezeichnung erteilt oder erworben worden ist.

(3) [1]Will eine Person, die nicht nach einer der in Absatz 1 genannten Grundlagen ausgebildet ist, die Erlaubnis zum Führen der Berufsbezeichnung nach § 1 Absatz 1 oder § 2 Absatz 1 erhalten, so muss sie die Nachprüfung nach der auf Grundlage des § 66 erlassenen Ausbildungs- und Prüfungsverordnung bestehen. [2]Ist ein Ausbildungsabschluss von der Deutschen Krankenhausgesellschaft anerkannt, so ist die Nachprüfung nicht erforderlich.

§ 70 Weiterführung einer begonnenen Ausbildung

[1]Wer vor dem 1. Januar 2022 eine der in § 69 Absatz 1 genannten Ausbildungen begonnen hat, schließt diese Ausbildung nach den jeweiligen bis dahin geltenden Vorschriften ab. [2]Auf Antrag erhält die Erlaubnis zum Führen der Berufsbezeichnung nach § 1 Absatz 1 oder § 2 Absatz 1, wer

1. die Ausbildung erfolgreich abgeschlossen hat,
2. sich nicht eines Verhaltens schuldig gemacht hat, aus dem sich die Unzuverlässigkeit zur Berufsausübung ergibt und
3. in gesundheitlicher Hinsicht zur Berufsausübung nicht ungeeignet ist.

§ 71 Weitergeltung der Berechtigung zum Führen der Berufsbezeichnung und Weiterführung eines begonnenen Anerkennungsverfahrens

Antragstellende Personen sind in Deutschland zum Führen der Berufsbezeichnung der Anästhesietechnischen Assistentin und des Anästhesietechnischen Assistenten oder der Berufsbezeichnung der Operationstechnischen Assistentin und des Operationstechnischen Assistenten berechtigt, wenn in einem Anerkennungsverfahren zur Prüfung der Gleichwertigkeit ihrer Ausbildung, das vor dem 1. Januar 2022 begonnen wurde

1. ihre Ausbildung von der Deutschen Krankenhausgesellschaft nach der „DKG-Empfehlung zur Ausbildung und Prüfung von Operationstechnischen und Anästhesietechnischen Assistentinnen/Assistenten“ in der jeweiligen Fassung als gleichwertig anerkannt worden ist oder noch anerkannt wird,
2. sie die Kenntnisprüfung erfolgreich abgelegt haben oder noch erfolgreich ablegen oder
3. den Anpassungslehrgang absolviert haben oder noch absolvieren.

§ 72 Finanzierung von Ausbildungskosten; Kooperationsvereinbarungen

(1) [1]Als mit Krankenhäusern notwendigerweise verbundene Ausbildungsstätten im Sinne des § 2 Nummer 1a des Krankenhausfinanzierungsgesetzes gelten auch Schulen, die

1. Ausbildungen nach diesem Gesetz durchführen und
2. mit Krankenhäusern Kooperationsvereinbarungen über die Durchführung der praktischen Ausbildung nach diesem Gesetz abgeschlossen haben.

[2]Kooperationsvereinbarungen nach Satz 1 Nummer 2 bedürfen der Schriftform.

(2) Die Kooperationsvereinbarung nach Absatz 1 Satz 1 Nummer 2 hat insbesondere Folgendes zu enthalten:

1. Angaben zur Anzahl der zur Verfügung stehenden Ausbildungsplätze der Schule,
2. Angaben zur voraussichtlichen Anzahl an Ausbildungsplätzen, die das Krankenhaus bei der Schule pro Ausbildungsgang in Anspruch nehmen wird,
3. Angaben zu den Ausbildungskosten der Schule, insbesondere zu Personalmitteln, Sachmitteln, Lehr- oder Lernmitteln, Kosten der Praxisbegleitung und Betriebskosten des Schulgebäudes, soweit diese für die Ausbildung nach diesem Gesetz und in dem vereinbarten Umfang an Ausbildungsplätzen voraussichtlich anfallen, und
4. Vorgaben zur Weiterleitung der Ausbildungskosten, die für die Schule im krankenhausindividuellen Ausbildungsbudget nach § 17a Absatz 3 Satz 1 des Krankenhausfinanzierungsgesetzes enthalten sind, durch das Krankenhaus an die Schule.

(3) Rechtzeitig vor dem Beginn der Verhandlungen des krankenhausindividuellen Ausbildungsbudgets nach § 17a Absatz 3 Satz 1 des Krankenhausfinanzierungsgesetzes hat die Schule dem Krankenhaus diejenigen Nachweise und Begründungen vorzulegen, die das Krankenhaus für die Geltendmachung der Ausbildungskosten der Schule im Rahmen der Verhandlungen benötigt.

(4) Im Rahmen der Verhandlungen des krankenhausindividuellen Ausbildungsbudgets nach § 17a Absatz 3 Satz 1 des Krankenhausfinanzierungsgesetzes hat die Schule dem Krankenhaus zusätzliche Auskünfte zu erteilen, soweit

1. das Krankenhaus diese Auskünfte für die Geltendmachung der Ausbildungskosten der Schule im Rahmen der Verhandlungen benötigt und
2. der dafür von der Schule zu betreibende Aufwand und der Nutzen für die Verhandlungen durch das Krankenhaus nicht außer Verhältnis stehen.

B.

Erläuterungen

Gesetz über den Beruf der Anästhesietechnischen Assistentin und des Anästhesietechnischen Assistenten und über den Beruf der Operationstechnischen Assistentin und des Operationstechnischen Assistenten (Anästhesietechnische- und Operationstechnische-Assistenten-Gesetz – ATA-OTA-G)*

vom 14.12.2019 (BGBl. I S. 2768),
zuletzt geändert durch Art. 8 G vom 20.7.2022 (BGBl. I S. 1174)

Inhaltsübersicht

* **Anm. d. Verlages:**
Das Gesetz wurde verkündet als Art. 1 des Gesetzes über die Ausbildung zur Anästhesietechnischen Assistentin und zum Anästhesietechnischen Assistenten und über die Ausbildung zur Operationstechnischen Assistentin und zum Operationstechnischen Assistenten. § 66 ist zum 21.12.2019 in Kraft getreten. Im Übrigen tritt das Gesetz am 1.1.2022 in Kraft.

Abschnitt 1
Erlaubnis zum Führen der Berufsbezeichnung

§ 1 Erlaubnis zum Führen der Berufsbezeichnung „Anästhesietechnische Assistentin" oder „Anästhesietechnischer Assistent"

(1) Wer die Berufsbezeichnung „Anästhesietechnische Assistentin“ oder „Anästhesietechnischer Assistent“ führen will, bedarf der Erlaubnis.

(2) Die Erlaubnis, die Berufsbezeichnung „Anästhesietechnische Assistentin“ oder „Anästhesietechnischer Assistent“ zu führen, wird auf Antrag erteilt, wenn die antragstellende Person

1. **die Ausbildung zur Anästhesietechnischen Assistentin oder zum Anästhesietechnischen Assistenten mit der staatlichen Prüfung erfolgreich abgeschlossen hat oder ihre Berufsqualifikation außerhalb des Geltungsbereichs dieses Gesetzes erworben hat und diese Berufsqualifikation nach Abschnitt 3 anerkannt wird,**
2. **sich nicht eines Verhaltens schuldig gemacht hat, aus dem sich die Unzuverlässigkeit zur Berufsausübung ergibt,**
3. **in gesundheitlicher Hinsicht zur Berufsausübung nicht ungeeignet ist und**
4. **über Kenntnisse der deutschen Sprache verfügt, die zur Berufsausübung erforderlich sind.**

(3) [1]Beantragt eine Person, die ihre Berufsqualifikation außerhalb des Geltungsbereichs dieses Gesetzes erworben hat, die Erlaubnis, so prüft die zuständige Behörde zunächst, ob diese Berufsqualifikation anerkannt wird. [2]Erst danach prüft sie, ob bei der antragstellenden Person die in Absatz 2 Nummer 2 bis 4 genannten Voraussetzungen vorliegen.

(4) Die Entscheidung, ob die Erlaubnis erteilt wird, trifft die zuständige Behörde des Landes, in dem

1. **die antragstellende Person die staatliche Prüfung abgelegt hat oder**
2. **die antragstellende Person mit einer außerhalb des Geltungsbereichs dieses Gesetzes erworbenen Berufsqualifikation den Beruf der Anästhesietechnischen Assistentin oder des Anästhesietechnischen Assistenten ausüben will.**

Erläuterungen

1 Die Erläuterungen zu dieser Vorschrift finden sich bei den → Erläuterungen zu § 2 ATA-OTA-G.

§ 2 Erlaubnis zum Führen der Berufsbezeichnung „Operationstechnische Assistentin" oder „Operationstechnischer Assistent"

(1) Wer die Berufsbezeichnung „Operationstechnische Assistentin“ oder „Operationstechnischer Assistent“ führen will, bedarf der Erlaubnis.

(2) Die Erlaubnis, die Berufsbezeichnung „Operationstechnische Assistentin“ oder „Operationstechnischer Assistent“ zu führen, wird auf Antrag erteilt, wenn die antragstellende Person

1. die Ausbildung zur Operationstechnischen Assistentin oder zum Operationstechnischen Assistenten mit der staatlichen Prüfung erfolgreich abgeschlossen hat oder ihre Berufsqualifikation außerhalb des Geltungsbereichs dieses Gesetzes erworben hat und diese Berufsqualifikation nach Abschnitt 3 anerkannt wird,
2. sich nicht eines Verhaltens schuldig gemacht hat, aus dem sich die Unzuverlässigkeit zur Berufsausübung ergibt,
3. in gesundheitlicher Hinsicht zur Berufsausübung nicht ungeeignet ist und
4. über Kenntnisse der deutschen Sprache verfügt, die zur Berufsausübung erforderlich sind.

(3) [1]Beantragt eine Person, die ihre Berufsqualifikation außerhalb des Geltungsbereichs dieses Gesetzes erworben hat, die Erlaubnis, so prüft die zuständige Behörde zunächst, ob diese Berufsqualifikation anerkannt wird. [2]Erst danach prüft sie, ob bei der antragstellenden Person die in Absatz 2 Nummer 2 bis 4 genannten Voraussetzungen vorliegen.

(4) Die Entscheidung, ob die Erlaubnis erteilt wird, trifft die zuständige Behörde des Landes, in dem

1. die antragstellende Person die staatliche Prüfung abgelegt hat oder
2. die antragstellende Person mit einer außerhalb des Geltungsbereichs dieses Gesetzes erworbenen Berufsqualifikation den Beruf der Operationstechnischen Assistentin oder des Operationstechnischen Assistenten ausüben will.

Erläuterungen

Übersicht

I. Allgemeines

1 Nachfolgend bezieht sich die Nennung von Vorschriften jeweils auf § 1 und § 2 ATA-OTA-G.

1. Regelungsinhalt

2 § 1 legt fest, dass das Führen der Berufsbezeichnung „Anästhesietechnische Assistentin“ oder „Anästhesietechnischer Assistent“ der Erlaubnis bedarf. Gleiches gilt gemäß § 2 für das Führen der Berufsbezeichnung „Operationstechnische Assistentin“ oder „Operationstechnischer Assistent“. **(Abs. 1)**. Die Voraussetzungen hierfür sind jeweils in **Abs. 2 Nrn. 1 bis 4** geregelt.

3 **Abs. 2** zählt die Voraussetzungen auf. Es handelt sich grundsätzlich um die Voraussetzungen, die auch bei den anderen Heilberufen gelten. Bei der **Ausbildungsvoraussetzung (Abs. 2 Nr. 1)** kommt es auf das Bestehen der staatlichen Prüfung an. Ist eine Berufsqualifikation außerhalb des Geltungsbereichs des Gesetzes erworben worden, muss diese Berufsqualifikation nach Abschnitt 3 des Gesetzes anerkannt worden sein. In **Abs. 2 Nr. 2** wird die **Zuverlässigkeit** zur Ausübung des Berufs verlangt. **Abs. 2 Nr. 3** betrifft die gesundheitliche Eignung, **Abs. 2 Nr. 4** die für die Berufsausübung erforderlichen Kenntnisse der deutschen Sprache.

2. Ausbildungen außerhalb des Geltungsbereiches des Gesetzes

4 Neben der Regelung in Abs. 2 Nr. 1 für außerhalb des Geltungsbereichs des ATA-OTA-G erworbene Berufsqualifikationen sind auch die Vorschriften zum **Führen der Berufsbezeichnung ohne Erlaubnis** bei vorübergehender und gelegentlicher **Dienstleistungserbringung** heranzuziehen (s. § 57 Abs. 2 ATA-OTA-G).

3. Unionsrecht: Berücksichtigung der Verhältnismäßigkeitsrichtlinie

5 Beim Schutz der Berufsbezeichnung ist **unionsrechtlich** auch die **Richtlinie (EU) 2018/958 des Europäischen Parlaments und des Rates über eine Verhältnismäßigkeitsprüfung vor Erlass neuer Berufsreglementierungen** (ABl. L 173 v. 9.7.2018, S. 25) zu beachten. Diese Richtlinie betrifft auch die Reglementierung der Heilberufe. Die Richtlinie ist, anders als ein deutsches Gesetz oder eine Verordnung, nicht direkt anwendbar, sondern bedarf der Umsetzung durch die Mitgliedstaaten. Hierzu liegt ein Gesetz zur Umsetzung der Verhältnismäßigkeitsrichtlinie (Richtlinie (EU) 2018/958) im Bereich öffentlich-rechtlicher Körperschaften vom 19.6.2020 vor (BGBl. I S. 1403). Dieses Gesetz betrifft aber nur die Rechtsetzung, zu der öffentlich-rechtliche Körperschaften (Kammern) oder sonstige juristische Personen des öffentlichen Rechts aufgrund von Bundesrecht eine Befugnis haben. Weiter wird die

Richtlinie auf Bundesebene umgesetzt durch eine Änderung der Gemeinsamen Geschäftsordnung der Bundesministerien (GGO)[1] (§ 42a GGO: Gesetzesvorlagen mit Regelungen zur Aufnahme oder Ausübung eines Berufs).

Diese Umsetzung durch den Bund und die Länder muss bis zum 30.7.2020 geschehen. Regelungen zu einer „geschützten Berufsbezeichnung“ stellen eine Beschränkung bei der Aufnahme oder Ausübung eines Berufs im Sinne des Art. 2 Abs. 1 Richtlinie (EU) 2018/958 dar. In Art. 3 Abs. 2 Buchst. a dieser Richtlinie findet sich eine Definition der „geschützten Berufsbezeichnung“:

„‚geschützte Berufsbezeichnung‘ bezeichnet eine Form der Reglementierung eines Berufs, bei der die Verwendung einer Bezeichnung bei der Ausübung einer beruflichen Tätigkeit oder einer Gruppe von beruflichen Tätigkeiten aufgrund von Rechts- und Verwaltungsvorschriften unmittelbar oder mittel-bar dem Besitz einer bestimmten Berufsqualifikation unterliegt und bei einer missbräuchlichen Verwendung dieser Bezeichnung Sanktionen verhängt werden.“

Bei der gemäß Art. 7 der Richtlinie anzustellenden **Verhältnismäßigkeitsprüfung** gilt für Heilberufe eine besondere Vorschrift, wonach bei der Reglementierung von Gesundheitsberufen mit Auswirkungen auf die Patientensicherheit die Mitgliedstaaten das Ziel der Sicherstellung eines hohen Gesundheitsschutzniveaus berücksichtigen (Art. 7 Abs. 5 Richtlinie (EU) 2018/958. Diese Voraussetzung ist beim Schutz der Berufsbezeichnung erfüllt, worauf auch in der Gesetzesbegründung (ohne Bezugnahme auf die Richtlinie) hingewiesen wird (BT-Drs. 19/13825, S. 43).

II. Erläuterungen

Nachfolgend bezieht sich die Nennung von Vorschriften jeweils auf § 1 und § 2 ATA-OTA-G. 6

1. Abs. 1: Führen der Berufsbezeichnung

Das Führen der Berufsbezeichnung „Anästhesietechnische Assistentin“ oder „Anäs- 7 thesietechnischer Assistent“ oder der Berufsbezeichnung „Operationstechnische Assistentin“ oder „Operationstechnischer Assistent“ bedarf einer Erlaubnis.

Die Berufsbezeichnungen entsprechen den bisherigen Vorgaben der DKG-Empfeh- 8 lungen zur Ausbildung und Prüfung von Operationstechnischen und Anästhesietechnischen Assistentinnen und Assistenten und sind langjährig in der Praxis anerkannt und etabliert. Mit den geschützten Berufsbezeichnungen wird die Eigenständigkeit und Eigenverantwortlichkeit des Berufsbildes im Sinne einer hochspezialisierten Versorgung mit Gesundheitsleistungen weiter gestärkt und trägt somit zu einer Professionalisierung des Berufsstandes bei (Gesetzesbegründung, BT-Drs. 19/13825, S. 48).

Die Erlaubnis wird auf **Antrag** erteilt **(Abs. 2)**. Bei Vorliegen der in den in **Abs. 2** 9 **Nrn. 1 bis 4** genannten Anforderungen besteht ein **Rechtsanspruch** auf Erteilung

1 http://www.verwaltungsvorschriften-im-internet.de/bsvwvbund_21072009_O11313012.htm [abgerufen am 2.10.202].

der Erlaubnis. Die Erlaubnis wird von der zuständigen Behörde (§ 60 ATA-OTA-G) erteilt. Die Erteilung der Erlaubnis ist ein begünstigender Verwaltungsakt.

10 Die Voraussetzungen für die **Erteilung der Erlaubnis** sind in Abs. 2, für die **Rücknahme** in § 3 ATA-OTA-G, den **Widerruf** in § 4 ATA-OTA-G und für das **Ruhen der Erlaubnis** in § 5 ATA-OTA-G geregelt. Das Führen der Berufsbezeichnung ohne Erlaubnis ist mit Bußgeld bewehrt (§ 67 Abs. 1 Nr. 1 und 2 ATA-OTA-G) (s. dazu unten → Rn. 31) und → Erl. zu § 67 ATA-OTA-G.

11 Der **Schutz der Berufsbezeichnung** stellt eine Beschränkung der Berufsfreiheit dar (Art. 12 Abs. 1 GG). Das Bundesverfassungsgericht hat hier entsprechende Anforderungen gestellt, die vom Gesetzgeber erfüllt worden sind. Anders als in der Gesetzesbegründung zum Pflegeberufegesetz wird in der Gesetzesbegründung zum ATA-OTA-G auf diese verfassungsrechtliche Thematik nicht eingegangen (BT-Drs. 19/10612, S. 49 f.) Aus diesem Grund sollen hier die entsprechenden Ausführungen aus dem Gesetzentwurf zum Pflegeberufegesetz zitiert werden, da sie für die Berufsbezeichnung nach dem ATA-OTA-G ebenso gelten (BT-Drs. 18/7823, S. 64 f.):

„Regelungen, die die Verwendung einer Berufsbezeichnung unter einen Erlaubnisvorbehalt stellen, sind subjektive Berufszulassungsbeschränkungen oder diesen zumindest gleichwertig (BVerwGE 59, 213, 218 f). […]

Den Anforderungen für eine subjektive Zulassungsvoraussetzung ist Genüge getan, da die Regelung zum Schutz wichtiger Gemeinschaftsgüter geeignet, erforderlich sowie den Betroffenen zumutbar ist. Bei dem zu schützenden, wichtigen Gemeinschaftsgut handelt es sich um die Gesundheit der Bevölkerung sowie um das Anliegen, die Versorgungssicherheit in der Pflege sowie die Qualität der pflegerischen Versorgung durch einen attraktiven und zukunftsfähigen Pflegeberuf zu verbessern und sicherzustellen, dessen Ausbildung die veränderten und sich weiter verändernden Versorgungs- und Pflegebedarfe berücksichtigt. Der Schutz der Berufsbezeichnung, die ausschließlich nach vorangegangener Ausbildung und bestandener Prüfung erteilt werden kann, ist geeignet die Gesundheit der Bevölkerung zu schützen, da hierdurch sichergestellt wird, dass Angehörige des Pflegeberufs bestimmte Kenntnisse und Fähigkeiten aufweisen und zu pflegende Menschen sowie Arbeitgeber dies erkennen können. Der Schutz der Berufsbezeichnung stellt darüber hinaus im System der Heilberufe – zu denen der Pflegeberuf zählt (vgl. BVerfGE vom 24.10.2002, 2 BvF 1/01) – das am wenigsten beeinträchtigende Mittel zum Schutz der Gesundheit der Bevölkerung dar und bewährt sich bei einer Vielzahl berufsrechtlicher Regelungen im Bereich der Gesundheitsfachberufe über Jahrzehnte. Die zur Erlaubniserteilung zum Führen der Berufsbezeichnung vorgeschriebenen Kenntnisse und Fähigkeiten stehen darüber hinaus nicht außer Verhältnis zu dem zu schützenden Gemeinschaftsgut; der vorgeschriebene formale Ausbildungsgang mit staatlicher Abschlussprüfung beschwert den Berufsbewerber nicht übermäßig (vgl. BVerfGE 13, 97,107).“

12 **Abs. 1** schützt dem Wortlaut nach nur die entsprechenden Berufsbezeichnungen und versteht sich deshalb als **Erlaubnis zum Führen der Berufsbezeichnung**. Anders als es explizit in § 3 Abs. 1 HebG geregelt ist, wonach den Hebammenberuf nur ausüben darf, wer die Berufsbezeichnung „Hebamme“ führen darf, findet sich im

ATA-OTA-G keine entsprechende Regelung zur **Berufsausübung.** In der Gesetzesbegründung (BT-Drs. 19/13825, S. 43), findet sich hierzu folgende Aussage:

„Bei der Ausbildung zu Anästhesietechnischen Assistentinnen und Assistenten und Operationstechnischen Assistentinnen und Assistenten handelt es sich um Ausbildungen zu einem Gesundheitsfachberuf. Mit Abschluss der Ausbildungen wird durch die Erteilung der Erlaubnis, die Berufsbezeichnung zu führen, der Berufszugang gewährleistet. Das Gesetz regelt dagegen nicht die Berufsausübung. Allerdings sollen die inhaltlichen Anforderungen, die an die beruflichen Kompetenzen geknüpft werden und auf die das Ausbildungsziel ausgerichtet ist, als Auslegungshilfe herangezogen werden, wenn es um den Umfang und die Grenzen der Tätigkeiten von Anästhesietechnischen Assistentinnen und Assistenten und der Operationstechnischen Assistentinnen und Assistenten geht. Tätigkeiten, die als Ausübung der Heilkunde zu qualifizieren sind, erfolgen immer auf ärztliche Anordnung. Bei Tätigkeiten, die eigenverantwortlich durchgeführt werden, liegt sowohl die Übernahme- als auch die Durchführungsverantwortung bei den Anästhesietechnischen und Operationstechnischen Assistentinnen und Assistenten. Aufgaben, die im Wege der Mitwirkung erbracht werden, betreffen sowohl die die assistierenden Tätigkeiten als auch Tätigkeiten aufgrund Delegation insbesondere bei Diagnostik, Therapie und operativen Eingriffen. Hierverbleibt sowohl die Übernahme- als auch die Durchführungsverantwortung bei der Ärztin beziehungsweise dem Arzt.“

2. Abs. 2 Nr. 1: Ausbildungsvoraussetzungen

Die antragstellende Person muss nachweisen, dass sie die in Abschnitt 2 dieses Gesetzes geregelte **Ausbildung erfolgreich absolviert** und **die staatliche Prüfung nach § 21 ATA-OTA-G bestanden** hat. Diese Regelung bezieht sich nur auf Ausbildungen im Geltungsbereich dieses Gesetzes. Ausbildungen beziehungsweise Berufsqualifikationen im Sinne der Richtlinie 2005/36/EG außerhalb des Geltungsbereichs dieses Gesetzes erfüllen diese Voraussetzung dann, wenn die Gleichwertigkeit des Ausbildung- oder Kenntnisstands nach den Vorgaben in den Abschnitten 3 und 4 gegeben ist (Gesetzesbegründung, BT-Drs. 19/13825, S. 48). 13

3. Abs. 2 Nr. 2: Unzuverlässigkeit

Die antragstellende Person darf sich nicht eines Verhaltens schuldig gemacht haben, aus dem sich die Unzuverlässigkeit zur Ausübung des Berufs ergibt. Dies kann über die Vorlage eines erweiterten Führungszeugnisses nachgewiesen werden (Gesetzesbegründung, BT-Drs. 19/13825, S. 48). Zum erweiterten Führungszeugnis s. § 30a BZRG; zum Europäischen Führungszeugnis s. § 30b BZRG. Bei Eintragungen, die vom Verwertungsverbot erfasst werden (§ 51 BZRG), ist § 52 Abs. 1 Nr. 4 BZRG zu beachten. 14

Zu den **Nachweisen der Zuverlässigkeit und der gesundheitlichen Eignung** durch Inhaberinnen und Inhaber von Berufsqualifikationen aus einem anderen Mitgliedstaat, einem anderen Vertragsstaat oder einem gleichgestellten Staat s. §§ 84 bis 86 ATA-OTA-APrV. 15

16 Der Begriff **„Unzuverlässigkeit"** bzw. **„Zuverlässigkeit"** ist ein unbestimmter Rechtsbegriff, der verwaltungsgerichtlich voll nachprüfbar ist. Entscheidend für die Beurteilung der persönlichen Zuverlässigkeit ist, ob der Antragsteller ausreichende Gewähr für eine ordnungsgemäße Berufsausübung bietet (vgl. hierzu BVerwGE 4, 250; 10, 338; 13, 326; 25, 201; 137, 1).

17 Der Ausschluss unzuverlässiger Erlaubnisbewerber bzw. -inhaber hat präventiven Charakter und dient der Abwehr von Gefahren für das Gemeinwohl. Abs. 2 Nr. 2 setzt daher eine strafgerichtliche Verurteilung nicht voraus; **„schuldig gemacht"** im Sinn dieser Vorschrift bedeutet nicht „strafrechtlich schuldig gemacht".

18 Auch ein **einmaliges Fehlverhalten** kann die Prognose rechtfertigen, dass jemand seine beruflichen Pflichten in Zukunft nicht zuverlässig erfüllen werde (BayVGH, Beschl. v. 9.3.2010, 21 ZB 09.3222, Rn. 8, juris).

19 Das Bundesverwaltungsgericht hat im Zusammenhang der **Prognose der Zuverlässigkeit** beim Heilberuf des Logopäden ausgeführt, dass mit der Zulässigkeitsprüfung neben dem Zweck der Vermeidung konkreter Gefahren durch Pflichtverletzungen, wenn auch nicht mit ausschlaggebendem Gewicht, so doch zusätzlich, auch der weitergreifende berufsrechtliche Aspekt des Schutzes des Vertrauens der Bevölkerung in die Integrität der Personen verfolgt werde, denen die staatliche Erlaubnis zum Führen der Berufsbezeichnung Logopäde verliehen ist (BVerwG, Urt. v. 28.4.2010, 3 C 22/09, Rn. 19 ff. BVerwGE 137, 1 = NJW 2010, 2901 = MedR 2010, 793). Diese Ausführungen können insgesamt für die Heilberufe, also auch für die im ATA-OTA-G geregelten Berufe, gelten.

20 Maßgeblich für die **Prognose der Zuverlässigkeit** sind die jeweilige Situation des Heilberufsangehörigen zum Zeitpunkt des Abschlusses des Verwaltungsverfahrens sowie sein vor allem durch die Art, die Schwere und die Zahl der Verstöße gegen die Berufspflichten manifest gewordener Charakter. Ausschlaggebend für die Prognose der Zuverlässigkeit ist somit die **Würdigung der gesamten Persönlichkeit und ihrer Lebensumstände auf der Grundlage der Sachlage im Zeitpunkt des Abschlusses des Verwaltungsverfahrens.** Insoweit gilt hier nichts anderes als im Berufsrecht der Ärzte und der Angehörigen anderer Heilberufe (BVerwG, Urt. v. 28.4.2010, 3 C 22/09, Rn. 10, juris).

4. Abs. 2 Nr. 3: Gesundheitliche Eignung

21 In der Gesetzesbegründung (BT-Drs. 19/13825, S. 48 f.) wird zur Voraussetzung der gesundheitlichen Eignung Folgendes ausgeführt:

„Des Weiteren darf die antragstellende Person nach der Nummer 3 des Absatzes zwei der §§ 1 und 2 nicht in gesundheitlicher Hinsicht zur Ausübung des angestrebten Berufs ungeeignet sein. Diese Formulierung statuiert das Erfordernis der gesundheitlichen Eignung für den Beruf, das im Hinblick auf den Schutz der Patienten erforderlich ist. Die Formulierung berücksichtigt damit die Vorgaben der UN-Behindertenrechtskonvention. Nicht das Fehlen einer Behinderung ist entscheidend für die Berufszulassung, sondern dass die antragsstellende Person in gesundheitlicher Hinsicht nicht ungeeignet ist. In Zweifelsfällen liegt die Beweislast damit nicht bei der antragstellenden Person. Die Versagung einer Erlaubnis sollte nur dann erfolgen, wenn eine

Berufsausübung aufgrund der gesundheitlichen Begebenheiten auch in weniger belastenden Tätigkeitsfeldern nicht möglich erscheint.“

5. Abs. 2 Nr. 4: Sprachkenntnisse

In der Gesetzesbegründung (BT-Drs. 19/13825, S. 49) wird zu dieser Voraussetzung Folgendes ausgeführt: 22

„Die antragstellende Person muss über die zur Ausübung der Anästhesietechnischen Assistenz beziehungsweise der Operationstechnischen Assistenz erforderlichen Kenntnisse der deutschen Sprache verfügen. Gerade die arbeitsteiligen Abläufe im Anästhesie- und Operationsbereich erfordern die reibungslose und auch in Notsituationen gesicherte Kommunikation und Verständigung mit den eingebundenen Berufsgruppen. Missverständnisse, die durch unzureichende Kenntnisse der deutschen Sprache entstehen, können fatale Folgen nach sich ziehen. Die zu fordernden Sprachkenntnisse sollten sich mindestens am Sprachniveau B 2 des Gemeinsamen Europäischen Referenzrahmens für Sprachen orientieren und können über ein Sprachzertifikat nachgewiesen werden.“

Das Sprachniveau B2 des Gemeinsamen Europäischen Referenzrahmens für Sprachen wird wie folgt definiert (http://www.europaeischer-referenzrahmen.de/): 23

„B2 – Selbständige Sprachverwendung

Kann die Hauptinhalte komplexer Texte zu konkreten und abstrakten Themen verstehen; versteht im eigenen Spezialgebiet auch Fachdiskussionen. Kann sich so spontan und fließend verständigen, dass ein normales Gespräch mit Muttersprachlern ohne größere Anstrengung auf beiden Seiten gut möglich ist. Kann sich zu einem breiten Themenspektrum klar und detailliert ausdrücken, einen Standpunkt zu einer aktuellen Frage erläutern und die Vor- und Nachteile verschiedener Möglichkeiten angeben.“

6. Abs. 3: Ausländische Berufsqualifikationen

Abs. 3 schafft die Verbindung zu den Regelungen über die im Ausland erworbenen Berufsqualifikationen. Auch für solche Personen müssen die Anforderungen des Abs. 2 vorliegen. 24

7. Abs. 4: Bestimmung der zuständigen Landesbehörden

Die zuständige Behörde wird von den Ländern bestimmt (§ 60 Abs. 1 ATA-OTA-G). Dabei geht es in **Abs. 4** nicht um die den Ländern obliegende Bestimmung der jeweils zuständigen Behörden, sondern darum, welches Land zuständig ist. 25

III. Rechtsschutz

Die Erteilung der Erlaubnis stellt sich als begünstigender Verwaltungsakt dar. Wird eine Erlaubnis beantragt, aber nicht erteilt, kann der Antragsteller Widerspruch (§ 68 Abs. 2 Verwaltungsgerichtsordnung – VwGO) und Verpflichtungsklage (§ 42 Abs. 1 VwGO) erheben. Bei Vorliegen der Voraussetzungen kann auch eine einstweilige Anordnung in Form der Regelungsanordnung beantragt werden (§ 123 Abs. 1 Satz 2 VwGO). 26

IV. Weitergeltung der bisherigen Berufserlaubnis

27 Die bisherigen Erlaubnisse zum Führen der Berufsbezeichnung nach den Vorschriften einiger Bundesländer gelten weiter (§ 69 ATA-OTA-G). S. die → Erl. zu § 69 ATA-OTA-G.

V. Weitergeltung der Berechtigung zum Führen der Berufsbezeichnung – Weiterführung eines begonnen Anerkennungsverfahrens

28 S. § 71 ATA-OTA-G zur Weitergeltung der Berechtigung zum Führen der Berufsbezeichnung und zur Weiterführung eines begonnen Anerkennungsverfahrens. S. die → Erl. zu § 71 ATA-OTA-G.

VI. Bußgeldbewehrung

29 Das Führen der Berufsbezeichnung Anästhesietechnische Assistentin" oder „Anästhesietechnischer Assistent" und das Führen der Berufsbezeichnung „Operationstechnische Assistentin" oder „Operationstechnischer Assistent" ohne Erlaubnis stellt eine Ordnungswidrigkeit dar (§ 67 Abs. 1 Nr. 1 und 2 ATA-OTA-G), die mit einem Bußgeld bis zu 3 000 Euro geahndet werden kann (§ 67 Abs. 2 ATA-OTA-G). S. die → Erl. zu § 67 ATA-OTA-G.

VII. Korrespondierende Vorschriften der ATA-OTA-APrV

30 § 47 ATA-OTA-APrV regelt die **Ausstellung der Erlaubnisurkunde**. S. hierzu weiter Anlagen 11 und 12 ATA-OTA-APrV.

31 Zu den **Nachweisen der Zuverlässigkeit und der gesundheitlichen Eignung** durch Inhaberinnen und Inhaber von Berufsqualifikationen aus einem anderen Mitgliedstaat, einem anderen Vertragsstaat oder einem gleichgestellten Staat (zu diesen Begriffsbestimmungen s. § 40 Abs. 1, 2 und 4 ATA-OTA-G) s. §§ 84 bis 86 ATA-OTA-APrV.

32 § 50 ATA-OTA-APrV enthält die näheren Regelungen zur Erlaubnisurkunde.

§ 3 Rücknahme der Erlaubnis zum Führen der Berufsbezeichnung

(1) Die Erlaubnis zum Führen der Berufsbezeichnung ist zurückzunehmen, wenn

1. bei der Erteilung
   a) der Erlaubnis zum Führen der Berufsbezeichnung „Anästhesietechnische Assistentin“ oder „Anästhesietechnischer Assistent“ die Ausbildung zur Anästhesietechnischen Assistentin oder zum Anästhesietechnischen Assistenten nicht abgeschlossen gewesen ist oder die Voraussetzungen für die Anerkennung der außerhalb des Geltungsbereichs dieses Gesetzes erworbenen Berufsqualifikation nicht vorgelegen haben oder
   b) der Erlaubnis zum Führen der Berufsbezeichnung „Operationstechnische Assistentin“ oder „Operationstechnischer Assistent“ die Ausbildung zur Operationstechnischen Assistentin oder zum Operationstechnischen Assistenten nicht abgeschlossen gewesen ist oder die Voraussetzungen für die Anerkennung der außerhalb des Geltungsbereichs dieses Gesetzes erworbenen Berufsqualifikation nicht vorgelegen haben oder

2. die antragstellende Person sich bis zur Erteilung der Erlaubnis eines Verhaltens schuldig gemacht hat, aus dem sich ihre Unzuverlässigkeit zur Berufsausübung ergibt.

(2) Die Erlaubnis kann zurückgenommen werden, wenn bei ihrer Erteilung die antragstellende Person in gesundheitlicher Hinsicht nicht zur Berufsausübung geeignet gewesen ist.

(3) Im Übrigen bleiben die dem § 48 des Verwaltungsverfahrensgesetzes entsprechenden landesgesetzlichen Vorschriften unberührt.

Erläuterungen

Für die Rücknahme von rechtswidrigen Verwaltungsakten existieren allgemeine Normen im Verwaltungsverfahrensgesetz (§ 48 VwVfG) sowie in den entsprechenden landesgesetzlichen Vorschriften. Die Sonderregelung in § 3 zur Rücknahme der Erlaubnis zum Führen der Berufsbezeichnung wird mit dem besonderen Interesse am Patientenschutz begründet (Gesetzesbegründung, BT-Drs. 19/13825, S. 49). 1

Abs. 1: Wenn zum Zeitpunkt der Erteilung der Erlaubnis eine der Voraussetzungen nach **§ 1 Abs. 2 Nr. 1 oder Nr. 2** bzw. **§ 2 Abs. 2 Nr. 1 oder Nr. 2 ATA-OTA-G** nicht vorgelegen hat, muss eine bereits erteilte Erlaubnis mit Wirkung für die Vergangenheit zurückgenommen werden (Gesetzesbegründung, BT-Drs. 19/13825, S. 49 – unter falscher Bezugnahme jeweils auf § 1 Abs. 1 Nr. 1 oder Nr. 2 bzw. § 2 Abs. 1 Nr. 1 oder Nr. 2 ATA-OTA-G). Allerdings enthält der Wortlaut der Vorschrift keinen Hinweis darauf, dass die Erlaubnis nur mit Wirkung für die Vergangenheit zurückzunehmen ist. § 48 Abs. 1 Satz 1 VwVfG bestimmt ausdrücklich, dass eine Rücknahme für die Zukunft wie für die Vergangenheit möglich ist. Eine Einschränkung dieser Vorschrift ist im Wortlaut des § 3 Abs. 1 ATA-OTA-G nicht gegeben (s. hierzu auch unten → Rn. 4). 2

3 **Abs. 2:** Lag die Voraussetzung des **§ 1 Abs. 2 Nr. 3** bzw. **§ 2 Abs. 2 Nr. 3 ATA-OTA-G** (gesundheitliche Eignung) zum Zeitpunkt der Erteilung der Erlaubnis nicht vor, steht es im Ermessen der zuständigen Landesbehörde, ob die Erlaubnis zurückgenommen wird. In der Gesetzesbegründung (BT-Drs. 19/13825, S. 49) wird auch – wiederum unter falscher Zitierung jeweils des Abs. 1 des § 1 bzw. des § 2 – auf die Voraussetzung in **§ 1 Abs. 2 Nr. 4** bzw. **§ 2 Abs. 2 Nr. 4 ATA-OTA-G** (Sprachkenntnisse) als Rücknahmegrund hingewiesen. Im Wortlaut des § 3 Abs. 2 ATA-OTA-G wird aber dieser Rücknahmegrund nicht genannt. Daraus kann aber nicht geschlossen werden, dass es sich hier um ein gesetzgeberisches Versehen handelt. Bei den Heilberufegesetzen aus der jüngeren Zeit sind unterschiedliche Regelungen anzutreffen. Teilweise werden die mangelnden Sprachkenntnisse als Rücknahmegrund aufgeführt (vgl. § 3 Abs. 1 Satz 2 PflBG, § 6 Abs. 2 HebG), teilweise nur als Grund für das Ruhen der Erlaubnis (§§ 2, 5 Abs. 1 Nr. 3 PTAG; §§ 2, 4 Abs. 1 Nr. 3 MTBG). Im ATA-OTA-G können **fehlende Sprachkenntnisse** zum **Ruhen der Erlaubnis** führen (s. → Erl. zu § 5 Abs. 1 Nr. 3 ATA-OTA-G, Rn. 4).

4 **Abs. 3:** Im Übrigen gelten die landesgesetzlichen Vorschriften, die dem § 48 VwVfG entsprechen.

§ 4 Widerruf der Erlaubnis zum Führen der Berufsbezeichnung

(1) Die Erlaubnis zum Führen der Berufsbezeichnung ist zu widerrufen, wenn bekannt wird, dass sich die Inhaberin oder der Inhaber einer Erlaubnis eines Verhaltens schuldig gemacht hat, aus dem sich die Unzuverlässigkeit zur Berufsausübung ergibt.

(2) Die Erlaubnis zum Führen der Berufsbezeichnung kann widerrufen werden, wenn die Inhaberin oder der Inhaber einer Erlaubnis in gesundheitlicher Hinsicht dauerhaft nicht mehr zur Berufsausübung geeignet ist.

(3) Im Übrigen bleiben die dem § 49 des Verwaltungsverfahrensgesetzes entsprechenden landesgesetzlichen Vorschriften unberührt.

Erläuterungen

1 Für den Widerruf von begünstigenden Verwaltungsakten existieren allgemeine Normen im Verwaltungsverfahrensgesetz (§ 49 VwVfG) sowie in den entsprechenden landesgesetzlichen Vorschriften. Der Widerruf betrifft hier einen rechtmäßigen begünstigenden Verwaltungsakt.

2 **Abs. 1:** Die zuständige Landesbehörde hat die Erlaubnis zu widerrufen, wenn sich die Person nachträglich eines Verhaltens schuldig gemacht hat, aus dem sich die **Unzuverlässigkeit** zur Ausübung des Hebammenberufs ergibt. Die Erlaubnis ist mit Wirkung für die Zukunft zu widerrufen (Gesetzesbegründung, BT-Drs. 19/13825, S. 49). Zur Rechtsprechung s. unten → Rn. 5 ff.

3 **Abs. 2:** Die zuständige Landesbehörde kann die Erlaubnis mit Wirkung für die Zukunft zu widerrufen, wenn die Person nachträglich **in gesundheitlicher Hinsicht** dauerhaft nicht mehr zur Ausübung des Berufs geeignet ist. Die Entscheidung steht im pflichtgemäßen Ermessen der Behörde.

4 **Abs. 3:** Im Übrigen gelten die die dem § 49 VwVfG entsprechenden landesgesetzlichen Vorschriften.

5 **Rechtsprechung zum Widerruf der Erlaubnis zum Führen der Berufsbezeichnung wegen Unzuverlässigkeit:**

Die nachfolgende zitierte Rechtsprechung ist zu Vorschriften nach dem AltPflG, dem KrPflG (→ Rn. 6 bis 11) und zur bisherigen Vorschrift zum Widerruf der Erlaubnis nach § 3 Abs. 2 HebG a. F. (→ Rn. 12 bis 18) ergangen. Sie kann in den Grundsätzen auch für die Interpretation der Widerrufsvorschrift in § 4 Abs. 1 ATA-OTA-G herangezogen werden.

6 Einem Krankenpfleger, der wegen des **Besitzes kinderpornografischer Bilder** verurteilt worden ist, kann wegen Unzuverlässigkeit die Erlaubnis widerrufen werden, denn es kann nicht mehr verantwortet werden, ihm die Pflege von Kindern anzuvertrauen (OVG Lüneburg, Beschl. v. 27.5.2009, 8 ME 62/09, Rn. 7, juris).

7 Zum zulässigen **„berufsrechtlichen Überhang"** im Hinblick auf eine strafrechtliche Entscheidung ausführlich VG Aachen (Urt. v. 2.2.2009, 5 K 404/08, Rn. 31 ff., zitiert nach juris.de, abgedruckt in PflR 2009, 469 mit Anm. *Roßbruch*) sowie OVG Nord-

rhein-Westfalen (Beschl. v. 29.6.2009, 13 A 596/09, Rn. 12, juris). Das – grundsätzlich zeitlich befristete – Berufsverbot des § 70 StGB ist eine tat- und täterbezogene Maßregel der Besserung und Sicherung zur Verhinderung einer Wiederholung einer der abgeurteilten Tat vergleichbaren Straftat und soll die Allgemeinheit vor weiterer Gefährdung schützen. Die berufsrechtliche Einschätzung einer Person als zuverlässig oder unzuverlässig zur Ausübung eines bestimmten Berufs ist hingegen auch auf die Einhaltung der beruflichen Pflichten und auf die Wahrung des Ansehens des Berufsstandes gerichtet und dient deshalb auch dazu, den Berufsstand vor unzuverlässigen Berufsausübenden zu schützen. Diese übergreifenden berufsrechtlichen Aspekte werden vom strafrechtlichen Berufsverbot nicht erfasst – „Überhang" – und schließen weitergehende berufsrechtliche Maßnahmen nicht aus.

8 Das VG Karlsruhe (Urt. v. 14.1.2010, 6 K 1545/08, juris; abgedruckt in PflR 2010, 338 mit Anm. *Roßbruch*) hat in Hinblick auf die für eine **Prognoseentscheidung** notwendigen Anhaltspunkte bei **Vorliegen einer Straftat** ausgeführt, dass es darauf ankomme, ob die betreffende Person in ihren spezifischen Berufspflichten der Altenpflege oder in der Funktion der Pflegedienstleitung versagt habe. Fehlende organisatorische Fähigkeiten bei der Pflegedienstleitung könnten nicht zur Unzuverlässigkeit als Altenpfleger führen, weil diese Fähigkeiten nicht zu den Kardinalpflichten eines Altenpflegers gehören (VG Karlsruhe, a. a. O., Rn. 29). Außerdem sind Ausschlussgründe nach der Heimpersonalverordnung nicht geeignet, den Widerruf der Erlaubnis nach § 2 Abs. 2 Satz 2 AltPflG zu rechtfertigen (a. a. O., Rn. 31). Ein Schluss auf die Unzuverlässigkeit kann auch aus einer Anklageschrift der Staatsanwaltschaft gezogen werden (VG Oldenburg, Beschl. v. 12.7.2016, 7 B 3175/16, juris).

9 Der Widerruf einer Erlaubnis setzt ein Verhalten voraus, das nach Art, Schwere und Zahl von Verstößen gegen Berufspflichten die zu begründende **Prognose** rechtfertigt, der Betroffene biete aufgrund der begangenen Verfehlungen nicht die Gewähr, in Zukunft die berufsspezifischen Vorschriften und Pflichten zu beachten. Dabei sind die gesamte Persönlichkeit des Betroffenen und seine Lebensumstände im Zeitpunkt des Abschlusses des Verwaltungsverfahrens zu würdigen Der BayVGH (Urt. v. 2.3.2010, 21 B 08.3008, Rn. 22, juris, abgedruckt in PflR 2010, 572 mit Anm. *Roßbruch*) hat in einer von ihm selbst als Grenzfall bezeichneten Angelegenheit einen Altenpfleger, der am 1.10.2000 die Erlaubnis zum Führen der Berufsbezeichnung „Altenpfleger" erhalten hat, und der schon vorher seit Oktober 1987 in der Altenpflege gearbeitet hat, auch das Verhalten des Betroffenen vor dem 1.10.2000 berücksichtigt. Im konkreten Fall ging es um erhebliche Pflichtverletzungen in den Jahren 2004 und 2006. Neben dem beanstandungsfreien Verhalten des Betroffenen in den Jahren der Tätigkeit in der Altenpflege hat der BayVGH auch die allgemein angespannte Personalsituation in der Altenpflege in die Betrachtung einbezogen und deshalb eine daraus resultierende individuelle Überlastungssituation zugunsten des Betroffenen berücksichtigt (BayGH, a. a. O., Rn. 25).

10 **Misshandlungen und Verletzungen des Persönlichkeitsrechts** gegenüber schutzbedürftigen Personen, die einem Altenpfleger anvertraut sind, rechtfertigen in der Regel dessen Beurteilung als unzuverlässig (VG Stuttgart, Urt. v. 19.7.2011, 4 K 766/11, juris; Ebenso VG München, Beschl. v. 2.8.2016, M 16 S 16.2504, juris, PflR 2016, 797, bei strafrechtlichen Verurteilungen wegen Körperverletzungen. In dem Beschluss ging

es um die sofortige Vollziehung des Widerrufs der Erlaubnis zur Führung der Berufsbezeichnung und die Wiederherstellung der aufschiebenden Wirkung i. S. d § 80 Abs. 5 Satz 1 VwGO).

Zur **Verletzung des Vertrauensverhältnisses durch Unterschlagung** zu Lasten einer Patientin und durch nicht vereinbarungsgemäße Tilgung eines von einer Patientin aufgenommen Darlehens s. OVG Lüneburg (Beschl. v. 17.6.2013, 8 LA 155/12, juris). Das OVG Lüneburg geht hier ausführlich auf die gesetzlich nicht beschriebenen Berufspflichten ein, deren Verletzung einen Widerruf der Erlaubnis rechtfertigen (a. a. O., Rn. 10 ff.). Nutzt ein Krankenpfleger oder eine Krankenschwester ein bestehendes Vertrauensverhältnis zum Nachteil eines zu pflegenden Menschen aus oder verletzt dieses in erheblicher Weise, liegt hierin regelmäßig ein schwerer Verstoß gegen eine wesentliche Berufspflicht, der zum Widerruf der Erlaubnis führt. Das Gericht beruft sich auf den Aufgabenkanon der Krankenpfleger/Krankenschwestern, wonach bei Ausübung dieses Berufs offensichtlich mehr erwartet wird als die bloße eigenverantwortliche und fachkundige Erbringung gesundheits- und krankenpflegerischer Leistungen. Der zu pflegende Mensch soll von dem Krankenpfleger nicht als bloßes Objekt pflegerischer Leistungen behandelt werden. Gefordert ist vielmehr ein individueller, die subjektive Pflege- und Lebenssituation, die Lebensphase und die konkreten Möglichkeiten der Selbständigkeit und Selbstbestimmung des Patienten berücksichtigender Umgang. Der Krankenpfleger soll den Patienten bei der individuellen Auseinandersetzung mit der Krankheit beraten und in gesundheits- und pflegerelevanten Fragen anleiten und unterstützen. Die Erfüllung dieser Aufgaben durch den Krankenpfleger setzt nahezu zwingend ein Vertrauensverhältnis zum Patienten voraus. Krankenpflegekräfte haben mit den engsten Kontakt zum Patienten; diese Beziehung bestimmt maßgeblich das Pflegeergebnis mit (a. a. O., Rn. 12). 11

Widerruf einer Erlaubnis zum Führen der Berufsbezeichnung wegen **fortgesetzten Abrechnungsbetruges gegenüber den Krankenkassen** (OVG Lüneburg v. 25.2.2011, 8 LA 330/10, juris): Eine Erlaubnisinhaberin ist als unzuverlässig anzusehen, wenn sie keine ausreichende Gewähr dafür bietet, in Zukunft ihren Beruf ordnungsgemäß unter Beachtung aller in Betracht kommenden Vorschriften und Berufspflichten, insbesondere ohne Straftaten zu begehen, ausüben wird, und sich dadurch Gefahren für die Allgemeinheit oder die von ihm behandelten Patienten ergeben. Im vorliegenden Fall hat das OVG trotz eines verhältnismäßig geringen Schadens in Höhe von 1 674 EUR vor allem darauf abgestellt, dass die Hebamme über einen Zeitraum von zweieinviertel Jahren hinweg in neun Fällen vorsätzlich fehlerhaft zu Lasten der Krankenkassen Leistungen abgerechnet habe und dass bereits früher ein Ermittlungsverfahren wegen des Verdachts des Abrechnungsbetruges eingeleitet worden war, das dann gegen Schadenswiedergutmachung nach § 153a StPO eingestellt wurde. Einer Wiedererlangung der beruflichen Zuverlässigkeit steht ein weiteres Ermittlungsverfahren entgegen. Das OVG ist der Ansicht, dass angesichts des erneut im Raum stehenden Betrugsverdachtes von der Wiedererlangung der beruflichen Zuverlässigkeit nicht ausgegangen werden könne (a. a. O., Rn. 17). 12

Das OVG Lüneburg (Beschl. v. 4.3.2014, 8 LA 138/13, Rn. 17 ff., juris) rechnet zu den Berufspflichten einer Hebamme nicht nur die Pflichten im Rahmen der Geburtshilfe, 13 die sich nach dem Landesrecht bestimmen, sondern auch die Pflichten im Rahmen ihrer Stellung als Leistungserbringerin für die Hebammenhilfe im Sinne der gesetzlichen Krankenversicherung. Dazu gehöre auch die korrekte Vornahme der Abrechnungen der Leistungen gegenüber der Krankenkasse. Die Gefährdung der finanziellen Basis der gesetzlichen Krankenkassen durch betrügerische oder leichtfertige Falschabrechnungen in großem Umfang. Nichts anderes gelte für die fehlerhafte Abrechnung erbrachter Leistungen gegenüber einem privat versicherten Patienten. Der **strafrechtlich geahndete fortgesetzte Abrechnungsbetrug** stelle damit einen schwerwiegenden Verstoß gegen wesentliche Berufspflichten einer Hebamme dar. Dies rechtfertige die Prognose, sie biete nicht die Gewähr, in Zukunft alle in Betracht kommenden, insbesondere die berufsspezifischen Vorschriften und Pflichten zu beachten. Daran ändere auch eine Strafaussetzung zur Bewährung nichts.

14 Bei **wiederholten Verstößen gegen gesetzliche Auskunfts- und Anzeigepflichten** ist Unzuverlässigkeit anzunehmen. Die (landesrechtlich geregelten) Auskunfts- und Anzeigepflichten sind wesentliche Berufspflichten der Hebamme (OVG Lüneburg, Beschl. v. 18.1.2017, 8 LA 162/16, juris, PflR 2017, 471).

15 Zum Widerruf der Erlaubnis zum Führen der Berufsbezeichnung bei **schwerem sexuellen Missbrauch von Kindern** VG Augsburg (Beschl. v. 4.2.2019, Au 8 K 18.1974).

16 Zum **Sofortvollzug eines Widerrufs** (§ 80 Abs. 3 Satz 1 VwGO) einer Erlaubnis zum Führen der Berufsbezeichnung „Hebamme“ hat das OVG Lüneburg (Urt. v. 10.5.2012, 8 ME 59/12, juris) ausgeführt, dass die Anordnung der sofortigen Vollziehung eines in der Hauptsache angefochtenen Widerrufs der Anerkennung als Hebamme ein selbstständiges vorläufiges Verbot zur Ausübung des Berufes der Hebamme bewirkt, das in seinen Wirkungen über diejenigen des in der Hauptsache angefochtenen Verwaltungsaktes hinausgeht und damit schwerwiegend in das Grundrecht der Antragstellerin aus Art. 12 Abs. 1 GG (Berufsfreiheit) eingreift. Ein solcher Eingriff ist nur gerechtfertigt, wenn der Sofortvollzug schon vor Rechtskraft des Hauptsacheverfahrens als Präventivmaßnahme zur Abwehr konkreter Gefahren für wichtige Gemeinschaftsgüter erforderlich ist und unter strikter Beachtung des Grundsatzes der Verhältnismäßigkeit erfolgt. In der Sache ging es um ein Abrechnungsfehlverhalten, das mit rechtskräftigem Strafbefehl geahndet wurde. Die Hebamme hat auch glaubhaft gemacht, den Schaden der Krankenkassen auszugleichen und hat für die weiteren Abrechnungen Dritte eingeschaltet. Erneute Verstöße gegen Berufspflichten sind nicht bekannt geworden. Das OVG konnte unter Berücksichtigung dieser Umstände nicht feststellen, dass ohne die Anordnung des Sofortvollzugs eine konkrete Gefahr für ein wichtiges Gemeinschaftsgut durch einen erneuten Abrechnungsbetrug seitens der Antragstellerin schon während der Dauer des Hauptsacheverfahrens bestehe (a. a. O., Rn. 8). Andere Straftaten straßenverkehrsrechtlicher Art berühren jedenfalls nicht das Gemeinschaftsgut der Volksgesundheit (a. a. O., Rn. 9). Mit dieser Entscheidung setzt das OVG Lüneburg ein deutliches Signal für eine grundrechtssensible Behandlung im Verfahren des vorläufigen Rechtsschutzes und beruft sich dabei auf eine gefestigte Rechtsprechung des Bundesverfassungsgerichts (a. a. O., Rn. 4).

Für einen **Antrag auf Wiederherstellung der aufschiebenden Wirkung der Klage gegen den Widerruf der Erlaubnis** zum Führen der Berufsbezeichnung Hebamme fehlt das Rechtsschutzbedürfnis, wenn ein **lebenslanges Berufsverbot aufgrund eines rechtskräftigen Urteils** gemäß § 70 Abs. 1 i. V. m. Abs. 4 StGB verhängt worden ist (VG Gelsenkirchen, Gerichtsbescheid v. 8.5.2017, 7 K 2993/16, juris, VG Gelsenkirchen, Beschl. v. 2.9.2016, 7 L 1115/16). 17

Bei der gerichtlichen Überprüfung eines Widerrufs der Erlaubnis, die Berufsbezeichnung „Hebamme" zu führen, ist nach Ansicht des VG Göttingen (Urt. v. 29.4.2015, 1 A 43/14, juris) für die **Prognose der Zuverlässigkeit der Hebamme** im Hinblick auf das Gewicht des Eingriffs in die Freiheit der Berufswahl auf den Zeitpunkt der letzten verwaltungsgerichtlichen Tatsachenentscheidung abzustellen. Damit weicht das Gericht von der Rechtsprechung des Bundesverwaltungsgerichts (Urt. v. 28.4.2010, 3 C 22/09, BVerwGE 137, 1, Berufsbezeichnung „Logopäde", und OVG Lüneburg, Beschl. v. 4.3.2014, 8 LA 138/13 und v. 25.2.2011, 8 LA 330/10) ab, wonach für die Prognoseentscheidung die Verhältnisse im Zeitpunkt der letzten behördlichen Entscheidung ausschlaggebend sind. Das VG Göttingen führt als Grund vor allem die möglichen Unklarheiten bei der Wiedererteilung der Erlaubnis an. So sei nicht klar, wie lange die Bewährungszeit für die Wiedererteilung der Erlaubnis laufe (VG Göttingen, a. a. O., Rn. 24). Angesichts dieser Unsicherheiten könne ein Abstellen auf die Sach- und Rechtslage im Zeitpunkt der letzten Behördenentscheidung wegen der Bedeutung des berührten Grundrechts und des Grundsatzes der Verhältnismäßigkeit im Berufsrecht der Hebammen nicht allein mit der Möglichkeit der Durchführung eines Wiedererteilungsverfahrens begründet werden. Sonstige Möglichkeiten, den Grundrechtseingriff abzumildern, bestünden nicht. Außerdem habe der Gesetzgeber selbst dem Grundsatz der Verhältnismäßigkeit im Rahmen des § 8 der Bundesärzteordnung Rechnung getragen. Nach dieser Regelung kann einem Arzt, der einen Antrag auf Wiedererteilung der Approbation gestellt hat, unter Zurückstellung der Entscheidung über diesen Antrag zunächst eine widerrufliche und befristete Erlaubnis zur Ausübung des ärztlichen Berufs bis zu einer Dauer von zwei Jahren erteilt werden, die auf bestimmte Tätigkeiten und Beschäftigungsstellen beschränkt werden kann. Durch die Erteilung einer solchen Erlaubnis wird der im Entzug der Approbation liegende Eingriff in die Berufsfreiheit weitgehend abgemildert, weil der betroffene Arzt seinen Beruf weiter ausüben kann. Eine vergleichbare Regelung existiert im Hebammengesetz nicht. Wenn jedoch der Gesetzgeber der Bundesärzteordnung es zur Wahrung des Grundsatzes der Verhältnismäßigkeit für notwendig gehalten hat, einen entsprechenden Ausgleich zu schaffen, so muss ein solcher Ausgleich in einer vergleichbaren Rechtsmaterie in ähnlicher Weise erreicht werden. Dies wird für das Hebammenrecht dadurch ermöglicht, dass Veränderungen bis zum Zeitpunkt der mündlichen Verhandlung berücksichtigt werden (VG Göttingen, a. a. O., Rn. 26). 18

§ 5 Ruhen der Erlaubnis zum Führen der Berufsbezeichnung

(1) Das Ruhen der Erlaubnis zum Führen der Berufsbezeichnung kann angeordnet werden, wenn

1. **gegen die Inhaberin oder den Inhaber einer Erlaubnis ein Strafverfahren eingeleitet worden ist wegen des Verdachts auf Begehung einer Straftat, aus der sich die Unzuverlässigkeit zur Berufsausübung ergeben würde, oder**
2. **die Inhaberin oder der Inhaber der Erlaubnis in gesundheitlicher Hinsicht vorübergehend nicht mehr zur Ausübung des Berufs geeignet ist oder**
3. **sich erweist, dass die Inhaberin oder der Inhaber der Erlaubnis nicht über die Kenntnisse der deutschen Sprache verfügt, die für die Ausübung des Berufs in Deutschland erforderlich sind.**

(2) Die Anordnung des Ruhens der Erlaubnis ist aufzuheben, sobald ihre Voraussetzungen nicht mehr vorliegen.

Erläuterungen

1 **Abs. 1:** Die Vorschrift regelt das Ruhen der Erlaubnis. Die Anordnung des Ruhens der Erlaubnis liegt in dem Ermessen der zuständigen Landesbehörde. Voraussetzung ist, dass einer der in dieser Vorschrift in den in Abs. 1 Nrn. 1 bis 3 genannten Gründe vorliegt. Ruht die Erlaubnis, darf die Berufsbezeichnung nicht geführt werden und der Beruf nicht ausgeübt werden (Gesetzesbegründung, BT-Drs. 19/10612, S. 50).

2 In der Gesetzesbegründung wird zu Abs. 1 allgemein ausgeführt (BT-Drs. 19/13825, S. 50):

„Diese Vorschrift zielt auf das hohe Schutzgut des Patientenschutzes. Die Anordnung des Ruhens der Erlaubnis beeinträchtigt die Erlaubnisinhaberin oder den Erlaubnisinhaber geringer als ein Widerruf der Erlaubnis. Die zuständige Behörde hat im Rahmen ihrer Ermessensausübung den erforderlichen Schutz von Menschen, die sich in die Obhut der Einrichtungen des Gesundheitswesens begeben, mit dem Interesse der Berufsträgerin oder des Berufsträgers an der Berufsausübung sorgfältig abzuwägen. Dies gilt insbesondere, da der Einleitung eines Strafverfahrens zunächst der Verdacht einer Straftat zugrunde liegt, über den im Strafverfahren zu entscheiden ist."

3 In der Gesetzesbegründung wird zu Abs. 1 zu den Nrn. 1 bis 3 ausgeführt (BT-Drs. 19/13825, S. 49):

„Nummer 1 regelt, dass wenn gegen die Inhaberin oder den Inhaber der Erlaubnis nach § 1 oder nach § 2 ein Strafverfahren eingeleitet worden ist, aus dem sich die Unzuverlässigkeit zur Ausübung der Anästhesietechnischen oder Operationstechnischen Assistenz ergeben kann, es im Ermessen der zuständigen Behörde steht, das Ruhen der Erlaubnis mit der Folge anzuordnen, dass das Führen der Berufsbezeichnung nach § 1 oder nach § 2 für die Zeit des Ruhens nicht mehr zulässig ist. Sollte sich die Inhaberin oder der Inhaber der Erlaubnis vorübergehend in gesundheitlicher Hinsicht nicht zur Berufsausübung eignen, so ist ebenfalls das Ruhen der Erlaubnis nach § 1 oder nach § 2 anzuordnen. Nach Nummer 3 soll bei Personen, die nicht mehr über die für die Berufsausübung erforderlichen Sprachkenntnisse in Deutschland verfügen, ebenfalls das Ruhen der Erlaubnis angeordnet werden."

In der ursprünglichen Fassung der Vorschrift lautete **Nr. 3** „[...] nicht über die Kenntnisse der deutschen Sprache verfügt [...]". Diese Fassung der Vorschrift wurde in der Beschlussempfehlung und dem Bericht des Ausschusses für Gesundheit (BT-Drs. 19/14872, S. 13) mit folgender Begründung geändert (a. a. O., S. 70): 4

„Die Ergänzung der neugefassten Nummer 3 verdeutlicht den Anwendungsfall. Die Formulierung im Gesetzentwurf war insoweit missverständlich, als in diesem Fall, dem Mangel der Kenntnis der deutschen Sprache, die Erlaubnis bereits nicht hätte erteilt werden dürfen. Die Regelung erfasst aber richtigerweise den Anwendungsfall des Verlernens der deutschen Sprache aufgrund beispielsweise längerem Auslandaufenthaltes (vgl. § 6 Absatz 1 Nummer 4 Bundesärzteordnung)."

Abs. 2: Die Anordnung des Ruhens der Erlaubnis ist aufzuheben, sobald der Grund für das Ruhen der Erlaubnis wegfällt. 5

Das **Zuwiderhandeln gegen eine vollziehbare Anordnung nach Abs. 1 Nr. 1 ATA-OTA-G** steht unter der Androhung einer **Geldbuße** (§ 67 Abs. 1 Nr. 1 ATA-OTA-G). S. hierzu die → Erl. zu § 67 Abs. 1 Nr. 1 ATA-OTA-G, Rn. 8. 6

Nach der Rechtsprechung des BVerwG (Urt. v. 10.9.2020, 3 C 13/19, juris, Rn. 25) genügt die hohe Wahrscheinlichkeit einer strafgerichtlichen Verurteilung wegen Straftaten, aus denen sich die Unzuverlässigkeit oder Unwürdigkeit zur Ausübung des ärztlichen Berufs ergeben kann, nicht, um die Anordnung des Ruhens der ärztlichen Approbation zu rechtfertigen. Das Ruhen der ärztlichen Approbation darf nur angeordnet werden, wenn dies zur Abwehr einer konkreten, bereits vor dem rechtskräftigen Abschluss des Strafverfahrens drohenden Gefahr für ein wichtiges Gemeinschaftsgut erforderlich und verhältnismäßig ist. Dabei gelten die Anforderungen gemäß der Rechtsprechung des BVerfG für die Anordnung des Ruhens der ärztlichen Approbation auch für die **Ruhensanordnung nach § 5 Abs. 1**. In der darauffolgenden Rspr. sind diese Grundsätze angewendet worden (OVG des Saarlandes, Beschl. v. 30.4.2021, 2 B 86/21, juris, Rn. 11 ff.; VG Düsseldorf (Beschl. v. 27.5.2021, 7 L 817/21, juris, Rn. 29 ff.). 7

Abschnitt 2
Ausbildung und Ausbildungsverhältnis

Unterabschnitt 1
Allgemeines

§ 6 Nichtanwendung des Berufsbildungsgesetzes

Auf die Ausbildung zum Beruf der Anästhesietechnischen Assistentin und des Anästhesietechnischen Assistenten und zum Beruf der Operationstechnischen Assistentin und des Operationstechnischen Assistenten und auf das Ausbildungsverhältnis ist das Berufsbildungsgesetz nicht anzuwenden.

Erläuterungen

1 In der Vorschrift wird klargestellt, dass das Berufsbildungsgesetz (BBiG) nicht auf Ausbildungen nach dem ATA-OTA-G anzuwenden ist.

Unterabschnitt 2
Ausbildung

§ 7 Ziel der Ausbildung

(1) [1]Die Ausbildung zur Anästhesietechnischen Assistentin oder zum Anästhesietechnischen Assistenten und zur Operationstechnischen Assistentin oder zum Operationstechnischen Assistenten vermittelt die für die Berufsausübung erforderlichen fachlichen und methodischen Kompetenzen zur eigenverantwortlichen Durchführung und zur Mitwirkung, insbesondere in den operativen oder anästhesiologischen Bereichen der stationären und ambulanten Versorgung sowie in weiteren diagnostischen und therapeutischen Versorgungsbereichen, einschließlich der zugrunde liegenden Lernkompetenzen sowie der Fähigkeit zum Wissenstransfer und zur Selbstreflexion. [2]Darüber hinaus vermittelt sie personale und soziale Kompetenzen. [3]Die Vermittlung hat entsprechend dem anerkannten Stand medizinischer, medizinisch-technischer und weiterer bezugswissenschaftlicher Erkenntnisse zu erfolgen.

(2) Die Ausbildung befähigt die Anästhesietechnische Assistentin oder den Anästhesietechnischen Assistenten und die Operationstechnische Assistentin oder den Operationstechnischen Assistenten außerdem, die konkrete Situation der Patientinnen und Patienten, insbesondere deren Selbständigkeit und Selbstbestimmung sowie deren kulturellen und religiösen Hintergrund, in ihr Handeln mit einzubeziehen.

(3) [1]Den Auszubildenden wird vermittelt, ihre persönliche und fachliche Weiterentwicklung als notwendig anzuerkennen und lebenslanges Lernen als Teil der eigenen beruflichen Biographie zu verstehen. [2]Die Ausbildung führt dazu, dass die Auszubildenden ein professionelles, ethisch fundiertes berufliches Selbstverständnis entwickeln, das der Bedeutung ihrer zukünftigen Tätigkeit angemessen ist.

Erläuterungen

Inhaltsübersicht

I. Erläuterungen

In der Gesetzesbegründung (BT-Drs. 19/13825, S. 50) wird zu § 7 ATA-OTA-G **allgemein** ausgeführt: 1

„Die Vorschrift regelt das Ausbildungsziel der neuen beruflichen Ausbildung zur Anästhesietechnischen oder Operationstechnischen Assistenz. Zusammen mit den in den §§ 8 bis 10 normierten gemeinsamen und spezifischen Ausbildungszielen bildet es den staatlichen Ausbildungsauftrag. Die Schule und die Einrichtungen der praktischen Ausbildung sind verpflichtet, den Ausbildungsauftrag nach den Vorgaben des Gesetzes

und der Ausbildungs- und Prüfungsverordnung nach § 66 zu erfüllen. Am Ende der Ausbildung sollen die Absolventen befähigt sein, die vielfältigen Aufgaben der Anästhesietechnischen oder Operationstechnischen Assistenz sicher zu übernehmen."

2 In der Gesetzesbegründung (BT-Drs. 19/13825, S. 50) wird zu **Abs. 1** ausgeführt:

„Die in der Ausbildung zu entwickelnden fachlichen und methodischen Kompetenzen sollen den Auszubildenden zur eigenverantwortlichen Durchführung, zur Mitwirkung und Assistenz insbesondere in den operativen oder anästhesiologischen Bereichen der stationären und ambulanten Versorgung sowie in weiteren diagnostischen und therapeutischen Versorgungsbereichen befähigen. Die Ausbildungsinhalte haben dem anerkannten Stand medizinischer, pharmakologischer und medizin-technischer sowie weiterer bezugswissenschaftlicher Erkenntnisse – u. a. aus den Pflegewissenschaften – zu entsprechen. In der Ausbildung sollen auch die notwendigen sozialen und kommunikativen Kompetenzen erworben werden, die für die arbeitsteiligen und interprofessionellen Tätigkeiten in der Gesundheitsversorgung erforderlich sind."

3 In der Gesetzesbegründung (BT-Drs. 19/13825, S. 50) wird zu **Abs. 2** ausgeführt:

„Patientenzentrierte Versorgung und das Leitbild des selbstbestimmten Patienten sind Kernelemente der gesundheitlichen Versorgung. Diese Prinzipien sollen als Bestandteil der Ausbildung dazu befähigen, die jeweilige psychische und physische Situation der Patientinnen und Patienten angemessen in die Berufsausübung einzubeziehen. Die dafür notwendigen religiösen und interkulturellen Kompetenzen sind als Ausbildungsinhalte vorgegeben. Die Auszubildenden sind ebenso darauf vorzubereiten, die besonderer Belange von Patientinnen und Patienten mit Behinderung bedarfsgerecht zu berücksichtigen."

4 In der Gesetzesbegründung (BT-Drs. 19/13825, S. 50) wird zu **Abs. 3** ausgeführt:

„Patientenzentrierte Versorgung und das Leitbild des selbstbestimmten Patienten sind Kernelemente der gesundheitlichen Versorgung. Diese Prinzipien sollen als Bestandteil der Ausbildung dazu befähigen, die jeweilige psychische und physische Situation der Patientinnen und Patienten angemessen in die Berufsausübung einzubeziehen. Die dafür notwendigen religiösen und interkulturellen Kompetenzen sind als Ausbildungsinhalte vorgegeben. Die Auszubildenden sind ebenso darauf vorzubereiten, die besonderer Belange von Patientinnen und Patienten mit Behinderung bedarfsgerecht zu berücksichtigen."

II. Korrespondierende Vorschriften der ATA-OTA-APrV

5 In der ATA-OTA-APrV werden in Abschnitt 1 Inhalt und Ziele der Ausbildung benannt (§§ 1 bis 5 ATA-OTA-APrV). Diese werden in den Anlagen 1 bis 4 konkretisiert.

§ 8 Gemeinsames Ausbildungsziel

Alle Auszubildenden sind zu befähigen,

1. **eigenverantwortlich insbesondere die folgenden Aufgaben auszuführen:**
   a) **Herstellen der Funktions- und Betriebsbereitschaft des jeweiligen Einsatzbereichs unter Beachtung spezifischer Anforderungen von diagnostischen und therapeutischen Versorgungsbereichen im ambulanten und stationären Bereich,**
   b) **geplantes und strukturiertes Vorbereiten, Durchführen und Nachbereiten von berufsfeldspezifischen Maßnahmen der medizinischen Diagnostik und Therapie,**
   c) **sach- und fachgerechtes Umgehen mit Medikamenten, medizinischen Geräten und Materialien sowie mit Medizinprodukten,**
   d) **Sicherstellen der Funktions- und Betriebsbereitschaft des jeweiligen Versorgungsbereichs,**
   e) **Einhalten der Hygienevorschriften sowie der rechtlichen Arbeits- und Gesundheitsschutzvorschriften,**
   f) **Übernehmen der Patientinnen und Patienten in den jeweiligen Versorgungsbereichen unter Berücksichtigung ihres gesundheitlichen Zustandes,**
   g) **Überwachen des gesundheitlichen Zustandes der Patientinnen und Patienten und seines Verlaufs während des Aufenthaltes in den jeweiligen Versorgungsbereichen,**
   h) **fachgerechte Übergabe und Überleitung der Patientinnen und Patienten einschließlich des Beschreibens und der Dokumentation ihres gesundheitlichen Zustandes und dessen Verlaufs,**
   i) **angemessenes Kommunizieren mit den Patientinnen und Patienten sowie weiteren beteiligten Personen und Berufsgruppen,**
   j) **Durchführen von qualitätssichernden und organisatorischen Maßnahmen in den jeweiligen Einsatzbereichen sowie Dokumentieren der angewendeten Maßnahmen,**
   k) **Aufbereiten von Medizinprodukten und medizinischen Geräten und**
   l) **Einleiten lebenserhaltender Sofortmaßnahmen bis zum Eintreffen der Ärztin oder des Arztes,**
2. **im Rahmen der Mitwirkung insbesondere die folgenden Aufgaben auszuführen:**
   a) **fach- und situationsgerechtes Assistieren bei anästhesiologischen Maßnahmen und Verfahren und operativen Eingriffen in anästhesiologischen und operativen Funktionsbereichen und weiteren Versorgungsbereichen und**
   b) **eigenständiges Durchführen ärztlich veranlasster Maßnahmen in anästhesiologischen und operativen Funktionsbereichen und weiteren Versorgungsbereichen sowie**
3. **insbesondere die folgenden übergreifenden fachlichen, methodischen und personalen Kompetenzen anzuwenden:**
   a) **interdisziplinäre und multiprofessionelle Zusammenarbeit und fachliche Kommunikation,**

b) Entwicklung und Umsetzung berufsübergreifender Lösungen, die die Optimierung der Arbeitsabläufe ermöglichen und die Bedürfnisse der Patientinnen und Patienten berücksichtigen,
c) Analyse, Evaluation, Sicherung und Weiterentwicklung der Qualität des eigenen beruflichen Handelns,
d) Mitwirkung an der Einarbeitung neuer Mitarbeiterinnen und Mitarbeiter sowie an der praktischen Ausbildung von Angehörigen von Gesundheitsfachberufen und
e) Berücksichtigung von Aspekten der Qualitätssicherung, der Patientensicherheit, der Ökologie und der Wirtschaftlichkeit.

Erläuterungen

Inhaltsübersicht

I. Erläuterungen

1 In der Gesetzesbegründung (BT-Drs. 19/13825, S. 51) wird zu § 8 ATA-OTA-G allgemein ausgeführt:

„Die Vorschrift präzisiert in einer umfassenden, aber nicht abschließenden Aufzählung die charakteristischen Aufgaben und die Fähigkeiten, die zu ihrer ordnungsgemäßen Erfüllung der beruflichen Aufgabenstellung in der Ausbildung nach diesem Gesetz zu entwickeln sind. Sie umfasst die Mindestanforderungen, die durch die Ausbildungs- und Prüfungsverordnung nach § 66 einen höheren Detailgrad erfahren und weiter konkretisiert werden.

§ 8 beschreibt Ausbildungsinhalte, die sich sowohl an die Anästhesietechnischen als auch Operationstechnischen Assistentinnen und -assistenten gleichermaßen richten.

Unter Nummer 1 werden Aufgaben aufgeführt, zu deren eigenverantwortlicher Ausübung (nicht im Wege Delegation) ausgebildet werden soll. Die Nummer 2 beschreibt unter a) assistierende Tätigkeiten und unter b) Aufgaben, die im Wege der Delegation eigenständig zu erbringen sind. Unter der Nummer 3 des Absatzes 2 werden Ausbildungsinhalte aufgeführt, die nicht den Kernbereich der Tätigkeit der Anästhesietechnischen und Operationstechnischen Assistenz betreffen. Die generellen Anforderungen betreffen sowohl die eigenverantwortlichen, die assistierenden als auch die eigenständig auszuführenden Tätigkeiten. Vorbehaltene Tätigkeiten werden nicht festgelegt.

Im Zusammenwirken mit den §§ 9 und 10 werden im § 8 Kompetenzen benannt, die bei allen Absolventen nach erfolgreich abgeschlossener Ausbildung nach diesem Gesetz entwickelt sind. Da der Bundesgesetzgeber aufgrund des Artikels 74 Absatz 1 Nummer 19 GG lediglich die Zulassung zum Beruf regeln darf, wird durch die Vorschriften dieses Gesetzes primär der Berufszugang geregelt. Allerdings können zur Bestimmung von Umfang und Grenzen der berufsfeldspezifischen Tätigkeiten von Anästhesietechnischen und Operationstechnischen Assistenten insbesondere für die Abgrenzung zur beruflichen Aufgabenstellung von Pflegefachkräften die Anforderungen und Kompetenzen, auf die die Ausbildungsziele der § 8 bis §10 ausgerichtet sind, herangezogen werden.

Inhaltliche Überschneidungen des § 8 zu den §§ 9 und 10 unterscheiden sich im Ausbildungsniveau. Die spezifischen Ausbildungsinhalte der §§ 9 und 10 sind in einer weitaus größeren Tiefe zu vermitteln."

In der Gesetzesbegründung (BT-Drs. 19/13825, S. 51) wird zu **Nr. 1** ausgeführt: 2

„Buchstabe a) stellt im Wesentlichen auf die Herstellung der Funktions- und Betriebsbereitschaft des jeweiligen Einsatzbereichs ab. Dazu gehört auch die Betriebsfähigkeit medizinisch-technische Geräte herzustellen. Die indikationsgerechte, geplante und strukturierte Vorbereitung operativer Eingriffe in operativen und diagnostischen Fachgebieten beschreibt Buchstabe b).

Die Ausbildung soll nach Buchstabe g) dazu befähigen, den gesundheitlichen Zustand der Patientinnen und Patienten in den jeweiligen Versorgungsbereichen zu überwachen. Im Verständnis der benachbarten Inhalte der Buchstaben f) und h) wird die gesamte berufsfeldspezifische Betreuung der Patientinnen und Patienten in dem jeweiligen Versorgungsbereich erfasst, vom Übernehmen der Patientin oder des Patienten, der Überwachung bis hin zur fachgerechten Übergabe und Überleitung.

Buchstabe h) stellt entsprechend auf eine professionelle und fachgerechte Übergabe und Überleitung ab, der im Zusammenhang mit Patientensicherheit und arbeitsteiligen Prozessen in der gesundheitlichen Versorgung von Patientinnen und Patienten eine hohe Bedeutung zugemessen wird.

Neben der Fokussierung auf medizinische und organisatorische Prozesse sollen die Auszubildenden nach Buchstabe i) dazu befähigt werden, angemessen mit Patientinnen und Patienten und weiteren beteiligten Personen und Berufsgruppen zu kommunizieren.

§ 8 Nummer 1 Buchstabe l) fordert die Kompetenz zum Einleiten lebenserhaltender Sofortmaßnahmen. Hierunter ist keine eigenverantwortliche Tätigkeit im Sinne der Ausübung von Heilkunde zu verstehen, sondern lediglich Maßnahmen der Ersten Hilfe in Notfallsituationen."

In der Gesetzesbegründung (BT-Drs. 19/13825, S. 51 f.) wird zu **Nr. 2** ausgeführt: 3

„Die Nummer 2 beschreibt unter Buchstabe a) assistierende Tätigkeiten und unter Buchstabe b) Aufgaben, die im Wege der Delegation eigenständig zu erbringen sind. Sie beziehen sich auf diejenigen Aufgaben, bei denen im Rahmen der Mitwirkung eine arbeitsteilige Zusammenarbeit mit Ärztinnen und Ärzten stattfindet. Buchstabe a) umfasst alle Aufgaben, die zur fach- und situationsgerechten Assistenz notwendig sind. Die Beschreibung in Buchstabe b) betrifft die Aufgaben, die aufgrund ärztlicher Veranlassung und nicht aufgrund einer eigenen Entscheidung der Anästhesietechnischen Assistentin und Assistenten oder der Operationstechnischen Assistentin und Assistenten eigenständig durchgeführt werden. Über die Kompetenzvermittlung zur sicheren Berufsausübung in den wesentlichen operativen und anästhesiologischen Bereichen des stationären und ambulanten Sektors hinaus, hat die Ausbildung nach

diesem Gesetz auch Kompetenzen zu vermitteln, die ein fach- und situationsgerechtes Assistieren und das eigenständige Durchführen ärztlich veranlasster Maßnahmen in weiteren Bereichen ermöglicht. Es erweitert die Arbeitsfelder insbesondere auf die Bereiche der Ambulanzen, der Notfallaufnahmen, Katheterlabore und Endoskopieabteilungen."

4 In der Gesetzesbegründung (BT-Drs. 19/13825, S. 52) wird zu **Nr. 3** ausgeführt:

„Unter der Nummer 3 werden Ausbildungsinhalte aufgeführt, die nicht den Kernbereich der Tätigkeit der Anästhesietechnischen und Operationstechnischen Assistenz betreffen, deren Kenntnis aber für die heutigen generellen Anforderungen an die Aufgaben in der gesundheitlichen Versorgung von Bedeutung sind und für eine gelingende Zusammenarbeit und fachliche Kommunikation mit anderen Berufsgruppen notwendig sind. Die generellen Anforderungen betreffen sowohl die eigenverantwortlichen, die assistierenden als auch die im Rahmen der Mitwirkung eigenständig auszuführenden Tätigkeiten.

Nach Buchstabe c) ist für die Ausführung eigenverantwortlicher oder im Rahmen der Mitwirkung erbrachter Aufgaben das eigene Handeln im beruflichen Kontext zu reflektieren und die gewonnenen Erkenntnisse auf neue Prozesse zu übertragen. Buchstabe e) fordert insbesondere für Tätigkeiten in den Hochrisikobereichen OP und Anästhesie die Fähigkeiten, eine sichere Umgebung zu fördern und Kenntnisse von Risikomanagement und Qualitätssicherung, um die Sicherheit der Patientinnen und Patienten zu gewährleisten."

II. Korrespondierende Vorschriften der ATA-OTA-APrV

5 In der ATA-OTA-APrV werden in Abschnitt 1 Inhalt und Ziele der Ausbildung benannt (§§ 1 bis 5 ATA-OTA-APrV). Diese werden in den Anlagen 1 bis 4 konkretisiert.

§ 9 Spezifisches Ausbildungsziel für Anästhesietechnische Assistentinnen und Anästhesietechnische Assistenten

Die zur Anästhesietechnischen Assistentin oder zum Anästhesietechnischen Assistenten Auszubildenden sind zu befähigen,

1. eigenverantwortlich insbesondere die folgenden Aufgaben auszuführen:
   a) Herstellen der Funktions- und Betriebsfähigkeit des anästhesiologischen Versorgungsbereichs,
   b) Vorbereiten und Koordinieren der zur Durchführung anästhesiologischer Maßnahmen und Verfahren erforderlichen Arbeitsabläufe sowie deren Nachbereitung,
   c) sach- und fachgerechtes Umgehen mit Medikamenten, die zur Anästhesie und im Rahmen der Anästhesie in anästhesiologischen Versorgungsbereichen angewendet werden,
   d) Durchführen von bedarfsgerechten Maßnahmen und Verfahren zur Betreuung der Patientinnen und Patienten während ihres Aufenthaltes im anästhesiologischen Versorgungsbereich unter Berücksichtigung ihres jeweiligen physischen und psychischen Gesundheitszustandes und
   e) Überwachen des gesundheitlichen Zustandes der Patientinnen und Patienten und seines Verlaufs während des Aufenthaltes in den jeweiligen Versorgungsbereichen und Aufwacheinheiten außerhalb von Intensivtherapiestationen sowie

2. im Rahmen der Mitwirkung insbesondere die folgenden Aufgaben auszuführen:
   a) fach- und situationsgerechtes Assistieren bei anästhesiologischen Maßnahmen und Verfahren in anästhesiologischen Funktionsbereichen und weiteren Versorgungsbereichen und
   b) eigenständiges Durchführen ärztlich veranlasster Maßnahmen in anästhesiologischen Funktionsbereichen und weiteren Versorgungsbereichen.

Erläuterungen

Inhaltsübersicht

I. Erläuterungen

1 In der Gesetzesbegründung (BT-Drs. 19/13825, S. 52) wird zu § 9 ATA-OTA-G allgemein ausgeführt:

„Die Nummern präzisieren jeweils in einer umfassenden, aber nicht abschließenden Aufzählung die berufsfeldspezifischen Kompetenzen der Anästhesietechnischen Assistentinnen und Assistenten die in der Ausbildung nach diesem Gesetz zu entwickeln sind. Die Aufzählung umfasst die Mindestanforderungen, die durch die Ausbildungs- und Prüfungsverordnung nach § 66 zu konkretisieren sind.

Nummer 1 führt die Aufgaben auf, zu deren eigenverantwortlicher Ausübung (nicht im Wege Delegation) ausgebildet werden soll. Die Nummer 2 unterscheidet zwischen Aufgaben, die assistierend oder eigenständig ausgeführt werden. Bei eigenständig auszuführenden Tätigkeiten handelt es sich um ärztlich angeordnete Maßnahmen, die aber selbstständig im Wege der Delegation durchgeführt werden.“

2 In der Gesetzesbegründung (BT-Drs. 19/13825, S. 52) wird zu **Nr. 1** ausgeführt:

„Die Buchstaben a) und b) benennen grundlegende Aufgaben, die als Voraussetzung zur Durchführung von anästhesiologischen Maßnahmen beherrscht werden müssen. Der sach- und fachgerechte und damit sichere Umgang mit anzuwendenden Medikamenten beinhaltet nach Buchstabe c) u. a. pharmakologische Kenntnisse. Da ein nicht sachgerechter Umgang schwere Komplikationen verursachen kann, ist der Umgang mit Medikamenten sicher zu beherrschen.

Das Durchführen von bedarfsgerechten Maßnahmen und Verfahren zur Versorgung der Patientinnen und Patienten entsprechend Buchstabe d) beinhaltet neben der individuellen Wahrnehmung des physischen und physischen Gesundheitszustandes der Patientin oder des Patienten beispielhaft auch prophylaktische Maßnahmen im Rahmen der Vermeidung von Druckgeschwüren (Dekubitusprophylaxe).

Buchstabe e) stellt klar, dass die Überwachung von Patientinnen und Patienten im Aufwachraum zu den berufsfeldspezifischen Aufgaben der Anästhesietechnischen Assistentinnen und Assistenten gehört, wohingegen der Einsatz auf der Intensivtherapiestation ausgeschlossen ist. Die Ausbildung der Anästhesietechnischen Assistentinnen und Assistenten ist in erster Linie auf technische und weitere spezielle Aufgaben und Tätigkeiten der Anästhesie ausgerichtet. Umfangreiche und über die Regelungen dieses Gesetzes hinausgehende Kompetenzen - wie die von Berufsangehörigen der Pflegefachberufe und von Berufsangehörigen der Pflegefachberufe mit entsprechender Weiterbildung - sind ausdrücklich nicht von dieser Ausbildung umfasst.“

3 In der Gesetzesbegründung (BT-Drs. 19/13825, S. 53) wird zu **Nr. 2** ausgeführt:

„Die Nummer 2 beschreibt unter Buchstabe a) assistierende Tätigkeiten und unter Buchstabe b) Aufgaben, die im Wege der Delegation eigenständig in anästhesiologischen und weiteren Versorgungsbereichen zu erbringen sind. Sie beziehen sich auf diejenigen Aufgaben, bei denen im Rahmen der Mitwirkung eine arbeitsteilige Zusammenarbeit mit Ärztinnen und Ärzten stattfindet. Buchstabe a) umfasst alle Aufgaben, die zur fach- und situationsgerechten Assistenz notwendig sind. Buchstabe b) betrifft die Aufgaben, die aufgrund einer entsprechenden Veranlassung einer Ärztin oder eines Arztes und nicht aufgrund einer eigenen Entscheidung der Anästhesietechnischen Assistentin oder Assistenten eigenständig durchgeführt werden.“

II. Korrespondierende Vorschriften der ATA-OTA-APrV

4 In der ATA-OTA-APrV werden in Abschnitt 1 Inhalt und Ziele der Ausbildung benannt (§§ 1 bis 5 ATA-OTA-APrV). Diese werden in den Anlagen 1 und 2 konkretisiert.

§ 10 Spezifisches Ausbildungsziel für Operationstechnische Assistentinnen und Operationstechnische Assistenten

Die zur Operationstechnischen Assistentin oder zum Operationstechnischen Assistenten Auszubildenden sind zu befähigen,

1. eigenverantwortlich insbesondere die folgenden Aufgaben auszuführen:
  a) Herstellen der Funktions- und Betriebsfähigkeit des operativen Versorgungsbereichs,
  b) Vorbereiten und Koordinieren der zur Durchführung operativer Eingriffe erforderlichen Arbeitsabläufe und deren Nachbereitung,
  c) geplantes und strukturiertes Ausführen der Springertätigkeit,
  d) Durchführen von bedarfsgerechten Maßnahmen und Verfahren zur Betreuung der Patientinnen und Patienten während ihres Aufenthaltes im operativen Versorgungsbereich unter Berücksichtigung ihres jeweiligen physischen und psychischen Gesundheitszustandes und
  e) Überwachen des gesundheitlichen Zustandes der Patientinnen und Patienten und seines Verlaufs während des Aufenthaltes in den jeweiligen Versorgungsbereichen außerhalb von Aufwacheinheiten und Intensivtherapiestationen sowie

2. im Rahmen der Mitwirkung insbesondere die folgenden Aufgaben auszuführen:
  a) fach- und situationsgerechtes Assistieren bei operativen Eingriffen in operativen Funktionsbereichen und weiteren Versorgungsbereichen und
  b) eigenständiges Durchführen ärztlich veranlasster Maßnahmen in operativen Funktionsbereichen und weiteren Versorgungsbereichen.

Erläuterungen

Inhaltsübersicht

I. Erläuterungen

1 In der Gesetzesbegründung (BT-Drs. 19/13825, S. 53) wird zu § 10 ATA-OTA-G allgemein ausgeführt:

„Die Nummern präzisieren jeweils in einer umfassenden, aber nicht abschließenden Aufzählung die berufsfeldspezifischen fachlichen und methodischen Kompetenzen der Operationstechnischen Assistentinnen und Assistenten, die in der Ausbildung nach diesem Gesetz zu entwickeln sind. Die Aufzählung umfasst die Mindestanforderungen, die durch die Ausbildungs- und Prüfungsverordnung nach § 66 zu konkretisieren sind.

Hierbei werden nach der Systematik der §§ 8 und 9 jeweils in der Nummer 1 die Aufgaben aufgeführt, zu deren eigenverantwortlicher Ausübung (nicht im Wege Delegation) ausgebildet werden soll. Die Nummer 2 unterscheidet zwischen Aufgaben, die assistierend oder eigenständig ausgeführt werden. Bei eigenständig auszuführen-

den Tätigkeiten handelt es sich um ärztlich angeordnete Maßnahmen, die aber selbstständig im Wege der Delegation durchgeführt werden."

2 In der Gesetzesbegründung (BT-Drs. 19/13825, S. 53) wird zu **Nr. 1** ausgeführt:

„Die Buchstaben a) und b) benennen grundlegende Aufgaben, die als Voraussetzung zur Durchführung von operativen Maßnahmen beherrscht werden müssen. Umfasst wird hiervon auch die Instrumentenkunde mit entsprechender indikationsgerechter Auswahl, Vorbereitung und Bedienung.

Zur prä-, intra- und postoperativen Unterstützung der operierenden Einheit sind entsprechend dem Buchstaben c die Auszubildenden zu befähigen, die Springertätigkeit geplant und strukturiert auszuführen. Dieses beinhaltet sowohl die Koordinierung von Arbeitsprozessen im Sinne eines Schnittstellenmanagements zwischen sterilem und unsterilem Arbeitsbereich als auch die Entgegennahme von Operationspräparaten, dessen Versorgung und Weiterleitung.

Das Durchführen von bedarfsgerechten Maßnahmen und Verfahren zur Versorgung der Patientinnen und Patienten entsprechend Buchstabe d) beinhaltet neben der individuellen Wahrnehmung des physischen und psychischen Gesundheitszustandes der Patientin und des Patienten beispielhaft auch – an dem jeweiligen operativen Eingriff orientierten – prophylaktische Maßnahmen im Rahmen der Vermeidung von Druckgeschwüren (Dekubitusprophylaxe).

Buchstabe e stellt klar, dass durch Operationstechnische Assistentinnen und Assistenten die Überwachung von Patientinnen und Patienten in den berufsfeldspezifischen Versorgungsbereichen möglich ist, wohingegen der Einsatz im Aufwachraum und auf der Intensivtherapiestation ausgeschlossen ist."

3 In der Gesetzesbegründung (BT-Drs. 19/13825, S. 53) wird zu **Nr. 2** ausgeführt:

„Hier werden nach der Systematik des § 9 Nummer 2 jeweils die Aufgaben aufgeführt, zu deren eigenverantwortlicher Ausübung (nicht im Wege Delegation) ausgebildet werden soll. Die Nummer 2 unterscheidet zwischen Aufgaben, die assistierend oder eigenständig ausgeführt werden. Bei eigenständig auszuführenden Tätigkeiten handelt es sich um ärztlich angeordnete Maßnahmen, die aber selbstständig im Wege der Delegation durchgeführt werden."

II. Korrespondierende Vorschriften der ATA-OTA-APrV

4 In der ATA-OTA-APrV werden in Abschnitt 1 Inhalt und Ziele der Ausbildung benannt (§§ 1 bis 5 ATA-OTA-APrV). Diese werden in den Anlagen 3 und 4 konkretisiert.

§ 11 Voraussetzungen für den Zugang zur Ausbildung

Die Ausbildung darf nur absolvieren, wer

1. **mindestens einen der folgenden Abschlüsse besitzt:**
   a) **den mittleren Schulabschluss oder einen anderen gleichwertigen Schulabschluss oder**
   b) **eine nach einem Hauptschulabschluss oder einer gleichwertigen Schulbildung erfolgreich abgeschlossene Berufsausbildung**
      aa) **in einem Beruf, für den eine reguläre Ausbildungsdauer von mindestens zwei Jahren vorgeschrieben ist,**
      bb) **in einer landesrechtlich geregelten Assistenz- oder Helferausbildung in der Pflege von mindestens einjähriger Dauer, die die Mindestanforderungen, die von der Arbeits- und Sozialministerkonferenz 2012 und von der Gesundheitsministerkonferenz 2013 in den „Eckpunkten für die in Länderzuständigkeit liegenden Ausbildungen zu Assistenz- und Helferberufen in der Pflege“ (BAnz AT 17.02.2016 B3) beschlossen wurden, erfüllt, oder**
      cc) **in einer bis zum 31. Dezember 2021 begonnenen, erfolgreich abgeschlossenen landesrechtlich geregelten Ausbildung in der Krankenpflegehilfe oder in der Altenpflegehilfe von jeweils mindestens einjähriger Dauer,**
2. **sich nicht eines Verhaltens schuldig gemacht hat, aus dem sich die Unzuverlässigkeit zur Absolvierung der Ausbildung ergibt,**
3. **in gesundheitlicher Hinsicht zur Absolvierung der Ausbildung nicht ungeeignet ist und**
4. **über die Kenntnisse der deutschen Sprache verfügt, die für die Ausbildung erforderlich sind.**

Erläuterungen

Inhaltsübersicht

I. Allgemeines

1 Die Vorschrift regelt die Zugangsvoraussetzungen zur Ausbildung. Diese betreffen in **Abs. 1** die Voraussetzungen der Ausbildung und Berufserfahrung, und in **Abs. 2** die weiteren Voraussetzungen, die auch für die Erteilung der Erlaubnis zur Führung der Berufsbezeichnung erforderlich sind.

II. Erläuterungen

1. Abs. 1: Ausbildungsvoraussetzungen

2 In der Gesetzesbegründung (BT-Drs. 19/13825, S. 53 f.) wird zu dieser Vorschrift ausgeführt:

„Unterschiedliche Zugangsvoraussetzungen zum Beruf garantieren vielfältige Zugänge zur Ausbildung im Zusammenhang mit der Anschlussfähigkeit bereits erworbener Kompetenzen zur beruflichen Weiterentwicklung. Dies fördert auch die Durchlässigkeit im Rahmen der beruflichen Bildung und ist von maßgeblicher Bedeutung. Zusätzlich zum schulischen Abschluss und gegebenenfalls beruflichen Qualifikationen müssen die Ausbildungsbewerber weitere Zugangsvoraussetzungen erfüllen. Die Voraussetzungen nach § 1 Absatz 2 Nummer 1 bis 4 und § 2 Absatz 2 Nummer 2 bis 4 finden sich konsequenterweise auch hier wieder. Die Bewerberin oder der Bewerber darf nicht in gesundheitlicher Hinsicht zur Ausbildung ungeeignet oder unzuverlässig sein und muss über die für das Absolvieren der Ausbildung erforderlichen Kenntnisse der deutschen Sprache verfügen. Die für die Ausbildung geforderten Sprachkenntnisse sind auf einem niedrigeren Niveau anzusetzen als die für die Ausübung des Berufs geforderten Kenntnisse und in einer Prognose unter Berücksichtigung der Lerneffekte durch die Ausbildung zu beurteilen. Die zu fordernden Sprachkenntnisse sollten sich am Sprachniveau B 2 des Gemeinsamen Europäischen Referenzrahmens für Sprachen orientieren.“

2. Abs. 2: Weitere Voraussetzungen

3 Die weiteren Voraussetzungen nach Abs. 2 Nr. 2 bis 3 sind die Voraussetzungen, die auch für die Erteilung der Erlaubnis zur Führung der Berufsbezeichnung erforderlich sind. Diese Voraussetzungen sind die Zuverlässigkeit, die gesundheitliche Eignung und die erforderlichen deutschen Sprachkenntnisse (§ 1 Abs. 2 Nr. 2 bis 4, § 2 Abs. 2 Nr. 2 bis 4 ATA-OTA-G). S. dazu die → Erl. zu § 2 ATA-OTA-G, Rn. 15 bis 25.

3. Zu § 11 Nr. 1 Buchst. b, Doppelbuchst. bb: Abdruck der Mindestanforderungen (Eckpunkte)

4 *Bundesministerium*
für Familie, Senioren, Frauen und Jugend
Bundesministerium für Gesundheit

Bekanntmachung
der von der 89. Arbeits- und Sozialministerkonferenz 2012
und der 86. Gesundheitsministerkonferenz 2013
als Mindestanforderungen beschlossenen
„Eckpunkte für die in Länderzuständigkeit liegenden Ausbildungen
zu Assistenz- und Helferberufen in der Pflege“

Vom 29. Januar 2016

Nachfolgend werden die von der 89. Arbeits- und Sozialministerkonferenz 2012 und der 86. Gesundheitsministerkonferenz 2013 beschlossenen „Eckpunkte für die in

Länderzuständigkeit liegenden Ausbildungen zu Assistenz- und Helferberufen in der Pflege" bekannt gegeben (Anlage).

Eckpunkte für die in Länderzuständigkeit liegenden Ausbildungen zu Assistenz- und Helferberufen in der Pflege

Beschlossen von der 89. Arbeits- und Sozialministerkonferenz 2012 am 28./29. November 2012
und der 86. Gesundheitsministerkonferenz 2013 am 26./27. Juni 2013

Präambel

Die 86. Arbeits- und Sozialministerkonferenz 2009 hat es für erforderlich gehalten, die in der Regelungszuständigkeit der Länder liegenden Berufsausbildungen in der Pflege attraktiver zu gestalten sowie sie mit dem Ziel der gegenseitigen Anerkennung und einer Verbesserung der Aufstiegsmöglichkeiten weiter zu entwickeln. Zu diesem Zweck wurde einvernehmlich in Aussicht genommen, gemeinsame Eckpunkte vergleichbar den Rahmenvereinbarungen der Kultusministerkonferenz festzulegen. Dadurch soll nach dem Beschluss der ASMK ein länderübergreifend transparentes sowie durchlässiges Aus- und Weiterbildungsangebot von Assistenz- und Helferberufen bis zu Pflegefachkraftberufen und akademischen Aus- und Weiterbildungen entstehen, das bei überschaubaren Ausbildungszeiten Beschäftigungsmöglichkeiten auf unterschiedlichen Fachniveaus bietet.

Die nachstehenden Eckpunkte stellen in diesem Sinne zwischen den Ländern vereinbarte Mindestanforderungen an Ausbildungen zu Assistenz- und Helferberufen in der Pflege dar. Sie werden in vielen Fällen und bei einzelnen Anforderungen von den geltenden Länderregelungen überschritten. Länderrechtlich geregelte Weiterbildungen und akademische Ausbildungen sind nicht Gegenstand dieser Eckpunkte.

Die Länder erkennen die auf Basis dieser Mindestanforderungen landesrechtlich geregelten Ausbildungsgänge gegenseitig an, sofern sie in länderrechtlichen Regelungen eine abgeschlossene Assistenz- oder Helferausbildung in der Pflege als Voraussetzung fordern. Die Länder, deren Regelungen im Zeitpunkt der Vereinbarung die Anforderungen noch nicht in allen Punkten erfüllen, sagen zu, bis zum Inkrafttreten des neuen Pflegeberufsgesetzes alle Mindestanforderungen in ihren Länderregelungen umgesetzt zu haben.

Die Länder bitten die Bundesregierung auf dieser Grundlage, eine gesetzliche Regelung zu treffen, die im Rahmen der künftigen Pflegefachkraftausbildung bei einer erfolgreich abgeschlossenen Ausbildung in den Assistenz- und Helferberufen in der Pflege eine Verkürzung der Ausbildungszeit von einem Jahr vorsieht.

1. *Berufsbild: Kenntnisse, Fähigkeiten und Fertigkeiten*
   Assistenzkräfte und Pflegehelfer arbeiten im Team mit Pflegefachkräften in der ambulanten Pflege, der stationären Akutpflege und der stationären Langzeitpflege. Sie betreuen und pflegen Menschen insbesondere in der Häuslichkeit, in Wohngruppen, Pflegeeinrichtungen und Krankenhäusern. Sie führen die Maßnahmen selbstständig durch (Durchführungsverantwortung), die von einer Pflegefachkraft geplant, überwacht und gesteuert werden (Steuerungsverantwortung der Pflegefachkraft). Bei Maßnahmen mit höherem Schwierigkeitsgrad, bei Mitwirkung an

ärztlich verordneten Maßnahmen oder in instabilen Pflegesituationen beinhaltet die Steuerungsverantwortung auch die konkrete Anleitung der Assistenzkräfte und Pflegehelfer, sofern die Tätigkeit nicht ihrer Art und Schwierigkeit nach oder im Einzelfall aufgrund besonderer Umstände oder ihres Risikopotentials für die zu pflegende Person wegen von der Pflegefachkraft selbst durchgeführt werden müssen. Die länderrechtlich geregelten Ausbildungen zu Assistenz- und Helferberufen in der Pflege vermitteln mindestens diejenigen Kompetenzen, die in diesem Sinne zur selbstständigen Wahrnehmung insbesondere folgender Tätigkeiten befähigen:

a) grundpflegerische Maßnahmen in stabilen Pflegesituationen sicher durchführen,

b) im Pflegeprozess bei der Erstellung von Biographie und Pflegeplanung unterstützend mitwirken, den Pflegebericht fortschreiben und die eigenen Tätigkeiten selbständig dokumentieren,

c) Kontakte mit pflegebedürftigen Menschen herstellen, mit ihnen einen respektvollen Umgang pflegen und sie unter Beachtung wesentlicher Vorbeugungsmaßnahmen bei der Grundversorgung unterstützen, Ressourcen erkennen und aktivierend in die Pflegehandlung einbeziehen,

d) pflegebedürftige Menschen bei der Lebensgestaltung im Alltag unter Beachtung der Lebensgeschichte, der Kultur und der Religion unterstützen,

e) Notfallsituationen und Veränderungen der Pflegesituation durch gezielte Beobachtung rechtzeitig erkennen und angemessen handeln,

f) mit anderen Berufsgruppen unter Reflektion der Situation und der eigenen Rolle zusammenarbeiten.

Sie vermitteln mindestens diejenigen Kompetenzen, die dazu befähigen unter Anleitung und Überwachung von Pflegefachkräften insbesondere folgende Tätigkeiten durchzuführen:

g) bei der Durchführung ärztlich veranlasster therapeutischer und diagnostischer Verrichtungen mitwirken (insbesondere Kontrolle von Vitalzeichen, Medikamentengabe, subkutane Injektionen, Inhalationen, Einreibungen, An- und Ausziehen von Kompressionsstrümpfen),

h) Menschen in der Endphase des Lebens unterstützend begleiten und pflegen.

2. Ausbildungsdauer

Die Ausbildung dauert mindestens ein Jahr. Sie umfasst mindestens 700 Stunden berufsbezogenen schulischen Unterricht und 850 Stunden praktischer Ausbildung unter Anleitung einer Pflegefachkraft.

Eine längere Ausbildungsdauer kann insbesondere erforderlich sein, um

- *einen weiterführenden Schulabschluss zu vermitteln,*
- *einem höheren pädagogischen Bedarf unter Berücksichtigung der Zielgruppe der Ausbildung zu entsprechen,*
- *einen Assistenzberuf mit eigenem Profil zu erlernen,*
- *drei Praxisbereiche kennen zu lernen (insbesondere stationäre Akutpflege und stationäre Langzeitpflege),*
- *eine Ausbildung in Teilzeit zu ermöglichen.*

3. Praxiseinsätze

Die Auszubildenden bzw. Schüler lernen in der Ausbildung mindestens zwei Praxisbereiche kennen: ambulante Pflege und stationäre Akut- oder Langzeitversorgung.

4. *Zugangsvoraussetzung*
   Die Ausbildungsgänge setzen einen Hauptschulabschluss voraus.
   Die landesrechtliche Regelung kann vorsehen, dass die zuständige Behörde im Einzelfall eine Zulassung zur Ausbildung genehmigen kann, wenn eine positive Eignungsprognose der Schule vorliegt.
5. *Prüfung und Berufsabschluss*
   Die Ausbildung schließt mit einer Prüfung ab, die mindestens einen schriftlichen und einen praktischen Teil umfasst. Die praktische Prüfung erfolgt in der Regel am Klienten. Leistungen aus der Ausbildungsphase (Vornoten) können in das Prüfungsergebnis einfließen.
   Zur Prüfung können nach den landesrechtlichen Regelungen im Ermessen der zuständigen Behörde auch Personen zugelassen werden, die nicht oder nicht in vollem Umfang an der Ausbildung teilgenommen haben (Externenprüfung). Ziel dieser Prüfungsmöglichkeit ist ein erleichterter Zugang für pflegepraxiserfahrene Personen ohne Absenkung von Qualitätsanforderungen. Daher dürfen in diesem Fall die Zugangsvoraussetzungen, der Umfang der nachzuweisenden einschlägigen praktischen Tätigkeit und der Umfang der Prüfung nicht geringer sein als bei der regulären Ausbildung. Zur Qualitätssicherung soll ein einschlägiger Vorbereitungskurs einer Schule oder eines Bildungsträgers vorgeschrieben sein oder ein Nachweis, dass mind. die Hälfte der praktischen Tätigkeit unter Anleitung einer geeigneten Fachkraft stattgefunden hat.
   Außerdem kann zur Prüfung zugelassen werden, wer an einer bundesgesetzlich geregelten Ausbildung zur Pflegefachkraft regelmäßig teilgenommen hat, die in ihrem Umfang und Inhalt der Ausbildung zu Assistenz- und Helferberufen in der Pflege gleichwertig ist.
   Die erfolgreich abgeschlossene Prüfung führt zum Erlangen eines staatlich anerkannten oder staatlich geprüften Berufsabschlusses.

§ 12 Dauer

(1) Die Ausbildung dauert in Vollzeit drei Jahre.

(2) [1]Die Ausbildung kann auch in Teilzeit absolviert werden. [2]In diesem Fall darf sie höchstens fünf Jahre dauern.

(3) Der theoretische und praktische Unterricht der Anästhesietechnischen Assistentinnen und Anästhesietechnischen Assistenten und der Operationstechnischen Assistentinnen und Operationstechnischen Assistenten kann zur Hälfte gemeinsam erfolgen.

Erläuterungen

1 Die Vorschrift regelt die Dauer der Ausbildung. Zur Dauer einzelner Ausbildungsteile s. §§ 4 bis 6 ATA-OTA-APrV.

Abs. 1: Ausbildung in Vollzeitform

2 In der Gesetzesbegründung (BT-Drs. 19/13825, S. 54) wird zu dieser Vorschrift ausgeführt:

„Die Ausbildung dauert in Vollzeitform drei Jahre. Dies gilt unabhängig vom Zeitpunkt der staatlichen Abschlussprüfung. Das Ausbildungsverhältnis erstreckt sich somit in Vollzeitform auch dann über drei Jahre, wenn die staatliche Prüfung aus organisatorischen Gründen früher abgelegt wird."

Abs. 2: Ausbildung in Teilzeitform

3 In der Gesetzesbegründung (BT-Drs. 19/13825, S. 54) wird zu dieser Vorschrift ausgeführt:

„Im Sinne eines Beitrags zur besseren Vereinbarkeit von Familie und Beruf ist es zulässig, die Ausbildung auch in Teilzeitform mit einer Höchstdauer von fünf Jahren zu absolvieren. Eine Beschränkung der Höchstdauer der Teilzeitausbildung ist erforderlich, weil sowohl die Auszubildenden als auch die Schule und die Einrichtungen der praktischen Ausbildung zu Beginn der Ausbildung eine zeitliche Perspektive für den Abschluss der Ausbildung benötigen. Der Zeitraum von fünf Jahren ist dabei angemessen."

Abs. 3: Gemeinsame Ausbildungszeiten

4 In der Gesetzesbegründung (BT-Drs. 19/13825, S. 54) wird zu dieser Vorschrift ausgeführt:

„Aufgrund des großen Anteils der – sich überschneidenden – Tätigkeiten der Anästhesietechnischen Assistenz und Operationstechnischen Assistenz (s. §§ 7 u. 8) kann die Hälfte der Ausbildungszeit gemeinschaftlich erfolgen. Diese Zielvorstellung kann nur an Schulen Umsetzung finden, die sowohl die zur Anästhesietechnischen als auch zur Operationstechnischen Assistenz ausbilden. Ein solcher kombiniert-integrativer Ausbildungslehrgang bezieht sich lediglich auf die schulischen Bestandteile der Ausbildungen."

§ 13 Teile der Ausbildung

(1) Die Ausbildung besteht aus

1. **theoretischem Unterricht,**
2. **praktischem Unterricht und**
3. **einer praktischen Ausbildung.**

(2) Der zeitliche Anteil der Ausbildung unterteilt sich in

1. **mindestens 2100 Stunden theoretischen und praktischen Unterrichts und**
2. **mindestens 2500 Stunden praktischer Ausbildung.**

Erläuterungen

Inhaltsübersicht

I. Erläuterungen

Die Vorschrift regelt die Teile der Ausbildung. Zu den einzelnen Ausbildungsteilen s. §§ 2 bis 6 ATA-OTA-APrV. 1

In der Gesetzesbegründung (BT-Drs. 19/13825, S. 54) wird zu **Abs. 1** ausgeführt: 2

„Die Ausbildung besteht aus theoretischem und praktischem Unterricht, der von den Schulen durchgeführt wird. Die praktische Ausbildung erfolgt an Krankenhäusern oder in ambulanten Einrichtungen."

In der Gesetzesbegründung (BT-Drs. 19/13825, S. 54) wird zu **Abs. 2** ausgeführt: 3

„Festgelegt werden der zeitliche Mindestumfang des theoretischen und praktischen Unterrichts von 2 100 Stunden und der zeitliche Mindestumfang der praktischen Ausbildung von 2 500 Stunden. Die Veränderung der zeitlichen Umfänge ist aufgrund der erweiterten Vorgaben des Ausbildungsziels und der Ausbildungsinhalte im Vergleich zu den bestehenden Regelungen erforderlich. Sie folgt zudem einer Vergleichbarkeit der Stundenverteilung entsprechend weiterer Ausbildungsgesetze von Gesundheitsfachberufen."

II. Korrespondierende Vorschriften der ATA-OTA-APrV

In der ATA-OTA-APrV werden in § 3 ATA-OTA-APrV der theoretische und praktische Unterricht, in § 4 ATA-OTA-APrV die praktische Ausbildung und in § 5 ATA-OTA-APrV das Pflegepraktikum näher geregelt. 4

§ 14 Ausbildungsorte

(1) Der theoretische und der praktische Unterricht finden in staatlichen, staatlich genehmigten oder staatlich anerkannten Schulen statt.

(2) [1]Die praktische Ausbildung wird in einem dafür geeigneten Krankenhaus oder in mehreren dafür geeigneten Krankenhäusern durchgeführt. [2]Teile der praktischen Ausbildung können auch in einer dafür geeigneten ambulanten Einrichtung oder in mehreren dafür geeigneten ambulanten Einrichtungen durchgeführt werden, soweit diese Teile der praktischen Ausbildung die praktische Ausbildung im Krankenhaus nicht überwiegen.

(3) Findet die praktische Ausbildung in mehreren Einrichtungen der praktischen Ausbildung statt, so übernimmt die Einrichtung die Verantwortung für die Durchführung der praktischen Ausbildung, an der der überwiegende Teil der praktischen Ausbildung stattfindet (verantwortliche Einrichtung der praktischen Ausbildung).

(4) Die Schule und die Einrichtungen der praktischen Ausbildung wirken bei der Ausbildung auf der Grundlage von Kooperationsverträgen zusammen.

(5) [1]Die Eignung als Einrichtung der praktischen Ausbildung stellt die zuständige Behörde fest. [2]Die zuständige Behörde kann im Fall von Rechtsverstößen einer Einrichtung die Durchführung der praktischen Ausbildung untersagen.

(6) Auszubildende sind für die gesamte Dauer der Ausbildung Arbeitnehmer im Sinne von § 5 des Betriebsverfassungsgesetzes oder von § 4 des Bundespersonalvertretungsgesetzes der verantwortlichen Einrichtung der praktischen Ausbildung.

Erläuterungen

1 Die Vorschrift regelt die Orte der Ausbildung.

2 In der Gesetzesbegründung (BT-Drs. 19/13825, S. 54) wird zu **Abs. 1** ausgeführt:

„Der theoretische und praktische Unterricht findet an einer staatlichen, staatlich genehmigten oder staatlich anerkannten Schule statt, die den Mindestanforderungen nach § 21 genügen muss. Die Bestimmungen zur Organisation und Struktur der Ausbildungsstätten erfolgen durch Landesrecht. Die Schulen können den landesrechtlichen Schulgesetzen unterstellt werden. In diesem Zusammenhang ist auf die Vorschrift zur Weitergeltung von Anerkennungen von Schulen nach § 67 zu verweisen.

In den Ländern, in denen die Ausbildung nach diesem Gesetz dem Schulrecht unterliegt, wird die Genehmigung zur Durchführung der Ausbildung nach dem Schulrecht der Länder und nach Maßgabe des § 21 erteilt."

3 In der Gesetzesbegründung (BT-Drs. 19/13825, S. 54 f.) wird zu **Abs. 2** ausgeführt:

„Die praktische Ausbildung wird an geeigneten Krankenhäusern und gegebenenfalls in dafür geeigneten ambulanten Einrichtungen durchgeführt. Aufgrund der Zunahme operativer Eingriffe im ambulanten Bereich können auch solche Einrichtungen Orte der praktischen Ausbildung sein. Satz 2 betont, dass im Wesentlichen entsprechend der bisherigen Einsatzbereiche die praktische Ausbildung an einem oder mehreren Kran-

kenhäusern stattfindet. Die Geeignetheit bemisst sich an dem für die Erreichung des Ausbildungszieles notwenigen Spektrums an Anästhesieverfahren und Operationen."

In der Gesetzesbegründung (BT-Drs. 19/13825, S. 55) wird zu **Abs. 3** ausgeführt: 4

„Sollte die praktische Ausbildung in mehreren Einrichtungen erfolgen, trägt die Einrichtung, an der die praktische Ausbildung überwiegend stattfindet, insgesamt die Verantwortung für die gesamte praktische Ausbildung. Ziel der Vorschrift ist es, dass eine Einrichtung die Verantwortung für die Durchführung der praktischen Ausbildung gegenüber der oder den Auszubildenden übernimmt."

In der Gesetzesbegründung (BT-Drs. 19/13825, S. 55) wird zu **Abs. 4** ausgeführt: 5

„Soweit es notwendig ist, schließen die an der praktischen Ausbildung beteiligten Einrichtungen und die Schule Kooperationsverträge ab, die Grundlage für das Gelingen der Ausbildungen nach diesem Gesetz und der Ausbildungs- und Prüfungsverordnung nach § 66 ist."

Zum Inhalt der Kooperationsverträge s. § 9 ATA-OTA-APrV.

In der Gesetzesbegründung (BT-Drs. 19/13825, S. 55) wird zu **Abs. 5** ausgeführt: 6

„Die Feststellung der Eignung zur Durchführung der praktischen Ausbildung obliegt den Ländern. Die zuständige Behörde kann im Fall von Rechtsverstößen zur Sicherung der notwendigen Ausbildungsqualität einer Einrichtung die Durchführung untersagen."

In der Gesetzesbegründung (BT-Drs. 19/13825, S. 55) wird zu **Abs. 6** ausgeführt: 7

„Es wird klargestellt, dass die Auszubildenden unabhängig von der Ausgestaltung des Verhältnisses zwischen der verantwortlichen Einrichtung der praktischen Ausbildung im Sinne des Absatzes 3, den weiteren an der Ausbildung beteiligten Einrichtungen und der Schule ihre sich auf die Ausbildung beziehenden Rechte immer bei der Einrichtung ausüben können, bei der auch der überwiegende Teil der praktischen Ausbildung stattfinden soll, nämlich der verantwortlichen Einrichtung der praktischen Ausbildung im Sinne des Absatzes 3."

§ 15 Pflegepraktikum

In der praktischen Ausbildung ist ein Pflegepraktikum in dem jeweiligen Versorgungsbereich zu absolvieren, der für die Ausbildung zur Anästhesietechnischen Assistentin und zum Anästhesietechnischen Assistenten oder für die Ausbildung zur Operationstechnischen Assistentin und zum Operationstechnischen Assistenten relevant ist.

Erläuterungen

Inhaltsübersicht

I. Erläuterungen

1 Die Vorschrift bestimmt, dass das Pflegepraktikum in dem jeweiligen Versorgungsbereich stattzufinden hat, der für Ausbildung relevant ist. In der ursprünglichen Fassung der Vorschrift hieß es nur, dass das Praktikum in einem solchen Versorgungsbereich stattzufinden hat. In der Beschlussempfehlung und im Bericht des Ausschusses für Gesundheit (BT-Drs. 19/14872, S. 71) wird hierzu ausgeführt:

„Es ist sachgerecht, dass das verpflichtende Pflegepraktikum in dem für die jeweilige Ausbildung relevanten Versorgungsbereich zu absolvieren ist. Nach der offenen Formulierung in § 15 des Gesetzentwurfs hätte das Pflegepraktikum beliebig auch im jeweiligen anderen Versorgungsbereich der beiden Berufsbilder absolviert werden können. Nunmehr wird klargestellt, dass das Pflegepraktikum in einem solchen Versorgungsbereich zu absolvieren ist, der für die jeweilige Ausbildung relevant ist.“

II. Korrespondierende Vorschriften der ATA-OTA-APrV

2 **Dauer und Inhalt** des Pflegepraktikums sind in § 5 ATA-OTA-APrV geregelt. Danach muss das Pflegepraktikum einen Umfang von mindestens 120 Stunden umfassen (§ 5 Abs. 1 ATA-OTA-APrV). Es soll einen Überblick über die pflegerische Versorgung von Patientinnen und Patienten vor und nach anästhesiologischen oder operativen Eingriffen vermitteln (§ 5 Abs. 2 ATA-OTA-APrV).

§ 16 Praxisanleitung

(1) Die Einrichtungen der praktischen Ausbildung stellen jeweils die Praxisanleitung sicher.

(2) Die Praxisanleitung muss mindestens 15 Prozent der Zeit eines Einsatzes der praktischen Ausbildung betragen.

(3) Bis zum 31. Dezember 2028 darf die Praxisanleitung abweichend von Absatz 2 weniger als 15 Prozent, muss aber mindestens 10 Prozent der praktischen Ausbildungszeit betragen.

Erläuterungen

Inhaltsübersicht

I. Erläuterungen

In der Gesetzesbegründung (BT-Drs. 19/13825, S. 55) wird zu **Abs. 1** ausgeführt: 1

„Wesentlicher Bestandteil der praktischen Ausbildung und damit Garant einer qualitätsvollen Ausbildung ist die Praxisanleitung in den Einrichtungen. Die Auszubildenden werden durch Beschäftigte in den Einrichtungen, die die Funktion als Praxisanleiterinnen und Praxisanleiter übernehmen, vor Ort in Aufgaben und Tätigkeiten der Anästhesietechnischen oder Operationstechnischen Assistenz schrittweise anhand des Ausbildungsplans eingewiesen und angeleitet. Der Praxisanleitung kommt damit eine wesentliche Rolle beim Erwerb der nach diesem Gesetz beschriebenen Kompetenzen zu und sie unterstreicht den Ausbildungscharakter der praktischen Ausbildungseinheiten.“

In der Gesetzesbegründung (BT-Drs. 19/13825, S. 55) wird zu **Abs. 2** ausgeführt: 2

„Vorgegeben wird, dass die Praxisanleitung mindestens fünfzehn Prozent der auf den jeweiligen Einsatz entfallenden praktischen Ausbildungszeit umfasst. Die Anleitungsquote von 15 Prozent ist als Mindestumfang ausgestaltet, eine höhere Quote ist also möglich. Eine enge Anleitung und Betreuung der Auszubildenden in den berufspraktischen Einsätzen steigert die Qualität der Ausbildung zur Anästhesietechnischen oder Operationstechnischen Assistenz.“

In der Gesetzesbegründung (BT-Drs. 19/13825, S. 55) wird zu **Abs. 3** ausgeführt: 3

„Aufgrund der substantiellen Erhöhung der Anforderung an den Umfang der Praxisanleitung in den bisher geltenden Ausbildungsregelungen ist ein Übergangszeitraum von neun Jahren festgesetzt.“

Dieser Übergangszeitraum ist vom Zeitpunkt der Verkündung des Gesetzes im Bundesgesetzblatt, also vom 20.12.2019 an gerechnet, und nicht vom Zeitpunkt des Inkrafttretens des Gesetzes am 1.1.2022 (Art. 3 Abs. 4 des Gesetzes über die Ausbildung zur Anästhesietechnischen Assistentin und zum Anästhesietechnischen Assistenten und über die Ausbildung zur Operationstechnischen Assistentin und zum Operationstechnischen Assistenten).

II. Korrespondierende Vorschriften der ATA-OTA-APrV

4 Zur Qualifikation der Praxisanleitung enthält § 9 ATA-OTA-APrV nähere Angaben.

§ 17 Praxisbegleitung

(1) Die Schule unterstützt die praktische Ausbildung, indem sie eine Praxisbegleitung in angemessenem Umfang gewährleistet.

(2) Die Praxisbegleitung betreut und beurteilt die Auszubildenden während ihrer Praxiseinsätze fachlich im Benehmen mit der Praxisanleitung und unterstützt die Praxisanleitung.

(3) Die Einrichtungen der praktischen Ausbildung unterstützen die Schule bei der Durchführung der von der Schule zu leistenden Praxisbegleitung.

Erläuterungen

Inhaltsübersicht

I. Erläuterungen

1 In der Gesetzesbegründung (BT-Drs. 19/13825, S. 56) wird zu der Vorschrift ausgeführt:

„Die Schule hat während der berufspraktischen Ausbildung der Auszubildenden die Praxisbegleitung sicherzustellen. Die Praxisbegleitung betreut die Auszubildenden während ihrer Praxiseinsätze und unterstützt die Praxisanleitung fachlich. Hierdurch wird die enge Verzahnung zwischen Theorie und Praxis sichergestellt. Bei Durchführung der Praxisbegleitung wird die Schule durch die an der Ausbildung beteiligten Einrichtungen unterstützt. In Abstimmung zwischen Lehrkräften, Praxisanleiterinnen und Praxisanleitern und den Auszubildenden ist er Lernstand zu beraten und zu beurteilen. Der kollegiale Austausch zwischen Lehrkräften und Praxisanleiterinnen und Praxisanleitern erhöht die Ausbildungsqualität und ermöglicht die individuell notwendige Betreuung der Auszubildenden an der Nahtstelle zwischen schulischer und praktischer Ausbildung. Der Umfang der Praxisbegleitung ist gesetzlich nicht festgelegt, er soll aber pro Einsatzort erfolgen. Das Nähere zur Praxisbegleitung regelt die Ausbildungs- und Prüfungsverordnung nach § 66.“

II. Korrespondierende Vorschriften der ATA-OTA-APrV

2 § 9 ATA-OTA-APrV regelt das Nähere zur Praxisbegleitung.

§ 18 Curriculum der Schule und Ausbildungsplan für die praktische Ausbildung

(1) Die Schule erstellt ein schulinternes Curriculum für den theoretischen und den praktischen Unterricht nach den Vorgaben dieses Gesetzes und auf der Grundlage der Ausbildungs- und Prüfungsverordnung nach § 66.

(2) Die verantwortliche Einrichtung der praktischen Ausbildung erstellt einen Ausbildungsplan für die praktische Ausbildung nach den Vorgaben dieses Gesetzes und auf der Grundlage der Ausbildungs- und Prüfungsverordnung nach § 66.

(3) Die Schule und die verantwortliche Einrichtung der praktischen Ausbildung stimmen im gegenseitigen Einvernehmen das schulinterne Curriculum und den Ausbildungsplan ab.

Erläuterungen

Inhaltsübersicht

I. Erläuterungen

1 In der Gesetzesbegründung (BT-Drs. 19/13825, S. 56) wird zu **Abs. 1** ausgeführt:

„Der Unterricht erfolgt anhand eines Curriculums, das die Schule erstellt. Seine Vorgaben haben den Inhalten der Ausbildungsziele (§§ 7 bis 10), der Ausbildungs- und Prüfungsverordnung (§ 66) sowie darauf aufbauende länderspezifische Vorgaben zu entsprechen. Das Curriculum muss zeitlich und inhaltlich so gegliedert sein, dass das Ausbildungsziel erreicht werden kann."

2 In der Gesetzesbegründung (BT-Drs. 19/13825, S. 56) wird zu **Abs. 2** ausgeführt:

„Die verantwortliche Einrichtung der praktischen Ausbildung, das Krankenhaus, in dem der überwiegende Teil der praktischen Ausbildung stattfindet, hat einen Ausbildungsplan auf der Grundlage der Ausbildungsziele (§§ 7 bis 10), der Ausbildungs- und Prüfungsverordnung (§ 66) und darauf aufbauender landesrechtlicher Vorgaben zu erstellen. Hierbei ist auch das Curriculum der Schule zu beachten. Angestrebt wird die enge Verzahnung zwischen Theorie und Praxis. Ziel ist es, das Wissen, welches in den theoretischen und praktischen Unterrichtseinheiten vermittelt wird, unmittelbar in der Praxis umzusetzen und anzuwenden."

3 In der Gesetzesbegründung (BT-Drs. 19/13825, S. 56) wird zu **Abs. 3** ausgeführt:

„Nach dem Prinzip der wechselseitigen Abstimmung erstellen die Schule und die verantwortliche Einrichtung der praktischen Ausbildung im gegenseitigen Einvernehmen das schulinterne Curriculum und den Ausbildungsplan."

II. Korrespondierende Vorschriften der ATA-OTA-APrV

In § 2 Abs. 3 ATA-OTA-APrV sind die Abstimmungspflichten zwischen der Schule 4
und der verantwortlichen Einrichtung der praktischen Ausbildung bei der Erstellung des schulinternen Curriculums und des Ausbildungsplanes geregelt. Zum Ausbildungsplan s. § 2 Abs. 3 und 4 sowie § 11 Abs. 2 Nr. 1 ATA-OTA-APrV.

§ 19 Gesamtverantwortung der Schule

(1) Die Gesamtverantwortung für die Koordination des theoretischen und praktischen Unterrichts mit der praktischen Ausbildung trägt die Schule.

(2) Die Schule hat in Abstimmung mit den Einrichtungen der praktischen Ausbildung sicherzustellen, dass die oder der Auszubildende für die Teilnahme an Ausbildungsveranstaltungen der Schule und für die Teilnahme an Prüfungen freigestellt wird und dass bei der Gestaltung der Ausbildung auf die dafür erforderlichen Lernzeiten und Vorbereitungszeiten Rücksicht genommen wird.

Erläuterungen

1 In der Gesetzesbegründung (BT-Drs. 19/13825, S. 56) wird zu **Abs. 1** ausgeführt:

„Die Schule trägt die Gesamtverantwortung für die Koordination des theoretischen und praktischen Unterrichts mit der praktischen Ausbildung. Sie stellt sicher, dass der Ausbildungsplan und das Curriculum zeitlich und inhaltlich weitestgehend übereinstimmen. Auf diese Weise wird eine optimale inhaltliche und zeitliche Theorie-Praxis-Verzahnung während der Ausbildung gewährleistet. Die Festlegung möglichst korrespondierender Ausbildungsinhalte zwischen Unterricht und praktischer Ausbildung stellt sicher, dass zu den Lerninhalten des Unterrichts Praxisbezug hergestellt wird. Die in der Schule erworbenen Kenntnisse und Fertigkeiten unterstützen die Auszubildenden bei der Umsetzung ihrer Aufgaben in den Einrichtungen. Darüber hinaus kann die Schule durch die Verzahnung die Erfahrungen und Kompetenzen der Auszubildenden aus der Praxis durch theoretische Grundlagen vertiefen sowie bei der Reflexion helfen.“

2 In der Gesetzesbegründung (BT-Drs. 19/13825, S. 56) wird zu **Abs. 2** ausgeführt:

„Die Schule hat in Abstimmung mit den Einrichtungen der praktischen Ausbildung sicherzustellen, dass die Einrichtungen der praktischen Ausbildung die Auszubildenden für die Teilnahme an Ausbildungsveranstaltungen der Schule und für die Teilnahme an Prüfungen freistellen. Die Freistellung muss eventuelle Reise- und Wegezeiten mitumfassen. Darüber hinaus ist dem Ausbildungscharakter entsprechend auf die erforderlichen Lern- und Vorbereitungszeiten Rücksicht zu nehmen.“

§ 20 Pflichten der Einrichtungen der praktischen Ausbildung

(1) Die Einrichtungen der praktischen Ausbildung haben die Ausbildung in einer durch ihren Zweck gebotenen Form planmäßig sowie zeitlich und sachlich gegliedert so durchzuführen, dass das Ausbildungsziel in der vorgesehenen Zeit erreicht werden kann.

(2) Die Einrichtungen der praktischen Ausbildung haben den vorgegebenen Mindestumfang der Praxisanleitung sicherzustellen.

(3) [1]Die Einrichtungen der praktischen Ausbildung haben die oder den Auszubildenden für die Teilnahme an Ausbildungsveranstaltungen der Schule und für die Teilnahme an Prüfungen freizustellen. [2]Die Einrichtungen der praktischen Ausbildung haben auch bei der Gestaltung der praktischen Ausbildung auf die erforderlichen Lernzeiten und Vorbereitungszeiten Rücksicht zu nehmen.

(4) [1]Die Einrichtungen der praktischen Ausbildung dürfen der oder dem Auszubildenden nur Aufgaben übertragen, die dem Ausbildungsziel und ihrem oder seinem Ausbildungsstand entsprechen. [2]Die übertragenen Aufgaben sollen den physischen und psychischen Kräften der oder des Auszubildenden angemessen sein.

Erläuterungen

1 Den Einrichtungen der praktischen Ausbildung obliegt die Verantwortung für die Durchführung der praktischen Ausbildung einschließlich ihrer Organisation. § 26 ATA-OTA-G die konkretisiert diese Verantwortung im Rahmen des Ausbildungsverhältnisses, d. h. im Verhältnis zum Auszubildenden, wenn die Einrichtung der praktischen Ausbildung Ausbildungsträger ist (vgl. § 26 Abs. 6 Satz 2 ATA-OTA-G).

2 In der Gesetzesbegründung (BT-Drs. 19/13825, S. 57) wird zu **Abs. 1** ausgeführt:

„Jede Einrichtung, die an der praktischen Ausbildung beteiligt ist, hat ihren Ausbildungsabschnitt so zu strukturieren, dass das Ausbildungsziel in der vorgegebenen Zeit erreicht wird."

3 **Abs. 2** regelt die Pflicht zur Sicherstellung des vorgesehenen Mindestumfangs der praktischen Ausbildung.

4 In der Gesetzesbegründung (BT-Drs. 19/13825, S. 57) wird zu **Abs. 3** ausgeführt:

„Absatz 3 regelt die Freistellungspflicht der praktischen Einrichtungen für Ausbildungsveranstaltungen der Schule und Prüfungen sowie das Rücksichtnahmegebot für Lern- und Prüfungsvorbereitungszeiten."

5 In der Gesetzesbegründung (BT-Drs. 19/13825, S. 57) wird zu **Abs. 4** ausgeführt:

„Durch die Schutzvorschrift in Absatz 4 wird zugunsten der Auszubildenden sichergestellt, dass diesen nur Verrichtungen übertragen werden, die dem Ausbildungszweck dienen und deren Ausbildungsstand sowie deren physischen und psychischen Kräften entsprechen. Dadurch soll auch verhindert werden, dass die Auszubildenden als Arbeitskräfte eingesetzt werden. Die für jugendliche Auszubildende, d. h. für Personen unter 18 Jahren geltenden Arbeitsschutzvorschriften nach dem Jugendarbeitsschutzgesetz bleiben unberührt."

§ 21 Staatliche Prüfung

(1) Die Ausbildung schließt mit einer staatlichen Prüfung ab.

(2) In der staatlichen Prüfung müssen sowohl im Beruf der Anästhesietechnischen Assistentin und des Anästhesietechnischen Assistenten als auch im Beruf der Operationstechnischen Assistentin und des Operationstechnischen Assistenten die gemeinsamen Ausbildungsinhalte in gleicher Form geprüft werden.

Erläuterungen

Inhaltsübersicht

I. Erläuterungen

1 In der Gesetzesbegründung (BT-Drs. 19/13825, S. 57) wird zu **Abs. 1** ausgeführt:

„Die Ausbildung schließt mit einer staatlichen Prüfung ab. In der staatlichen Prüfung wird das Erreichen der Ausbildungsziele nach §§ 7 bis 10 überprüft. Weitere Einzelheiten zu dem schriftlichen, mündlichen und praktischen Teil der Prüfung regelt die Ausbildungs- und Prüfungsverordnung nach § 66."

2 In der Gesetzesbegründung (BT-Drs. 19/13825, S. 57) wird zu **Abs. 2** ausgeführt:

„Die gemeinsamen Ausbildungsinhalte sind bei der staatlichen Prüfung in gleicher Form zu prüfen. Unter Prüfungsform wird die mündliche, schriftliche und praktische Form der Prüfung verstanden."

II. Korrespondierende Vorschriften der ATA-OTA-APrV

3 Die §§ 12 bis 49 ATA-OTA-APrV enthalten die Vorschriften zur staatlichen Prüfung.

§ 22 Mindestanforderungen an Schulen

(1) Die Ausbildung darf nur von einer Schule durchgeführt werden, die staatlich, staatlich genehmigt oder staatlich anerkannt ist.

(2) Die staatliche Genehmigung oder Anerkennung der Schule erfolgt durch die zuständige Behörde.

(3) Schulen müssen nachweisen, dass

1. **sie hauptberuflich von einer pädagogisch qualifizierten Person geleitet werden, die über eine Ausbildung in einem Gesundheitsberuf und eine abgeschlossene Hochschulausbildung mindestens auf Masterniveau oder auf einem vergleichbarem Niveau verfügt,**
2. **sie über ein Verhältnis von hauptberuflichen Lehrkräften für den theoretischen und den praktischen Unterricht von mindestens einer Vollzeitstelle zu 20 Ausbildungsplätzen verfügt,**
3. **ihre hauptamtlichen Lehrkräfte fachlich in den Bereichen Anästhesietechnik oder Operationstechnik qualifiziert sind und über eine abgeschlossene Hochschulausbildung im Bereich Pädagogik verfügen,**
4. **bei ihr die für die Ausbildung erforderlichen Räume und Einrichtungen sowie ausreichende Lehrmittel und Lernmittel vorhanden sind und**
5. **die Durchführung der praktischen Ausbildung in geeigneten Krankenhäusern und Einrichtungen sichergestellt ist.**

(4) [1]Die Länder können durch Landesrecht das Nähere zu den Anforderungen der Anerkennung bestimmen und darüber hinausgehende Anforderungen festlegen. [2]Für die Lehrkräfte des theoretischen und des praktischen Unterrichts können sie regeln, dass die geforderte Hochschulausbildung auf bestimmte Hochschularten und Studiengänge beschränkt wird.

Erläuterungen

Die Vorschrift regelt die **Mindestanforderungen** an Schulen. Da das Schulrecht in den jeweiligen Vorschriften der Länder geregelt ist, gelten im Einzelnen die Vorschriften des Landesrechts. In der bundesrechtlichen Vorschrift des § 22 ATA-OTA-G können nur Mindestanforderungen erhoben werden, die speziell für die Ausbildung in den Heilberufen erforderlich sind (s. Art. 74 Abs. 1 Nr. 19 GG). Für die **Mindestanforderungen** in **Abs. 3** gilt die **Übergangsvorschrift** in § 68 ATA-OTA-G. 1

Abs. 1 unterscheidet zwischen staatlichen, staatlich genehmigten und staatlich anerkannten Schulen. **Staatliche Schulen** sind Schulen in Trägerschaft öffentlich-rechtlicher Körperschaften. In der Regel sind dies Gemeinden, (Land-)Kreise, kreisfreie Städte oder deren Zusammenschlüsse. Auch die Länder und der Bund können Schulträger sein. Bei den **staatlich genehmigten Schulen** handelt es sich um **Privatschulen.** Für sie gilt grundsätzlich, dass sie ihren Schülern keine eigenen Abschlusszeugnisse ausstellen dürfen. Die Absolventen müssen dann ihren Abschluss als externe Prüflinge an staatlichen Schulen ablegen. Sie erhalten dann ein staatliches Zeugnis für ihre Leistungen. Ob das allerdings auch für die staatliche Prüfung nach § 21 ATA-OTA-G so gilt, ist der Vorschrift nicht zu entnehmen. In der ATA-OTA- 2

APrV heißt es nur, dass an jeder Schule, die die Ausbildung durchführt, ein Prüfungsausschuss gebildet werden muss (§ 11 ATA-OTA-APrV). **Staatlich anerkannte Privatschulen** hingegen dürfen im Gegensatz dazu ihren Absolventen Prüfungszeugnisse ausstellen. Auch hier sind im Einzelnen die Vorschriften der ATA-OTA-APrV heranzuziehen. Dort ist geregelt, dass der Person, die die staatliche Prüfung bestanden hat, von der Schule im Einvernehmen mit der zuständigen Behörde das Zeugnis über die staatliche Prüfung auszustellen ist (§ 44 Abs. 1 ATA-OTA-APrV).

3 In der Gesetzesbegründung (BT-Drs. 19/13825, S. 57) wird zu **Abs. 2** ausgeführt:

„Nach Absatz 2 erfolgt die staatliche Anerkennung der Schulen durch die zuständige Behörde. In den Ländern, in denen die Ausbildung nach diesem Gesetz dem Schulrecht unterliegt, wird die Genehmigung zur Durchführung der Ausbildung nach dem Schulrecht der Länder und nach Maßgabe des Absatzes 2 erteilt."

4 In der Gesetzesbegründung (BT-Drs. 19/13825, S. 57 f.) wird zu **Abs. 3** ausgeführt:

„Absatz 3 enthält die Mindestanforderungen für die Schulen. Diese sind erforderlich, um die Ziele der Ausbildung im Sinne der §§ 7 bis 10 zur erreichen und die Ausbildungsqualität sicherzustellen. Die vorliegenden Regelungen dienen auch der Sicherheit der medizinischen Versorgung in dem Hochrisikobereich Operationssaal und somit dem Schutz der Gesundheit der Bevölkerung.

Für die Leitung der Schule wird nach Absatz 2 Satz Nummer 1 neben der fachlichen Qualifikation in einem Gesundheitsfachberuf und eine Qualifikation im Bereich Pädagogik, eine abgeschlossene Hochschulausbildung auf Masterniveau oder einem vergleichbaren Niveau gefordert. Die Qualifikation im Bereich Pädagogik muss aber nicht durch einen Hochschulabschluss nachgewiesen werden.

Die Zahl der Lehrkräfte muss im Verhältnis zur Zahl der Ausbildungsplätze der Schule mindestens eins zu zwanzig sein. Aus den Fachdiskussionen, aus bestehenden Vorgaben anderer berufsrechtlicher Regelungen (Pflegeberufereformgesetz), auch in Länderregelungen zu Ausbildungsgängen von Gesundheitsfachberufen kann ein Personalschlüssel von einer hauptberuflichen Vollzeitstelle auf zwanzig Ausbildungsplätze als angemessen angesehen werden. Ein höherer Personalschlüssel kann aber geboten sein, um den gesetzlich vorgegebenen Bildungsauftrag der Schule umzusetzen. Der in der Fachdiskussion häufig als vorteilhaft benannte Personalschlüssel von 1:15 unter Einbeziehung von Honorarkräften wird nicht in Frage gestellt.

Absatz 3 Nummer 3 normiert die fachlichen Anforderungen an die Lehrkräfte. Voraussetzung ist einerseits die fachliche Qualifikation in den Bereichen Anästhesietechnik oder Operationstechnik und zum anderen eine abgeschlossene Hochschulausbildung im Bereich Pädagogik. Die Ansprüche an moderne Ausbildungsregelungen, die auf eine Handlungsorientierung sowie die Herausbildung von Kompetenzen bei den Auszubildenden ausgerichtet sind, erfordern moderne Lehr- und Lerntechniken sowohl in fachlicher wie auch in pädagogisch-didaktischer Hinsicht, die nur durch hochschulische Lehrerbildung sichergestellt werden können.

Absatz 3 Nummer 4 enthält die Voraussetzung, dass die für die Ausbildung erforderliche Ausstattung vorhanden sein muss, um die Ausbildung erfolgreich durchzuführen.

Zuletzt muss die Schule nachweisen, dass die praktische Ausbildung in geeigneten Krankenhäusern und Einrichtungen durchgeführt wird, Absatz 3 Nummer 5.“

S. zu diesen Mindestanforderungen die **Übergangsvorschrift** in § 68 ATA-OTA-G.

Die **Mindestanforderungen in Abs. 3 Nr. 1 und Nr. 3** sind in der Beschlussempfehlung und im Bericht des Ausschusses für Gesundheit (BT-Drs. 19/14872, S. 24) gegenüber der ursprünglichen Fassung im Gesetzentwurf geändert worden: 5

„Zu Nummer 1

Die im Gesetzentwurf vorgesehene Qualifikationsanforderung für die Schulleitung, in einem Gesundheitsfachberuf ausgebildet zu sein, ist zu spezifisch. Danach könnten die Schulen zum Beispiel nicht von Ärztinnen und Ärzten geleitet werden. Deshalb wird der Personenkreis über Gesundheitsfachberufe hinaus auf diejenigen ausgeweitet, die eine Ausbildung in einem Gesundheitsberuf besitzen.

Zu Nummer 3

Durch die Ergänzung wird klargestellt, dass es um hauptamtliche Lehrkräfte geht. Denn die Anforderung der abgeschlossenen Hochschulausbildung im Bereich Pädagogik und der fachlichen Qualifikation im Bereich Anästhesietechnik oder Operationstechnik kann nur für hauptamtliche Lehrkräfte der Schule gelten. Um die Ausbildung gewährleisten zu können, müssen auch weiterhin nicht hauptamtliche Lehrkräfte, zum Beispiel auch Ärztinnen und Ärzte oder Apothekerinnen und Apotheker, Lehraufträge im Rahmen der Ausbildung übernehmen können. Dies wird durch die Änderung ermöglicht, indem sich die Nachweispflicht und die Voraussetzungen in Absatz 3 Nummer 3 nicht auf diesen Personenkreis beziehen.“

In der Gesetzesbegründung (BT-Drs. 19/13825, S. 58) wird zu **Abs. 4** ausgeführt: 6

„Die Vorschriften in Absatz 4 enthalten eine Klarstellung bezüglich der Regelungskompetenz der Länder. Durch Landesrecht können demnach sowohl Regelungen, die über die in Absatz 3 genannten Anforderungen hinausgehen, getroffen werden, als auch das Nähere zu den dort aufgeführten Mindestanforderungen bestimmt werden. Dadurch besteht für die Länder auch die Möglichkeit, die Hochschulqualifikationen für die Schulleitungen und die Lehrkräfte entsprechend der auf Landesebene gegebenen Situation festzulegen.“

§ 23 Verkürzung der Ausbildungsdauer durch Anrechnung gleichwertiger Ausbildungen

(1) Die zuständige Behörde kann auf Antrag eine erfolgreich abgeschlossene Ausbildung oder erfolgreich abgeschlossene Teile einer Ausbildung im Umfang ihrer Gleichwertigkeit auf die Dauer der Ausbildung zur Anästhesietechnischen Assistentin und zum Anästhesietechnischen Assistenten oder auf die Ausbildung zur Operationstechnischen Assistentin und zum Operationstechnischen Assistenten anrechnen.

(2) Die antragstellende Person hat der zuständigen Behörde rechtzeitig vor Ausbildungsbeginn die Nachweise der anderen erfolgreich abgeschlossenen Ausbildung oder der erfolgreich abgeschlossenen Teile einer anderen Ausbildung vorzulegen.

(3) [1]Die Anrechnung darf nur in dem Umfang erfolgen, dass mindestens ein Drittel der Dauer der Ausbildung zur Anästhesietechnischen Assistentin und zum Anästhesietechnischen Assistenten oder der Ausbildung zur Operationstechnischen Assistentin und zum Operationstechnischen Assistenten absolviert werden muss. [2]Durch die Anrechnung darf nicht gefährdet werden, dass die oder der Auszubildende das Ausbildungsziel erreicht.

(4) In jedem Fall verkürzt sich um die Hälfte

1. **die Zeit für die Ausbildung zur Anästhesietechnischen Assistentin oder zum Anästhesietechnischen Assistenten bei Personen, die die Ausbildung zur Operationstechnischen Assistentin oder zum Operationstechnischen Assistenten erfolgreich abgeschlossen haben**
   a) nach diesem Gesetz oder
   b) nach einer der in § 69 Absatz 1 Nummer 1 bis 4 genannten Vorschriften und
2. **die Zeit für die Ausbildung zur Operationstechnischen Assistentin oder zum Operationstechnischen Assistenten bei Personen, die die Ausbildung zur Anästhesietechnischen Assistentin oder zum Anästhesietechnischen Assistenten erfolgreich abgeschlossen haben**
   a) nach diesem Gesetz oder
   b) nach einer der in § 69 Absatz 1 Nummer 1 bis 4 genannten Vorschriften.

Erläuterungen

1 In der Gesetzesbegründung (BT-Drs. 19/13825, S. 58) wird zu **Abs. 1** ausgeführt:

„Die Vorschrift in Absatz 1 ermöglicht die Anrechnung von anderen Ausbildungen oder von Teilen von Ausbildungen auf die Dauer einer Ausbildung zur Anästhesietechnischen und Operationstechnischen Assistenz. Die Ausbildung oder die Ausbildungsteile können nur angerechnet werden, wenn sie erfolgreich abgeschlossen sind. Somit ist es nicht möglich, reine Ausbildungszeiten, die nicht mit einer bestandenen Prüfung oder in vergleichbarer Weise abgeschlossen wurden, zu berücksichtigen. Dazu fordert Absatz 1 die Gleichwertigkeit der zur Anrechnung stehenden Ausbildung oder der Teile einer Ausbildung. Die zuständige Behörde entscheidet im Rahmen

ihres pflichtgemäßen Ermessens, ob eine andere Ausbildung oder Teile solcher Ausbildungen im Umfang ihrer Gleichwertigkeit inhaltlich und zeitlich auf die Ausbildung zur Anästhesietechnischen oder Operationstechnischen Assistenz angerechnet werden können. Das Erreichen des Ausbildungsziels darf durch die Anrechnung nicht gefährdet werden.“

In der Gesetzesbegründung (BT-Drs. 19/13825, S. 58) wird zu **Abs. 2** ausgeführt: 2

„Absatz 2 stellt klar, dass eine Anrechnung nicht von Amts wegen durchgeführt wird, sondern einen Antrag voraussetzt. Zudem wird von den Auszubildenden, die sich eine andere Ausbildung oder Teile einer solchen anrechnen lassen wollen, verlangt, die entsprechenden Nachweise rechtzeitig beizubringen. Die Behörde des Landes ist zuständig, in dem die Ausbildung durchgeführt werden soll.“

In der Gesetzesbegründung (BT-Drs. 19/13825, S. 58) wird zu **Abs. 3** ausgeführt: 3

„Die Anrechnung darf nur in dem Umfang erfolgen, dass mindestens ein Drittel der jeweiligen Ausbildung zur Anästhesietechnischen oder Operationstechnischen Assistenz absolviert werden muss. Die Untergrenze ist erforderlich, um zu gewährleisten, dass die fachspezifischen Ausbildungsinhalte in einem noch ausreichenden Umfang vermittelt werden können.“

In der Gesetzesbegründung (BT-Drs. 19/13825, S. 58) wird zu **Abs. 4** ausgeführt: 4

„Absatz 4 regelt die automatische Verkürzung der Ausbildungszeit um die Hälfte, wenn eine Anästhesietechnische Assistentin oder ein Anästhesietechnischer Assistent die Ausbildung zur Operationstechnischen Assistenz absolvieren. Ebenso verkürzt sich die Ausbildung um die Hälfte, wenn eine Operationstechnische Assistentin oder ein Operationstechnischer Assistent die Ausbildung zur Anästhesietechnischen Assistenz absolviert. Sollte in den jeweiligen landesrechtlichen Bestimmungen eine Ausweitung der gemeinsamen Ausbildungszeit vorgegeben sein, so verkürzen sich die Ausbildungen dementsprechend.“

§ 24 Verlängerung der Ausbildungsdauer

(1) Eine Auszubildende oder ein Auszubildender kann bei der zuständigen Behörde beantragen, dass die Ausbildungsdauer verlängert wird.

(2) [1]Die Verlängerung wird genehmigt, wenn die Verlängerung erforderlich ist, um das Ausbildungsziel zu erreichen. [2]Die Ausbildungsdauer darf jedoch fünf Jahre nicht überschreiten.

(3) Über die Genehmigung entscheidet die zuständige Behörde des Landes, in dem die Ausbildung durchgeführt wird oder entsprechend dem Antrag durchgeführt werden soll, in Abstimmung mit der verantwortlichen Einrichtung der praktischen Ausbildung und der Schule.

(4) Beabsichtigt die zuständige Behörde, dem Antrag nicht stattzugeben, so ist die oder der Auszubildende vor der Entscheidung anzuhören.

Erläuterungen

1 Zur **Dauer der Ausbildung** s. §§ 12, 13 ATA-OTA-G.

2 In der Gesetzesbegründung (BT-Drs. 19/13825, S. 58) wird zu der Vorschrift allgemein ausgeführt:

„Diese Vorschrift schafft die Möglichkeit, in Ausnahmefällen die Ausbildung auch über die übliche Ausbildungszeit von 3 Jahren hinaus zu verlängern. Die hier geregelte Verlängerung stellt keine Teilzeitregelung im Sinne des § 12 Absatz 2 dar."

3 In der Gesetzesbegründung (BT-Drs. 19/13825, S. 59) wird zu **Abs. 1** ausgeführt:

„Absatz 1 regelt, dass durch die Verlängerung die Ausbildungsdauer fünf Jahre nicht überschritten werden darf. Eine Beschränkung der Höchstdauer der Teilzeitausbildung ist erforderlich, weil sowohl die Auszubildenden als auch die Schule und der Träger der praktischen Ausbildung zu Beginn der Ausbildung eine zeitliche Perspektive für den Abschluss der Ausbildung benötigen. Der Zeitraum von fünf Jahren ist dabei angemessen."

4 In der Gesetzesbegründung (BT-Drs. 19/13825, S. 59) wird zu **Abs. 2** ausgeführt:

„Nach Absatz 2 besteht ein Rechtsanspruch auf Verlängerung, wenn die Verlängerung erforderlich ist um das Ausbildungsziel zu erreichen. Gründe für die Verlängerung können zum Beispiel familiären Situationen sein. Durch die Verlängerung darf jedoch das Erreichen des Ausbildungszieles nicht gefährdet werden."

5 In der Gesetzesbegründung (BT-Drs. 19/13825, S. 59) wird zu **Abs. 3** ausgeführt:

„Absatz 3 stellt die Verlängerung unter ein Antragserfordernis und unter das Erfordernis der Abstimmung der zuständigen Behörde mit der Schule und der verantwortlichen Einrichtung der praktischen Ausbildung."

6 In der Gesetzesbegründung (BT-Drs. 19/13825, S. 59) wird zu **Abs. 4** ausgeführt:

„Absatz 4 schreibt vor, dass die oder der Auszubildende vor einer – ablehnenden – Entscheidung über die Verlängerung anzuhören ist."

§ 25 Anrechnung von Fehlzeiten

(1) [1]Auf die Dauer der Ausbildung werden angerechnet:

1. Urlaub, einschließlich Bildungsurlaub, und Ferien,
2. Fehlzeiten wegen Krankheit oder aus anderen Gründen, die die oder der Auszubildende nicht zu vertreten hat,
   a) bis zu 10 Prozent des theoretischen und des praktischen Unterrichts und
   b) bis zu 10 Prozent der Stunden der praktischen Ausbildung sowie
3. Fehlzeiten aufgrund mutterschutzrechtlicher Beschäftigungsverbote.

[2]Die Unterbrechung der Ausbildung wegen Fehlzeiten aufgrund mutterschutzrechtlicher Beschäftigungsverbote und Fehlzeiten wegen Krankheit oder aus anderen Gründen, die die oder der Auszubildende nicht zu vertreten hat, darf eine Gesamtdauer von 18 Wochen nicht überschreiten.

(2) [1]Die oder der Auszubildende kann bei der zuständigen Behörde beantragen, dass ihr oder ihm auch andere als die in Absatz 1 genannten Fehlzeiten und über Absatz 1 hinausgehende Fehlzeiten angerechnet werden. [2]Die Anrechnung hat zu erfolgen, wenn

1. eine besondere Härte vorliegt und
2. bei der oder dem Auszubildenden das Erreichen des Ausbildungsziels durch die Anrechnung nicht gefährdet wird.

(3) Über die Anrechnung von Fehlzeiten entscheidet die zuständige Behörde.

(4) Ist eine Anrechnung der Fehlzeiten nicht möglich, kann die Ausbildung nach § 24 verlängert werden.

(5) Freistellungsansprüche nach dem Betriebsverfassungsgesetz, dem Bundespersonalvertretungsgesetz oder den Landespersonalvertretungsgesetzen bleiben unberührt.

Erläuterungen

Inhaltsübersicht

I. Allgemeines

1. Arten der Fehlzeiten

1 Die Vorschrift regelt die Anrechnung von Fehlzeiten auf die Ausbildung und deren maximale Dauer. Eine Unterbrechung darüber hinaus gefährdet grundsätzlich das Ziel der Ausbildung und ist im Interesse der Qualität der Ausbildung nicht vertretbar (Gesetzesbegründung, BT-Drs. 19/13825, S. 59). Dabei werden drei Situationen unterschieden: Fehlzeiten wie Urlaub, Krankheit, Mutterschutz oder andere vom Auszubildenden nicht zu vertretende Gründe **(Abs. 1)**, Härtefälle **(Abs. 2)** und Zeiten aufgrund von gesetzlich geregelten Freistellungsansprüchen **(Abs. 5)**, die aber ausdrücklich nicht als Fehlzeiten gelten (s. Beschlussempfehlung und Bericht des Ausschusses für Gesundheit, BT-Drs. 19/24872, S. 71).

2. Dauer der Ausbildung

2 Mit der **Dauer der Ausbildung** sind die Stundenzahlen nach § 13 Abs. 2 ATA-OTA-G gemeint. Diese Stundenzahlen betreffen den theoretischen und praktischen Unterricht (2 100 Stunden) und die praktische Ausbildung (2 500 Stunden).

II. Erläuterungen

1. Abs. 1: Fehlzeiten

a) Abs. 1 Satz 1 Nr. 1: Urlaub, Bildungsurlaub, Ferien

3 Die Regelungen für den **Urlaub** bestimmen sich nach dem **Bundesurlaubsgesetz (BUrlG)**, soweit tarifvertraglich nichts anderes vereinbart ist (§ 13 BUrlG). Das BUrlG ist auch für die zu ihrer Berufsausbildung Beschäftigten anwendbar (§ 2 Satz 1 BUrlG). Die **Mindestdauer des Urlaubs** beträgt im Kalenderjahr 24 Werktage, wobei als Werktage alle Kalendertage gelten, die nicht Sonn- oder gesetzliche Feiertage sind (§ 3 BUrlG). Bei der **zeitlichen Festlegung des Urlaubs** sind die Urlaubswünsche des Arbeitnehmers zu berücksichtigen, es sei denn, dass ihrer Berücksichtigung dringende betriebliche Belange oder Urlaubswünsche anderer Arbeitnehmer, die unter sozialen Gesichtspunkten den Vorrang verdienen, entgegenstehen (§ 7 Abs. 1 Satz 1 BUrlG). Der Urlaub ist **zusammenhängend zu gewähren**, es sei denn, dass dringende betriebliche oder in der Person des Arbeitnehmers liegende Gründe eine Teilung des Urlaubs erforderlich machen. Kann der Urlaub aus diesen Gründen nicht zusammenhängend gewährt werden, und hat der Arbeitnehmer Anspruch auf Urlaub von mehr als zwölf Werktagen, so muss einer der Urlaubsteile mindestens zwölf aufeinanderfolgende Werktage umfassen (§ 7 Abs. 2 BUrlG).

4 In **Tarifverträgen** kann die Dauer des Urlaubs länger sein als nach dem BUrlG.

5 Während im Arbeitsrecht, dem auch die Regelung der Ausbildungsverhältnisse zuzurechnen ist, von Urlaub gesprochen wird, wird im Schulrecht der Begriff **Ferien** verwendet. Da in einigen Bundesländern die Ausbildung dem Schulrecht unterstellt ist, müssen auch für die Ferien als Fehlzeiten angerechnet werden. Die Regelung der Ferien findet im jeweiligen Landesrecht statt.

Bildungsurlaub gilt ebenfalls als anrechenbare Fehlzeit. Der Bildungsurlaub ist nicht allgemein bundesrechtlich geregelt. Die Vorschriften hierzu finden sich im jeweiligen Landesrecht. Bis auf Bayern und Sachsen existieren in jedem Bundesland Vorschriften zum Bildungsurlaub. 6

Elternzeit für zur Berufsbildung Beschäftigte im Sinne des § 20 Bundeselterngeld- und Elternzeitgesetz (BEEG) **gilt nicht als Urlaub** und stellt damit keine anrechenbare Fehlzeit dar (Gesetzesbegründung, BT-Drs. 19/13825, S. 59). 7

b) Abs. 1 Satz 1 Nr. 2: Krankheit – vom Auszubildenden nicht zu vertretende Gründe

Während die Krankheit eines Auszubildenden in der Praxis einfach zu bestimmen sein wird, ist dies nicht der Fall bei den vom Auszubildenden nicht zu vertretenden Gründen. Solche Gründe können z. B. in Unterbrechungen der Ausbildung aufgrund von Arbeitskampfmaßnahmen zu sehen sein, unabhängig davon, ob der Auszubildende selbst an einem Arbeitskampf teilnimmt oder ob die Fehlzeit durch die Wirkungen eines Arbeitskampfs verursacht wird. 8

Für die Anrechnung der Fehlzeiten besteht eine **Obergrenze** in Form von 10 % beim theoretischen und praktischen Unterricht und 10 % bei der praktischen Ausbildung. 9

c) Abs. 1 Satz 1 Nr. 3: Mutterschutzrechtliche Beschäftigungsverbote

Unter die mutterschutzrechtlichen Beschäftigungsverbote fallen zum einen die Schutzfristen nach § 3 Abs. 1 und 2 Mutterschutzgesetz (MuSchG) sowie die übrigen Beschäftigungsverbote nach §§ 4, 6 MuSchG. 10

d) Abs. 1 Satz 2: Gesamtdauer der Fehlzeiten

Die Fehlzeiten dürfen insgesamt 18 Wochen nicht überschreiten. 11

2. Abs. 2: Härtefälle

In **Abs. 2 Satz 1** werden zwei Tatbestände unterschieden: Andere als die in Abs. 1 genannten Fehlzeiten und über die in Abs. 1 genannte Dauer hinausgehende Fehlzeiten. 12

Bei dem Begriff der **besonderen Härte (Abs. 2 Satz 1 Nr. 1)** handelt es sich um einen unbestimmten Rechtsbegriff. Es genügt nicht, dass nur ein Härtefall vorliegt. Es muss sich um einen besonderen Härtefall handeln. Die zuständige Behörde (§ 60 ATA-OTA-G) muss im Einzelfall prüfen, ob besondere Härte vorliegt (s. auch Abs. 3). Ist die Behörde dieser Ansicht, hat sie zwar nach dem Wortlaut des Gesetzes in Abs. 2 Satz 1 einen Ermessensspielraum („kann"). Wenn die Voraussetzungen eines besonderen Härtefalls vorliegen, ist die Behörde jedoch grundsätzlich verpflichtet, die Fehlzeiten zu berücksichtigen, da das Grundrecht der Berufsfreiheit (Art. 12 Abs. 1 GG) des Auszubildenden betroffen ist. Die Entscheidung ist an die weitere Voraussetzung der **Nichtgefährdung des Ausbildungsziels** geknüpft **(Abs. 2 Satz 2 Nr. 2)**. 13

3. Abs. 3: Entscheidung der zuständigen Behörde

14 Die Vorschrift weist darauf hin, dass die zuständige Behörde die Entscheidung über die Anrechnung von Fehlzeiten zu treffen hat. Diese Entscheidung stellt einen Verwaltungsakt dar.

4. Abs. 4: Verlängerung der Ausbildungsdauer

15 Abs. 4 regelt die **Verlängerung der Ausbildungsdauer** (s. §§ 12, 13 ATA-OTA-G) für den Fall, dass eine Anrechnung von Fehlzeiten nicht möglich ist. Dies gilt für die Fälle des Abs. 1 und 2.

5. Abs. 5: Gesetzliche Freistellungsansprüche

16 Die in Abs. 5 genannten Freistellungsansprüche sind in § 37, 38 Betriebsverfassungsgesetz (BetrVG) und § 46 Abs. 3 und 7 Bundespersonalvertretungsgesetz (BPersVG) sowie im jeweiligen Landesrecht geregelt. Nicht ausdrücklich aufgeführt sind die Mitarbeitervertretungen in kirchlichen Einrichtungen. Aus Gründen der Gleichbehandlung wird die Vorschrift auch auf diese anzuwenden sein. Die Freistellungsansprüche gelten nicht als Fehlzeiten (Gesetzesbegründung, BT-Drs. 19/13825, S. 59; s. auch die ursprüngliche Fassung der Vorschrift im Gesetzentwurf, Beschlussempfehlung und Bericht des Ausschusses für Gesundheit, BT-Drs. 19/14872, S. 27, 66).

Unterabschnitt 3
Ausbildungsverhältnis

§ 26 Ausbildungsvertrag

(1) [1]Zwischen dem Ausbildungsträger und der oder dem Auszubildenden ist ein Ausbildungsvertrag zu schließen. [2]Der Abschluss und jede Änderung des Ausbildungsvertrages bedürfen der Schriftform. [3]Die schriftliche Form kann nicht durch die elektronische Form ersetzt werden.

(2) Der Ausbildungsvertrag muss mindestens enthalten:

1. die Bezeichnung des Berufs, zu dem nach den Vorschriften dieses Gesetzes ausgebildet wird,
2. den Beginn und die Dauer der Ausbildung,
3. den Ausbildungsplan für die praktische Ausbildung,
4. die Dauer der regelmäßigen täglichen oder wöchentlichen Arbeitszeit,
5. die Höhe der Ausbildungsvergütung einschließlich des Umfangs etwaiger Sachbezüge nach § 30,
6. die Modalitäten zur Zahlung der Ausbildungsvergütung und
7. die Dauer des Urlaubs.

(3) Des Weiteren sollen folgende Angaben, Informationen und Hinweise im Vertrag enthalten sein oder dem Vertrag beigefügt werden:

1. die Dauer der Probezeit,
2. Angaben über die der Ausbildung zugrunde liegende Ausbildungs- und Prüfungsverordnung nach § 66,
3. Angaben zu den Voraussetzungen, unter denen der Ausbildungsvertrag gekündigt werden kann, sowie
4. Hinweise auf die dem Ausbildungsvertrag zugrunde liegenden tariflichen Bestimmungen, Betriebs- oder Dienstvereinbarungen sowie auf die Rechte als Arbeitnehmer im Sinne von § 5 des Betriebsverfassungsgesetzes oder von § 4 des Bundespersonalvertretungsgesetzes der Einrichtung der praktischen Ausbildung.

(4) Der Ausbildungsvertrag ist bei Minderjährigen gemeinsam von den Minderjährigen und deren gesetzlichen Vertretern zu schließen.

(5) [1]Eine Vertragsurkunde ist der oder dem Auszubildenden auszuhändigen. [2]Ist die oder der Auszubildende noch minderjährig, so ist auch ihren oder seinen gesetzlichen Vertretern eine Vertragsurkunde auszuhändigen.

(6) [1]Ist die Schule Ausbildungsträger, wird der Ausbildungsvertrag nur wirksam, wenn die verantwortliche Einrichtung der praktischen Ausbildung dem Ausbildungsvertrag zustimmt. [2]Ist die verantwortliche Einrichtung der praktischen Ausbildung Ausbildungsträger, wird der Ausbildungsvertrag nur wirksam, wenn die Schule dem Ausbildungsvertrag zustimmt. [3]Ist ein Dritter Ausbildungsträger, wird der Ausbildungsvertrag nur wirksam, wenn die Schule und die verantwortliche Einrichtung der praktischen Ausbildung dem Ausbildungsvertrag zustimmen.

(7) Auf den Ausbildungsvertrag sind, soweit sich aus seinem Wesen und Zweck sowie aus diesem Gesetz nichts anderes ergibt, die für den Arbeitsvertrag geltenden Rechtsvorschriften und Rechtsgrundsätze anzuwenden.

Erläuterungen

Übersicht

I. Allgemeines

1. Arten der Fehlzeiten

1 § 26 ATA-OTA-G enthält die Regelungen zum **Abschluss (Abs. 1, 4, 5 und 6)**, zum **Mindestinhalt (Abs. 2)** und zum **Sollinhalt (Abs. 3) des Ausbildungsvertrags.** Die Ausbildung orientiert sich an der **Dualität der Lernorte** Schule (§ 14 Abs. 1 ATA-OTA-G) und Orten der praktischen Ausbildung (§ 14 Abs. 2 ATA-OTA-G). Insofern ist eine Parallelität mit der beruflichen Ausbildung nach dem Berufsbildungsgesetz (BBiG) zu verzeichnen (vgl. § 2 BBiG), das aber hier nicht anwendbar ist (§ 6 ATA-OTA-G). Anders als bei der Berufsausbildung nach dem BBiG (vgl. § 10 BBiG), wonach der **Ausbildungsvertrag** zwischen dem Träger der praktischen Ausbildung und der oder dem Auszubildenden abgeschlossen wird, sind hier drei Vertragspartner möglich, die unter dem Obertitel **„Ausbildungsträger"** zusammengefasst sind. Es sind dies die Schule, die verantwortliche Einrichtung der praktischen Ausbildung oder Dritte als Ausbildungsträger (§ 26 Abs. 6 ATA-OTA-G).

II. Erläuterungen

1. Abs. 1: Vertragsabschluss – Schriftform

2 **Abs. 1 Satz 1** regelt den **Vertragsabschluss.** Das Ausbildungsverhältnis zwischen dem oder der Auszubildenden gründet sich auf einen Ausbildungsvertrag zwischen dem Ausbildungsträger und der oder dem Auszubildenden. Seinem **Rechtscharakter** nach ist dieser **Ausbildungsvertrag kein Arbeitsvertrag.** Anders als § 16 Abs. 4 PflBG enthält § 26 ATA-OTA-G keine Vorschrift, die besagt, dass die für den Arbeitsvertrag geltenden Rechtsvorschriften und Rechtsgrundsätze anzuwenden sind, wenn sich aus dem Wesen und Zweck des Ausbildungsvertrages nichts anderes ergibt. Das Fehlen einer solchen Vorschrift bedeutet jedoch nicht, dass dies hier nicht der Fall ist. Für den Vertragsabschluss sind alle **Voraussetzungen des BGB** zu einem gültigen Vertragsabschluss zu beachten.

Gemäß **Abs. 1 Satz 2** bedarf der Ausbildungsvertrag der **Schriftform** (§ 126 BGB). Wird die Schriftform nicht eingehalten, ist der Vertrag nichtig (§ 125 BGB). Auch **Vertragsänderungen** bedürfen der Schriftform. 3

Gemäß **Abs. 1 Satz 3** ist die nach § 126a BGB grundsätzlich mögliche **elektronische Form** für den Ausbildungsvertrag gesetzlich **ausgeschlossen**. Dies dient dem Schutz der teilweise noch minderjährigen Auszubildenden (Gesetzesbegründung, BT-Drs. 19/13825, S. 60). 4

2. Abs. 2: Mindestinhalt des Ausbildungsvertrages

Abs. 2 enthält die die Vertragsinhalte betreffenden Mindestanforderungen. Die **Rechtsfolge** bei einem **Verstoß gegen diese Vorschrift** ist in § 36 Abs. 1 ATA-OTA-G geregelt (Nichtigkeit der Vereinbarung). 5

Abs. 2 Nr. 1 führt die Nennung der Berufsbezeichnung an. Die **Berufsbezeichnung** bestimmt sich nach § 1 Abs. 1 und § 2 Abs. 1 ATA-OTA-G. 6

Abs. 2 Nr. 2: Der **Beginn und die Dauer der Ausbildung** sind mit Bestimmung des jeweiligen Datums festzulegen. 7

Abs. 2 Nr. 3: Der **Ausbildungsplan für die praktische Ausbildung** (§ 18 Abs. 2 ATA-OTA-G) ist in der inhaltlichen und zeitlichen Gliederung der Ausbildung (§ 2 ATA-OTA-APrV) darzustellen. 8

Abs. 2 Nr. 4: Die Dauer der regelmäßigen **täglichen und wöchentlichen praktischen** Ausbildungszeit bestimmt sich nach den gesetzlichen Arbeitszeitschutzregelungen im Arbeitszeitgesetz (ArbZG) und im Jugendarbeitsschutzgesetz (JArbSchG) sowie nach tariflichen und betrieblichen Vereinbarungen. 9

Abs. 2 Nr. 5 und 6: Die Angaben über die **Höhe der Ausbildungsvergütung** einschließlich des Umfangs etwaiger **Sachbezüge** sind dem Grunde nach schon Gegenstand der gesetzlichen Regelung zur Ausbildungsvergütung (§ 29 ATA-OTA-G) und zu den Sachbezügen (§ 30 ATA-OTA-G). Im Ausbildungsvertrag geht es um die Festlegung der **Höhe der Ausbildungsvergütung** und des Umfangs von etwaigen **Sachbezügen (Nr. 5)** und der **Modalitäten der Zahlung (Nr. 6)**. 10

Abs. 2 Nr. 7: Die Regelungen für die **Dauer des Urlaubs** bestimmen sich nach dem **Bundesurlaubsgesetz (BUrlG)**, soweit tarifvertraglich nichts anderes vereinbart ist (§ 13 BUrlG). Das BUrlG ist auch für die zu ihrer Berufsausbildung Beschäftigten anwendbar (§ 2 Satz 1 BUrlG). Die **Mindestdauer des Urlaubs** beträgt im Kalenderjahr 24 Werktage, wobei als Werktage alle Kalendertage gelten, die nicht Sonn- oder gesetzliche Feiertage sind (§ 3 BUrlG). In **Tarifverträgen** kann die Dauer des Urlaubs länger sein als nach dem BUrlG. 11

3. Abs. 3: Sollinhalt des Ausbildungsvertrages

Abs. 3 enthält die betreffenden **Sollanforderungen** an den Vertragsinhalt. Warum anders als beim Ausbildungsvertrag nach dem PflBG (vgl. § 16 Abs. 2 PflBG) zwischen Mindest- und Sollinhalten unterschieden wird, ist nicht nachvollziehbar, auch deswegen nicht, weil die Rechtswirkungen von Auslassungen bei den Soll- 12 inhalten die gleichen sind wie bei den Mindestinhalten (Nichtigkeit der Vereinbarung, § 36 Abs. 1 ATA-OTA-G). Die Gesetzesbegründung (BT-DRS. 19/13825, S. 60) gibt hierüber keine Auskunft.

13 **Abs. 3 Nr. 1:** Die **Dauer der Probezeit** ist bereits gesetzlich bestimmt und auf sechs Monate festgelegt, wenn sich aus tarifvertraglichen Regelungen keine andere Dauer ergibt (§ 32 ATA-OTA-G). Aus diesem Grund ist die Festlegung der Dauer der Probezeit im Ausbildungsvertrag für die oder den Auszubildenden wichtig, da damit klargestellt wird, welche Dauer der Probezeit einschlägig ist.

14 **Abs. 3 Nr. 2:** Der Ausbildungsvertrag muss die Angaben über die der Ausbildung zugrunde liegende **Ausbildungs- und Prüfungsverordnung** enthalten. Das bedeutet aber nicht, dass die Ausbildungs- und Prüfungsverordnung insgesamt auszuhändigen ist. Vielmehr genügt ein Hinweis auf die Fundstelle im Bundesgesetzblatt. Die Fundstelle ist über den kostenlosen Bürgerzugang des Bundesgesetzblattes elektronisch erreichbar und als PDF ausdruckbar. Auch über die Seite www.gesetze-im-internet.de ist Einsicht und Ausdruck möglich.

15 **Abs. 3 Nr. 3:** Die Kündigungsmöglichkeiten sind gesetzlich in § 34 ATA-OTA-G festgelegt. Hierauf ist im Ausbildungsvertrag hinzuweisen.

16 **Abs. 3 Nr. 4:** Die Hinweise auf die in der Vorschrift genannten tariflichen Bestimmungen und der Rechte nach dem Betriebsverfassungsgesetz und dem Bundespersonalvertretungsgesetz dienen dazu, der oder dem Auszubildenden Klarheit über ihre Rechtsposition in den diesbezüglichen Punkten zu verschaffen.

4. Abs. 4: Unterzeichnung des Ausbildungsvertrages bei Minderjährigen

17 Die Vorschrift regelt das Zustandekommen des Vertrags bei Minderjährigen. Hier ist der Vertrag von einer gesetzlichen Vertreterin/einem gesetzlichen Vertreter zu unterzeichnen.

5. Abs. 5: Aushändigung der Vertragsurkunde

18 Die Vertragsurkunde ist dem oder der Ausbildenden auszuhändigen **(Satz 1)**. Bei Minderjährigkeit des oder der Auszubildenden ist den gesetzlichen Vertretern eine Ausfertigung des unterzeichneten Ausbildungsvertrages auszuhändigen ist **(Satz 2)**. Dies dient dem Schutz der minderjährigen Auszubildenden (Gesetzesbegründung, BT-Drs. 19/13825, S. 60).

6. Abs. 6: Zustimmung der Ausbildungsträger

19 Die Vorschrift regelt, dass der Vertrag zu seiner **Wirksamkeit der Zustimmung** durch die Schule oder der verantwortlichen Einrichtung der praktischen Ausbildung bedarf, wenn sie nicht Ausbildungsträger sind **(Satz 1 und 2)**. Hierdurch wird sichergestellt, dass die jeweiligen Kapazitäten für die Ausbildung vorhanden sind und gegebenenfalls die Geeignetheit der oder des Auszubildenden verifiziert werden kann. Sollten weder die Schule noch die verantwortliche Einrichtung der praktischen Ausbildung Ausbildungsträger sein, so ist die jeweilige Zustimmung erforderlich **(Satz 3)**.

Die **Zustimmung** kann vor Abschluss des Ausbildungsvertrages erteilt werden. Dann handelt es sich um eine **Einwilligung** i. S. v. § 183 BGB. Wird die Zustimmung nach Abschluss des Vertrages erteilt, liegt eine **Genehmigung** i. S. v. § 184 BGB vor. Ohne die Zustimmung ist der Ausbildungsvertrag unwirksam. 20

7. Abs. 7: Anwendung von Rechtsvorschriften und Rechtsgrundsätzen

Die Vorschrift ist mit Art. 8 des Gesetzes zur Umsetzung der Richtlinie (EU) 2019/ 21
1152 des Europäischen Parlaments und des Rates vom 20.6.2019 über transparente und vorhersehbare Arbeitsbedingungen in der Europäischen Union im Bereich des Zivilrechts und zur Übertragung von Aufgaben an die Sozialversicherung für Landwirtschaft, Forsten und Gartenbau vom 20.7.2022 (BGBl. I S. 1174) angefügt worden. Sie ist am 1.8.2022 in Kraft getreten (Art. 12 Abs. 1 des Gesetzes vom 20.7.2022). In der Gesetzesbegründung (BT-Drs. 20/1636, S. 35) wird hierzu Folgendes ausgeführt:

„Mit dem neuen Absatz 7 wird geregelt, dass auf den Ausbildungsvertrag die für den Arbeitsvertrag geltenden Rechtsvorschriften und Rechtsgrundsätze anzuwenden sind, soweit sich aus seinem Wesen und Zweck sowie aus diesem Gesetz nichts anderes ergibt. Die Regelung dient damit der Klarstellung und der Vereinheitlichung mit anderen Heilberufsgesetzen, die Vorschriften über einen Ausbildungsvertrag enthalten.“

§ 27 Pflichten des Ausbildungsträgers

(1) Der Ausbildungsträger hat die Ausbildung in einer durch ihren Zweck gebotenen Form planmäßig sowie zeitlich und sachlich gegliedert so durchzuführen, dass das Ausbildungsziel in der vorgesehenen Zeit erreicht werden kann.

(2) Der Ausbildungsträger ist verpflichtet, die Vergütung während der gesamten Ausbildung zu zahlen.

(3) [1]Der Ausbildungsträger hat der oder dem Auszubildenden die Ausbildungsmittel kostenlos zur Verfügung zu stellen, die zur Ausbildung und zum Ablegen der staatlichen Prüfung erforderlich sind. [2]Zu den Ausbildungsmitteln gehören insbesondere Fachliteratur, Zugang zu Datenbanken, Instrumente und Apparate.

Erläuterungen

Übersicht

I. Allgemeines

1 Die Vorschrift konkretisiert die Pflichten des Ausbildungsträger.

II. Erläuterungen

1. Abs. 1: Pflichten des Ausbildungsträgers

2 Die Vorschrift bestimmt, dass der Ausbildungsträger durch eine angemessene zweckmäßige Strukturierung der Ausbildung die Erreichung des Ausbildungsziels in der vorgeschriebenen Ausbildungszeit sicherzustellen hat.

2. Abs. 2: Pflicht zur Vergütungszahlung

3 Der Ausbildungsträger ist verpflichtet, die Ausbildungsvergütung während der gesamten Ausbildung zu zahlen. Diese Regelung verdeutlicht die Zahlungspflicht insbesondere auch für Zeiten des theoretischen und praktischen Unterrichts (Gesetzesbegründung, BT-Drs. 19/13825, S. 60). S. zur Präzisierung dieser Pflicht § 29 Abs. 2 Nr. 1 ATA-OTA-G.

3. Abs. 3: Pflicht zur Stellung der Ausbildungsmittel

4 Die Vorschrift regelt die Pflicht zur **kostenlosen Stellung** der Ausbildungsmittel **(Satz 1)**. **Satz 2** präzisiert, dass insbesondere Fachliteratur, Zugang zu Datenbanken, Instrumente und Apparate zu den Ausbildungsmitteln gehören.

§ 28 Pflichten der oder des Auszubildenden

(1) Die oder der Auszubildende hat sich zu bemühen, das Ausbildungsziel zu erreichen.

(2) Insbesondere ist die oder der Auszubildende verpflichtet,

1. **an den vorgeschriebenen Ausbildungsveranstaltungen der Schule teilzunehmen,**
2. **die Aufgaben, die ihr oder ihm im Rahmen der Ausbildung übertragen werden, sorgfältig auszuführen,**
3. **die Rechte der Patientinnen und Patienten zu wahren und ihre Selbstbestimmung zu achten,**
4. **die Bestimmungen über die Schweigepflicht, die für Beschäftigte in Einrichtungen der praktischen Ausbildung gelten, einzuhalten und über Betriebsgeheimnisse Stillschweigen zu bewahren und**
5. **einen schriftlichen Ausbildungsnachweis zu führen.**

Erläuterungen

Übersicht

I. Allgemeines

1 Die Vorschrift umschreibt die den Auszubildenden im Rahmen der Ausbildung obliegenden Pflichten. Die Verletzung der Pflichten kann zu einer Kündigung nach § 34 Abs. 2 ATA-OTA-G führen. S. dazu im Einzelnen die Erl. zu § 34 PflBG.

II. Erläuterungen

1. Abs. 1: Lernpflicht

2 Abs. 1 statuiert eine **Lernpflicht** der Auszubildenden. Die Lernpflicht besteht nicht nur in der Verpflichtung, an den jeweiligen Ausbildungsveranstaltungen teilzunehmen, sondern sich darüber hinaus aktiv um das Erreichen der in § 5 PflBG aufgeführten Kompetenzen zu bemühen, um das Ausbildungsziel zu erreichen.

2. Abs. 2: Einzelne Pflichten

3 In Abs. 2 werden einzelne **Pflichten**, die der **Erreichung des Ausbildungsziels** dienen (Nr. 1, 2 und 5) und die im Rahmen der Ausbildung **Dritten gegenüber** bestehen (Nr. 3 und 4), aufgeführt.

4 **Abs. 2 Nr. 1:** Da eine allgemeine Schulpflicht für den Bereich der Ausbildung im Rahmen des ATA-OTA-G nicht existiert, ist die **Teilnahme an den vorgeschriebenen Ausbildungsveranstaltungen der Schule** festzulegen. Welche Ausbildungsver-

anstaltungen vorgeschriebenen sind, ist dem schulinternen Curriculum nach § 18 Abs. 1 ATA-OTA-G zu entnehmen.

5 **Abs. 2 Nr. 2:** Die **Pflicht zur sorgfältigen Ausführung** der im Rahmen der Ausbildung übertragenen Aufgaben entspricht der Sorgfaltspflicht, wie sie auch in Arbeitsverhältnissen gegeben ist). Eine Verletzung der Sorgfaltspflichten kann ggf. zur Haftung der oder des Auszubildenden führen.

6 **Abs. 2 Nr. 3:** Die **Rechte der Patientinnen und Patienten** und deren **Selbstbestimmungsrecht** ergeben sich aus den Grundrechten des Grundgesetzes sowie bundes- und landesrechtlichen Vorschriften.

7 **Abs. 2 Nr. 4:** Die **Schweigepflicht** entspricht den Grundsätzen, die auch im Arbeitsverhältnis gelten. Deshalb gelten für Auszubildende die gleichen Bestimmungen über die Schweigepflicht wie für die Beschäftigten in den in § 7 Abs. 1 und 2 PflBG aufgeführten Einrichtungen. Der **Schweigepflicht** unterfallen alle personenbezogenen Daten und Tatsachen Dritter, die der oder dem Auszubildenden bekannt werden. Über **Betriebsgeheimnisse** ist **Stillschweigen** zu wahren. Geschäfts- und Betriebsgeheimnisse sind Tatsachen, die im Zusammenhang mit einem Geschäftsbetrieb stehen, nicht offenkundig, sondern nur einem eng begrenzten Personenkreis bekannt sind und nach dem bekundeten Willen des Betriebsinhabers geheim gehalten werden sollen, wenn dieser an deren Geheimhaltung ein berechtigtes wirtschaftliches Interesse hat (BAG, Beschl. v. 10.3.2009, 1 ABR 87/07, juris, Rn. 25). Die Schweigepflicht besteht gegenüber Dritten. Sie dauert auch nach Beendigung des Ausbildungsverhältnisses an.

8 **Abs. 2 Nr. 5:** Der **Ausbildungsnachweis** ist so auszugestalten, dass sich aus ihm die Ableistung der praktischen Ausbildungsanteile und die Kompetenzentwicklung anhand der Lernangebote der Einsätze mit Blick auf das Ausbildungsziel nachweisen lassen.

III. Korrespondierende Vorschriften der ATA-OTA-APrV

9 Der **Ausbildungsnachweis** kann schriftlich oder elektronisch geführt werden. Er ist mit dem Antrag auf Zulassung zur staatlichen Prüfung vorzulegen (§ 18 Abs. 2 Nr. 1 Buchst. c ATA-OTA-APrV).

§ 29 Ausbildungsvergütung

(1) Der Ausbildungsträger hat der oder dem Auszubildenden eine angemessene monatliche Ausbildungsvergütung zu gewähren.

(2) Der oder dem Auszubildenden ist die Vergütung auch zu zahlen

1. für die Zeit, in der die oder der Auszubildende teilnimmt
   a) am theoretischen und praktischen Unterricht,
   b) an Prüfungen und
   c) an Ausbildungsmaßnahmen, die außerhalb der Ausbildungsstätte durchgeführt werden, oder
2. bis zur Dauer von sechs Wochen, wenn
   a) Bestandteile der Ausbildung, für die die oder der Auszubildende sich bereitgehalten hat, nicht durchgeführt werden oder
   b) die oder der Auszubildende ihre oder seine Pflichten aus dem Ausbildungsverhältnis nicht erfüllen kann aus Gründen, die er oder sie nicht zu verschulden hat.

Erläuterungen

Inhaltsübersicht

I. Allgemeines

Die Vorschrift enthält Regelungen zur Ausbildungsvergütung, wobei bereits in § 27 Abs. 2 ATA-OTA-G die Verpflichtung zur Zahlung einer Vergütung bestimmt ist. 1

II. Erläuterungen

1. Abs. 1: Angemessenheit der Ausbildungsvergütung

Zum Begriff der **Angemessenheit der Ausbildungsvergütung** in **Abs. 1** wird in der Gesetzesbegründung (BT-Drs. 19/13825, S. 61) Folgendes ausgeführt: 2

„Die Ausbildungsvergütung dient der finanziellen Unterstützung der Auszubildenden. Die Ausbildungsvergütung muss angemessen sein, wobei der Maßstab der Angemessenheit gesetzlich nicht geregelt wird. Die Vertragsparteien haben somit einen gewissen Spielraum bei der Vereinbarung der Vergütung. Jedoch unterliegt die Frage, ob die gezahlte Ausbildungsvergütung im Einzelfall angemessen ist, der vollen gerichtlichen Überprüfung. Bei der Beurteilung der Angemessenheit ist die Verkehrsanschauung maßgeblich, wobei das Bundesarbeitsgericht als wichtigsten Anhaltspunkt die einschlägigen Tarifverträge nennt (vgl. BAG, Urteil v. 23.08.2011, 3 AZR 575/09, Ziff. 37). Das Bundesarbeitsgericht hat ausgeführt, dass eine vereinbarte Ausbildungsvergütung dann unangemessenen sei, wenn sie die einschlägige tarifliche, branchenübliche oder

in den kirchlichen Arbeitsvertragsrichtlinien festgelegte Vergütung um mehr als 20 Prozent unterschreitet (vgl. BAG, Urteil v. 23.08.2011, 3 AZR 575/09, Ziff. 41). Allerdings wird hierdurch der Anspruch der Auszubildenden nicht auf das gerade noch zulässige Maß der Unterschreitung begrenzt. Zweck der Vorschrift ist es, eine angemessene Ausbildungsvergütung sicherzustellen. Das Bundesarbeitsgericht hat dargelegt, dass bei Unterschreitung der Angemessenheitsgrenze der Ausbildungsträger die volle tarifliche, branchenübliche oder in den kirchlichen Arbeitsvertragsrichtlinien festgelegte Ausbildungsvergütung zu zahlen hat (vgl. BAG, Urteil v. 23.08.2011, 3 AZR 575/09, Ziff. 41).“

2. Abs. 2: Weiterzahlung der Ausbildungsvergütung

3 **Abs. 2 Nr. 1:** Die Vorschrift präzisiert die bereits in § 27 Abs. 2 ATA-OTA-G festgelegte Pflicht des Ausbildungsträgers, die Ausbildungsvergütung während der gesamten Ausbildung zu zahlen.

4 **Abs. 2 Nr. 2:** Die Vorschrift entspricht § 19 Abs. 1 Nr. 2 Berufsbildungsgesetz (BBiG).

3. Finanzierung der Ausbildungsvergütung

5 Die Ausbildungsvergütung ist Bestandteil der Ausbildungskosten, die nach Maßgabe des § 17a KHG refinanziert werden. In Art. 2 des Gesetzes über die Ausbildung zur Anästhesietechnischen Assistentin und zum Anästhesietechnischen Assistenten und über die Ausbildung zur Operationstechnischen Assistentin und zum Operationstechnischen Assistenten sind die entsprechenden Änderungen in § 2 Nr. 1a Buchst. l und § 17a Abs. 1 Satz 1 KHG enthalten. S. dazu auch § 72 ATA-OTA-G.

§ 30 Sachbezüge

(1) [1]Auf die Ausbildungsvergütung können Sachbezüge angerechnet werden. [2]Maßgeblich für die Bestimmung der Werte der Sachbezüge sind die Werte, die in der Verordnung über die sozialversicherungsrechtliche Beurteilung von Zuwendungen des Arbeitgebers als Arbeitsentgelt in der jeweils geltenden Fassung bestimmt sind.

(2) [1]Die Anrechnung von Sachbezügen ist nur zulässig, soweit dies im Ausbildungsvertrag vereinbart worden ist. [2]Der Wert der Sachbezüge darf 75 Prozent der Bruttovergütung nicht überschreiten.

(3) Kann die oder der Auszubildende aus berechtigtem Grund Sachbezüge nicht abnehmen, so ist der Wert für diese Sachbezüge nach den Sachbezugswerten auszuzahlen.

Erläuterungen

Inhaltsübersicht

I. Allgemeines

Die Vorschrift regelt die **Anrechnung von Sachbezügen** auf die Ausbildungsvergütung. 1

II. Erläuterungen

1. Abs. 1: Anrechnung und Werte

Im SGB IV gelten als Arbeitsentgelt alle laufenden und einmaligen Einnahmen, 2 gleichgültig, unter welcher Bezeichnung und in welcher Form sie geleistet werden und ob sie unmittelbar aus der Beschäftigung oder im Zusammenhang mit ihr erzielt werden (vgl. § 14 Abs. 1 Satz 1 SGB IV). Einnahmen können deshalb auch in Form von Sachbezügen geleistet werden. § 39 ATA-OTA-G nimmt auf diese Vorschrift Bezug **(Satz 1)**. Die **Werte** werden in der Sozialversicherungsentgeltverordnung (SvEV) festgelegt (§ 2 SvEV) **(Satz 2)**.

2. Abs. 2: Zulässigkeit der Anrechnung und Höhe der Werte

Sachbezüge können nur in dem Umfang gewährt werden, in dem dies durch den 3 Ausbildungsvertrag nach § 26 Abs. 2 Nr. 5 PflBG vorgesehen ist **(Satz 1)**. Der Wert der Sachbezüge darf 75 % der Bruttovergütung nicht überschreiben **(Satz 2)**.

3. Abs. 3: Nichtabnahme von Sachbezügen

Bei Nichtabnahme von Sachbezügen aus berechtigten Gründen ist der Wert der 4 Sachbezüge nach den Sachbezugswerten auszuzahlen.

§ 31 Überstunden und ihre Vergütung

Eine über die vereinbarte regelmäßige Ausbildungszeit hinausgehende Beschäftigung ist nur ausnahmsweise zulässig und besonders zu vergüten oder in Freizeit auszugleichen.

Erläuterungen

1 In der Gesetzesbegründung (BT-Drs. 19/13825, S. 61) wird zu dieser Vorschrift ausgeführt:

„Bei einer ausnahmsweise zulässigen Beschäftigung über die regelmäßige tägliche oder wöchentliche Ausbildungszeit hinaus ist diese gesondert zu vergüten oder durch Freizeitausgleich auszugleichen. Der Ausgleich durch Freizeit darf das Ausbildungsziel nicht gefährden. Bei einer über die vereinbarte regelmäßige tägliche oder wöchentliche Ausbildungszeit hinausgehenden Beschäftigung sind die Arbeitszeitvorschriften des Arbeitszeitgesetzes und des Jugendarbeitsschutzgesetzes zu beachten. Ebensolches gilt für Ruf- und Nachdienste, die aus Gründen der Qualitätssicherung erst ab dem dritten Ausbildungsjahr zulässig sind.“

§ 32 Probezeit

(1) Die ersten sechs Monate des Ausbildungsverhältnisses sind die Probezeit.

(2) Die Dauer der Probezeit kann davon abweichen, sofern sich aus tarifvertraglichen Regelungen eine andere Dauer ergibt.

Erläuterungen

Inhaltsübersicht

I. Allgemeines

Zu Beginn des Ausbildungsverhältnisses steht als Bestandteil des Ausbildungsverhältnisses die Probezeit, die anders als nach dem BBiG (§ 20 BBiG: Mindestens ein Monat, höchstens vier Monate) sechs Monate beträgt. 1

II. Erläuterungen

1. Abs. 1: Besondere Dauer der Probezeit

Abs. 1 regelt eine der besonderen Struktur der Ausbildung entsprechende **Probezeit,** 2
die auf sechs Monate festgelegt wird. Damit ist gemeint, dass der Ausbildungsträger die Möglichkeit haben muss, Erfahrungen über berufliche Eignung und die oder der Auszubildende auch über die berufliche Neigung nicht nur im theoretischen und praktischen Unterricht, sondern auch in der praktischen Ausbildung zu sammeln. Das Bundesarbeitsgericht drückt dies folgendermaßen aus (BAG, Urt. v. 19.11.2015, 6 AZR 844/14, BAGE 153, 286 = NZA 2016, 228, Rn. 16 – Wiedergabe ohne Zitierungen):

„Die gesetzlich vorgeschriebene Probezeit soll einerseits sicherstellen, dass der Ausbildende den Auszubildenden dahingehend überprüfen kann, ob dieser für den zu erlernenden Beruf geeignet ist […] und sich in das betriebliche Geschehen mit seinen Lernpflichten einordnen kann. Andererseits muss die Prüfung, ob der gewählte Beruf seinen Vorstellungen und Anlagen entspricht, auch dem Auszubildenden möglich sein […]. Letztlich soll die Probezeit beiden Vertragspartnern ausreichend Gelegenheit einräumen, die für das Ausbildungsverhältnis im konkreten Ausbildungsberuf wesentlichen Umstände eingehend zu prüfen […].“

2. Abs. 2: Tarifvertraglich geregelte Probezeit

In **Tarifverträgen** kann die Dauer der Probezeit anders geregelt werden **(Abs. 2)**. 3

3. Verlängerung der Probezeit

4 Eine Verlängerung der Probezeit aufgrund von Fehlzeiten (§ 25 ATA-OTA-G) ist gesetzlich nicht vorgesehen. Das Bundesarbeitsgericht hat jedoch im Rahmen des § 20 BBiG kein Hindernis gesehen, eine Verlängerung der Probezeit bei Unterbrechung von mehr als zwei Dritteln der Probezeit vertraglich vorzusehen (BAG, Urt. v. 9.6.2016, 6 AZR 396/15, NJW 2016, 2972 = NZA 2016, 1406). Aus dieser Entscheidung kann der Grundsatz entnommen werden, dass die gesetzlich festgelegte Dauer der Probezeit dann verlängert werden kann, wenn dies zur Erfüllung des Zwecks der Probezeit dient und im Interesse beider Vertragsparteien liegt (BAG, a. a. O., Rn. 24 ff.).

4. Kündigung in der Probezeit

5 Eine Kündigung in der Probezeit ist für beide Vertragspartner jederzeit und ohne Angabe von Gründen möglich (§ 34 Abs. 1 ATA-OTA-G).

5. Verbot der Anrechnung von Praktikantenzeiten

6 Als besonders problematisch erweist sich die Anrechnung von Praktikantenzeiten auf eine Probezeit. Das Bundesarbeitsgericht hat in einer Entscheidung zu § 20 Abs. 1 BBiG (BAG, Urt. v. 19.11.2015, 6 AZR 844/14, BAGE 153, 286 = NZA 2016, 228) dazu Näheres ausgeführt. Die Vorschrift sehe eine Anrechnung von Zeiten, in denen zwischen dem Ausbildenden und dem Auszubildenden bereits ein anderes Vertragsverhältnis bestand, nicht vor. Die Vorschrift knüpfe allein an den rechtlichen Bestand des Ausbildungsverhältnisses an. Zeiten eines anderen Vertragsverhältnisses derselben Parteien vor Beginn des Berufsausbildungsverhältnisses stehen weder der Vereinbarung einer Probezeit im Berufsausbildungsverhältnis entgegen noch finde eine Anrechnung auf die gemäß § 20 Satz 1 BBiG zu vereinbarende Probezeit statt. Dies ergebe sich aus dem klaren Wortlaut des § 20 Satz 1 BBiG und dem Zweck der Probezeit unter Berücksichtigung der unterschiedlichen Rechte und Pflichten in anderen Vertragsverhältnissen (BAG, a. a. O., Rn. 14 f.). Die Grundsätze dieser eindeutigen Rechtsprechung sind auch auf § 32 ATA-OTA-G anwendbar.

§ 33 Ende des Ausbildungsverhältnisses

(1) Das Ausbildungsverhältnis endet unabhängig vom Zeitpunkt der staatlichen Abschlussprüfung mit Ablauf der Ausbildungszeit.

(2) [1]Die oder der Auszubildende kann beim Ausbildungsträger schriftlich eine Verlängerung des Ausbildungsverhältnisses verlangen, wenn sie oder er

1. die staatliche Prüfung nicht bestanden hat oder
2. ohne eigenes Verschulden die staatliche Prüfung nicht vor Ablauf der Ausbildungszeit ablegen kann.

[2]Die Ausbildungszeit verlängert sich bis zur nächstmöglichen Durchführung der staatlichen Prüfung, höchstens jedoch um ein Jahr.

Erläuterungen

Inhaltsübersicht

I. Allgemeines

1 Die Vorschrift enthält eine gesetzliche Regelung zum Ende des Ausbildungsverhältnisses. Sie trifft Bestimmungen zum Ende des Ausbildungsverhältnisses **(Abs. 1)** und zum Verfahren bei Nichtbestehen der Prüfung oder Nichtablegen der Prüfung nach Ablauf der Ausbildungszeit **(Abs. 2)**.

II. Erläuterungen

1. Abs. 1: Ende der Ausbildungszeit

2 De Ausbildungszeit endet in jedem Fall erst nach Ablauf der Ausbildungszeit, auch wenn die Prüfung vorher abgelegt sein sollte. Dies gilt unabhängig davon, ob eine Ausbildung in Vollzeitform, d. h. mit dreijähriger Dauer (§ 12 Abs. 1 ATA-OTA-G), oder in Teilzeitform, d. h. mit einer Ausbildungsdauer bis höchstens fünf Jahre (§ 12 Abs. 2 ATA-OTA-G), stattfindet.

3 Die Vorschrift stellt eine Änderung gegenüber einer früheren Rechtsprechung des Gemeinsamen Senates der obersten Gerichtshöfe des Bundes (GmS-OGB, Beschl. v. 27.1.1983, 2/82, NJW 1983, 2070) dar. Der GmS-OGB hat in diesem Beschluss gesagt, dass das Ausbildungsverhältnis einer Krankenschwester, die vor Ablauf der dreijährigen Lehrgangsdauer die Abschlussprüfung erfolgreich bestanden hat, mit dem Zeitpunkt der Prüfung endet, und dass schon vor Ablauf der vorgesehenen dreijährigen Lehrgangsdauer in diesem Fall nach erfolgreich bestandener Prüfung ein Tarifgehalt zu zahlen ist.

2. Abs. 2: Verlängerung der Ausbildungszeit

4 Die Möglichkeit, die Ausbildungszeit zu verlängern, ist für zwei Fälle vorgesehen: Nichtbestehen der staatlichen Prüfung **(Satz 1 Nr. 1)** oder Ablegen der staatlichen Prüfung nach Ablauf der Ausbildung **(Satz 1 Nr. 2)**. Im letzteren Fall darf kein Verschulden des Auszubildenden vorliegen. Das **Verschulden** kann in **Vorsatz oder Fahrlässigkeit** bestehen. Fahrlässig handelt, wer die im Verkehr erforderliche Sorgfalt außer Acht lässt (§ 276 Abs. 2 BGB). Vorsatz meint eine willentliche Pflichtverletzung. So kann ein schuldhafter Verstoß gegen die Pflichten der Auszubildenden, vor allem die Vernachlässigung der Teilnahme an den vorgeschriebenen Ausbildungsveranstaltungen teilzunehmen (§ 16 Nr. 1 PflBG), eine willentliche Pflichtverletzung darstellen.

5 Der Auszubildende muss die **Verlängerung** gegenüber Ausbildungsträger **schriftlich verlangen**. In diesem Verlangen wird der Auszubildende auch auf die Gründe eingehen müssen, wegen derer er eine Verlängerung wünscht. Ist der Ausbildungsträger der Ansicht, dass der Auszubildende schuldhaft die staatliche Prüfung nicht zum angesetzten Termin während der Ausbildungszeit hat ablegen können, trägt er die Beweislast für den Nachweis des Verschuldens.

6 Die Verlängerungsmöglichkeit besteht nur bis zur nächstmöglichen Durchführung der staatlichen Prüfung, höchstens aber ein Jahr **(Satz 2)**. Für die Bestimmung der nächstmöglichen Prüfung (die Gesetzesbegründung spricht von der „nächstmöglichen Wiederholungsprüfung“, BT-Drs. 19/13825, S. 62) muss die Prüfungskandidatin oder der Prüfungskandidat Kenntnis vom Nichtbestehen der staatlichen Prüfung haben. Dies geschieht durch die Mitteilung bei Nichtbestehen der staatlichen Prüfung durch den Vorsitzenden oder die Vorsitzende des Prüfungsausschusses (§ 48 ATA-OTA-APrV).

§ 34 Kündigung des Ausbildungsverhältnisses

(1) Während der Probezeit kann das Ausbildungsverhältnis von jedem Vertragspartner jederzeit ohne Einhalten einer Kündigungsfrist gekündigt werden.

(2) [1]Nach der Probezeit kann das Ausbildungsverhältnis von jedem Vertragspartner ohne Einhalten einer Kündigungsfrist nur gekündigt werden, wenn

1. die oder der Auszubildende sich eines Verhaltens schuldig gemacht hat oder macht, aus dem sich die Unzuverlässigkeit zur Absolvierung der Ausbildung ergibt,
2. die oder der Auszubildende in gesundheitlicher Hinsicht dauerhaft nicht oder nicht mehr zur Absolvierung der Ausbildung geeignet ist oder
3. ein sonstiger wichtiger Grund vorliegt.

[2]In diesen Fällen ist die Kündigung zu begründen.

(3) Nach der Probezeit kann die oder der Auszubildende mit einer Kündigungsfrist von vier Wochen das Ausbildungsverhältnis ohne Angabe des Kündigungsgrundes kündigen.

(4) Die Kündigung muss schriftlich erfolgen.

(5) [1]Eine Kündigung aus einem sonstigen wichtigen Grund ist unwirksam, wenn die Tatsachen, die der Kündigung zugrunde liegen, der kündigungsberechtigten Person länger als 14 Tage bekannt sind. [2]Ist ein vorgesehenes Güteverfahren vor einer außergerichtlichen Stelle eingeleitet, so wird bis zu dessen Beendigung der Lauf der Frist nach Satz 1 gehemmt.

Erläuterungen

Inhaltsübersicht

I. Allgemeines

Die Regelung enthält die Bestimmungen für die Kündigung von Ausbildungsverhältnissen. Ähnliche Vorschriften finden sich in § 22 BBiG. § 24 ATA-OTA-G ist dieser Vorschrift gegenüber präzisiert worden. Eine Anwendung der Rechtsprechung zu § 22 BBiG ist jedoch grundsätzlich möglich. Ansonsten sind die arbeitsrechtlichen Grundsätze für das Ausbildungsverhältnis einschlägig. Es empfiehlt sich deshalb, für die Einzelheiten der Kündigung auch auf die entsprechende arbeitsrechtliche Literatur und Rechtsprechung zurückzugreifen. 1

2 Die Kündigung ist eine einseitige, empfangsbedürftige Willenserklärung; sie muss dem Erklärungsempfänger schriftlich zugestellt werden.

3 Bei den Kündigungsmöglichkeiten durch den Ausbildungsträger, mit dem der Ausbildungsvertrag besteht, ist gesetzlich nicht vorgesehen, dass mit den jeweils anderen an der Ausbildung Beteiligten (vgl. § 26 Abs. 6 ATA-OTA-G) das Benehmen hergestellt werden muss oder dass sie von der Kündigungsabsicht oder der Kündigung zu informieren sind. Entsprechende Vereinbarungen hierzu sollten in den Kooperationsverträgen (§ 13 Abs. 4 ATA-OTA-G, § 9 ATA-OTA-APrV) getroffen werden.

II. Erläuterungen

1. Abs. 1: Kündigung während der Probezeit durch jeden Vertragspartner

4 Während der Probezeit kann jeder Vertragspartner jederzeit ohne Angabe von Gründen und ohne Einhaltung einer Kündigungsfrist kündigen, wobei die Schriftform einzuhalten ist (Abs. 4).

5 Die **erforderliche Mitbestimmung** bei Kündigungen ist bei Vorliegen der Voraussetzungen einzuhalten (vgl. § 102 BetrVG und die entsprechenden Vorschriften in den Personalvertretungsgesetzen).

6 Bereits **vor Beginn der Berufsausbildung** ist eine ordentliche entfristete Kündigung möglich, sofern keine abweichende Regelung vereinbart wurde (BAG, Urt. v. 17.9.1987, 2 AZR 654/86; LAG Düsseldorf, Urt. v. 16.9.2011, 6 Sa 909/11). Schadensersatzansprüche des Ausbildenden werden hierdurch nicht begründet.

7 Die Kündigung darf nicht gegen die **guten Sitten** (§ 138 BGB) oder gegen **Treu und Glauben** (§ 242 BGB) verstoßen (BAG, Urt. v. 8.3.1977, 4 AZR 700/75). Dies gilt etwa für den Fall, dass Umstände verschwiegen werden, die die Durchführung der Ausbildung in Frage stellen, insbesondere absehbare wirtschaftliche Schwierigkeiten.

8 Die **Kündigung einer schwangeren Auszubildenden** ist auch während der Probezeit ausgeschlossen (§ 9 MuSchG) (LAG Berlin, Urt. v. 1.7.1985, 9 Sa 28/85).

2. Abs. 2: Kündigung nach der Probezeit durch jeden Vertragspartner

9 Nach der Probezeit kann das Ausbildungsverhältnis nur ausnahmsweise von jedem Vertragspartner **ohne Einhaltung einer Kündigungsfrist** gekündigt werden, wenn ein **wichtiger Grund** vorliegt **(Abs. 2 Satz 1 Nr. 1 bis 3)**, wobei die Kündigung zu **begründen** ist **(Abs. 2 Satz 2)**. Die Vorschrift führt explizit zwei wichtige Gründe an, die **Unzuverlässigkeit zur Absolvierung der Ausbildung (Satz 1 Nr. 1)** und die **gesundheitliche Ungeeignetheit (Satz 1 Nr. 2)**. Weiter wird der **„sonstige wichtige Grund“** genannt **(Satz 1 Nr. 3)**. Die Kündigung aus einem sonstigen wichtigen Grunde ist dabei an die Maßgaben des Abs. 5 gebunden.

10 Für die in **Abs. 2 Satz 1 Nr. 1 und 2** explizit genannten Gründe ist auf § 1 Abs. 2 Nr. 2 und 3 sowie § 2 Abs. 2 Nr. 2 und 3 ATA-OTA-G zu verweisen. S. die → Erl. zu § 2 ATA-OTA-G, Rn. 16 ff., 23.

Ein sonstiger **wichtiger Grund (Abs. 2 Satz 1 Nr. 3)** ist in Anlehnung an § 626 Abs. 1 BGB zu ermitteln und liegt nur vor, wenn dem Kündigenden unter Berücksichtigung aller Umstände des Einzelfalls und unter Abwägung der Interessen beider Vertragsteile die Fortsetzung des Ausbildungsverhältnisses bis zum Ablauf der Ausbildungszeit nicht zugemutet werden kann. Die Vertragspartner können im Ausbildungsvertrag wichtige Gründe näher konkretisieren, sofern die Eigenart des Ausbildungsverhältnisses hierbei Berücksichtigung findet. Die Kündigung ist nur wirksam, wenn sie unter Angabe des Kündigungsgrundes schriftlich erfolgt (Abs. 4). S. im Einzelnen *Hergenröder* in: *Henssler/Willemsen/Kalb,* Arbeitsrecht Kommentar, § 22 BBiG, Rn. 6. 11

Für das **Erfordernis einer Abmahnung** gelten die gleichen Grundsätze wie im Arbeitsverhältnis. Im Hinblick auf die Besonderheiten des Ausbildungsverhältnisses wird man vor dem Ausspruch einer Kündigung Auszubildender immer sehr sorgfältig prüfen müssen, ob das beanstandete Verhalten nicht zuvor abzumahnen ist. Eine Abmahnung wird dann entbehrlich sein, wenn die Hinnahme des Verhaltens Auszubildender durch den Ausbildenden ausgeschlossen ist. Besteht der dringende Verdacht einer schwerwiegenden Pflichtverletzung, kann ein wichtiger Grund gegeben und eine Verdachtskündigung im Ausbildungsverhältnis zulässig sein. S. dazu im Einzelnen *Hergenröder* in: *Henssler/Willemsen/Kalb,* Arbeitsrecht Kommentar, § 22 BBiG, Rn. 6. 12

Kündigt der Ausbildungsträger fristlos, muss der wichtige Grund in einem engen Zusammenhang mit dem Berufsausbildungsverhältnis stehen und das Ausbildungsziel bei objektivierender Vorschau zumindest erheblich gefährden. An den wichtigen Grund sind hohe Anforderungen zu stellen. Kurz vor dem Prüfungstermin wird eine fristlose Kündigung des Auszubildenden deshalb kaum noch möglich sein. Als wichtige Gründe kommen in Betracht: Verstöße gegen Pflichten des Auszubildenden im Betrieb, gegen Schulpflichten sowie sonstige Verstöße gegen öffentliches und privates Recht. S. im Einzelnen *Hergenröder* in: *Henssler/Willemsen/Kalb,* Arbeitsrecht Kommentar, 2020, § 22 BBiG, Rn. 7. 13

Wichtige Gründe für eine **Kündigung durch den Auszubildenden** sind z. B. schwerwiegende Verstöße gegen das JArbSchG, schlechte Behandlung durch den Ausbildenden, Nichtgewährung von Urlaub, Fehlen/Wegfall der Berechtigung zum Ausbilden. S. im Einzelnen *Hergenröder* in: *Henssler/Willemsen/Kalb:* Arbeitsrecht Kommentar, 2020, § 22 BBiG, Rn. 8. 14

3. Abs. 3: Kündigung nach der Probezeit durch Auszubildenden

Nach der Probezeit kann die oder der Auszubildende mit einer **Kündigungsfrist von vier Wochen** das Ausbildungsverhältnis ohne Angabe des Kündigungsgrundes kündigen. Die Kündigung muss schriftlich erfolgen (Abs. 4). 15

4. Abs. 4: Schriftform

Die Kündigung bedarf der **Schriftform.** Die elektronische Form ist ausgeschlossen (§ 623 BGB). Fehlt die Schriftform, ist die Kündigung wegen Formmangels unwirksam (§ 125 BGB). 16

5. Abs. 5: Unwirksamkeit der Kündigung aus sonstigem wichtigem Grund

17 Die Vorschrift in **Abs. 5 Satz 1** entspricht § 22 Abs. 4 Satz 1 BBiG, die wiederum in § 626 Abs. 2 BGB ihren Grund findet. Die Vorschrift kann individual- oder kollektivvertraglich nicht geändert werden. Die Beweislast für die Einhaltung der Frist obliegt dem Kündigenden.

18 Die Vorschrift in **Abs. 5 Satz 2** entspricht § 22 Abs. 4 Satz 2 BBiG. Wird ein vorgesehenes Güteverfahren vor einer außergerichtlichen Stelle eingeleitet, wird bis zu dessen Beendigung der Lauf der 14-Tage-Frist gehemmt.

III. Literaturhinweise

19 Die Literatur zur Kündigung von Ausbildungsverhältnissen findet sich sowohl in den allgemeinen arbeitsrechtlichen Kommentaren wie in den Kommentaren zum Berufsbildungsgesetz (BBiG). Weiter ist auf die Literatur zum Mutterschutzgesetz und zu den sonstigen Schutzgesetzen hinzuweisen.

Für die obenstehenden Ausführungen ist auf folgenden Kommentar zurückgegriffen worden: *Henssler, Martin/Willemsen, Heinz Josef/Kalb, Heinz-Jürgen* (Hrsg.): Arbeitsrecht Kommentar, 9. Aufl., Köln 2020. Die Vorschrift des § 22 BBiG wird in diesem Kommentar von *C. S. Hergenröder* bearbeitet.

§ 35 Beschäftigung im Anschluss an das Ausbildungsverhältnis

Wird die oder der Auszubildende im Anschluss an das Ausbildungsverhältnis beschäftigt, ohne dass hierüber ausdrücklich etwas vereinbart worden ist, so gilt ein Arbeitsverhältnis auf unbestimmte Zeit als begründet.

Erläuterungen

Inhaltsübersicht

I. Allgemeines

1 Die Regelung ist eine Schutzvorschrift zugunsten der Auszubildenden, die dem Rechtsgedanken des § 625 BGB entspricht (Gesetzesbegründung, BT-Drs. 19/13825, S. 62). Eine solche Regelung findet sich auch in § 24 BBiG. Der Schutz des Auszubildenden besteht darin, dass bei der Beschäftigung im Anschluss an das Ausbildungsverhältnis ein Arbeitsverhältnis auf unbestimmte Zeit begründet wird (vgl. § 611a BGB). Dabei sind die Vertragspartner darin frei, ein Arbeitsverhältnis einzugehen.

II. Erläuterungen

1. Voraussetzungen der Begründung eines Arbeitsverhältnisses

2 **Voraussetzung** für die Begründung eines Arbeitsverhältnisses ist, dass der Auszubildende **tatsächlich beschäftigt** wird und zwar **unmittelbar im Anschluss an das Ausbildungsverhältnis.** Dazu muss der Träger der praktischen Ausbildung Kenntnis von der Weiterbeschäftigung und der Beendigung des Ausbildungsverhältnisses haben. Das Ende des Ausbildungsverhältnisses ist in § 21 ATA-OTA-G bestimmt.

2. Beteiligung des Betriebsrates/der Personalvertretungen

3 Bei der Weiterbeschäftigung im Anschluss an das Ausbildungsverhältnis sind die Mitbestimmungsvorschriften (§ 99 Abs. 1 BetrVG sowie die entsprechenden personalvertretungsrechtlichen Vorschriften) zu beachten.

3. Höhe des Arbeitsentgeltes

4 Wird nach § 35 ATA-OTA-G ein Arbeitsverhältnis auf unbestimmte Zeit begründet, hat der Arbeitnehmer **Anspruch auf die branchen- bzw. ortsübliche oder die tarifliche Vergütung** (§ 612 BGB) (BAG, Urt. v. 16.6.2005, 6 AZR 411/04).

§ 36 Nichtigkeit von Vereinbarungen

(1) Eine Vereinbarung, die zu Ungunsten der oder des Auszubildenden von den §§ 26 bis 35 abweicht, ist nichtig.

(2) Nichtig ist auch eine Vereinbarung über

1. **die Verpflichtung der oder des Auszubildenden, für die Ausbildung eine Entschädigung oder Schulgeld zu zahlen,**
2. **Gebühren für Prüfungen,**
3. **Vertragsstrafen,**
4. **den Ausschluss oder die Beschränkung von Schadensersatzansprüchen und**
5. **die Festsetzung der Höhe eines Schadensersatzes in Pauschalbeträgen.**

(3) [1]Nichtig ist zudem eine Vereinbarung, die die Auszubildende oder den Auszubildenden für die Zeit nach der Beendigung des Ausbildungsverhältnisses in der Ausübung ihrer oder seiner beruflichen Tätigkeit beschränkt. [2]Wirksam ist eine innerhalb der letzten sechs Monate des Ausbildungsverhältnisses getroffene Vereinbarung darüber, dass die oder der Auszubildende nach Beendigung des Ausbildungsverhältnisses ein Arbeitsverhältnis eingeht.

Erläuterungen

Inhaltsübersicht

I. Allgemeines

1 **Abs. 1** der Vorschrift entspricht § 25 BBiG; **Abs. 2 und 3** entsprechen § 12 BBiG. Es handelt sich um Schutzvorschriften zugunsten des Auszubildenden.

II. Erläuterungen

1. Abs. 1: Nichtigkeit abweichender Vereinbarungen

2 Die Vorschrift bestimmt, dass von den zum Ausbildungsverhältnis enthaltenen Regelungen in §§ 26 bis 35 ATA-OTA-G in keinem Fall zu Ungunsten der Auszubildenden abgewichen werden darf. Es handelt sich um eine **Schutzvorschrift**, da sich die Auszubildenden auf Grund der Ausbildung in einem Abhängigkeitsverhältnis und somit in einer besonders schutzbedürftigen Lage befinden (Gesetzesbegründung, BT-Drs. 19/13825, S. 62). Unter Vereinbarungen sind individual- und kollektivvertragliche Regelungen zu verstehen.

3 Ob sich eine Vereinbarung zu Ungunsten der oder des Auszubildenden auswirkt, ist nach objektiven Maßstäben zu beurteilen. Nichtige Vereinbarungen werden durch die gesetzlichen Regeln ersetzt (BAG, Urt. v. 13.3.1975, 5 AZR 199/74). Die Vor-

schrift des § 139 BGB greift nicht (BAG, Urt. v. 13.3.1975, 5 AZR 199/74). Diese Vorschrift bestimmt bei Teilnichtigkeit eines Rechtsgeschäfts die Nichtigkeit des ganzen Rechtsgeschäfts, wenn nicht anzunehmen ist, dass das Rechtsgeschäft auch ohne den nichtigen Teil vorgenommen sein würde. Mit dem Schutzzweck des § 35 Abs. 1 ATA-OTA-G ist es nicht vereinbar, dass die auf einem Verstoß gegen dieses arbeitsrechtliche Schutzgesetz zugunsten des Auszubildenden beruhende Teilnichtigkeit zu einer Nichtigkeit auch des Teils der Vereinbarung führt, die dem Auszubildenden das Recht auf Weiterbeschäftigung einräumt.

Die Nichtigkeit können alle Personen geltend machen, die daran ein berechtigtes 4
Interesse haben. Dies gilt z. B. auch für gesetzliche Vertreter minderjähriger Auszubildender.

2. Abs. 2: Nichtigkeit von Zahlungsvereinbarungen

Eine Vereinbarung über eine **Entschädigung** für die Ausbildung ist nichtig **(Abs. 2** 5
Nr. 1). Anders als § 12 Abs. 2 Nr. 1 BBiG enthält Abs. 2 Nr. 1 zusätzlich eine Regelung über die Nichtigkeit einer Verpflichtung der Auszubildenden, ein **Schulgeld** zu zahlen. Die Regelung soll gewährleisten, dass die Bestimmungen zur Ausbildungsvergütung nicht durch Schulgeldzahlungen konterkariert werden (Gesetzesbegründung, BT-Drs. 19/13825, S. 62). Eine von den Eltern eines Auszubildenden übernommene Verpflichtung zur Zahlung einer Entschädigung ist nichtig (BAG, Urt. v. 28.7.1982, 5 AZR 46/81, BAGE 39, 226 = NJW 1983, 783). Nichtig ist auch eine Vereinbarung über eine Entschädigung für Ausbildungsmaßnahmen außerhalb der Ausbildungsstätte (BAG, Urt. v. 29.6.1988, 5 AZR 450/87).

Wirksam ist eine Vereinbarung, wonach der Ausbildende die Kosten im Zusammen- 6
hang mit dem Besuch der Schule (BAG, Urt. v. 25.7.2002, 6 AZR 381/00) bzw. die Fahrt- und Übernachtungskosten bei der Abschlussprüfung zu tragen hat (BAG, Urt. v. 14.12.1983, 5 AZR 333/81, BAGE 44, 351).

Abs. 2 Nr. 2 enthält ein Verbot, **Gebühren für Prüfungen** zu verlangen. 7

Abs. 2 Nr. 3 enthält ein **Verbot für Vertragsstrafen.** Dies gilt auch für Vertrags- 8
strafen, zu denen Eltern verpflichtet werden sollen. Wurde nach Abs. 3 Satz 2 wirksam ein Anstellungsvertrag geschlossen, ist die Vereinbarung einer Vertragsstrafe für den Fall des Nichtantritts der Arbeit wirksam (BAG, Urt. v. 23.6.1982, 5 AZR 168/80). Das Verbot der Vertragsstrafe bezieht sich nur auf das Ausbildungsverhältnis.

Abs. 2 Nr. 4 regelt den **Ausschluss oder die Beschränkung von Schadensersatz-** 9
ansprüchen des Ausbildungsträgers gegenüber dem Auszubildenden. Damit haftet der Ausbildungsträger dem Auszubildenden in voller Höhe. Haftungsbeschränkungen zugunsten des Auszubildenden sind möglich.

Vereinbarungen über die **Festsetzung der Höhe eines Schadensersatzes in Pausch-** 10
beträgen sind nichtig **(Abs. 2 Nr. 4)**.

3. Abs. 3: Nichtigkeit von Berufsausübungsbeschränkungen

11 In **Abs. 3 Satz 1** ist die Nichtigkeit einer Vereinbarung festgelegt, durch die der Auszubildende für die Zeit nach Beendigung des Ausbildungsverhältnisses in der Ausübung seiner beruflichen Tätigkeit beschränkt wird. Nichtig sind **vertragliche Wettbewerbsabreden**, die es unterbinden, dass der Auszubildende in der Zeit nach der Ausbildung seine erlernten Fähigkeiten und Kenntnisse nach eigenem Ermessen frei verwerten kann. Auch ist es Ausbildungsträger nicht gestattet, mit Auszubildenden zu vereinbaren, dass diese nach Abschluss der Ausbildung nur **außerhalb des Ortes der Ausbildungsstätte** oder nicht bei einem **Konkurrenzunternehmen** tätig werden. Unwirksam ist eine Vereinbarung, wonach sich an das erste ein weiteres Ausbildungsverhältnis anschließt. Ein Auszubildender kann nicht durch die **Weiterarbeitsklausel** eines Ausbildungsvertrages gebunden werden, die beide Parteien verpflichtet, es dem Vertragspartner spätestens drei Monate vor dem voraussichtlichen Ende des Ausbildungsverhältnisses anzuzeigen, falls sie nicht anschließend ein Arbeitsverhältnis mit dem anderen eingehen wollen (BAG, Urt. v. 13.3.1975, 5 AZR 199/74).

12 In **Abs. 3 Satz 2** sind die **Ausnahmen von der Nichtigkeit** berufsausübungsbeschränkender Vereinbarungen geregelt. Nach dieser Vorschrift kann sich der Auszubildende innerhalb der letzten sechs Monate des Ausbildungsverhältnisses wirksam verpflichten, für die Zeit nach dessen Beendigung ein befristetes oder unbefristetes Arbeitsverhältnis mit dem Träger der praktischen Ausbildung einzugehen. Die Frist berechnet sich nach der vereinbarten Vertragslaufzeit.

III. Literaturhinweise

13 Zur weiteren Auslegung der Vorschrift empfiehlt es sich, die arbeitsrechtlichen Kommentare zu § 12 und § 25 BBiG heranzuziehen.

§ 37 Ausnahmeregelung für Mitglieder geistlicher Gemeinschaften

Die §§ 26 bis 36 finden keine Anwendung auf Auszubildende, die Diakonissen, Diakonieschwestern oder Mitglieder geistlicher Gemeinschaften sind.

Erläuterungen

Die Vorschrift war im ursprünglichen Gesetzestext wie folgt gefasst: 1

Von den §§ 26 bis 36 kann abgewichen werden, sobald die Auszubildenden

1. *Mitglieder einer Kirche oder einer sonstigen Religionsgemeinschaft, Diakonissen oder Diakonieschwestern sind und*
2. *der Ausbildungsträger derselben Kirche oder Religionsgemeinschaft angehört.*

In der Gesetzesbegründung (BT-Drs. 19/13825, S. 62) wurde zu der Vorschrift in der vorstehenden Fassung ausgeführt: 2

„§ 37 regelt die Nichtanwendbarkeit des Abschnittes 2 Unterabschnitt 3 (§§ 26 bis 36) für Auszubildende, die Diakonissen, Diakonieschwestern oder Mitglieder geistlicher Gemeinschaften oder Religionsgemeinschaften sind, sobald der Ausbildungsträger derselben Kirche, geistlichen Gemeinschaft oder Religionsgemeinschaft zugehörig ist. Nach Artikel 140 Grundgesetz in Verbindung mit Artikel 137 Absatz 3 Weimarer Reichsverfassung haben die Kirchen und sonstigen Religionsgesellschaften ein Selbstbestimmungsrecht, welches sich auch auf die Vertragsverhältnisse zur Ausbildung zu Anästhesietechnischen und Operationstechnischen Assistentinnen und Assistenten auswirkt."

Die Vorschrift ist durch Art. 11 Nr. 2 des Gesetzes zur Reform der technischen Assistenzberufe in der Medizin und zur Änderung weiterer Gesetze (MTA-Reform-Gesetz) vom 24.2.2021 (BGBl. I S. 274) geändert worden. 3

In der Begründung zur Änderung (BT-Drs. 19/24447, S. 82) wird ausgeführt:

„Die Änderung stellt den beabsichtigten Anwendungsbereich klar, der durch die bisherige Formulierung einen zu weitreichenden Personenkreis erfasst hat. Hierdurch wird nun verdeutlicht, dass die Anwendung der §§ 26 bis 36 lediglich für diejenigen Auszubildenden ausgeschlossen wird, die Diakonisse, Diakonieschwestern oder Mitglieder geistlicher Gemeinschaften sind. Dadurch wird sichergestellt, dass die arbeits (schutz)rechtlichen Vorgaben für eine Vielzahl der Auszubildenden weiterhin gelten und nur diejenigen davon ausgenommen sind, die den speziellen Vorgaben ihrer geistlichen Gemeinschaft unterliegen."

Abschnitt 3
Anerkennung von im Ausland erworbenen Berufsqualifikationen

§ 38 Anforderung an die Anerkennung einer außerhalb des Geltungsbereichs dieses Gesetzes abgeschlossenen Ausbildung

(1) Eine außerhalb des Geltungsbereichs dieses Gesetzes erworbene Berufsqualifikation wird anerkannt, wenn

1. sie mit der in diesem Gesetz geregelten Ausbildung gleichwertig ist oder
2. die antragstellende Person die erforderliche Anpassungsmaßnahme erfolgreich absolviert hat.

(2) Die Überprüfung der Gleichwertigkeit der Berufsqualifikation erfolgt auf der Grundlage der eingereichten Ausbildungsnachweise und Arbeitszeugnisse.

(3) [1]Die zuständige Behörde bestätigt der antragstellenden Person innerhalb eines Monats den Empfang der Unterlagen und teilt gegebenenfalls mit, welche Unterlagen fehlen. [2]Die Prüfung des Antrags muss so schnell wie möglich abgeschlossen werden, spätestens jedoch drei Monate nach Einreichung der vollständigen Unterlagen.

(4) Auf Antrag ist der antragstellenden Person ein gesonderter Bescheid über die Feststellung der Gleichwertigkeit ihrer Berufsqualifikation zu erteilen.

Erläuterungen

Inhaltsübersicht

I. Erläuterungen

1 In der Gesetzesbegründung (BT-Drs. 19/13825, S. 62) wird zu **Abschnitt 3** ausgeführt:

„In diesem Abschnitt wird die Erlaubnis zur dauerhaften Berufsausübung des Berufes der Anästhesietechnischen Assistentin und des Anästhesietechnischen Assistenten oder des Berufes der Operationstechnischen Assistentin und des Operationstechnischen Assistenten in Deutschland für Personen aus einem anderen Staat geregelt."

2 Die Vorschriften zu er vorübergehenden und gelegentlichen Dienstleistungserbringung in dem Beruf der Anästhesietechnischen Assistentin und des Anästhesietechnischen Assistenten oder dem Beruf der Operationstechnischen Assistentin und des Operationstechnischen Assistenten in Deutschland finden sich in Abschnitt 4, Unterabschnitt 1 (§§ 52 bis 58 ATA-OTA-G).

In der Gesetzesbegründung (BT-Drs. 19/13825, S. 62 f.) wird zu **§ 38** ausgeführt: 3

„Diese Regelung benennt, unter welchen Voraussetzungen und in welchem Verfahren die antragstellende Person die Erlaubnis zum Führen der Berufsbezeichnung Anästhesietechnische Assistentin oder Anästhesietechnischer Assistent beziehungsweise Operationstechnische Assistentin oder Operationstechnischer Assistent erlangen kann.

§ 38 bezieht sich auf Berufsqualifikationen außerhalb des Geltungsbereichs dieses Gesetzes, soweit nicht die spezielleren Vorschriften auf Grund des EU-Rechts oder internationaler Abkommen Anwendung finden. Die Anerkennung setzt voraus, dass die Gleichwertigkeit des Ausbildungsstandes gegeben ist. Die Prüfung erfolgt im Rahmen eines Ausbildungsvergleichs. Absatz 2 Nummer 1 sieht vor, dass der Ausbildungsstand als gleichwertig anzusehen ist, wenn beim Vergleich der Ausbildung der antragstellenden Person mit der deutschen Ausbildung keine wesentlichen Unterschiede festgestellt werden. Ist die Gleichwertigkeit des Ausbildungsstandes gegeben oder werden wesentliche Unterschiede ausgeglichen und werden auch die in Absatz 2 Nummern 2 bis 4 genannten persönlichen Voraussetzungen erfüllt, besteht ein Rechtsanspruch auf Erteilung der Erlaubnis zum Führen der Berufsbezeichnung."

II. Korrespondierende Vorschriften der ATA-OTA-APrV

§ 48 ATA-OTA-APrV bestimmt die **Frist** der zuständigen Behörde hinsichtlich der Bestätigung des **Eingangs des Antrags auf Erlaubnis zum Führen der Berufsbezeichnung** nach § 1 Abs. 1 oder § 2 Abs. 1 ATA-OTA-G. Die Frist beträgt einen Monat. 4

§ 50 ATA-OTA-APrV bestimmt die **Frist** der zuständigen Behörde für die **Entscheidung über den Antrag**. Die Behörde soll kurzfristig entscheiden, spätestens jedoch drei Monate nach Vorlage der vollständigen Unterlagen. 5

§ 39 Nichtanwendbarkeit des Berufsqualifikationsfeststellungsgesetzes

Das Berufsqualifikationsfeststellungsgesetz findet mit Ausnahme des § 17 des Berufsqualifikationsfeststellungsgesetzes keine Anwendung.

Erläuterungen

1 § 17 Berufsqualifikationsfeststellungsgesetz (BQFG) enthält die Vorschriften zur Bundesstatistik über die Verfahren zur Feststellung der Gleichwertigkeit. Die Vorschrift bezieht sich auch auf solche Verfahren nach anderen berufsrechtlichen Gesetzen und Verordnungen.

§ 40 Begriffsbestimmungen zu den ausländischen Staaten

(1) [1]Mitgliedstaat im Sinne dieses Gesetzes ist ein Mitgliedstaat der Europäischen Union. [2]Andere Mitgliedstaaten sind alle Mitgliedstaaten außer der Bundesrepublik Deutschland.

(2) [1]Vertragsstaat im Sinne dieses Gesetzes ist ein Vertragsstaat des Abkommens über den Europäischen Wirtschaftsraum. [2]Andere Vertragsstaaten sind alle Vertragsstaaten außer der Bundesrepublik Deutschland.

(3) Drittstaat ist ein Staat, der weder Mitgliedstaat noch Vertragsstaat ist.

(4) Gleichgestellter Staat ist ein Drittstaat, der bei der Anerkennung von Berufsqualifikationen nach dem Recht der Europäischen Union einem Mitgliedstaat gleichgestellt ist.

(5) Herkunftsstaat ist der Mitgliedstaat, der andere Vertragsstaat oder der gleichgestellte Staat, in dem die Berufsqualifikation erworben worden ist.

(6) Aufnahmestaat ist der andere Mitgliedstaat, der andere Vertragsstaat oder der gleichgestellte Staat, in dem eine Anästhesietechnische Assistentin oder ein Anästhesietechnischer Assistent oder eine Operationstechnische Assistentin oder ein Operationstechnischer Assistent niedergelassen ist oder Dienstleistungen erbringt.

Erläuterungen

§ 40 soll die Rechtsanwendung dieses Abschnitts erleichtern, indem die Bezeichnungen unterschiedlicher Staaten in der Richtlinie 2005/36/EG und im Recht der EU dargestellt werden (Gesetzesbegründung, BT-Drs. 19/13825, S. 63). 1

§ 41 Ausbildungsnachweise bei Berufsqualifikationen, die in einem anderen Mitgliedstaat, in einem anderen Vertragsstaat oder in einem gleichgestellten Staat abgeschlossen worden sind

(1) Bei einer Berufsqualifikation, die in einem anderen Mitgliedstaat, in einem anderen Vertragsstaat oder in einem gleichgestellten Staat abgeschlossen worden ist, soll die Überprüfung der Gleichwertigkeit der Berufsqualifikation nur aufgrund der folgenden Ausbildungsnachweise erfolgen:

1. Europäischer Berufsausweis, aus dem hervorgeht, dass die antragstellende Person eine Berufsqualifikation erworben hat, die in diesem Staat erforderlich ist für den unmittelbaren Zugang zu einem Beruf, der dem Beruf der Anästhesietechnischen Assistentin und des Anästhesietechnischen Assistenten oder dem Beruf der Operationstechnischen Assistentin und des Operationstechnischen Assistenten entspricht,
2. Europäischer Berufsausweis für den Beruf der Anästhesietechnischen Assistentin und des Anästhesietechnischen Assistenten oder für den Beruf der Operationstechnischen Assistentin und des Operationstechnischen Assistenten,
3. ein Ausbildungsnachweis,
   a) der dem Niveau entspricht, das genannt ist in Artikel 11 Buchstabe a der Richtlinie 2005/36/EG des Europäischen Parlaments und des Rates vom 7. September 2005 über die Anerkennung von Berufsqualifikationen (ABl. L 255 vom 30.9.2005, S. 22; L 271 vom 16.10.2007, S. 18; L 93 vom 4.4.2008, S. 28; L 33 vom 3.2.2009, S. 49; L 305 vom 24.10.2014, S. 115), die zuletzt durch den Delegierten Beschluss (EU) 2019/608 (ABl. L 104 vom 15.4.2019, S. 1) geändert worden ist, in der jeweils geltenden Fassung, und
   b) aus dem hervorgeht, dass die antragstellende Person eine Ausbildung erworben hat, die in diesem Staat erforderlich ist für den unmittelbaren Zugang zu einem Beruf, der dem Beruf der Anästhesietechnischen Assistentin und des Anästhesietechnischen Assistenten oder dem Beruf der Operationstechnischen Assistentin und des Operationstechnischen Assistenten entspricht, oder
4. ein Diplom, aus dem hervorgeht, dass die antragstellende Person eine Ausbildung erworben hat, die in diesem Staat erforderlich ist für den unmittelbaren Zugang zu einem Beruf, der dem Beruf der Anästhesietechnischen Assistentin und des Anästhesietechnischen Assistenten oder dem Beruf der Operationstechnischen Assistentin und des Operationstechnischen Assistenten entspricht.

(2) Diplome im Sinne dieses Gesetzes sind Ausbildungsnachweise nach Artikel 3 Absatz 1 Buchstabe c der Richtlinie 2005/36/EG in der jeweils geltenden Fassung, die mindestens dem in Artikel 11 Buchstabe b der Richtlinie 2005/36/EG genannten Niveau entsprechen und denen eine Bescheinigung des Herkunftsstaats über das Ausbildungsniveau beigefügt ist.

(3) Als Diplome gelten auch

1. Ausbildungsnachweise oder eine Gesamtheit von Ausbildungsnachweisen, die von einer zuständigen Behörde des Herkunftsstaats ausgestellt worden sind, sofern die Ausbildungsnachweise
  a) den erfolgreichen Abschluss einer Ausbildung bescheinigen, die in einem Mitgliedstaat, einem Vertragsstaat oder einem gleichgestellten Staat auf Vollzeitbasis oder Teilzeitbasis im Rahmen formaler oder nichtformaler Ausbildungsprogramme erworben worden sind,
  b) von diesem Herkunftsstaat als gleichwertig anerkannt worden sind,
  c) in Bezug auf die Aufnahme oder Ausübung des Berufs der Anästhesietechnischen Assistentin und des Anästhesietechnischen Assistenten oder des Berufs der Operationstechnischen Assistentin und des Operationstechnischen Assistenten dieselben Rechte verleihen oder auf die Ausübung dieses Berufs vorbereiten und

2. Berufsqualifikationen, die zwar nicht den Erfordernissen der Rechts- oder Verwaltungsvorschriften des Herkunftsstaats für die Aufnahme oder Ausübung des Berufs der Anästhesietechnischen Assistentin und des Anästhesietechnischen Assistenten oder des Berufs der Operationstechnischen Assistentin und des Operationstechnischen Assistenten entsprechen, ihrer Inhaberin oder ihrem Inhaber jedoch Rechte verleihen, die nach dem Recht des Herkunftsstaats erworben worden sind.

Erläuterungen

In der Gesetzesbegründung (BT-Drs. 19/13825, S. 63) wird zu der Vorschrift ausgeführt: 1

„Die für die Anerkennung notwendige Überprüfung der Gleichwertigkeit der Berufsqualifikation soll nur aufgrund der in Richtlinie 2005/36/EG benannten Ausbildungsnachweise erfolgen.“

In der Gesetzesbegründung (BT-Drs. 19/13825, S. 63) wird zu **Abs. 1** ausgeführt: 2

„Die Nummern 1 und 2 zeigen den Nachweis anhand eines europäischen Berufsausweises auf. Die Nummer 2 nimmt vorweg, dass es zukünftig einen europäischen Berufsausweis für den Beruf der Anästhesietechnischen Assistentin und des Anästhesietechnischen Assistenten oder für den Beruf der Operationstechnischen Assistentin und des Operationstechnischen Assistenten geben könnte. Die Regelungen entsprechen den Vorgaben des Artikels 4a der Richtlinie 2005/36/EG.“

In der Gesetzesbegründung (BT-Drs. 19/13825, S. 63) wird zu **Abs. 2** ausgeführt: 3

„Nach Artikel 3 Absatz 1 Buchstabe c der Richtlinie 2005/36/EG sind auch Diplome geeignete Ausbildungsnachweise, wenn sie mindestens dem in Artikel 11 Buchstabe b der Richtlinie 2005/36/EG genannten Ausbildungsniveau entsprechen. Das Ausbildungsniveau muss durch Bescheinigung des Herkunftsstaats nachgewiesen werden.“

In der Gesetzesbegründung (BT-Drs. 19/13825, S. 63) wird zu **Abs. 3** ausgeführt: 4

„Durch Absatz 3 werden die Vorgaben des Artikels 12 der Richtlinie 2005/36/EG umgesetzt. Dadurch wird ermöglicht, auch solche Berufsqualifikationen anzuerken-

nen, die von einer zuständigen Behörde in einem Mitgliedstaat als gleichwertig anerkannt worden sind oder werden. Es genügt als Nachweis auch eine Gesamtheit von Ausbildungsnachweisen. Dies gilt insbesondere, wenn der Herkunftsmitgliedstaat das Niveau der Ausbildung, die für die Zulassung zu einem Beruf oder für dessen Ausübung erforderlich ist, hebt und wenn eine Person, die zuvor eine Ausbildung durchlaufen hat, die nicht den Erfordernissen der neuen Qualifikation entspricht, aufgrund nationaler Rechts- oder Verwaltungsvorschriften erworbene Rechte besitzt. In einem solchen Fall stuft der Aufnahmemitgliedstaat diese zuvor durchlaufene Ausbildung als dem Niveau der neuen Ausbildung entsprechend ein.“

§ 42 Ausbildungsnachweise bei Ausbildungen, die in einem Drittstaat abgeschlossen worden sind

(1) Bei einer Berufsqualifikation, die in einem Drittstaat, der kein gleichgestellter Staat ist, abgeschlossen worden ist, sind die Ausbildungsnachweise vorzulegen, die

1. in dem Drittstaat ausgestellt worden sind und
2. mit angemessenem Aufwand beizubringen sind.

(2) In Ausnahmefällen kann der Abschluss der Berufsqualifikation auch auf andere Art und Weise glaubhaft gemacht werden.

(3) Ist die Gleichwertigkeit der Berufsqualifikation bereits in einem anderen Mitgliedstaat, in einem anderen Vertragsstaat oder in einem gleichgestellten Staat anerkannt worden, so ist die entsprechende Bescheinigung vorzulegen.

Erläuterungen

In der Gesetzesbegründung (BT-Drs. 19/13825, S. 63) wird zu dieser Vorschrift ausgeführt: 1

„§ 42 ist nicht Regelungsbestandteil der Richtlinie 2005/36/EG. Er dient der Rechtssicherheit der zuständigen Behörden und der benannten Stelle.“

§ 43 Gleichwertigkeit der Berufsqualifikation

Eine Berufsqualifikation, die außerhalb des Geltungsbereichs dieses Gesetzes abgeschlossen worden ist, ist gleichwertig mit der in diesem Gesetz geregelten Ausbildung zur Anästhesietechnischen Assistentin oder zum Anästhesietechnischen Assistenten oder mit der in diesem Gesetz geregelten Ausbildung zur Operationstechnischen Assistentin oder zum Operationstechnischen Assistenten, wenn

1. **sie keine wesentlichen Unterschiede aufweist gegenüber der in Abschnitt 2 und in der Ausbildungs- und Prüfungsverordnung nach § 66 geregelten Ausbildung oder**
2. **wesentliche Unterschiede vollständig durch den Nachweis von Kenntnissen, Fähigkeiten und Kompetenzen aufgrund von Berufserfahrung oder von lebenslangem Lernen ausgeglichen werden.**

Erläuterungen

1 In der Gesetzesbegründung (BT-Drs. 19/13825, S. 63) wird zu dieser Vorschrift ausgeführt:

„Die im Ausland erworbene Berufsqualifikation erfüllt die Voraussetzung nach § 2 Absatz 2 Nummer 1, wenn sie im Vergleich zu der Ausbildung, die in diesem Gesetz geregelt wird, gleichwertig ist. Gleichwertig ist die Ausbildung nur, wenn sie keine wesentlichen Unterschiede im Vergleich zu der in diesem Gesetz geregelten Ausbildung aufweist. Liegen wesentliche Unterschiede vor, können diese durch Kenntnisse, Fähigkeiten und Kompetenzen aufgrund Berufserfahrung oder lebenslanges Lernen oder durch Nachweis eines gleichwertigen Kenntnisstandes ausgeglichen werden."

§ 44 Wesentliche Unterschiede bei der Berufsqualifikation

(1) Wesentliche Unterschiede liegen vor,

1. **wenn in der Berufsqualifikation mindestens ein Themenbereich oder ein berufspraktischer Bestandteil fehlt, der in Deutschland Mindestvoraussetzung für die Ausübung des Berufs der Anästhesietechnischen Assistentin oder des Anästhesietechnischen Assistenten oder des Berufs der Operationstechnischen Assistentin oder des Operationstechnischen Assistenten ist, oder**
2. **wenn in dem Beruf mindestens eine reglementierte Tätigkeit nicht ausgeübt wird, die in Deutschland Mindestvoraussetzung für die Ausübung des Berufs der Anästhesietechnischen Assistentin oder des Anästhesietechnischen Assistenten oder des Berufs der Operationstechnischen Assistentin oder des Operationstechnischen Assistenten ist.**

(2) Die inhaltlichen wesentlichen Abweichungen nach Absatz 1 müssen sich auf Themenbereiche oder berufspraktische Bestandteile beziehen, deren Kenntnisse, Fähigkeiten und Kompetenzen eine wesentliche Voraussetzung für die Ausübung des jeweiligen Berufs im Geltungsbereich dieses Gesetzes sind.

Erläuterungen

Inhaltsübersicht

I. Erläuterungen

1 Die Vorschrift ist durch Art. 11 Nr. 3 des Gesetzes zur Reform der technischen Assistenzberufe in der Medizin und zur Änderung weiterer Gesetze (MTA-Reform-Gesetz) vom 24.2.2021 (BGBl. I S. 274) geändert worden. Die bisherige Vorschrift wird Abs. 1. Neu eingefügt wird Abs. 2.

2 In der Gesetzesbegründung (BT-Drs. 19/13825, S. 63 f.) wird zu dem bisherigen Satz 1 (jetzt: **Abs. 1 Satz 1**) ausgeführt:

„§ 44 definiert die wesentlichen Unterschiede. Sie liegen dann vor, wenn in der im Ausland erworbenen Berufsqualifikation mindestens ein Themenbereich oder ein berufspraktischer Bestandteil fehlt, der in Deutschland Mindestvoraussetzung für die Ausübung des Berufs der Anästhesietechnischen Assistentin oder des Anästhesietechnischen Assistenten oder des Berufs der Operationstechnischen Assistentin oder des Operationstechnischen Assistenten ist"

3 In der Gesetzesbegründung (BT-Drs. 19/13825, S. 63 f.) wird zu dem bisherigen Satz 2 (jetzt: **Abs. 1 Satz 2**) ausgeführt:

„Wesentliche Umstände liegen auch dann vor, wenn dem Berufsbild mindestens eine reglementierte Tätigkeit fehlt, die in Deutschland Mindestvoraussetzung für die Ausübung des Berufs der Anästhesietechnischen Assistentin oder des Anästhesietechnischen

Assistenten oder des Berufs der Operationstechnischen Assistentin oder des Operationstechnischen Assistenten ist. Diese Vorschrift orientiert sich an Artikel 14 Absatz 1 und Absatz 4 der Richtlinie 2005/36/EG.“

4 In der Gesetzesbegründung (BT-Drs. 19/24447, S. 82) wird zu dem neu eingefügten **Abs. 2** ausgeführt:

„Diese Vorschrift regelt, wann sich eine Berufsqualifikation wesentlich von der in diesem Gesetz geregelten Berufsqualifikationen unterscheidet. Die Formulierung orientiert sich an Artikel 14 Absatz 1 in Verbindung mit Absatz 4 der Richtlinie 2005/36/EG.“

II. Korrespondierende Vorschriften der ATA-OTA-APrV

5 § 51 ATA-OTA-APrV regelt die Bescheide bei Feststellung wesentlicher Unterschiede.

§ 45 Ausgleich durch Berufserfahrung oder durch lebenslanges Lernen

(1) Wesentliche Unterschiede können vollständig oder teilweise ausgeglichen werden durch Kenntnisse, Fähigkeiten und Kompetenzen, die die antragstellende Person erworben hat

1. durch Berufserfahrung im Rahmen ihrer tatsächlichen und rechtmäßigen Ausübung des Berufs der Anästhesietechnischen Assistentin oder des Anästhesietechnischen Assistenten oder des Berufs der Operationstechnischen Assistentin oder des Operationstechnischen Assistenten in Vollzeit oder Teilzeit oder
2. durch lebenslanges Lernen.

(2) Die Anerkennung der nach Absatz 1 Nummer 2 erworbenen Kenntnisse, Fähigkeiten und Kompetenzen setzt voraus, dass sie von einer dafür in dem jeweiligen Staat zuständigen Stelle formell als gültig anerkannt worden sind.

(3) Für die Anerkennung ist nicht entscheidend, in welchem Staat die jeweiligen Kenntnisse, Fähigkeiten und Kompetenzen erworben worden sind.

Erläuterungen

Inhaltsübersicht

I. Erläuterungen

1 Die Vorschrift legt fest, dass die zuständige Behörde zunächst zu prüfen hat, ob die wesentlichen Unterschiede durch Kenntnisse, Fähigkeiten und Kompetenzen, die die antragstellende Person in der **Berufserfahrung** oder durch **lebenslanges Lernen** erworben hat, ausgeglichen werden können **(Abs. 1 Nr. 1 und 2)**. Nur wenn hierdurch keine Gleichwertigkeit hergestellt werden kann, kann die zuständige Behörde Anpassungsmaßnahmen verlangen.

2 Der Begriff des **lebenslangen Lernens (Abs. 1 Nr. 2)** umfasst nach der Begriffsbestimmung in Art. 3 Abs. 1 Buchst. l der Richtlinie 2005/36/EG *„jegliche Aktivitäten der allgemeinen Bildung, der beruflichen Bildung, nichtformalen Bildung und des informellen Lernens während des gesamten Lebens, aus denen sich eine Verbesserung von Kenntnissen, Fähigkeiten und Kompetenzen ergibt und zu denen auch Berufsethik gehören kann.“*

3 Die Anerkennung von Kenntnissen, Fähigkeiten und Kompetenzen in Folge lebenslangen Lernens setzt voraus, dass sie von einer dafür in dem jeweiligen Staat zuständigen Stelle formell als gültig anerkannt worden sind **(Abs. 2)**. Inwieweit der jeweilige Nachweis genügend aussagekräftig ist, muss die zuständige Behörde entscheiden (Gesetzesbegründung, BT-Drs. 19/13825, S. 64).

4 Für die Berücksichtigung der durch einschlägige Berufserfahrung oder der durch lebenslanges Lernen erworbenen Kenntnisse, Fähigkeiten und Kompetenzen der antragstellenden Person ist nicht von Bedeutung, in welchen Staat diese erworben worden sind **(Abs. 3)**.

II. Korrespondierende Vorschriften der ATA-OTA-APrV

5 § 54 ATA-OTA-APrV regelt die Inhalte der Bescheide bei Feststellung wesentlicher Unterschiede (s. insbesondere § 54 Abs. 2 Nr. 4 ATA-OTA-APrV).

§ 46 Anpassungsmaßnahmen

(1) Ist die Berufsqualifikation der antragstellenden Person nicht mit der in diesem Gesetz geregelten Berufsqualifikation gleichwertig, so ist für eine Anerkennung eine Anpassungsmaßnahme durchzuführen.

(2) Dies gilt auch für den Fall, dass die Gleichwertigkeit der Berufsqualifikation nur mit einem unangemessenen zeitlichen oder sachlichen Aufwand festgestellt werden kann, da die antragstellende Person die erforderlichen Unterlagen oder Ausbildungsnachweise aus Gründen, die nicht in der antragstellenden Person liegen, nicht vorlegen kann.

Erläuterungen

Inhaltsübersicht

I. Erläuterungen

Abs. 1 legt fest, dass die antragstellende Person eine Anpassungsmaßnahme nach den Maßgaben des § 49 bis 51 ATA-OTA-G durchzuführen hat, wenn ihre Berufsqualifikation nicht gleichwertig ist. Die Gleichwertigkeitsprüfung beinhaltet hierbei auch die Prüfung, ob die antragstellende Person wesentliche Unterschiede durch Kenntnisse, Fähigkeiten und Kompetenzen, die sie durch lebenslanges Lernen oder Berufserfahrung erlangt hat, ausgleichen kann (vgl. § 45 ATA-OTA-G) (Gesetzesbegründung, BT-Drs. 19/13825, S. 64). 1

Abs. 2 regelt den Sonderfall, dass die Gleichwertigkeit der Berufsqualifikation der antragstellenden Person nur mit unangemessenem zeitlichen oder sachlichen Aufwand festgestellt werden kann, weil die erforderlichen Unterlagen und Nachweise aus Gründen, die die antragstellende Person nicht zu vertreten hat, nicht vorgelegt werden können. Diese Vorschrift begrenzt den von der zuständigen Behörde zu betreibenden Prüfaufwand in komplexen Einzelfällen. 2

II. Korrespondierende Vorschriften der ATA-OTA-APrV

§§ 55 bis 86 ATA-OTA-APrV regeln das Nähere zu den Anpassungsmaßnahmen. 3

§ 47 Anerkennung der Berufsqualifikation nach Eignungsprüfung oder Anpassungslehrgang

(1) Als Anpassungsmaßnahme ist eine Eignungsprüfung oder ein Anpassungslehrgang erforderlich, wenn die antragstellende Person

1. eine Berufsqualifikation nachweist, die in einem anderen Mitgliedstaat, in einem anderen Vertragsstaat oder in einem gleichgestellten Staat erworben worden ist, oder
2. eine Berufsqualifikation nachweist, die
   a) in einem Drittstaat, der kein gleichgestellter Staat ist, erworben worden ist und
   b) bereits in einem anderen Mitgliedstaat, in einem anderen Vertragsstaat oder in einem gleichgestellten Staat anerkannt worden ist.

(2) Die antragstellende Person hat das Recht, zwischen dem Ablegen der Eignungsprüfung oder dem Absolvieren eines Anpassungslehrgangs zu wählen.

(3) Verfügt eine antragstellende Person lediglich über einen Ausbildungsnachweis, der dem in Artikel 11 Buchstabe a der Richtlinie 2005/36/EG genannten Niveau entspricht, so muss sie eine Eignungsprüfung ablegen.

Erläuterungen

Inhaltsübersicht

I. Erläuterungen

1 Die Vorschrift regelt die **Anpassungsmaßnahmen** für den Fall, dass die antragstellende Person eine Berufsqualifikation in einem anderen Mitgliedstaat (§ 40 Abs. 1 Satz 2 ATA-OTA-G), einem Vertragsstaat (§ 40 Abs. 2 ATA-OTA-G) oder einem gleichgestellten Staat (§ 40 Abs. 4 ATA-OTA-G) erworben hat **(Abs. 1 Nr. 1)** oder die Berufsqualifikation in einem Drittstaat (§ 40 Abs. 3 ATA-OTA-G) der kein gleichgestellter Staat ist erworben ist und bereits in einem dieser Staaten anerkannt worden ist **(Abs. 1 Nr. 2)**. Mit dieser Vorschrift werden Art. 10 bis 14 Richtlinie 2005/36/EG umgesetzt.

2 Die antragstellende Person hat ein **Wahlrecht zwischen der Eignungsprüfung und dem Anpassungslehrgang** (Gesetzesbegründung, BT-Drs. 19/10612, S. 68) **(Abs. 2).**

3 **Abs. 3** regelt eine Abweichung vom Wahlrecht. Der gleichwertige Kenntnisstand ist durch eine Eignungsprüfung nachzuweisen, wenn die vorgelegte Berufsqualifikation dem Niveau von Art. 11 Buchst. a Richtlinie 2005/36/EG entspricht.

II. Korrespondierende Vorschriften der ATA-OTA-APrV

4 §§ 55 bis 86 ATA-OTA-APrV regeln das Nähere zu den Anpassungsmaßnahmen.

§ 48 Anerkennung der Berufsqualifikation nach Kenntnisprüfung oder Anpassungslehrgang

(1) Als Anpassungsmaßnahme ist eine Kenntnisprüfung oder ein Anpassungslehrgang erforderlich, wenn die antragstellende Person eine Berufsqualifikation nachweist, die

1. in einem Drittstaat, der kein gleichgestellter Staat ist, erworben worden ist und
2. weder in einem anderen Mitgliedstaat noch in einem anderen Vertragsstaat noch in einem gleichgestellten Staat anerkannt worden ist.

(2) Die antragstellende Person hat das Recht, zwischen dem Ablegen der Kenntnisprüfung oder dem Absolvieren eines Anpassungslehrgangs zu wählen.

(3) Der Anpassungslehrgang schließt mit einer Prüfung ab.

(4) Ist die Prüfung nach Absatz 3 bestanden worden, so wird die Berufsqualifikation anerkannt.

Erläuterungen

Inhaltsübersicht

I. Erläuterungen

1 Die Vorschrift ist durch Art. 11 Nr. 4 des Gesetzes zur Reform der technischen Assistenzberufe in der Medizin und zur Änderung weiterer Gesetze (MTA-Reform-Gesetz) vom 24.2.2021 (BGBl. I S. 274) geändert worden. Es wurden die Abs. 3 und 4 hinzugefügt.

2 **Abs. 1** regelt die **Anpassungsmaßnahmen** für den Fall, dass die antragstellende Person eine Berufsqualifikation in einem Drittstaat (§ 40 Abs. 3 ATA-OTA-G) erworben hat, der kein gleichgestellter Staat ist und diese Berufsqualifikation nicht bereits in einem anderen Mitgliedstaat (§ 40 Abs. 1 Satz 2 ATA-OTA-G), einem anderen Vertragsstaat (§ 40 Abs. 2 ATA-OTA-G) oder einem gleichgestellten Staat (§ 40 Abs. 4 ATA-OTA-G) anerkannt wurde.

3 **Abs. 2** sieht vor, dass nach Wahl der antragstellenden Person eine **Anpassungsmaßnahme** in Form einer **Kenntnisprüfung** (§ 50 ATA-OTA-G) oder eines **Anpassungslehrgangs** (§ 51 ATA-OTA-G) mit abschließender Prüfung durchzuführen ist. Die **Kenntnisprüfung** erstreckt sich dabei zwar auf die Inhalte der staatlichen Abschlussprüfung, ist mit dieser aber nicht identisch, da von einer antragstellenden Person aus einem Drittstaat nicht gefordert werden kann, dass sie die staatliche Prüfung in einem Umfang ablegt, die sich aktuell auf dem Wissensstand bewegt, der unmittelbar nach dem Abschluss der Ausbildung gegeben ist (Gesetzesbegründung, BT-Drs. 19/13825, S. 65).

4 In der Begründung zur Anfügung von **Abs. 3 und 4** (BT-Drs. 19/24447, S. 83) wird ausgeführt:

„Bei dieser Regelung handelt es sich um die Bereinigung eines redaktionellen Versehens, da eine abschließende Prüfung für einen Anpassungslehrgang lediglich für die antragstellende Person mit einer Berufsqualifikation in Betracht kommt, die in einem Drittstaat, der kein gleichgestellter Staat ist, erworben worden ist, und weder in einem anderen Mitgliedsstaat, noch in einem Vertragsstaat oder in einem gleichgestelltem Staat anerkannt worden ist.“

II. Korrespondierende Vorschriften der ATA-OTA-APrV

5 Das Nähere zum Anpassungslehrgang wird in §§ 63 bis 65 ATA-OTA-APrV, das Nähere zur Kenntnisprüfung in §§ 66 bis 80 ATA-OTA-APrV geregelt.

§ 49 Eignungsprüfung

(1) Die Eignungsprüfung erstreckt sich auf die wesentlichen Unterschiede, die zuvor bei der antragstellenden Person festgestellt worden sind.

(2) Ist die Eignungsprüfung erfolgreich abgelegt worden, so wird die Berufsqualifikation anerkannt.

Erläuterungen

Inhaltsübersicht

I. Erläuterungen

1 In der Gesetzesbegründung (BT-Drs. 19/13825, S. 64 f.) wird zu dieser Vorschrift ausgeführt:

„*Gemäß Artikel 3 Buchstabe h der Richtlinie 2005/36/EG hat die Eignungsprüfung die Fähigkeiten der antragstellenden Person zu beurteilen, in dem Aufnahmestaat den reglementierten Beruf auszuüben. Prüfungsinhalt sind Sachgebiete, die aufgrund eines Vergleichs zwischen der Ausbildung der antragstellenden Person mit der im Aufnahmestaat verlangten Berufsqualifikation nicht abgedeckt werden. Dabei müssen die Sachgebiete eine wesentliche Voraussetzung für die Ausübung des Berufs im Aufnahmestaat sein.*“

II. Korrespondierende Vorschriften der ATA-OTA-APrV

2 §§ 55 bis 62 ATA-OTA-APrV regeln das Nähere zur Eignungsprüfung.

§ 50 Kenntnisprüfung

(1) Die Kenntnisprüfung erstreckt sich auf den Inhalt der staatlichen Abschlussprüfung.

(2) Ist die Kenntnisprüfung erfolgreich abgelegt worden, so wird die Berufsqualifikation anerkannt.

Erläuterungen

Inhaltsübersicht

I. Erläuterungen

1 In der Gesetzesbegründung (BT-Drs. 19/13825 S. 65) wird zu dieser Vorschrift ausgeführt:

„Die Kenntnisprüfung erstreckt sich auf Inhalte der staatlichen Abschlussprüfung, ist mit dieser aber nicht identisch. Von der antragstellenden Person kann nicht gefordert werden, die staatliche Prüfung auf dem aktuellen Wissensstand abzulegen, der unmittelbar nach dem Abschluss der Ausbildung gegeben ist."

II. Korrespondierende Vorschriften der ATA-OTA-APrV

2 §§ 66 bis 80 ATA-OTA-APrV regeln das Nähere zur Kenntnisprüfung.

§ 51 Anpassungslehrgang

(1) Den Inhalt und Umfang des Anpassungslehrgangs regelt die auf der Grundlage des § 66 erlassene Ausbildungs- und Prüfungsverordnung.

(2) Der Anpassungslehrgang darf höchstens drei Jahre dauern.

Erläuterungen

Inhaltsübersicht

I. Erläuterungen

Die Vorschrift ist durch Art. 11 Nr. 5 des Gesetzes zur Reform der technischen Assistenzberufe in der Medizin und zur Änderung weiterer Gesetze (MTA-Reform-Gesetz) vom 24.2.2021 (BGBl. I S. 274) geändert worden. Die Vorschrift enthielt in der ursprünglichen Fassung zwei weitere Absätze, die sich jetzt in dem geänderten § 48 ATA-OTA-G in Abs. 3 und 4 finden. 1

In der Gesetzesbegründung (BT-Drs. 19/13825, S. 65) wird zu der Vorschrift in der ursprünglichen Fassung ausgeführt: 2

„Nach der Intention der Richtlinie 2005/36/EG Artikel 3 Buchstabe g hat der Anpassungslehrgang Ausbildungscharakter, indem er berufspraktische Bestandteile beinhalten soll. Der Anpassungslehrgang dauert höchstens drei Jahre. Es schließt mit einer Prüfung über den Inhalt des Lehrgangs ab."

In der Gesetzesbegründung zur geänderten Fassung (BT-Drs. 19/24447, S. 83) wird nur darauf hingewiesen, dass es sich um eine Folgeänderung zum geänderten § 48 ATA-OTA-G handelt.

II. Korrespondierende Vorschriften der ATA-OTA-APrV

§§ 81 bis 86 ATA-OTA-APrV regeln das Nähere zum Anpassungslehrgang. 3

Abschnitt 4
Dienstleistungserbringung

Unterabschnitt 1
Personen, die die Dienstleistungserbringung in Deutschland beabsichtigen

§ 52 Dienstleistungserbringung

Eine Staatsangehörige oder ein Staatsangehöriger eines anderen Mitgliedstaates, eines anderen Vertragsstaates oder eines gleichgestellten Staates darf als dienstleistungserbringende Person im Rahmen vorübergehender und gelegentlicher Dienstleistungen im Sinne des Artikels 57 des Vertrages über die Arbeitsweise der Europäischen Union (ABl. C 326 vom 26.10.2012, S. 47) den Beruf der Anästhesietechnischen Assistentin oder des Anästhesietechnischen Assistenten oder den Beruf der Operationstechnischen Assistentin oder des Operationstechnischen Assistenten ausüben, wenn sie oder er zur Dienstleistung berechtigt ist.

Erläuterungen

Inhaltsübersicht

I. Erläuterungen

1 In der Gesetzesbegründung (BT-Drs. 19/13825, S. 65) wird zum Unterabschnitt über die Dienstleistungserbringung (§§ 52 bis 58 ATA-OTA-G) ausgeführt:

„Nach der Intention der Richtlinie 2005/36/EG Artikel 3 Buchstabe g hat der Anpassungslehrgang Ausbildungscharakter, indem er berufspraktische Bestandteile beinhalten soll. Der Anpassungslehrgang dauert höchstens drei Jahre. Es schließt mit einer Prüfung über den Inhalt des Lehrgangs ab."

2 In der Gesetzesbegründung (BT-Drs. 19/13825, S. 65) wird zu § 52 ausgeführt:

„§ 52 besitzt klarstellenden Charakter. Staatsangehörige eines anderen Mitgliedstaates, eines anderen Vertragsstaates oder eines gleichgestellten Staates dürfen als dienstleistungserbringende Person im Sinne des Artikels 57 AEUV vorübergehend und gelegentlich den Beruf der Anästhesietechnischen Assistentin und des Anästhesietechnischen Assistenten oder den Beruf der Operationstechnischen Assistentin und des Operationstechnischen Assistenten in Deutschland ausüben. Voraussetzung ist die Bescheinigung der Berechtigung zur Dienstleistungserbringung von der zuständigen Behörde."

II. Korrespondierende Vorschriften der ATA-OTA-APrV

3 § 90 ATA-OTA-APrV regelt das Verfahren bei der Erbringung von Dienstleistungen.

§ 53 Meldung der Dienstleistungserbringung

(1) Wer beabsichtigt, in Deutschland als dienstleistungserbringende Person tätig zu sein, ist verpflichtet, dies der in Deutschland zuständigen Behörde vorab schriftlich zu melden.

(2) Bei der erstmaligen Meldung sind folgende Dokumente vorzulegen:

1. **ein Nachweis der Staatsangehörigkeit,**
2. **ein Nachweis der Berufsqualifikation,**
3. **eine Bescheinigung über eine zum Zeitpunkt der Vorlage bestehende rechtmäßige Niederlassung in einem anderen Mitgliedstaat, in einem anderen Vertragsstaat oder in einem gleichgestellten Staat**
   a) **für die Tätigkeit in einem reglementierten Beruf, der einem in diesem Gesetz geregelten Beruf entspricht, oder**
   b) **für die Tätigkeit in einem Beruf, der einem in diesem Gesetz geregelten Beruf entspricht und der nicht reglementiert ist, sowie zusätzlich ein Nachweis in beliebiger Form, dass die Tätigkeit in dem Beruf während der vorhergehenden zehn Jahre mindestens ein Jahr lang in einem oder in mehreren Mitgliedstaaten, Vertragsstaaten oder gleichgestellten Staaten rechtmäßig ausgeübt worden ist,**
4. **eine Erklärung, dass die meldende Person über die Kenntnisse der deutschen Sprache verfügt, die zur Ausübung des Berufs erforderlich sind, und**
5. **eine Bescheinigung, aus der sich ergibt, dass**
   a) **die Ausübung dieser Tätigkeit nicht, auch nicht vorübergehend, untersagt ist und**
   b) **keine Vorstrafen der meldenden Person vorliegen.**

(3) Die erstmalige Meldung ist an die zuständige Behörde des Landes zu richten, in dem die Dienstleistung erbracht werden soll.

Erläuterungen

Die Vorschrift ist durch Art. 11 Nr. 6 des Gesetzes zur Reform der technischen Assistenzberufe in der Medizin und zur Änderung weiterer Gesetze (MTA-Reform-Gesetz) vom 24.2.2021 (BGBl. I S. 274) geändert worden. **Abs. 2** wurde geändert; **Abs. 4** wurde aufgehoben. 1

Abs. 1 bestimmt, dass sich die dienstleistungserbringende Person vor der erstmaligen Erbringung der Dienstleistung schriftlich bei der zuständigen Behörde zu melden hat. 2

In **Abs. 2** werden die Dokumente benannt, die bei der zuständigen Behörde bei der erstmaligen Meldung beizufügen sind. In der Gesetzesbegründung zum **geänderten Abs. 2** (BT-Drs. 19/24447, S. 83) wird ausgeführt: 3

„Absatz 2 legt fest, welche Nachweise bei der erstmaligen Dienstleistungserbringung vorzulegen sind. Nummer 1 setzt dabei Artikel 7 Absatz 2 Buchstabe a der Richtlinie 2005/36/EG um. Nummer 2 setzt Artikel 7 Absatz 2 Buchstabe c der Richtlinie 2005/36/EG um. Nummer 3 setzt Artikel 7 Absatz 2 Buchstabe b und Artikel 7 Absatz 2 Buchstabe d in Verbindung mit Artikel 5 Absatz 1 der Richtlinie 2005/36/EG um.

Das Erfordernis einer Erklärung über ausreichende Sprachenkenntnisse nach Absatz 2 Satz 1 Nummer 4 ist mit Artikel 7 Absatz 2 Buchstabe f der Richtlinie 2005/36/EG vereinbar.

Nummer 5 setzt Artikel 7 Absatz 2 Buchstabe b und e der Richtlinie 2005/36/EG um."

4 In der Gesetzesbegründung (BT-Drs. 19/13825, S. 65) wird zu **Abs. 3** ausgeführt:

„*Mit Absatz 3 werden die Vorgaben des Artikels 51 der Richtlinie 2005/36/EG umgesetzt. Danach hat die zuständige Behörde der Meldung erstattenden Person binnen eines Monats den Empfang der Unterlagen zu bestätigen und gegebenenfalls mitzuteilen, welche Unterlagen fehlen.*"

5 **Zur Aufhebung** des ursprünglichen **Abs. 4** (Festlegung des Zeitraums, innerhalb dessen die zuständige Behörde der meldenden Person die Meldung zu bestätigen und ggf. mitzuteilen hat, welche Unterlagen fehlen, auf einen Monat), wird in der Begründung zur Änderung (BT-Drs. 19/24447, S. 83) ausgeführt, dass es sich hier um die Bereinigung eines redaktionellen Versehens handele.

§ 54 Berechtigung zur Dienstleistungserbringung

Zur Dienstleistungserbringung ist nur berechtigt, wer

1. über eine zur Dienstleistungserbringung berechtigende Berufsqualifikation verfügt,

2. in einem anderen Mitgliedstaat, in einem anderen Vertragsstaat oder in einem gleichgestellten Staat rechtmäßig niedergelassen ist und

a) die Ausübung des Berufs, der dem Beruf, in dem die Dienstleistungserbringung angestrebt wird, entspricht, in diesem anderen Mitgliedstaat, in diesem anderen Vertragsstaat oder in dem gleichgestellten Staat reglementiert ist oder

b) die Ausübung des Berufs oder die Ausbildung zu dem Beruf, der dem Beruf, in dem die Dienstleistungserbringung angestrebt wird, entspricht, in diesem anderen Mitgliedstaat, in diesem anderen Vertragsstaat oder in dem gleichgestellten Staat nicht reglementiert ist und die meldende Person den Beruf während der vorhergehenden zehn Jahre mindestens ein Jahr lang in einem oder in mehreren Mitgliedstaaten, Vertragsstaaten oder gleichgestellten Staaten ausgeübt hat,

3. sich nicht eines Verhaltens schuldig gemacht hat, aus dem sich die Unzuverlässigkeit zur Ausübung des Berufs der Anästhesietechnischen Assistentin oder des Anästhesietechnischen Assistenten oder des Berufs der Operationstechnischen Assistentin oder des Operationstechnischen Assistenten ergibt,

4. in gesundheitlicher Hinsicht geeignet ist zur Ausübung des Berufs der Anästhesietechnischen Assistentin oder des Anästhesietechnischen Assistenten oder des Berufs der Operationstechnischen Assistentin oder des Operationstechnischen Assistenten und

5. über Kenntnisse der deutschen Sprache verfügt, die zur Ausübung des Berufs der Anästhesietechnischen Assistentin oder des Anästhesietechnischen Assistenten oder des Berufs der Operationstechnischen Assistentin oder des Operationstechnischen Assistenten erforderlich sind.

Erläuterungen

Inhaltsübersicht

I. Erläuterungen

1 Die Vorschrift ist durch Art. 11 Nr. 7 des Gesetzes zur Reform der technischen Assistenzberufe in der Medizin und zur Änderung weiterer Gesetze (MTA-Reform-Gesetz) vom 24.2.2021 (BGBl. I S. 274) geändert worden. In der Vorschrift **Nr. 2 neu gefasst.** In der Begründung zur Neufassung (BT-Drs. 19/24447, S. 83) wird ausgeführt:

„Die meldende Person muss in einem anderen Mitgliedstaat, Vertragsstaat oder gleichgestellten Staat rechtmäßig niedergelassen sein und – je nachdem ob der Beruf

in diesem Land reglementiert ist oder nicht – die weiteren Voraussetzungen erfüllen. Dabei handelt es sich um eine Ergänzung der bestehenden Regelung auf der Grundlage von Artikel 5 Absatz 1 der Richtlinie 2005/36/EG.“

2 In der Gesetzesbegründung (BT-Drs. 19/13825, S. 65 f.) wird zur ursprünglichen Fassung dieser Vorschrift ausgeführt:

„§ 54 regelt die Voraussetzungen, die zur vorübergehenden und gelegentlichen Ausübung der Tätigkeit der Anästhesietechnischen Assistentin und des Anästhesietechnischen Assistenten oder die Tätigkeit der Operationstechnischen Assistentin und des Operationstechnischen Assistenten als dienstleistungserbringende Person berechtigen.

Sie entsprechen ausgenommen der Gleichwertigkeit der Berufsqualifikation den Voraussetzungen der § 1 Absatz 2 Nummer 2 bis Nummer 4 und § 2 Absatz 2 Nummer 2 bis Nummer 4.

Absatz 3 stellt klar, dass der vorübergehende und gelegentliche Charakter der Dienstleistungserbringung von der zuständigen Behörde im Einzelfall zu beurteilen ist. Ist eine Dienstleistungserbringung nicht mehr vorübergehend und gelegentlich, so ist der Meldung erstattenden Person zuzumuten, die Erlaubnis zum Führen der Berufsbezeichnung zu beantragen.

Nach Maßgabe des Artikels 51 der Richtlinie 2005/36/EG hat das Verfahren für die Prüfung eines Antrags innerhalb kürzester Frist zu erfolgen und muss spätestens drei Monate nach Einreichung der vollständigen Unterlagen abgeschlossen sein.“

II. Korrespondierende Vorschriften der ATA-OTA-APrV

3 § 90 ATA-OTA-APrV regelt das Verfahren bei der Erbringung von Dienstleistungen.

§ 55 Zur Dienstleistungserbringung berechtigende Berufsqualifikation

(1) Zur Dienstleistungserbringung berechtigen folgende Berufsqualifikationen:

1. eine abgeschlossene Ausbildung nach diesem Gesetz oder
2. eine Berufsqualifikation, die
a) in einem anderen Mitgliedstaat, in einem anderen Vertragsstaat oder in einem gleichgestellten Staat erworben worden ist,
b) in dem Staat, in dem sie erworben worden ist, erforderlich ist für den unmittelbaren Zugang zu einem Beruf, der dem Beruf der Anästhesietechnischen Assistentin und des Anästhesietechnischen Assistenten oder dem Beruf der Operationstechnischen Assistentin und des Operationstechnischen Assistenten entspricht, und
c) entweder nach den §§ 43 bis 45 mit der in diesem Gesetz geregelten Ausbildung gleichwertig ist oder wesentliche Unterschiede nur in einem Umfang aufweist, der nicht zu einer Gefährdung der öffentlichen Gesundheit führt.

(2) Weist eine Berufsqualifikation wesentliche Unterschiede in einem Umfang vor, der zu einer Gefährdung der öffentlichen Gesundheit führt, so kann die meldende Person zum Erwerb einer zur Dienstleistung berechtigenden Berufsqualifikation eine Eignungsprüfung ablegen, die sich auf diese wesentlichen Unterschiede erstreckt.

(3) Die meldende Person kann auch dann eine Eignungsprüfung ablegen, wenn die Gleichwertigkeit ihrer Berufsqualifikation nur mit einem unangemessenen zeitlichen oder sachlichen Aufwand festgestellt werden kann, da die die Meldung erstattende Person die erforderlichen Unterlagen oder Nachweise aus Gründen, die sie nicht zu verantworten hat, nicht vorlegen kann.

(4) Ist die Eignungsprüfung erfolgreich abgelegt worden, so berechtigt die Berufsqualifikation der meldenden Person zur Dienstleistungserbringung.

Erläuterungen

In der Gesetzesbegründung (BT-Drs. 19/13825, S. 66) wird zu **Abs. 1** ausgeführt: 1

„Absatz 1 regelt die Voraussetzungen der Gleichwertigkeit der Berufsqualifikation. Danach muss die Berufsqualifikation der Meldung erstattenden Person für den unmittelbaren Zugang zu einem Beruf im Herkunftsstaat erforderlich sein, der dem Beruf der Anästhesietechnischen Assistentin und des Anästhesietechnischen Assistenten oder dem Beruf der Operationstechnischen Assistentin und des Operationstechnischen Assistenten entspricht. Dazu darf die Berufsqualifikation im Vergleich zu der Ausbildung im Geltungsbereich dieses Gesetzes keine wesentlichen Unterschiede aufweisen, die so groß sind, dass die öffentliche Gesundheit gefährdet wäre."

In der Gesetzesbegründung (BT-Drs. 19/13825, S. 66) wird zu **Abs. 2** ausgeführt: 2

„Weist die Berufsqualifikation wesentliche Unterschiede auf, die geeignet sind, die öffentliche Gesundheit zu gefährden, kann die betreffende Person eine Eignungsprüfung ablegen. Bezüglich der Ausführungen zu der Definition wesentlicher Unter-

schiede wird auf § 44 verwiesen. Erst bei der Feststellung einer möglichen Gefahr für die öffentliche Gesundheit durch die Dienstleistungserbringung hat die Meldung erstattende Person den Nachweis des gleichwertigen Kenntnisstandes durch eine Eignungsprüfung zu erbringen."

3 In der Gesetzesbegründung (BT-Drs. 19/13825, S. 66) wird zu **Abs. 3** ausgeführt:

„*Ist die Gleichwertigkeit der Berufsqualifikation nur mit einem unangemessenen zeitlichen oder sachlichen Aufwand festzustellen, kann ein gleichwertiger Kenntnisstand nachgewiesen werden.*"

§ 56 Überprüfen der Berechtigung zur Dienstleistungserbringung

(1) Die zuständige Behörde überprüft, ob die meldende Person berechtigt ist, in Deutschland die Tätigkeit der Anästhesietechnischen Assistentin oder des Anästhesietechnischen Assistenten oder die Tätigkeit der Operationstechnischen Assistentin oder des Operationstechnischen Assistenten als dienstleistungserbringende Person vorübergehend und gelegentlich auszuüben.

(2) [1]Den vorübergehenden und gelegentlichen Charakter der Dienstleistungserbringung beurteilt die zuständige Behörde im Einzelfall. [2]In ihre Beurteilung bezieht sie Dauer, Häufigkeit, regelmäßige Wiederkehr und Kontinuität der Dienstleistungserbringung ein.

(3) Soweit es für die Überprüfung der Gleichwertigkeit der Berufsqualifikation erforderlich ist, kann die zuständige Behörde bei der zuständigen Behörde des Staates, in dem die meldende Person niedergelassen ist, Informationen über den Ausbildungsgang der meldenden Person anfordern.

Erläuterungen

In der ursprünglichen Fassung der Vorschrift war ein **Abs. 4** enthalten, der durch Art. 11 Nr. 8 des Gesetzes zur Reform der technischen Assistenzberufe in der Medizin und zur Änderung weiterer Gesetze (MTA-Reform-Gesetz) vom 24.2.2021 (BGBl. I S. 274) **aufgehoben** wurde. Nach der Begründung zur Neufassung (BT-Drs. 19/24447, S. 83) handelt es sich hierbei um die Bereinigung eines redaktionellen Versehens. 1

In der Gesetzesbegründung (BT-Drs. 19/13825, S. 66) wird zu **Abs. 1** ausgeführt: 2

„Absatz 1 regelt den Prüfauftrag der zuständigen Behörde für die Erteilung der Berechtigung zur vorübergehenden und gelegentlichen Ausübung der Tätigkeit der Anästhesietechnischen Assistentin und des Anästhesietechnischen Assistenten oder der Tätigkeit der Operationstechnischen Assistentin und des Operationstechnischen Assistenten als dienstleistungserbringende Person."

In der Gesetzesbegründung (BT-Drs. 19/13825, S. 66) wird zu **Abs. 2** ausgeführt: 3

„Absatz 2 stellt klar, dass der vorübergehende und gelegentliche Charakter der Dienstleistungserbringung von der zuständigen Behörde im Einzelfall zu beurteilen ist. Ist eine Dienstleistungserbringung nicht mehr vorübergehend und gelegentlich, so ist der Meldung erstattenden Person zuzumuten, die Erlaubnis zum Führen der Berufsbezeichnung zu beantragen."

In der Gesetzesbegründung (BT-Drs. 19/13825, S. 66.) wird zu **Abs. 3** ausgeführt: 4

„Die zuständige Behörde ist für die Überprüfung der Gleichwertigkeit berechtigt, Informationen über den Ausbildungsgang der meldenden Person in dem jeweiligen Staat anzufordern."

§ 57 Rechte und Pflichten der dienstleistungserbringenden Person

(1) Ist eine Person berechtigt, den Beruf der Anästhesietechnischen Assistentin oder des Anästhesietechnischen Assistenten oder den Beruf der Operationstechnischen Assistentin oder des Operationstechnischen Assistenten als dienstleistungserbringende Person vorübergehend und gelegentlich auszuüben, so hat sie beim Erbringen der Dienstleistung in Deutschland die gleichen Rechte und Pflichten wie Personen mit einer Erlaubnis zum Führen der Berufsbezeichnung nach § 1 Absatz 1 oder § 2 Absatz 1.

(2) Die dienstleistungserbringende Person darf je nach ausgeübter Tätigkeit die Berufsbezeichnung „Anästhesietechnische Assistentin" oder „Anästhesietechnischer Assistent" oder die Berufsbezeichnung „Operationstechnische Assistentin" oder „Operationstechnischer Assistent" führen, auch wenn sie nicht die Erlaubnis zum Führen der Berufsbezeichnung nach § 1 Absatz 1 oder § 2 Absatz 1 besitzt.

(3) [1]Die dienstleistungserbringende Person ist verpflichtet, der zuständigen Behörde unverzüglich zu melden:

1. **eine Änderung der Staatsangehörigkeit,**
2. **den Verlust der rechtmäßigen Niederlassung im Beruf der Anästhesietechnischen Assistentin oder des Anästhesietechnischen Assistenten oder im Beruf der Operationstechnischen Assistentin oder des Operationstechnischen Assistenten in einem anderen Mitgliedstaat, in einem anderen Vertragsstaat oder in einem gleichgestellten Staat,**
3. **die Tatsache, dass ihr die Ausübung dieses Berufs untersagt ist, auch bei vorübergehender Untersagung,**
4. **die Tatsache, dass bei ihr eine Vorstrafe vorliegt, oder**
5. **die Tatsache, dass sie in gesundheitlicher Hinsicht nicht mehr geeignet ist zur Ausübung des Berufs der Anästhesietechnischen Assistentin oder des Anästhesietechnischen Assistenten oder des Berufs der Operationstechnischen Assistentin oder des Operationstechnischen Assistenten.**

[2]Die Änderungsmeldung ist der zuständigen Behörde des Landes zu machen, in dem die Dienstleistung erbracht wird.

Erläuterungen

1 In der Gesetzesbegründung (BT-Drs. 19/13825, S. 67) wird zu **Abs. 1 und 2** ausgeführt:

„Personen, die berechtigt sind, Dienstleistungen in dem Beruf der Anästhesietechnischen Assistentin und des Anästhesietechnischen Assistenten oder in dem Beruf der Operationstechnischen Assistentin und des Operationstechnischen Assistenten als dienstleistungserbringende Person zu erbringen, haben die gleichen Rechte und Pflichten wie Personen mit einer Erlaubnis zur Berufsausübung nach § 1 Absatz 2 und § 2 Absatz 2. Zudem dürfen sie die Berufsbezeichnung nach diesem Gesetz führen, auch wenn sie keine Erlaubnis dafür besitzen."

In der Gesetzesbegründung (BT-Drs. 19/13825, S. 67) wird zu **Abs. 3** ausgeführt: 2

„In Absatz 3 werden die Pflichten der Dienstleistungserbringer entsprechend der Vorgabe in Artikel 9 der Richtlinie 2005/36/EG, soweit sie für die Heilberufe relevant sind, geregelt. Hiernach besteht die Pflicht zur Meldung der dienstleistenden Person über wesentliche Änderungen zu den Inhalten der Informationspflichten nach § 55 im Vergleich zu der erstmaligen Meldung.“

§ 58 Pflicht zur erneuten Meldung

(1) Beabsichtigt die dienstleistungserbringende Person nach Ablauf eines Jahres nach der letzten Meldung erneut, vorübergehend und gelegentlich Dienstleistungen im Geltungsbereich dieses Gesetzes zu erbringen, ist die Meldung zu erneuern.

(2) Die erneute Meldung ist der zuständigen Behörde des Landes zu machen, in dem die Dienstleistung erbracht werden soll.

Erläuterungen

1 Bei Dienstleistungserbringungen, die länger als ein Jahr andauern, ist die dienstleistungserbringende Person zur jährlichen Meldung bei der zuständigen Behörde verpflichtet.

Unterabschnitt 2
Personen mit Erlaubnis zum Führen der Berufsbezeichnung in Deutschland

§ 59 Bescheinigung, die erforderlich ist zur Dienstleistungserbringung in einem anderen Mitgliedstaat, einem anderen Vertragsstaat oder in einem gleichgestellten Staat

(1) Üben deutsche Staatsangehörige oder Staatsangehörige eines anderen Mitgliedstaates, eines anderen Vertragsstaates oder eines gleichgestellten Staates den Beruf der Anästhesietechnischen Assistentin und des Anästhesietechnischen Assistenten oder den Beruf der Operationstechnischen Assistentin und des Operationstechnischen Assistenten in Deutschland aufgrund einer Erlaubnis zum Führen der Berufsbezeichnung nach § 1 Absatz 1 oder § 2 Absatz 1 aus, so wird ihnen auf Antrag eine Bescheinigung von der zuständigen Behörde ausgestellt, damit sie die Möglichkeit haben, in einem anderen Mitgliedstaat, in einem anderen Vertragsstaat oder in einem gleichgestellten Staat ihren Beruf als dienstleistungserbringende Person im Sinne des Artikels 57 des Vertrages über die Arbeitsweise der Europäischen Union vorübergehend und gelegentlich auszuüben.

(2) Die Bescheinigung wird von der zuständigen Behörde des Landes ausgestellt, in dem die antragstellende Person den Beruf der Anästhesietechnischen Assistentin oder des Anästhesietechnischen Assistenten oder den Beruf der Operationstechnischen Assistentin oder des Operationstechnischen Assistenten ausübt.

(3) Die Bescheinigung hat zu enthalten:

1. die Bestätigung, dass die antragstellende Person rechtmäßig niedergelassen ist
   a) als Anästhesietechnische Assistentin oder Anästhesietechnischer Assistent oder
   b) als Operationstechnische Assistentin oder Operationstechnischer Assistent,
2. dass der antragstellenden Person die Ausübung dieses Berufs nicht, auch nicht vorübergehend, untersagt ist und
3. dass die antragstellende Person über die berufliche Qualifikation verfügt, die für die Berufsausübung erforderlich ist.

Erläuterungen

In § 59 wird geregelt, dass Personen mit einer im Inland abgeschlossenen Ausbildung die Nachweise erhalten, die sie für die Dienstleistungserbringung in anderen Mitgliedstaaten, anderen Vertragsstaaten oder gleichgestellten Staaten benötigen (Gesetzesbegründung, BT-Drs. 19/13825, S. 67). 1

Abschnitt 5
Zuständigkeiten und weitere Aufgaben der Behörden

Unterabschnitt 1
Zuständigkeit

§ 60 Zuständige Behörde

(1) Die Länder bestimmen die zur Durchführung dieses Gesetzes zuständigen Behörden.

(2) Die Länder können vereinbaren, dass insbesondere die folgenden Aufgaben von einem anderen Land oder von einer gemeinsamen Einrichtung der Länder wahrgenommen werden:

1. **Aufgaben im Verfahren der Anerkennung der Gleichwertigkeit von Ausbildungen, die im Ausland abgeschlossen worden sind, und**
2. **Aufgaben bei der Entgegennahme der Meldung zur Dienstleistungserbringung und Aufgaben bei der Überprüfung, ob eine Person in Deutschland berechtigt ist, den Beruf der Anästhesietechnischen Assistentin oder des Anästhesietechnischen Assistenten oder den Beruf der Operationstechnischen Assistentin oder des Operationstechnischen Assistenten als dienstleistungserbringende Person im Rahmen vorübergehender und gelegentlicher Dienstleistungen im Sinne des Artikels 57 des Vertrages über die Arbeitsweise der Europäischen Union auszuüben.**

Erläuterungen

1 In der Gesetzesbegründung BT-Drs. 19/13825, S. 67) wird zu **Abs. 1** ausgeführt:

„Die Vorschrift regelt die örtlichen Zuständigkeiten der von den Ländern durchzuführenden Maßnahmen nach diesem Gesetz."

2 In der Gesetzesbegründung BT-Drs. 19/13825, S. 67) wird zu **Abs. 2** ausgeführt:

„Die Vorschrift weist darauf hin, dass die Länder die Möglichkeit haben, die Aufgaben zur Anerkennung von Berufsqualifikationen aus dem Ausland zu bündeln. Dieses Anliegen ist im Interesse der Vereinheitlichung des Verwaltungsvollzugs und der Kompetenzbündelung sinnvoll."

Unterabschnitt 2
Weitere Aufgaben

§ 61 Unterrichtungs- und Überprüfungspflichten

(1) Die zuständige Behörde des Landes, in dem eine Person den Beruf der Anästhesietechnischen Assistentin oder des Anästhesietechnischen Assistenten oder den Beruf der Operationstechnischen Assistentin oder des Operationstechnischen Assistenten ausübt oder zuletzt ausgeübt hat, unterrichtet die zuständigen Behörden des Herkunftsstaats unverzüglich, wenn

1. diese Person sich eines Verhaltens schuldig gemacht hat, aus dem sich die Unzuverlässigkeit zur Berufsausübung ergibt,
2. bei dieser Person
   a) die Erlaubnis zum Führen der Berufsbezeichnung zurückgenommen worden ist,
   b) die Erlaubnis zum Führen der Berufsbezeichnung widerrufen worden ist oder
   c) das Ruhen der Erlaubnis zum Führen der Berufsbezeichnung angeordnet worden ist,
3. dieser Person die Ausübung der Tätigkeit der Anästhesietechnischen Assistentin oder des Anästhesietechnischen Assistenten oder die Ausübung der Tätigkeit der Operationstechnischen Assistentin oder des Operationstechnischen Assistenten untersagt worden ist oder
4. in Bezug auf diese Person Tatsachen vorliegen, die eine der in den Nummern 1 bis 3 genannten Sanktionen oder Maßnahmen rechtfertigen.

(2) Erhält die zuständige Behörde eines Landes Auskünfte von der zuständigen Behörde eines Aufnahmestaates, die sich auf die Ausübung des Berufs der Anästhesietechnischen Assistentin und des Anästhesietechnischen Assistenten und auf die Ausübung des Berufs der Operationstechnischen Assistentin und des Operationstechnischen Assistenten im Geltungsbereich dieses Gesetzes auswirken können, so hat sie

1. die Richtigkeit der ihr übermittelten Auskünfte zu überprüfen,
2. zu entscheiden, in welcher Art und in welchem Umfang weitere Überprüfungen durchzuführen sind, und
3. die zuständige deutsche Behörde zu unterrichten über die Konsequenzen, die aus den ihr übermittelten Auskünften zu ziehen sind.

(3) Das Bundesministerium für Gesundheit benennt nach Mitteilung der Länder

1. die Behörden, die für die Ausstellung oder Entgegennahme der in der Richtlinie 2005/36/EG genannten Ausbildungsnachweise und sonstigen Unterlagen oder Informationen zuständig sind, sowie
2. die Behörden, die die Anträge annehmen und Entscheidungen treffen können, die im Zusammenhang mit der Richtlinie 2005/36/EG stehen.

(4) Das Bundesministerium für Gesundheit unterrichtet die anderen Mitgliedstaaten und die Europäische Kommission unverzüglich über die Benennung.

(5) [1]Die für die Entscheidungen nach diesem Gesetz zuständigen Behörden übermitteln dem Bundesministerium für Gesundheit statistische Aufstellungen über die getroffenen Entscheidungen, die die Europäische Kommission für den nach Artikel 60 Absatz 1 der Richtlinie 2005/36/EG erforderlichen Bericht benötigt. [2]Das Bundesministerium für Gesundheit leitet die ihm übermittelten statistischen Aufstellungen an die Europäische Kommission weiter.

Erläuterungen

1 Die Vorschrift setzt Art. 56 und 60 der Richtlinie 2005/36/EG um.

2 Die Unterrichtung nach **Abs. 1** erfolgt an den Mitgliedstaat, in dem die entsprechende Berufsqualifikation erworben worden ist (Herkunftsstaat).

3 In der Gesetzesbegründung (BT-Drs. 19/13825, S. 67) wird zu **Abs. 2** ausgeführt:

„Absatz 2 regelt die Unterrichtungspflicht des Herkunftsstaates an den Aufnahmemitgliedstaat. Soweit Informationen über Entscheidungen aus anderen Mitgliedstaaten an die zuständigen Stellen der Länder gehen, haben diese zu prüfen, welche Auswirkungen die Entscheidungen auf die Berufsausübung der betreffenden Person in Deutschland haben. Sie haben den zuständigen Stellen des Mitgliedstaates, der die Information übermittelt hat, das Ergebnis der Prüfung mitzuteilen sowie gegebenenfalls die Eintragung einer getroffenen Entscheidung im Bundeszentralregister zu veranlassen."

4 **Abs. 3** regelt die Benennung der Behörden durch das Bundesministerium für Gesundheit.

5 In der Gesetzesbegründung (BT-Drs. 19/13825, S. 68) wird zu **Abs. 4** (als Abs. 3 bezeichnet) ausgeführt:

„In Absatz 3 wird festgelegt, dass die Meldung der für Deutschland zuständigen Behörden und Stellen nach Mitteilung der Länder über das Bundesministerium für Gesundheit an die Europäische Kommission erfolgt."

6 In der Gesetzesbegründung (BT-Drs. 19/13825, S. 68) wird zu **Abs. 5** (als Abs. 4 bezeichnet) ausgeführt:

„Absatz 4 legt fest, dass die Meldung über die Wanderungsbewegungen von den Ländern über das Bundesministerium für Gesundheit an die Europäische Kommission weitergeleitet wird."

§ 62 Warnmitteilung

(1) Die zuständige Behörde eines Landes unterrichtet die zuständigen Behörden der anderen Mitgliedstaaten, der anderen Vertragsstaaten und der anderen gleichgestellten Staaten durch eine Warnmitteilung über

1. den Widerruf der Erlaubnis zum Führen der Berufsbezeichnung, sofern er sofort vollziehbar oder unanfechtbar ist,
2. die Rücknahme der Erlaubnis zum Führen der Berufsbezeichnung, sofern sie sofort vollziehbar oder unanfechtbar ist,
3. die Anordnung des Ruhens der Erlaubnis zum Führen der Berufsbezeichnung, sofern sie sofort vollziehbar oder unanfechtbar ist,
4. das durch gerichtliche Entscheidung getroffene vorläufige Verbot, den Beruf der Anästhesietechnischen Assistentin und des Anästhesietechnischen Assistenten oder den Beruf der Operationstechnischen Assistentin und des Operationstechnischen Assistenten auszuüben, oder
5. das durch unanfechtbare gerichtliche Entscheidung getroffene Verbot, den Beruf der Anästhesietechnischen Assistentin und des Anästhesietechnischen Assistenten oder den Beruf der Operationstechnischen Assistentin und des Operationstechnischen Assistenten auszuüben.

(2) Die Warnmitteilung enthält folgende Angaben:

1. die zur Identifizierung der betroffenen Person erforderlichen Angaben, insbesondere deren
   a) Namen und Vornamen,
   b) Geburtsdatum und
   c) Geburtsort,
2. den Beruf der betroffenen Person und
3. Angaben über die Behörde oder das Gericht, die oder das die Entscheidung getroffen hat.

(3) Die Warnmitteilung erfolgt unverzüglich, spätestens jedoch drei Tage

1. nach Eintritt der Unanfechtbarkeit einer Entscheidung nach Absatz 1 Nummer 1, 2 oder Nummer 4 oder
2. nach Bekanntgabe einer Entscheidung nach Absatz 1 Nummer 4.

(4) Für die Warnmitteilung ist das Binnenmarkt-Informationssystem zu verwenden, das eingerichtet worden ist durch die Verordnung (EU) Nr. 1024/2012 des Europäischen Parlaments und des Rates vom 25. Oktober 2012 über die Verwaltungszusammenarbeit mit Hilfe des Binnenmarkt-Informationssystems und zur Aufhebung der Entscheidung 2008/49/EG der Kommission („IMI-Verordnung") (ABl. L 316 vom 14.11.2012, S. 1).

(5) [1]Gleichzeitig mit der Warnmitteilung unterrichtet die Behörde, die die Warnmitteilung getätigt hat, die betroffene Person schriftlich über die Warnmitteilung und deren Inhalt. [2]Der Unterrichtung hat sie eine Rechtsbehelfsbelehrung beizufügen. [3]Wird ein Rechtsbehelf gegen die Warnmitteilung eingelegt, so ergänzt die Behörde, die die Warnmitteilung getätigt hat, die Warnmitteilung um einen entsprechenden Hinweis.

Erläuterungen

1 Die Regelung zum sogenannten Vorwarnmechanismus hat ihre Grundlage in Art. 56a Richtlinie 2005/36/EG. Die zuständigen Behörden eines Landes haben danach die zuständigen Behörden aller anderen Mitgliedstaaten, Vertragsstaaten oder gleichgestellten Staaten (Definitionen in § 40 ATA-OTA-G) über Entscheidungen zu unterrichten, durch die den jeweiligen Berufsangehörigen die Ausübung ihrer beruflichen Tätigkeit im jeweiligen Mitgliedstaat ganz oder teilweise untersagt worden ist oder diesbezügliche Beschränkungen auferlegt worden sind.

2 In der Gesetzesbegründung (BT-Drs. 19/13825, S. 68) wird zu der Vorschrift ausgeführt:

„Zuständige Stelle für die Veranlassung der Warnmitteilung ist die Stelle, die eine der in Absatz 1 genannten Entscheidungen (Widerruf, Rücknahme, Ruhen, Einschränkung der Ausübung des Berufs, Verbot der Ausübung des Berufs, vorläufiges Berufsverbot) originär getroffen hat. Zeitgleich mit der Warnmitteilung muss die zuständige Stelle, die die Warnmitteilung tätigt, die betroffene Person über die Warnmitteilung und deren Inhalt schriftlich unter Beifügung einer Rechtsbehelfsbelehrung unterrichten."

§ 63 Löschung einer Warnmitteilung

Ist die Entscheidung, die die Warnmitteilung ausgelöst hat, aufgehoben worden, so löscht die Behörde, die die Warnmitteilung getätigt hat, die entsprechende Warnmitteilung im Binnenmarkt-Informationssystem unverzüglich, spätestens drei Tage nach der Aufhebung der Entscheidung.

Erläuterungen

Die Vorschrift regelt die Löschung der Warnmitteilungen im Binnenmarkt-Informationssystem (IMI). Sie setzt Art. 56a Richtlinie 2005/36/EG um. 1

§ 64 Unterrichtung über gefälschte Berufsqualifikationsnachweise

(1) Wird gerichtlich festgestellt, dass eine Person bei ihrem Antrag auf Erteilung der Erlaubnis zum Führen der Berufsbezeichnung oder auf Anerkennung der Gleichwertigkeit einer außerhalb des Geltungsbereichs dieses Gesetzes abgeschlossenen Ausbildung gefälschte Ausbildungsnachweise vorgelegt hat, so unterrichtet die zuständige Behörde die zuständigen Behörden der anderen Mitgliedstaaten, der anderen Vertragsstaaten und der gleichgestellten Staaten über

1. die Identität dieser Person, insbesondere über deren
   a) Namen und Vornamen,
   b) Geburtsdatum und
   c) Geburtsort und
2. den Umstand, dass diese Person gefälschte Ausbildungsnachweise vorgelegt hat.

(2) Für die Unterrichtung über die Fälschung ist das Binnenmarkt-Informationssystem zu verwenden.

(3) Die Unterrichtung über die Fälschung erfolgt unverzüglich, spätestens jedoch drei Tage nach Unanfechtbarkeit der Feststellung.

(4) [1]Gleichzeitig mit der Unterrichtung über die Fälschung unterrichtet die Behörde, die die Unterrichtung über die Fälschung vorgenommen hat, die betroffene Person schriftlich über die Unterrichtung über die Fälschung und deren Inhalt. [2]Der Unterrichtung hat sie eine Rechtsbehelfsbelehrung beizufügen. [3]Wird ein Rechtsbehelf gegen die Unterrichtung über die Fälschung eingelegt, so ergänzt die Stelle, die die Unterrichtung über die Fälschung getätigt hat, die Unterrichtung über die Fälschung um einen entsprechenden Hinweis.

Erläuterungen

1 Die Vorschrift beruht auf Art. 56a Abs. 3 Richtlinie 2005/36/EG. Sie regelt, dass bei gerichtlich festgestellter Nutzung gefälschter Berufsqualifikationsnachweise die zuständigen Stellen in den anderen Staaten durch die zuständige Stelle zu informieren sind.

§ 65 Verwaltungszusammenarbeit bei Dienstleistungserbringung

(1) Übt eine dienstleistungserbringende Person im Geltungsbereich dieses Gesetzes den Beruf der Anästhesietechnischen Assistentin oder des Anästhesietechnischen Assistenten oder den Beruf der Operationstechnischen Assistentin oder des Operationstechnischen Assistenten aus oder führt diese Berufsbezeichnung, ohne dass die Voraussetzungen dafür vorliegen, so unterrichtet die zuständige Behörde unverzüglich die zuständige Behörde des Niederlassungsstaats dieser dienstleistungserbringenden Person über den Verstoß.

(2) Die zuständige Behörde ist bei berechtigten Zweifeln an den von der dienstleistungsberechtigten Person vorgelegten Dokumenten berechtigt, von der zuständigen Behörde des Niederlassungsstaats der dienstleistenden Person folgende Informationen darüber anzufordern,

1. ob die Niederlassung der dienstleistungserbringenden Person in diesem Staat rechtmäßig ist und
2. ob gegen die dienstleistungserbringende Person berufsbezogene disziplinarische oder strafrechtliche Sanktionen vorliegen.

(3) Auf Anforderung der zuständigen Behörden eines anderen Mitgliedstaates, eines anderen Vertragsstaates oder eines gleichgestellten Staates übermitteln die zuständigen Behörden in Deutschland nach Artikel 56 der Richtlinie 2005/36/EG der anfordernden Behörde:

1. alle Informationen darüber, dass die Niederlassung der dienstleistungserbringenden Person im Beruf der Anästhesietechnischen Assistentin und des Anästhesietechnischen Assistenten oder im Beruf der Operationstechnischen Assistentin und des Operationstechnischen Assistenten in Deutschland rechtmäßig ist,
2. alle Informationen über die gute Führung der dienstleistungserbringenden Person und
3. Informationen darüber, dass gegen die dienstleistungserbringende Person berufsbezogen keine disziplinarischen oder keine strafrechtlichen Sanktionen vorliegen.

Erläuterungen

§ 65 enthält die Vorschriften zur Verwaltungszusammenarbeit und gegenseitigen Unterrichtung zwischen den Behörden der Mitgliedstaaten. 1

Abschnitt 6
Verordnungsermächtigung

§ 66 Ermächtigung zum Erlass der Ausbildungs- und Prüfungsverordnung

(1) Das Bundesministerium für Gesundheit wird ermächtigt, im Benehmen mit dem Bundesministerium für Bildung und Forschung durch Rechtsverordnung, die der Zustimmung des Bundesrates bedarf, in einer Ausbildungs- und Prüfungsverordnung Folgendes zu regeln:

1. **die Mindestanforderungen an die Ausbildungsziele nach den §§ 7 bis 10, einschließlich der Abgrenzung der Ausbildungsinhalte von den ärztlichen Tätigkeiten,**
2. **das Nähere über das Pflegepraktikum nach § 15, das einen Überblick über die pflegerische Versorgung von Patientinnen und Patienten vor und nach operativen und anästhesiologischen Eingriffen vermittelt,**
3. **das Nähere über die Qualifikationsanforderungen der Praxisanleitung nach § 16,**
4. **das Nähere über die staatliche Prüfung nach § 21,**
5. **das Nähere über die Urkunden für die Erlaubnis nach den §§ 1, 2 und 69 Absatz 2,**
6. **das Nähere über die Nachprüfung nach § 69 Absatz 3 sowie**
7. **für Inhaberinnen und Inhaber von außerhalb des Geltungsbereichs dieses Gesetzes erworbenen Ausbildungsnachweisen, die eine Erlaubnis nach § 1 oder § 2 in Verbindung mit Abschnitt 3 beantragen:**
   a) **das Verfahren bei der Prüfung der Voraussetzungen nach § 1 Absatz 2 Nummer 2 und 3 und § 2 Absatz 2 Nummer 2 und 3, insbesondere**
      aa) **die Vorlage der von der antragstellenden Person vorzulegenden Nachweise und**
      bb) **die Ermittlung durch die zuständige Behörde entsprechend Artikel 50 Absatz 1 bis 3a in Verbindung mit Anhang VII der Richtlinie 2005/36/EG,**
   b) **die Pflicht für Inhaberinnen und Inhabern solcher Ausbildungsnachweise, nach Maßgabe des Artikels 52 Absatz 1 der Richtlinie 2005/36/EG die in Deutschland geltende Berufsbezeichnung zu führen und deren etwaige Abkürzung zu verwenden,**
   c) **die Fristen für die Erteilung der Erlaubnis,**
   d) **das Nähere zur Durchführung und zum Inhalt der Eignungsprüfung, der Kenntnisprüfung und des Anpassungslehrgangs,**
   e) **das Verfahren bei der Ausstellung eines Europäischen Berufsausweises und**
8. **das Verfahren und das Nähere zu den Voraussetzungen der Dienstleistungserbringung nach Abschnitt 4 Unterabschnitt 1.**

(2) [1]Abweichungen durch Landesrecht von den Regelungen des Verwaltungsverfahrens in der nach Absatz 1 erlassenen Rechtsverordnung sind ausgeschlossen. [2]Abweichend von Satz 1 können die Länder Abweichungen von den Fristenregelungen vorsehen, die durch Rechtsverordnung im Fall des § 81a des Aufenthaltsgesetzes erlassen werden.

Erläuterungen

Die Vorschrift enthält die Ermächtigung für das Bundesministerium für Gesundheit, im Benehmen mit dem Bundesministerium für Bildung und Forschung eine **Ausbildungs- und Prüfungsverordnung** zu erlassen, die der Zustimmung des Bundesrates bedarf. Die Ausbildungs- und Prüfungsverordnung über die Ausbildung zur Anästhesietechnischen Assistentin und zum Anästhesietechnischen Assistenten und über die Ausbildung zur Operationstechnischen Assistentin und zum Operationstechnischen Assistenten (Anästhesietechnische- und Operationstechnische-Assistenten-Ausbildungs- und Prüfungsverordnung – ATA-OTA-APrV) ***vom 8.1.2020 (BGBl. I, S. 39) am 1.1.2020 in Kraft getreten.*** 1

In der Gesetzesbegründung (BT-Drs. 19/13825, S. 68) wird zu **Abs. 1** ausgeführt: 2

„Absatz 1 Nummer 1 und 2 enthalten die Ermächtigung für das Bundesministerium für Gesundheit, eine Ausbildungs- und Prüfungsverordnung entsprechend den in den §§ 7 bis 10 festgelegten Ausbildungszielen für die Berufe der Anästhesietechnischen und Operationstechnischen Assistentinnen und Assistenten zu erlassen.

Absatz 1 Nummer 7 trägt dem Erfordernis der Umsetzung der genannten Richtlinien und Abkommen Rechnung, indem das Bundesministerium für Gesundheit ermächtigt wird, in der Rechtsverordnung das zum Vollzug der Anerkennung von Ausbildungsnachweisen aus Mitgliedstaaten der EU und Vertragsstaaten des Abkommens über den Europäischen Wirtschaftsraum notwendige Verwaltungsverfahren näher zu regeln.

Daneben sieht die Verordnungsermächtigung in Absatz 1 Nummer 4 Buchstabe e vor, bundeseinheitliche Vorgaben zu Durchführung und Inhalt der vorgesehenen Kenntnisprüfung und des Anpassungslehrgangs mit anschließender Prüfung sowie der vorgesehenen Eignungsprüfung in die Ausbildungs- und Prüfungsverordnung aufzunehmen. Sie ermöglicht dem Verordnungsgeber damit insbesondere Regelungen zu Umfang und Inhalten der Anpassungsmaßnahmen, die in angemessener Art und Weise sicherstellen sollen, dass die Antragsteller zur umfassenden Ausübung des Berufs in der Lage sind. So darf zum Beispiel im Fall der Kenntnisprüfung keine vollständige Abschlussprüfung entsprechend der staatlichen Prüfung gefordert werden. Absatz 1 Nummer 4 Buchstabe f dient der Umsetzung der Artikel 4a bis 4e der Richtlinie 2005/36/EG zum Europäischen Berufsausweis, die erforderlichenfalls in der Ausbildungs- und Prüfungsverordnung erfolgen soll, sobald die Europäische Kommission den hierfür erforderlichen Durchführungsrechtsakt erlassen hat."

Abs. 1 Nr. 1 und 2 sind durch die Beschlussempfehlung und den Bericht des Ausschusses für Gesundheit (BT-Drs. 19/14872, S. 53, 71) geändert worden. In **Nr. 1** wurde der Halbsatz „einschließlich der Abgrenzung der Ausbildungsinhalte von den ärztlichen Tätigkeiten" und in **Nr. 2** der Halbsatz „das einen Überblick über die pflegerische Versorgung von Patientinnen und Patienten vor und nach operativen und anästhesiologischen Eingriffen vermittelt" angefügt. 3

In der Gesetzesbegründung (BT-Drs. 19/13825, S. 68) wird zu **Abs. 2** ausgeführt: 4

„Durch die Regelung des Absatzes 2 werden gemäß Artikel 84 Absatz 1 Satz 5 GG die auf der Grundlage von Absatz 1 und 2 erlassenen Regelungen des Verwaltungsverfahrens in der Ausbildungs- und Prüfungsverordnung abweichungsfest ausgestaltet.

Für die bundeseinheitliche Ausgestaltung der Verfahrensregelungen besteht ein besonderes Bedürfnis, das die Annahme eines Ausnahmefalls rechtfertigt, weil das hohe Schutzgut der Gesundheit der Bevölkerung zu gewährleisten ist. Patientinnen und Patienten müssen überall im Bundesgebiet qualitativ gleichwertige Leistungen der Anästhesietechnischen Assistentinnen und Anästhesietechnischen Assistenten sowie der Operationstechnischen Assistentinnen und Operationstechnischen Assistenten erhalten können. Dies setzt voraus, dass die Qualität der Abschlussprüfungen in allen Ländern ein einheitliches Niveau aufweist. Ein einheitliches Qualitätsniveau ist nur zu erreichen, wenn die Regelungen über die Durchführung der staatlichen Prüfung, die Festlegung und Kontrolle der Prüfungsaufgaben und -antworten, die Wiederholung von Prüfungen, die Notenbildung und die Ermittlung des Prüfungsergebnisses und die Zeugniserteilung sowie Fristen und Formvorschriften im Prüfungsverfahren einheitlich ausgestaltet werden. So könnte beispielsweise ohne einheitliche Vorgaben bei der Besetzung des Prüfungsausschusses nicht sichergestellt werden, dass die Prüfungen nur durch die Prüfer mit der für die einzelnen Prüfungsteile jeweils erforderlichen Qualifikation abgenommen und bewertet werden. Schließlich schränkt die einheitliche Ausgestaltung der Bescheinigungen und Urkunden Missbrauchsmöglichkeiten ein.“

Abschnitt 7
Bußgeldvorschriften

§ 67 Bußgeldvorschriften

(1) Ordnungswidrig handelt, wer

1. **ohne Erlaubnis nach § 1 Absatz 1 die Berufsbezeichnung „Anästhesietechnische Assistentin“ oder „Anästhesietechnischer Assistent“ führt,**
2. **ohne Erlaubnis nach § 2 Absatz 1 die Berufsbezeichnung „Operationstechnische Assistentin“ oder „Operationstechnischer Assistent“ führt oder**
3. **einer vollziehbaren Anordnung nach § 5 Absatz 1 zuwiderhandelt.**

(2) Die Ordnungswidrigkeit kann mit einer Geldbuße bis zu dreitausend Euro geahndet werden.

Erläuterungen

Inhaltsübersicht

I. Allgemeines

Die Vorschrift regelt die Tatbestände der Ordnungswidrigkeiten und die Höhe der Geldbußen. Einer gesonderten Bußgeldregelung für Falle der Dienstleistungserbringung nach § 52 ATA-OTA-G bedarf es nicht. Sind die Voraussetzungen der § 54 und § 55 ATA-OTA-G nicht erfüllt, bedürfen diese Personen der Erlaubnis nach § 1 und § 2 ATA-OTA-G (so die Gesetzesbegründung, BT-Drs. 19/13825, S. 69, allerdings unter irrtümlicher Bezugnahme auf § 51 sowie §§ 53 und 54). 1

1. Ordnungswidrigkeit

Das Recht der Ordnungswidrigkeiten ist in dem Gesetz über Ordnungswidrigkeiten (OWiG) vom 24.5.1968 in der Fassung der Bekanntmachung vom 19.2.1987 (BGBl. I S. 602) geregelt. Das OWiG gilt auch für Ordnungswidrigkeiten nach Landesrecht (§ 2 OWiG). Das OWiG enthält in § 1 Abs. 1 eine **Begriffsbestimmung der Ordnungswidrigkeit**: Eine Ordnungswidrigkeit ist eine rechtswidrige und vorwerfbare Handlung, die den Tatbestand eines Gesetzes verwirklicht, das die Ahndung mit einer Geldbuße zulässt. Im Unterschied zum Strafgesetzbuch (StGB) handelt es sich bei der Verwirklichung von Ordnungswidrigkeiten um **kleinere Rechtsverstöße**, die aber kein Kriminalunrecht darstellen. 2

2. Zuständigkeit

3 Die Verfolgung von Ordnungswidrigkeiten ist eine verwaltungsrechtliche Angelegenheit. Zuständig für die Verfolgung von Ordnungswidrigkeiten ist die Verwaltungsbehörde (§ 35 Abs. 1 OWiG). Dies ist die zuständige Behörde, die nach Landesrecht bestimmt wird (vgl. § 36 OWiG).

3. Vorsatz und Fahrlässigkeit

4 Als Ordnungswidrigkeit kann nur vorsätzliches Handeln geahndet werden, außer wenn das Gesetz fahrlässiges Handeln ausdrücklich mit Geldbuße bedroht (§ 10 OWiG). In § 67 ATA-OTA-G ist die **fahrlässige Begehung der dort genannten Tatbestände nicht ausdrücklich mit Geldbuße** belegt. **Vorsatz** bedeutet das bewusste und gewollte Begehen einer Handlung, wobei auch der Erfolg gewollt herbeigeführt wird. Nur **fahrlässig** handelt hingegen, wer die im Verkehr übliche Sorgfalt außer Acht lässt (vgl. § 276 Abs. 2 BGB), ohne dass der Erfolg gewollt herbeigeführt wird. In § 67 ATA-OTA-G ist ausschließlich vorsätzliches Handeln erfasst (Gesetzesbegründung, BT-Drs. 19/13825, S. 69).

4. Verfolgung von Ordnungswidrigkeiten

5 Die Verfolgung von Ordnungswidrigkeiten liegt im pflichtgemäßen Ermessen der Verfolgungsbehörde. Solange das Verfahren bei ihr anhängig ist, kann sie es einstellen (§ 47 Abs. 1 OWiG).

5. Rechtsmittel

6 Die Ordnungswidrigkeit wird durch **Bußgeldbescheid** geahndet (§ 66 OWiG). Gegen ihn kann **Einspruch** eingelegt werden, über den das Amtsgericht entscheidet, in dessen Bezirk die Verwaltungsbehörde ihren Sitz hat (§§ 67, 68 Abs. 1 OWiG).

II. Erläuterungen

1. Abs. 1 Nr. 1 und 2

7 Die Vorschrift stellt das **Führen der Berufsbezeichnung nach § 1 Abs. 1 und** § 2 Abs. 1 ATA-OTA-G **ohne Erlaubnis** unter die Androhung einer Geldbuße.

2. Abs. 1 Nr. 3

8 Die Vorschrift stellt das **Zuwiderhandeln gegen eine vollziehbare Anordnung nach § 5 Abs. 1 Nr. 1 ATA-OTA-G** unter die Androhung einer Geldbuße. Wird gegen eine Anordnung nach § 5 Abs. 1 Nr. 1 Widerspruch oder Anfechtungsklage erhoben, besteht aufschiebende Wirkung der Anordnung (§ 80 Abs. 1 Satz 1 Verwaltungsgerichtsordnung (VwGO). Die Anordnung ist dann nicht vollziehbar. Die aufschiebende Wirkung entfällt in den Fällen des § 80 Abs. 2 VwGO. Zur Dauer der aufschiebenden Wirkung s. § 80b VwGO.

3. Abs. 2

9 Für die in Abs. 1 Nr. 1 bis 3 aufgeführten Tatbestände existiert ein **einheitlicher Bußgeldrahmen** in Höhe von bis zu 3 000 Euro.

Abschnitt 8
Übergangs- und Schlussvorschriften

§ 68 Übergangsvorschrift für die Mindestanforderungen an Schulen

(1) Die Voraussetzungen des § 22 Absatz 3 Nummer 1 und 3 gelten als erfüllt, wenn als Schulleitung oder als Lehrkräfte Personen eingesetzt werden, die am 1. Januar 2022

1. eine Schule leiten, die entweder Anästhesietechnische oder Operationstechnische Assistenten ausbildet oder die Anästhesietechnische und Operationstechnische Assistenten ausbildet,
2. als Lehrkräfte an einer Schule unterrichten, die entweder Anästhesietechnische oder Operationstechnische Assistenten ausbildet oder die Anästhesietechnische und Operationstechnische Assistenten ausbildet,
3. über die Qualifikation zur Leitung oder zur Tätigkeit als Lehrkraft an einer Schule, die entweder Anästhesietechnische oder Operationstechnische Assistenten ausbildet oder die Anästhesietechnische und Operationstechnische Assistenten ausbildet, gemäß der „DKG-Empfehlung zur Ausbildung und Prüfung von Operationstechnischen und Anästhesietechnischen Assistentinnen/Assistenten" in der jeweiligen Fassung verfügen,
4. über die Qualifikation zur Leitung oder zur Tätigkeit als Lehrkraft an einer Schule, die Medizinischtechnische Assistenten für den Operationsdienst ausbildet, gemäß der in Thüringen geltenden Schulordnung für die Höhere Berufsfachschule – dreijährige Bildungsgänge – (GVBl. 2005, S. 3) vom 13. Dezember 2004, die zuletzt durch Artikel 16 der Verordnung vom 8. August 2013 (GVBl. S. 208, 238) geändert worden ist, verfügen,
5. über die Qualifikation zur Leitung oder zur Tätigkeit als Lehrkraft an einer Schule, die Operationstechnische Angestellte auf Grundlage der in Schleswig-Holstein geltenden Landesverordnung über die Berufsausbildung zur oder zum Operationstechnischen Angestellten vom 8. Juni 2004 (GVOBl. S. 190) ausbildet, verfügen,
6. über die Qualifikation zur Leitung oder zur Tätigkeit als Lehrkraft an einer Schule, die Operationstechnische Assistenten auf Grundlage der in Sachsen-Anhalt geltenden Verordnung über die Ausbildung für die operationstechnische Assistenz vom 15. März 2010, die zuletzt durch Verordnung vom 26. Januar 2015 (GVBl. LSA S. 34) geändert worden ist, ausbildet, verfügen,
7. über die Qualifikation zur Leitung oder zur Tätigkeit als Lehrkraft an einer Schule, die entweder Anästhesietechnische oder Operationstechnische Assistenten ausbildet oder die Anästhesietechnische und Operationstechnische Assistenten ausbildet, nach sonstigen landesrechtlichen Bestimmungen verfügen oder
8. ein berufspädagogisches Studium absolvieren zur Leitung einer Schule oder Lehrkraft an einer Schule, die Anästhesietechnische und Operationstechnische Assistenten ausbildet, und dieses nach Inkrafttreten dieses Gesetzes erfolgreich abschließen.

(2) [1]Die Genehmigung oder Anerkennung einer Schule ist zurückzunehmen, wenn die Schule der zuständigen Behörde nicht bis zum 1. Januar 2028 nachweist, dass sie die in § 22 genannten Voraussetzungen für die staatliche Anerkennung erfüllt. [2]Die Voraussetzungen des § 22 Absatz 3 Nummer 1 und 3 gelten als erfüllt, wenn als Schulleitung oder als Lehrkräfte Personen eingesetzt werden, die nach dem 1. Januar 2022 mindestens drei Jahre lang in der entsprechenden Position tätig gewesen sind.

Erläuterungen

1 Die Überschrift zu Abschnitt 8 ist durch Arti. 11 Nr. 9 des Gesetzes zur Reform der technischen Assistenzberufe in der Medizin und zur Änderung weiterer Gesetze (MTA-Reform-Gesetz) vom 24.2.2021 (BGBl. I S. 274) neu gefasst worden. Die ursprüngliche Überschrift „Übergangsvorschriften" wurde wegen der Anfügung des § 72 ATA-OTA-G um „Schlussvorschriften" ergänzt.

2 In der Gesetzesbegründung (BT-Drs. 19/13825, S. 69) wird zu dieser **Vorschrift** allgemein ausgeführt:

„Die Vorschrift dient der Besitzstandswahrung. Bestehenden Schulen wird eine Siebenjahresfrist gewährt, um die Voraussetzungen des § 22 zu erfüllen."

Diese Siebenjahresfrist, die in Abs. 2 Satz 1 bis zum 1.1.2028 bestimmt wird, wird demnach in der Gesetzesbegründung offensichtlich vom ursprünglich geplanten Inkrafttreten des Gesetzes am 1.1.2021 angerechnet, nicht vom Inkrafttreten des Gesetzes (1.1.2022) an.

S. zu der ursprünglichen im Gesetzentwurf vorgesehenen Fassung der Vorschrift die Beschlussempfehlung und den Bericht des Ausschusses für Gesundheit (BT-Drs. 19/14872, S. 56 f.).

3 In der Gesetzesbegründung (BT-Drs. 19/13825, S. 69) wird zu **Abs. 1** ausgeführt:

„Durch die Vorschriften in Absatz 1 Nummer 1 und Nummer 2 wird den Schulleitungen und Lehrkräften, die bei Inkrafttreten dieses Gesetzes in ihren jeweiligen Positionen tätig sind, Bestandsschutz gewährt.

Nummer 3 gewährt Bestandschutz für die Schulleitungen und Lehrkräfte, die über die nach der DKG-Empfehlung zur Ausbildung und Prüfung von Operationstechnischen und Anästhesietechnischen Assistentinnen/Assistenten erforderliche Qualifikation verfügen, unabhängig davon, ob sie zu diesem Zeitpunkt als Schulleitung oder Lehrkraft erwerbstätig sind.

Nummer 4 regelt, dass Personen, die bei Inkrafttreten diesen Gesetzes ein berufspädagogisches Studium zur Leitung einer ATA/OTA-Schule oder Lehrkraft an einer ATA/OTA-Schule absolvieren und dieses erfolgreich abschließen, ebenfalls Bestandschutz gewährt wird."

4 In der Gesetzesbegründung (BT-Drs. 19/13825, S. 69 f.) wird zu **Abs. 2** ausgeführt:

„Absatz 2 regelt die Rücknahme bestehender Anerkennungen von Schulen für den Fall, dass sieben Jahre nach Inkrafttreten dieses Gesetzes die Voraussetzungen des § 22 nicht

vorliegen. Die vorgesehene Frist von sieben Jahren ist im Zusammenhang mit den Bestandsschutzregelungen notwendig und ausreichend. Die Übergangsvorschriften des Absatzes 1 Nummer 1 und Nummer 2 hinsichtlich des Bestandsschutzes der Schulleitungen und der Lehrkräfte gelten in diesem Zusammenhang mit der Einschränkung, dass in der siebenjährigen Übergangsfrist ein Tätigkeitsnachweis in der entsprechenden Position von mindestens drei Jahren vorliegen muss.

Die Überprüfung der Voraussetzungen für die staatliche Anerkennung nach § 22 sowie deren Rücknahme erfolgen durch die auf Landesebene zuständigen Behörden."

In der Vorschrift wird irrtümlich nur von Rücknahme der staatlichen Anerkennung gesprochen. Gemeint ist aber auch die Rücknahme der staatlichen Genehmigung, wie es sich aus der Eingangsformulierung des § 68 Abs. 2 Satz 1 ATA-OTA-G ergibt.

§ 69 Weitergeltung für die Erlaubnis zum Führen der Berufsbezeichnung

(1) Folgende Berechtigungen gelten als Erlaubnis zum Führen der Berufsbezeichnung nach § 1 Absatz 1 oder § 2 Absatz 1:

1. die Berechtigung zum Führen der Berufsbezeichnung „Anästhesietechnische Assistentin" oder „Anästhesietechnischer Assistent" oder zum Führen der Berufsbezeichnung „Operationstechnische Assistentin" oder „Operationstechnischer Assistent", die erteilt worden ist auf der Grundlage der „DKG-Empfehlung zur Ausbildung und Prüfung von Operationstechnischen und Anästhesietechnischen Assistentinnen/Assistenten" in der jeweils geltenden Fassung,
2. die Berechtigung zum Führen der Berufsbezeichnung „Medizinisch-technische Assistentin für den Operationsdienst" oder „Medizinisch-technischer Assistent für den Operationsdienst", die erworben worden ist auf der Grundlage der in Thüringen geltenden Schulordnung für die Höhere Berufsfachschule – dreijährige Bildungsgänge – (GVBl. 2005, S. 3) vom 13. Dezember 2004, die zuletzt durch Artikel 16 der Verordnung vom 8. August 2013 (GVBl. S. 208, 238) geändert worden ist,
3. die Berechtigung zum Führen der Berufsbezeichnung „Operationstechnische Angestellte" oder „Operationstechnischer Angestellter", die erteilt worden ist auf der Grundlage der in Schleswig-Holstein geltenden Landesverordnung über die Berufsausbildung zur oder zum Operationstechnischen Angestellten vom 8. Juni 2004 (GVOBl. S. 190) und
4. die Berechtigung zum Führen der Berufsbezeichnung „Operationstechnische Assistentin" oder „Operationstechnischer Assistent", die erteilt worden ist auf der Grundlage der in Sachsen-Anhalt geltenden Verordnung über die Ausbildung für die operationstechnische Assistenz vom 15. März 2010, die zuletzt durch Verordnung vom 26. Januar 2015 (GVBl. LSA S. 34) geändert worden ist.

(2) [1]Eine Person, die eine der in Absatz 1 genannten Berechtigungen besitzt, kann bei der zuständigen Behörde beantragen, dass ihr eine Urkunde über die Erlaubnis zum Führen der Berufsbezeichnung nach § 1 Absatz 1 oder § 2 Absatz 1 erteilt wird. [2]Die Erlaubnis wird erteilt, wenn die antragstellende Person

1. sich nicht eines Verhaltens schuldig gemacht hat, aus dem sich die Unzuverlässigkeit zur Berufsausübung ergibt,
2. in gesundheitlicher Hinsicht zur Berufsausübung nicht ungeeignet ist und
3. über Kenntnisse der deutschen Sprache verfügt, die zur Berufsausübung erforderlich sind.

[3]In diesem Fall sind auf der Erlaubnis zusätzlich anzugeben

1. die ihr zugrunde liegende Berufsqualifikation nach dem bisherigen Recht und
2. das Datum, an dem die ursprüngliche Berechtigung zum Führen der Berufsbezeichnung erteilt oder erworben worden ist.

(3) [1]Will eine Person, die nicht nach einer der in Absatz 1 genannten Grundlagen ausgebildet ist, die Erlaubnis zum Führen der Berufsbezeichnung nach § 1 Absatz 1 oder § 2 Absatz 1 erhalten, so muss sie die Nachprüfung nach der auf

Grundlage des § 66 erlassenen Ausbildungs- und Prüfungsverordnung bestehen. [2]Ist ein Ausbildungsabschluss von der Deutschen Krankenhausgesellschaft anerkannt, so ist die Nachprüfung nicht erforderlich.

Erläuterungen

In der Gesetzesbegründung (BT-Drs. 19/13825, S. 70) wird zu dieser **Vorschrift** allgemein ausgeführt: 1

„Die Vorschrift sieht Übergangsregelungen für die Erlaubnis zur Führung der Berufsbezeichnung vor."

In der Gesetzesbegründung (BT-Drs. 19/13825, S. 70) wird zu **Abs. 1** ausgeführt: 2

„Absatz 1 Nummer 1 stellt klar, dass die Abschlüsse sämtlicher DKG-Empfehlungen zur Ausbildung und Prüfung von Anästhesietechnischen Assistentinnen und Assistenten und Operationstechnischen Assistentinnen und Assistenten, die Vorläufer der DKG-Empfehlungen zur Ausbildung und Prüfung von Operationstechnischen und Anästhesietechnischen Assistentinnen/Assistenten vom 17. September 2013 sind, als Erlaubnis nach § 1 oder nach § 2 gelten. Dieser Klarstellung bedarf es, da frühere DKG- Empfehlungen nur Regelungen zur Operationstechnischen Assistenz enthielten.

Die Nummern 2 bis 4 erklären die Ausbildungen nach den Regelungen in den Ländern Sachsen-Anhalt, Schleswig-Holstein und Thüringen als qualitativ ausreichend, um eine Erlaubnis nach § 2 zu erhalten."

In der Gesetzesbegründung (BT-Drs. 19/13825, S. 70) wird zu **Abs. 2** ausgeführt: 3

„Absatz 2 bestimmt, dass Personen, die über eine Erlaubnis zum Führen der Berufsbezeichnung nach den in Absatz 1 Nummer 1 bis 4 genannten Vorschriften verfügen, einen Anspruch auf Erteilung einer Urkunde über die Erlaubnis zum Führen der Berufsbezeichnung nach § 1 oder nach § 2 haben. Hierzu bedarf es einer Antragsstellung. Die zuständige Behörde muss dann jedoch das Vorliegen der Voraussetzungen des Absatzes 2 Nummer 2 und 3 der §§ 1 und 2 feststellen. Auf der Urkunde ist die Berufsqualifikation nach dem bisherigem Recht und das Datum deren Erwerbs anzugeben."

In der Gesetzesbegründung (BT-Drs. 19/13825, S. 70) wird zu **Abs. 3** ausgeführt: 4

„Nach Absatz 3 besteht eine Pflicht zur Nachprüfung für Personen, deren Ausbildung nicht nach den landesrechtlichen Regelungen des Absatzes 1 Nummer 2 bis 4 oder nach den DKG-Empfehlungen erfolgt ist. Ausgenommen sind Personen, deren Ausbildung durch die DKG anerkannt worden ist. Hierzu zählen insbesondere diejenigen, die vor Inkrafttreten der ersten Richtlinie zur OTA-Ausbildung der DKG vom 26. Juni 1996 nach dem ‚Mülheimer Konzept' ab 1990 zur Operationstechnischen Assistenz ausgebildet worden sind. Bei den Anästhesietechnischen Assistenten zählen diejenigen dazu, die vor der ersten ‚Empfehlung zur Ausbildung und Prüfung von Operationstechnischen und Anästhesietechnischen Assistentinnen/Assistenten' der DKG vom 20 September 2011 nach den ‚Normativen Grundlagen zur Ausbildung von Anästhesietechnischen Assistentinnen/Assistenten' vom 18.November 2008 ausgebildet worden sind."

Die **Nachprüfung** ist in den §§ 91 bis 105 ATA-OTA-APrV geregelt. 5

§ 70 Weiterführung einer begonnenen Ausbildung

[1]Wer vor dem 1. Januar 2022 eine der in § 69 Absatz 1 genannten Ausbildungen begonnen hat, schließt diese Ausbildung nach den jeweiligen bis dahin geltenden Vorschriften ab. [2]Auf Antrag erhält die Erlaubnis zum Führen der Berufsbezeichnung nach § 1 Absatz 1 oder § 2 Absatz 1, wer

1. **die Ausbildung erfolgreich abgeschlossen hat,**
2. **sich nicht eines Verhaltens schuldig gemacht hat, aus dem sich die Unzuverlässigkeit zur Berufsausübung ergibt und**
3. **in gesundheitlicher Hinsicht zur Berufsausübung nicht ungeeignet ist.**

Erläuterungen

1 Die Vorschrift regelt, dass die vor Inkrafttreten dieses Gesetzes nach den in Abs. 1 genannten Vorschriften begonnenen Ausbildungen nach den jeweils geltenden Vorschriften abgeschlossen werden.

2 Warum hier anders als bei der Erlaubniserteilung nach § 69 Abs. 2 ATA-OTA-G auf die Voraussetzung der für die Berufsausübung erforderlichen Sprachkenntnisse verzichtet wird, erschließt sich nicht. Die Gesetzesbegründung äußert sich hierzu nicht (BT-Drs. 19/13825, S. 70).

§ 71 Weitergeltung der Berechtigung zum Führen der Berufsbezeichnung und Weiterführung eines begonnenen Anerkennungsverfahrens

Antragstellende Personen sind in Deutschland zum Führen der Berufsbezeichnung der Anästhesietechnischen Assistentin und des Anästhesietechnischen Assistenten oder der Berufsbezeichnung der Operationstechnischen Assistentin und des Operationstechnischen Assistenten berechtigt, wenn in einem Anerkennungsverfahren zur Prüfung der Gleichwertigkeit ihrer Ausbildung, das vor dem 1. Januar 2022 begonnen wurde

1. **ihre Ausbildung von der Deutschen Krankenhausgesellschaft nach der „DKG-Empfehlung zur Ausbildung und Prüfung von Operationstechnischen und Anästhesietechnischen Assistentinnen/Assistenten“ in der jeweiligen Fassung als gleichwertig anerkannt worden ist oder noch anerkannt wird,**
2. **sie die Kenntnisprüfung erfolgreich abgelegt haben oder noch erfolgreich ablegen oder**
3. **den Anpassungslehrgang absolviert haben oder noch absolvieren.**

Erläuterungen

In der Gesetzesbegründung (BT-Drs. 19/13825, S. 70) wird zu dieser Vorschrift ausgeführt: 1

„§ 71 trägt dem Umstand Rechnung, dass vor Inkrafttreten dieses Gesetzes die Prüfung der Gleichwertigkeit der Ausbildung bei Personen aus Drittstaaten durch die DKG vorgenommen wurde. Personen, die eine Anerkennung durch die DKG erhalten haben, sind zur Ausübung des Berufs der Anästhesietechnischen und Operationstechnischen Assistenz berechtigt. Ein durch die DKG eröffnetes Verfahren vor Inkrafttreten dieses Gesetzes soll abgeschlossen werden.“

§ 72 Finanzierung von Ausbildungskosten; Kooperationsvereinbarungen

(1) [1]Als mit Krankenhäusern notwendigerweise verbundene Ausbildungsstätten im Sinne des § 2 Nummer 1a des Krankenhausfinanzierungsgesetzes gelten auch Schulen, die

1. Ausbildungen nach diesem Gesetz durchführen und
2. mit Krankenhäusern Kooperationsvereinbarungen über die Durchführung der praktischen Ausbildung nach diesem Gesetz abgeschlossen haben.

[2]Kooperationsvereinbarungen nach Satz 1 Nummer 2 bedürfen der Schriftform.

(2) Die Kooperationsvereinbarung nach Absatz 1 Satz 1 Nummer 2 hat insbesondere Folgendes zu enthalten:

1. Angaben zur Anzahl der zur Verfügung stehenden Ausbildungsplätze der Schule,
2. Angaben zur voraussichtlichen Anzahl an Ausbildungsplätzen, die das Krankenhaus bei der Schule pro Ausbildungsgang in Anspruch nehmen wird,
3. Angaben zu den Ausbildungskosten der Schule, insbesondere zu Personalmitteln, Sachmitteln, Lehr- oder Lernmitteln, Kosten der Praxisbegleitung und Betriebskosten des Schulgebäudes, soweit diese für die Ausbildung nach diesem Gesetz und in dem vereinbarten Umfang an Ausbildungsplätzen voraussichtlich anfallen, und
4. Vorgaben zur Weiterleitung der Ausbildungskosten, die für die Schule im krankenhausindividuellen Ausbildungsbudget nach § 17a Absatz 3 Satz 1 des Krankenhausfinanzierungsgesetzes enthalten sind, durch das Krankenhaus an die Schule.

(3) Rechtzeitig vor dem Beginn der Verhandlungen des krankenhausindividuellen Ausbildungsbudgets nach § 17a Absatz 3 Satz 1 des Krankenhausfinanzierungsgesetzes hat die Schule dem Krankenhaus diejenigen Nachweise und Begründungen vorzulegen, die das Krankenhaus für die Geltendmachung der Ausbildungskosten der Schule im Rahmen der Verhandlungen benötigt.

(4) Im Rahmen der Verhandlungen des krankenhausindividuellen Ausbildungsbudgets nach § 17a Absatz 3 Satz 1 des Krankenhausfinanzierungsgesetzes hat die Schule dem Krankenhaus zusätzliche Auskünfte zu erteilen, soweit

1. das Krankenhaus diese Auskünfte für die Geltendmachung der Ausbildungskosten der Schule im Rahmen der Verhandlungen benötigt und
2. der dafür von der Schule zu betreibende Aufwand und der Nutzen für die Verhandlungen durch das Krankenhaus nicht außer Verhältnis stehen.

Erläuterungen

1 Die Vorschrift war ursprünglich nicht im ATA-OTA-G enthalten. Sie wurde durch Art. 11 Nr. 10 des Gesetzes zur Reform der technischen Assistenzberufe in der Medizin und zur Änderung weiterer Gesetze (MTA-Reform-Gesetz) vom 24.2.2021 (BGBl. I S. 274) angefügt. Während in der ursprünglichen Fassung dieser Vorschrift (BT-Drs. 19/24447, S. 46) statt des jetzigen Abs. 1 nur dessen Satz 1 enthalten war,

wurde in der Beschlussempfehlung und im Bericht des Ausschusses für Gesundheit (BT-Drs. 19/26249, S. 72) Satz 2 und die Abs. 2 bis 4 angefügt.

Zur Begründung der ursprünglichen Fassung der Anfügung (BT-Drs. 19/24447, S. 83 f.), d. h. dem jetzigen **Abs. 1 Satz 1**, wird Folgendes ausgeführt: 2

„Die Vorschrift ergänzt für die in diesem Gesetz geregelten Berufe der Anästhesietechnischen Assistentinnen und Assistenten sowie der Operationstechnischen Assistentinnen und Assistenten die Möglichkeiten zur Finanzierung der Ausbildungskosten der Schulen nach dem Krankenhausfinanzierungsgesetz, soweit die Schulen mit Krankenhäusern hierzu Kooperationsvereinbarungen abgeschlossen haben. Dazu enthält die Regelung eine gesetzliche Erweiterung der Definition des Begriffs der mit Krankenhäusern notwendigerweise verbundenen Ausbildungsstätten in § 2 Nummer 1a des Krankenhausfinanzierungsgesetzes. Die Erweiterung bezieht Schulen in die Finanzierung der Ausbildungskosten nach § 17a des Krankenhausfinanzierungsgesetzes ausdrücklich mit ein, die Ausbildungen nach diesem Gesetz durchführen und sie mit Krankenhäusern Kooperationsvereinbarungen über die Durchführung der praktischen Ausbildung nach diesem Gesetz abgeschlossen haben.

So unterfallen Schulen für die Ausbildung der Anästhesietechnischen Assistentinnen und Assistenten sowie der Operationstechnischen Assistentinnen und Assistenten der Regelung zur Finanzierung von Ausbildungskosten nach § 17a des Krankenhausfinanzierungsgesetzes auch dann, wenn sie dazu mit Krankenhäusern Kooperationsvereinbarungen über die Durchführung der praktischen Ausbildung abgeschlossen haben. Die Schulkosten sind damit Teil des krankenhausindividuellen Ausbildungsbudgets nach § 17a Absatz 3 Satz 1 des Krankenhauses, mit dem die Schule eine Kooperationsvereinbarung abgeschlossen hat. In der Kooperationsvereinbarung sind Einzelheiten zur Geltendmachung der Schulkosten im Rahmen des krankenhausindividuellen Ausbildungsbudgets und zur Weiterleitung an die Schule zu vereinbaren.

Mit dieser Regelung wird daneben das bereits in der Gesetzesbegründung zu Artikel 2 Nummer 1 des Gesetzes über die Ausbildung zur Anästhesietechnischen Assistentin und zum Anästhesietechnischen Assistenten und über die Ausbildung zur Operationstechnischen Assistentin und zum Operationstechnischen Assistenten (BT-Drucksache 19/13825, S. 71) enthaltene Ziel aufgegriffen und entsprechend gesetzestechnisch umgesetzt, dass Kooperationsvereinbarungen zwischen dem Krankenhaus und der Ausbildungsstätte eine Grundlage für eine entsprechende Finanzierung darstellen.

Welche Bedeutung zukünftig Kooperationsvereinbarungen zwischen Schulen und Krankenhäusern im Hinblick auf die Finanzierung der Ausbildungen in anderen Gesundheitsfachberufen zukommen kann, bleibt weiteren Beratungen des Gesetzgebers vorbehalten."

Zur Begründung der durch die Beschlussempfehlung und im Bericht des Ausschusses für Gesundheit (BT-Drs. 19/26249, S. 72) angefügten Vorschriften des Satz 2 in Abs. 1 und der Abs. 2 bis 4 wird Folgendes ausgeführt (BT-Drs. 19/262249, S. 91 f.): 3

„Mit der Änderung des § 72 ATA-OTA-Gesetz wird das im Gesetzentwurf angelegte Finanzierungsverfahren bezüglich der Ausbildungskosten im Bereich der ATA-/OTA-Berufe vereinfacht. Dies entspricht der vorgesehenen Vereinfachung des Finan-

zierungsverfahrens bezüglich der Ausbildungskosten im Bereich der MTA-Berufe gemäß § 76 MTBG-E.

Absatz 1 Satz 1 entspricht dem bisherigen Entwurf von § 72 ATA-OTA-Gesetz. Ergänzend wird in Satz 2 klargestellt, dass die Kooperationsvereinbarung der Schriftform bedarf.

Mit Absatz 2 werden zur Vereinfachung des Finanzierungsverfahrens verbindliche Vorgaben zu den Mindestbestandteilen der Kooperationsvereinbarungen zwischen einem Krankenhaus und einer kooperierenden Schule aufgenommen. Damit werden die Krankenhäuser in die Lage versetzt, die Verhandlungen des krankenhausindividuellen Ausbildungsbudgets nach § 17a Absatz 3 Satz 1 des Krankenhausfinanzierungsgesetzes (KHG) auch für die kooperierenden Schulen auf guter Grundlage zu führen. Dazu sind in der Kooperationsvereinbarung Einzelheiten zur Geltendmachung der Ausbildungskosten der Schule im Rahmen des krankenhausindividuellen Ausbildungsbudgets zu vereinbaren, einschließlich zur Weiterleitung der im Ausbildungsbudget vereinbarten Mittel an die Schule. Zu den Vorgaben gehören insbesondere Angaben zur Anzahl der zur Verfügung stehenden Ausbildungsplätze der Schule sowie zur voraussichtlichen Anzahl an Ausbildungsplätzen, die das Krankenhaus bei der Schule pro Ausbildungsgang in Anspruch nehmen wird. Im gleichen Zuge hat die Schule ihre Ausbildungskosten für Personal- oder Sachmittel, für Lehr- oder Lernmittel, ihre Kosten der Praxisbegleitung sowie ihre Betriebskosten des Schulgebäudes mitzuteilen, sofern diese für die Ausbildung nach diesem Gesetz und dem vereinbarten Umfang an Ausbildungsplätzen voraussichtlich anfallen.

Weiterhin hat die Kooperationsvereinbarung Vorgaben zur Weiterleitung der im Ausbildungsbudget vereinbarten Mittel an die Schule, also z. B. zum Zahlverfahren oder innerhalb welchen Zeitraums die Weiterleitung zu erfolgen hat, vorzusehen.

Mit den Regelungen in den Absätzen 3 und 4 wird das Krankenhaus in die Lage versetzt, seine gesetzliche Pflicht nach § 17a Absatz 4a KHG erfüllen zu können, rechtzeitig vor den Verhandlungen benötigte Nachweise und Begründungen vorzulegen sowie im Rahmen der Verhandlungen zusätzliche Auskünfte zu erteilen.

Eine über diese Finanzierung hinausgehende Beteiligung an den Kosten der praktischen Ausbildung ist nicht vorgesehen.“

C.

Verordnungstext

Ausbildungs- und Prüfungsverordnung über die Ausbildung zur Anästhesietechnischen Assistentin und zum Anästhesietechnischen Assistenten und über die Ausbildung zur Operationstechnischen Assistentin und zum Operationstechnischen Assistenten (Anästhesietechnische- und Operationstechnische-Assistenten-Ausbildungs- und -Prüfungsverordnung – ATA-OTA-APrV)[1, *]

vom 4.11.2020 (BGBl. I S. 2295),
zuletzt geändert durch Art. 3 V vom 7.6.2023 (BGBl. I Nr. 148)

Inhaltsübersicht

---

1 Diese Verordnung dient der Umsetzung der Richtlinie 2005/36/EG des Europäischen Parlaments und des Rates vom 7. September 2005 über die Anerkennung von Berufsqualifikationen (ABl. L 255 vom 30.9.2005, S. 22; L 271 vom 16.10.2007, S. 18; L 93 vom 4.4.2008, S. 28; L 33 vom 3.2.2009, S. 49; L 305 vom 24.10.2014, S. 115), die zuletzt durch den Delegierten Beschluss (EU) 2020/548 (ABl. L 131 vom 24.4.2020, S. 1) geändert worden ist.

* **Anm. d. Verlages:**
Die Verordnung wurde verkündet als Art. 1 der Ausbildungs- und Prüfungsverordnung über die Ausbildung zur Anästhesietechnischen Assistentin und zum Anästhesietechnischen Assistenten und über die Ausbildung zur Operationstechnischen Assistentin und zum Operationstechnischen Assistenten und zur Änderung der Ausbildungs- und Prüfungsverordnung für Notfallsanitäterinnen und Notfallsanitäter und ist mit Wirkung vom 1.1.2022 in Kraft getreten.

Teil 1
Ausbildung und staatliche Prüfung

Abschnitt 1
Ausbildung

§ 1 Inhalt der Ausbildung

(1) In der Ausbildung zur Anästhesietechnischen Assistentin oder zum Anästhesietechnischen Assistenten sind der oder dem Auszubildenden zur Erreichung des Ausbildungsziels nach den §§ 7 bis 9 des Anästhesietechnische- und Operationstechnische-Assistenten-Gesetzes mindestens die in der Anlage 1 genannten Kompetenzen zu vermitteln.

(2) In der Ausbildung zur Operationstechnischen Assistentin oder zum Operationstechnischen Assistenten sind der oder dem Auszubildenden zur Erreichung des Ausbildungsziels nach den §§ 7, 8 und 10 des Anästhesietechnische- und Operationstechnische-Assistenten-Gesetzes mindestens die in der Anlage 3 genannten Kompetenzen zu vermitteln.

§ 2 Gliederung der Ausbildung

(1) Die Ausbildung erfolgt im Wechsel von Abschnitten des theoretischen und praktischen Unterrichts und der praktischen Ausbildung.

(2) Der theoretische und praktische Unterricht und die praktische Ausbildung sind aufeinander abzustimmen.

(3) Die Schule und die verantwortliche Einrichtung der praktischen Ausbildung nach § 14 Absatz 3 des Anästhesietechnische- und Operationstechnische-Assistenten-Gesetzes haben im gegenseitigen Einvernehmen das schulinterne Curriculum und den Ausbildungsplan nach den Grundsätzen der Absätze 1 und 2 abzustimmen.

(4) Die Länder können ein Rahmencurriculum und einen Rahmenausbildungsplan verbindlich erlassen.

§ 3 Theoretischer und praktischer Unterricht

(1) [1]Während des theoretischen und praktischen Unterrichts sind die zur Ausübung des jeweiligen Berufs erforderlichen fachlichen, personalen und sozialen Kompetenzen zu vermitteln, die zur Erreichung des Ausbildungsziels nach den §§ 7 bis 9 oder §§ 7, 8 und 10 des Anästhesietechnische- und Operationstechnische-Assistenten-Gesetzes erforderlich sind, sowie die Eigenverantwortlichkeit im beruflichen Handeln zu fördern. [2]Zu vermitteln sind

1. im Fall der Ausbildung zur Anästhesietechnischen Assistentin oder zum Anästhesietechnischen Assistenten die in Anlage 1 genannten Kompetenzen im Umfang von 2 100 Stunden und
2. im Fall der Ausbildung zur Operationstechnischen Assistentin oder zum Operationstechnischen Assistenten die in Anlage 3 genannten Kompetenzen im Umfang von 2 100 Stunden.

(2) Im theoretischen und praktischen Unterricht sind die verschiedenen Versorgungs- und Funktionsbereiche der beruflichen Tätigkeit zu berücksichtigen.

(3) [1]Lehrformate, die selbstgesteuertes Lernen oder E-Learning beinhalten, können zielgerichtet bei der Konzeption des theoretischen und praktischen Unterrichts in einem angemessenen Umfang berücksichtigt werden. [2]Die Teilnahme an Lehrformaten nach Satz 1 ist von den Auszubildenden gegenüber der Schule nachzuweisen. [3]Das Nähere regeln die Länder.

§ 4 Praktische Ausbildung

(1) [1]Während der praktischen Ausbildung sind die Kompetenzen zu vermitteln, die zur Erreichung des jeweiligen Ausbildungsziels nach den §§ 7 bis 9 oder §§ 7, 8 und 10 des Anästhesietechnische- und Operationstechnische-Assistenten-Gesetzes erforderlich sind. [2]Die oder der Auszubildende wird befähigt, die im theoretischen und im praktischen Unterricht erworbenen Kompetenzen aufeinander zu beziehen, miteinander zu verbinden und weiterzuentwickeln, um die erforderlichen Handlungskompetenzen für die beruflichen Tätigkeiten zu erwerben.

(2) Die Bereiche der praktischen Ausbildung sind

1. im Fall der Ausbildung zur Anästhesietechnischen Assistentin oder zum Anästhesietechnischen Assistenten die in Anlage 2 genannten Versorgungs- und Funktionsbereiche im Umfang von 2 500 Stunden und
2. im Fall der Ausbildung zur Operationstechnischen Assistentin oder zum Operationstechnischen Assistenten die in Anlage 4 genannten Versorgungs- und Funktionsbereiche im Umfang von 2 500 Stunden.

(3) Die praktische Ausbildung soll mit einem in Anlage 2 oder 4 genannten Orientierungseinsatz im Umfang von 80 Stunden bei der verantwortlichen Einrichtung der praktischen Ausbildung nach § 14 Absatz 3 des Anästhesietechnische- und Operationstechnische-Assistenten-Gesetzes beginnen.

§ 5 Dauer und Inhalt des Pflegepraktikums

(1) Das Pflegepraktikum in der praktischen Ausbildung nach § 15 des Anästhesietechnische- und Operationstechnische-Assistenten-Gesetzes muss einen Umfang von mindestens 120 Stunden umfassen.

(2) Das Pflegepraktikum vermittelt einen Überblick über die pflegerische Versorgung von Patientinnen und Patienten vor und nach anästhesiologischen oder operativen Eingriffen.

§ 6 Nachtarbeit

[1]Ab dem zweiten Ausbildungsdrittel hat die oder der Auszubildende in der praktischen Ausbildung mindestens 80, höchstens 120 Stunden im Rahmen von Nachtarbeit (Volldienst oder Bereitschaftsdienst) unter unmittelbarer Aufsicht zu absolvieren. [2]Dies gilt nicht für jugendliche Auszubildende. [3]Auszubildende, die über einen anteiligen Zeitraum der letzten beiden Ausbildungsdrittel minderjährig sind, haben die Nachtarbeitsstunden zu einem entsprechenden Anteil zu absolvieren. [4]Die Vorschriften des Arbeitszeitgesetzes bleiben unberührt.

§ 7 Noten für praktische Einsätze

(1) Jede an der Ausbildung beteiligte Einrichtung hat die Leistung, die die oder der Auszubildende im Rahmen des bei ihr durchgeführten praktischen Einsatzes erbracht hat, einzuschätzen.

(2) Die beteiligte Einrichtung hat bei Beendigung des praktischen Einsatzes

1. der oder dem Auszubildenden die qualifizierte Leistungseinschätzung mitzuteilen und zu erläutern und
2. der Schule die qualifizierte Leistungseinschätzung und die Zeiten, die die oder der Auszubildende während des praktischen Einsatzes gefehlt hat, mitzuteilen.

§ 8 Jahreszeugnisse

(1) Für jedes Ausbildungsjahr muss die Schule der oder dem Auszubildenden ein Jahreszeugnis ausstellen.

(2) Im Jahreszeugnis sind insbesondere anzugeben

1. die Jahresnote als Gesamtnote der Fächer des theoretischen und praktischen Unterrichts,
2. die Jahresnote als Gesamtnote für die praktischen Einsätze,
3. etwaige Fehlzeiten während des theoretischen und praktischen Unterrichts und
4. etwaige Fehlzeiten während der praktischen Ausbildung.

(3) Die Jahresnote für den theoretischen und praktischen Unterricht wird aus den Einzelnoten der Lernbereiche gebildet.

(4) [1]Die Jahresnote für alle praktischen Einsätze wird von der Schule unter Berücksichtigung der qualifizierten Leistungseinschätzungen nach § 7 Absatz 1 festgelegt. [2]Ist ein praktischer Einsatz am Ende eines Ausbildungsjahres nicht beendet, so erfolgt die Berücksichtigung im nächsten Ausbildungsjahr. [3]Die Jahresnote für alle

praktischen Einsätze ist im Benehmen mit der verantwortlichen Einrichtung der praktischen Ausbildung festzulegen.

§ 9 Qualifikation der Praxisanleitung

(1) [1]Zur Praxisanleitung geeignet ist eine Person, die

1. über die Erlaubnis zum Führen der Berufsbezeichnung
   a) nach § 1 Absatz 1, § 2 Absatz 1 oder § 69 Absatz 1 oder 3 des Anästhesietechnische- und Operationstechnische-Assistenten-Gesetzes verfügt oder
   b) nach § 1 Absatz 1, § 58 Absatz 1 oder 2 oder nach § 64 des Pflegeberufegesetzes verfügt und eine Fachweiterbildung für den Operationsdienst oder eine Fachweiterbildung für die Intensivpflege und Anästhesie, für die Anästhesie oder eine gleichwertige Fachweiterbildung erfolgreich absolviert hat,
2. über Berufserfahrung in dem jeweiligen Berufsfeld von mindestens einem Jahr verfügt,
3. eine berufspädagogische Zusatzqualifikation im Umfang von mindestens 300 Stunden absolviert hat und
4. kontinuierlich berufspädagogische Fortbildungen im Umfang von mindestens 24 Stunden jährlich absolviert.

[2]Die Länder können den Zeitraum, in dem die berufspädagogischen Fortbildungen nach Satz 1 Nummer 4 zu absolvieren sind, auf bis zu drei Jahre verlängern. [3]Der Stundenumfang ist entsprechend zu erhöhen.

(2) [1]Zur Praxisanleitung geeignet ist auch eine Person, die

1. zum 31. Dezember 2021 nachweislich als Praxisanleiterin oder Praxisanleiter in der anästhesietechnischen oder in der operationstechnischen Assistenz eingesetzt ist oder nachweislich über die Qualifikation verfügt, die bis zum 31. Dezember 2021 zum Einsatz als Praxisanleitung befähigt,
2. über Berufserfahrung in dem jeweiligen Berufsfeld von mindestens einem Jahr verfügt und
3. kontinuierlich berufspädagogische Fortbildungen im Umfang von mindestens 24 Stunden jährlich absolviert.

[2]Die Länder können den Zeitraum, in dem die berufspädagogischen Fortbildungen nach Satz 1 Nummer 3 zu absolvieren sind, auf bis zu drei Jahre verlängern. [3]Der Stundenumfang ist entsprechend zu erhöhen.

(3) Während der praktischen Ausbildung im ambulanten Kontext gemäß den Anlagen 2 und 4 kann die Praxisanleitung nach § 16 des Anästhesietechnische- und Operationstechnische-Assistenten-Gesetzes auch durch qualifizierte Fachkräfte der ambulanten Einrichtung, die nicht über eine Qualifikation nach Absatz 1 oder 2 verfügen, sichergestellt werden.

§ 10 Praxisbegleitung

[1]Für die Zeit der praktischen Ausbildung hat die Schule durch ihre Lehrkräfte zu gewährleisten, dass eine Praxisbegleitung in den Einrichtungen der praktischen Ausbildung in angemessenem Umfang erfolgt. [2]Im Rahmen der Praxisbegleitung sollen für

jede Auszubildende und jeden Auszubildenden mindestens drei Besuche einer Lehrkraft im Rahmen der allgemeinen Pflichteinsätze, zwei Besuche im Rahmen der Pflichteinsätze in Funktions- und Versorgungsbereichen und ein Besuch im Rahmen der Wahlpflichteinsätze gemäß der Anlagen 2 und 4 erfolgen.

§ 11 Inhalt der Kooperationsverträge

(1) [1]In den Kooperationsverträgen zwischen der Schule und den Einrichtungen der praktischen Ausbildung ist die enge Zusammenarbeit hinsichtlich der Ausbildung der Auszubildenden zu regeln. [2]Ziel ist es, eine bestmögliche Verzahnung von theoretischem und praktischem Unterricht mit der praktischen Ausbildung zu gewährleisten.

(2) Die Kooperationsverträge müssen insbesondere Vorgaben enthalten

1. zum Ausbildungsplan,
2. zu den Vereinbarungen, die die verantwortliche Einrichtung der praktischen Ausbildung mit weiteren Einrichtungen abzuschließen hat, um die in den Anlagen 2 und 4 vorgegebenen Einsatzbereiche sicherzustellen,
3. zur Durchführung der Praxisanleitung und
4. zur Durchführung der Praxisbegleitung.

Abschnitt 2
Staatliche Prüfung

Unterabschnitt 1
Allgemeines und Organisatorisches

§ 12 Bestandteile der staatlichen Prüfung

Die staatliche Prüfung besteht aus

1. einem schriftlichen Teil,
2. einem mündlichen Teil und
3. einem praktischen Teil.

§ 13 Bildung und Zuständigkeit des Prüfungsausschusses

(1) An jeder Schule, die die Ausbildung durchführt, wird ein Prüfungsausschuss gebildet.

(2) Der Prüfungsausschuss ist für die ordnungsgemäße Durchführung der staatlichen Prüfung zuständig.

§ 14 Zusammensetzung des Prüfungsausschusses

(1) Der Prüfungsausschuss besteht aus den folgenden Mitgliedern:

1. einer Vertreterin oder einem Vertreter der zuständigen Behörde oder einer anderen geeigneten Person, die von der zuständigen Behörde mit der Wahrnehmung dieser Aufgabe betraut worden ist, als Vorsitzende oder Vorsitzender,

2. der Schulleiterin oder dem Schulleiter oder einem für die Ausbildung zuständigen Mitglied der Schulleitung,
3. mindestens drei Fachprüferinnen und Fachprüfern, von denen
   a) mindestens zwei Personen schulische Fachprüferinnen und Fachprüfer sein müssen und
   b) mindestens eine Person eine praktische Fachprüferin oder ein praktischer Fachprüfer sein muss.

(2) Zur schulischen Fachprüferin oder zum schulischen Fachprüfer darf nur bestellt werden, wer an der Schule unterrichtet.

(3) [1]Zur praktischen Fachprüferin oder zum praktischen Fachprüfer darf nur bestellt werden, wer zum Zeitpunkt der staatlichen Prüfung als praxisanleitende Person tätig ist. [2]Mindestens eine Person der praktischen Fachprüferinnen und Fachprüfer muss in der Einrichtung tätig sein, in der der überwiegende Teil der praktischen Ausbildung durchgeführt worden ist.

(4) Zu Fachprüferinnen und Fachprüfern sollen die Lehrkräfte und praxisanleitenden Personen bestellt werden, die die Prüfungskandidatinnen und Prüfungskandidaten überwiegend unterrichtet oder ausgebildet haben.

(5) Die zuständige Behörde bestellt auf Vorschlag der Schule die Mitglieder des Prüfungsausschusses sowie für jedes Mitglied ein Ersatzmitglied für den Fall der Verhinderung.

§ 15 Bestimmung der einzelnen Fachprüferinnen und Fachprüfer für die einzelnen Prüfungsteile der staatlichen Prüfung

Die oder der Vorsitzende des Prüfungsausschusses bestimmt auf Vorschlag der Schulleiterin oder des Schulleiters für jede Aufsichtsarbeit des schriftlichen Teils der staatlichen Prüfung und für den mündlichen und den praktischen Teil der staatlichen Prüfung jeweils

1. die Fachprüferinnen und Fachprüfer sowie
2. deren Stellvertreterinnen und Stellvertreter.

§ 16 Teilnahme der oder des Vorsitzenden des Prüfungsausschusses an Teilen der staatlichen Prüfung

[1]Die oder der Vorsitzende hat das Recht, an den einzelnen Teilen der staatlichen Prüfung teilzunehmen; ihr oder ihm steht kein Fragerecht zu. [2]Eine Verpflichtung zur Anwesenheit besteht nicht.

§ 17 Teilnahme von Sachverständigen sowie von Beobachterinnen und Beobachtern an der staatlichen Prüfung

(1) Die zuständige Behörde kann Sachverständige sowie Beobachterinnen und Beobachter zur Teilnahme an einzelnen oder allen Teilen der staatlichen Prüfung entsenden.

(2) Die Teilnahme an einer realen operativen oder anästhesiologischen Situation ist nur zulässig, wenn die betroffenen Patientinnen und Patienten oder eine vertretungsberechtigte Person zuvor darin eingewilligt haben.

§ 18 Zulassung zur staatlichen Prüfung

(1) Auf Antrag der oder des Auszubildenden entscheidet die oder der Vorsitzende des Prüfungsausschusses, ob die oder der Auszubildende zur staatlichen Prüfung zugelassen wird.

(2) Die Zulassung zur staatlichen Prüfung wird erteilt, wenn

1. die folgenden Nachweise vorliegen:
   a) ein Identitätsnachweis der oder des Auszubildenden in amtlich beglaubigter Abschrift,
   b) die Bescheinigung über die regelmäßige und erfolgreiche Teilnahme am theoretischen und praktischen Unterricht sowie der praktischen Ausbildung nach Anlage 5,
   c) der schriftlich oder elektronisch geführte Ausbildungsnachweis nach § 28 Absatz 2 Nummer 5 des Anästhesietechnische- und Operationstechnische-Assistenten-Gesetzes,
   d) die Jahreszeugnisse nach § 8,
2. die Durchschnittsnote der Jahreszeugnisse mindestens „ausreichend“ ist und
3. die Fehlzeiten,
   a) die nach § 25 des Anästhesietechnische- und Operationstechnische-Assistenten-Gesetzes auf die Dauer der Ausbildung anzurechnen sind, nicht überschritten worden sind oder
   b) die Verlängerung der Ausbildungsdauer nach § 25 Absatz 4 in Verbindung mit § 24 des Anästhesietechnische- und Operationstechnische-Assistenten-Gesetzes absolviert und nachgewiesen worden ist.

(3) In die Durchschnittsnote der Jahreszeugnisse nach Absatz 2 Nummer 2 fließen jeweils die Jahresnote des theoretischen und praktischen Unterrichts und die Jahresnote der praktischen Ausbildung der Jahreszeugnisse mit gleicher Gewichtung ein.

(4) Die zuständige Behörde stellt eine Bescheinigung über die absolvierte Verlängerung der Ausbildungsdauer nach Absatz 2 Nummer 3 Buchstabe b aus.

(5) [1]Die Entscheidung über die Zulassung zur staatlichen Prüfung wird der oder dem Auszubildenden spätestens zwei Wochen vor Beginn der staatlichen Prüfung mitgeteilt. [2]Die Mitteilung erfolgt schriftlich oder elektronisch.

§ 19 Prüfungstermine für die staatliche Prüfung

(1) [1]Für die zugelassenen Prüfungskandidatinnen und Prüfungskandidaten muss die oder der Vorsitzende des Prüfungsausschusses die Prüfungstermine im Benehmen mit der Schulleiterin oder dem Schulleiter festlegen. [2]Der Beginn der staatlichen Prüfung soll nicht früher als fünf Monate vor dem Ende der Ausbildung liegen.

(2) Werden nach § 28 Absatz 6 bei einer Aufsichtsarbeit des schriftlichen Teils zentrale Aufgaben verwendet, so legt die zuständige Behörde für die Aufsichtsarbeit einen landeseinheitlichen Prüfungstermin fest.

(3) [1]Der Prüfungskandidatin oder dem Prüfungskandidaten werden in der Regel die Prüfungstermine spätestens zwei Wochen vor Beginn der staatlichen Prüfung mitgeteilt. [2]Die Mitteilung erfolgt schriftlich oder elektronisch.

§ 20 Prüfungsort der staatlichen Prüfung

(1) [1]Den schriftlichen und den mündlichen Teil der staatlichen Prüfung legt die Prüfungskandidatin oder der Prüfungskandidat in der Schule ab, an der sie oder er die Ausbildung abschließt. [2]Die zuständige Behörde, in deren Bereich der schriftliche und der mündliche Teil abgelegt werden sollen, kann aus wichtigem Grund Ausnahmen zulassen.

(2) Den praktischen Teil der staatlichen Prüfung legt die Prüfungskandidatin oder der Prüfungskandidat in der Regel in der verantwortlichen Einrichtung der praktischen Ausbildung nach § 14 Absatz 3 des Anästhesietechnische- und Operationstechnische-Assistenten-Gesetzes ab.

§ 21 Nachteilsausgleich

(1) Einer Prüfungskandidatin oder einem Prüfungskandidaten mit Behinderung oder Beeinträchtigung wird bei der Durchführung der staatlichen Prüfung auf Antrag ein individueller Nachteilsausgleich gewährt.

(2) [1]Der Antrag auf Nachteilsausgleich ist über die Schule an die zuständige Behörde zu stellen. [2]Die Schule leitet den Antrag gegebenenfalls zusammen mit einer Stellungnahme an die zuständige Behörde weiter. [3]Der Antrag erfolgt schriftlich oder elektronisch.

(3) [1]Die zuständige Behörde kann von der antragstellenden Person ein ärztliches Attest oder andere geeignete Unterlagen verlangen, aus denen die leistungsbeeinträchtigende Auswirkung der Beeinträchtigung oder Behinderung hervorgeht. [2]Bei Bedarf kann ein amtsärztliches Attest verlangt werden.

(4) [1]Über die Gewährung des Antrags auf Nachteilsausgleich entscheidet die zuständige Behörde. [2]Bei ihrer Entscheidung berücksichtigt sie die besonderen Belange von Prüfungskandidatinnen und Prüfungskandidaten mit Behinderung oder mit Beeinträchtigung, um deren Chancengleichheit bei der Durchführung der staatlichen Prüfung zu wahren.

(5) [1]Gewährt die zuständige Behörde den Nachteilsausgleich, so bestimmt sie individuell, in welcher geänderten Form die Prüfungsleistung zu erbringen ist. [2]Zur Festlegung der geänderten Form kann auch eine Verlängerung der Bearbeitungszeit gehören. [3]Die fachlichen Anforderungen an die staatliche Prüfung dürfen durch den Nachteilsausgleich nicht verändert werden.

(6) Ihre Entscheidung gibt die zuständige Behörde rechtzeitig und in geeigneter Weise der Prüfungskandidatin oder dem Prüfungskandidaten bekannt.

§ 22 Rücktritt von der staatlichen Prüfung

(1) Tritt die Prüfungskandidatin oder der Prüfungskandidat nach ihrer oder seiner Zulassung von der Prüfung oder einem Teil der staatlichen Prüfung zurück, so hat sie oder er den Grund für ihren Rücktritt unverzüglich der oder dem Vorsitzenden des Prüfungsausschusses schriftlich oder elektronisch mitzuteilen.

(2) Teilt die Prüfungskandidatin oder der Prüfungskandidat den Grund für den Rücktritt nicht unverzüglich mit, so ist der vom Rücktritt betroffene Teil der staatlichen Prüfung nicht bestanden.

(3) [1]Stellt die oder der Vorsitzende des Prüfungsausschusses fest, dass ein wichtiger Grund für den Rücktritt vorliegt, so gilt der vom Rücktritt betroffene Teil der staatlichen Prüfung als nicht begonnen. [2]Bei Krankheit ist die Vorlage eines amtsärztlichen Attests zu verlangen.

(4) Stellt die oder der Vorsitzende des Prüfungsausschusses fest, dass kein wichtiger Grund für den Rücktritt vorliegt, so ist der vom Rücktritt betroffene Teil der staatlichen Prüfung nicht bestanden.

§ 23 Versäumnisfolgen

(1) [1]Versäumt eine Prüfungskandidatin oder ein Prüfungskandidat einen Prüfungstermin, gibt sie eine Aufsichtsarbeit nicht oder nicht rechtzeitig ab oder unterbricht sie die Prüfung oder einen Teil der Prüfung, so gilt die Prüfung oder der betreffende Teil der Prüfung als nicht bestanden, wenn nicht ein wichtiger Grund vorliegt. [2]Die §§ 32, 38 und 44 gelten entsprechend.

(2) [1]Liegt ein wichtiger Grund vor, so gilt die Prüfung oder der betreffende Teil der Prüfung als nicht begonnen. [2]Die Entscheidung darüber, ob ein wichtiger Grund vorliegt, trifft die oder der Vorsitzende des Prüfungsausschusses. [3]§ 22 Absatz 1 und 3 Satz 2 gilt entsprechend.

§ 24 Störung der staatlichen Prüfung und Täuschungsversuch

(1) Hat eine Prüfungskandidatin oder ein Prüfungskandidat die ordnungsgemäße Durchführung der staatlichen Prüfung in erheblichem Maß gestört oder eine Täuschung versucht, so kann die oder der Vorsitzende des Prüfungsausschusses den betreffenden Teil der staatlichen Prüfung für nicht bestanden erklären.

(2) Bei einer erheblichen Störung ist eine solche Entscheidung nur bis zu dem Werktag zulässig, der auf jenen Tag folgt, an dem der letzte Teil der staatlichen Prüfung beendet worden ist.

(3) Bei einem Täuschungsversuch ist eine solche Entscheidung nur innerhalb von drei Jahren nach Abschluss der staatlichen Prüfung zulässig.

§ 25 Niederschrift

[1]Über die Prüfung ist eine Niederschrift zu fertigen, aus der Gegenstand, Ablauf und Ergebnisse der Prüfung sowie etwa vorkommende Unregelmäßigkeiten hervorgehen. [2]Die Niederschrift kann in schriftlicher oder elektronischer Form erfolgen.

§ 26 Vornoten

(1) Vor Beginn der staatlichen Prüfung setzt die oder der Vorsitzende des Prüfungsausschusses auf Vorschlag der Schule jeweils eine Vornote für den schriftlichen, den mündlichen und den praktischen Teil der staatlichen Prüfung fest. Grundlage der Festsetzung sind die Jahreszeugnisse nach § 8 Absatz 1.

(2) [1]Zur Festsetzung der Vornote für den schriftlichen Teil und den mündlichen Teil der staatlichen Prüfung ist jeweils das arithmetische Mittel aus den Zahlenwerten der drei Jahresnoten für den theoretischen und praktischen Unterricht zu berechnen. [2]Die Berechnung erfolgt auf zwei Stellen nach dem Komma ohne Rundung. [3]Dem berechneten Zahlenwert ist die entsprechende Note nach § 27 zuzuordnen. [4]Die zugeordnete Note ist die Vornote für den schriftlichen Teil der staatlichen Prüfung.

(3) [1]Zur Festsetzung der Vornote für den praktischen Teil der staatlichen Prüfung ist das arithmetische Mittel aus den Zahlenwerten der drei Jahresnoten für die praktischen Einsätze zu berechnen. [2]Die Berechnung erfolgt auf zwei Stellen nach dem Komma ohne Rundung. [3]Dem berechneten Zahlenwert ist die entsprechende Note nach § 27 zuzuordnen. [4]Die zugeordnete Note ist die Vornote für den praktischen Teil der staatlichen Prüfung.

(4) Die drei Vornoten sind der oder dem Auszubildenden spätestens drei Werktage vor Beginn der staatlichen Prüfung mitzuteilen.

§ 27 Benotung von Leistungen in der staatlichen Prüfung

Die in der staatlichen Prüfung erbrachten Leistungen werden wie folgt benotet:

Berechneter Zahlenwert	Note in Worten (Zahlenwert)	Notendefinition
1,00 bis 1,49	sehr gut (1)	eine Leistung, die den Anforderungen in besonderem Maß entspricht
1,50 bis 2,49	gut (2)	eine Leistung, die den Anforderungen voll entspricht
2,50 bis 3,49	befriedigend (3)	eine Leistung, die im Allgemeinen den Anforderungen entspricht
3,50 bis 4,49	ausreichend (4)	eine Leistung, die zwar Mängel aufweist, aber im Ganzen den Anforderungen noch entspricht
4,50 bis 5,49	mangelhaft (5)	eine Leistung, die den Anforderungen nicht entspricht, jedoch erkennen lässt, dass die notwendigen Grundkenntnisse vorhanden sind und die Mängel in absehbarer Zeit behoben werden können
5,50 bis 6,00	ungenügend (6)	eine Leistung, die den Anforderungen nicht entspricht und bei der selbst die Grundkenntnisse so lückenhaft sind, dass die Mängel in absehbarer Zeit nicht behoben werden können

Unterabschnitt 2
Schriftlicher Teil der staatlichen Prüfung

§ 28 Inhalt des schriftlichen Teils

(1) Im schriftlichen Teil der staatlichen Prüfung hat die Prüfungskandidatin oder der Prüfungskandidat nachzuweisen, dass sie oder er über die Fachkompetenz verfügt, die zur Berufsausübung erforderlich ist.

(2) Der schriftliche Teil der staatlichen Prüfung besteht aus drei Aufsichtsarbeiten.

(3) [1]Im Fall der Ausbildung zur Anästhesietechnischen Assistentin oder zum Anästhesietechnischen Assistenten ist je eine Aufsichtsarbeit zu schreiben

1. im Kompetenzschwerpunkt „Berufsbezogene Aufgaben im ambulanten und stationären Bereich eigenverantwortlich planen und strukturiert ausführen“ (Kompetenzschwerpunkt 1 der Anlage 1),
2. im Kompetenzschwerpunkt „Bei der medizinischen Diagnostik und Therapie mitwirken und ärztliche Anordnungen eigenständig durchführen“ (Kompetenzschwerpunkt 2 der Anlage 1) und
3. gemeinsam in den beiden Kompetenzschwerpunkten „Das eigene Handeln an rechtlichen Vorgaben und Qualitätskriterien ausrichten“ und „Hygienische Arbeitsweisen umfassend beherrschen und beachten“ (Kompetenzschwerpunkte 5 und 8 der Anlage 1).

[2]Die Aufgabenstellung für die Aufsichtsarbeit im Kompetenzschwerpunkt „Berufsbezogene Aufgaben im ambulanten und stationären Bereich eigenverantwortlich planen und strukturiert ausführen“ muss so gestaltet sein, dass die in Anlage 1 Kompetenzschwerpunkt 1 Buchstabe c genannte Kompetenz in angemessenem Umfang geprüft wird.

(4) Im Fall der Ausbildung zur Operationstechnischen Assistentin oder zum Operationstechnischen Assistenten ist je eine Aufsichtsarbeit zu schreiben

1. im Kompetenzschwerpunkt „Berufsbezogene Aufgaben im ambulanten und stationären Bereich eigenverantwortlich planen und strukturiert ausführen“ (Kompetenzschwerpunkt 1 der Anlage 3),
2. im Kompetenzschwerpunkt „Bei der medizinischen Diagnostik und Therapie mitwirken und ärztliche Anordnungen eigenständig durchführen“ (Kompetenzschwerpunkt 2 der Anlage 3) und
3. gemeinsam in den Kompetenzschwerpunkten „Das eigene Handeln an rechtlichen Vorgaben und Qualitätskriterien ausrichten“ und „Hygienische Arbeitsweisen umfassend beherrschen und beachten“ (Kompetenzschwerpunkte 5 und 8 der Anlage 3).

(5) Die Aufgaben für die Aufsichtsarbeiten werden von der zuständigen Behörde auf Vorschlag der Schule ausgewählt.

(6) [1]Die zuständige Behörde kann auch zentrale Aufgaben für die Aufsichtsarbeiten vorgeben. [2]Die zentralen Aufgaben müssen unter Beteiligung von Schulen erarbeitet worden sein.

(7) Die Aufsichtsarbeiten dauern jeweils 120 Minuten.

§ 29 Durchführung des schriftlichen Teils

(1) [1]Die Aufsichtsarbeiten werden unter Aufsicht geschrieben. [2]Die Aufsichtsführenden werden von der Schulleitung bestellt.

(2) Die Aufsichtsarbeiten sind in der Regel an drei aufeinanderfolgenden Werktagen durchzuführen.

§ 30 Benotung und Note einer Aufsichtsarbeit

(1) Jede Aufsichtsarbeit wird von zwei Fachprüferinnen und Fachprüfern benotet.

(2) Aus den Noten der Fachprüferinnen und Fachprüfer bildet die oder der Vorsitzende des Prüfungsausschusses die Note für die einzelnen Aufsichtsarbeiten als das arithmetische Mittel.

§ 31 Bestehen des schriftlichen Teils

Der schriftliche Teil der staatlichen Prüfung ist bestanden, wenn jede der drei Aufsichtsarbeiten mit mindestens „ausreichend“ benotet worden ist.

§ 32 Wiederholung von Aufsichtsarbeiten

(1) Wer eine Aufsichtsarbeit des schriftlichen Teils der staatlichen Prüfung nicht bestanden hat, kann sie einmal wiederholen.

(2) Für die Wiederholung ist ein Antrag der Prüfungskandidatin oder des Prüfungskandidaten bei der oder dem Vorsitzenden des Prüfungsausschusses erforderlich.

(3) [1]Die Wiederholungsprüfung muss spätestens zwölf Monate nach der letzten Prüfung abgeschlossen sein. [2]Ausnahmen kann die zuständige Behörde in begründeten Fällen zulassen.

§ 33 Note für den schriftlichen Teil

(1) Für jede Prüfungskandidatin und jeden Prüfungskandidaten, die oder der den schriftlichen Teil der staatlichen Prüfung bestanden hat, ermittelt die oder der Vorsitzende des Prüfungsausschusses jeweils die Note für den schriftlichen Teil der staatlichen Prüfung.

(2) [1]In die Note fließt ein:

1. der Zahlenwert von jeder Note der drei Aufsichtsarbeiten mit jeweils 25 Prozent und
2. der Zahlenwert der Vornote für den schriftlichen Teil mit 25 Prozent.

[2]Die Berechnung erfolgt auf zwei Stellen nach dem Komma ohne Rundung.

(3) Dem berechneten Zahlenwert ist die entsprechende Note nach § 27 zuzuordnen.

Unterabschnitt 3
Mündlicher Teil der staatlichen Prüfung

§ 34 Inhalt des mündlichen Teils

(1) [1]Im mündlichen Teil der staatlichen Prüfung hat die Prüfungskandidatin oder der Prüfungskandidat nachzuweisen, dass sie oder er über die Fachkompetenz und über die personale Kompetenz, die zur Berufsausübung erforderlich ist, verfügt. [2]Die personale Kompetenz schließt Sozialkompetenz und Kompetenz zu selbständigem Handeln mit ein.

(2) Im Fall der Ausbildung zur Anästhesietechnischen Assistentin oder zum Anästhesietechnischen Assistenten muss sich der mündliche Teil auf Grundlage einer komplexen Aufgabenstellung in Form der Bearbeitung einer Fallsituation auf die folgenden drei Kompetenzschwerpunkte erstrecken:

1. „Interdisziplinäres und interprofessionelles Handeln verantwortlich mitgestalten“ (Kompetenzschwerpunkt 3 der Anlage 1),
2. „Verantwortung für die Entwicklung der eigenen Persönlichkeit übernehmen (lebenslanges Lernen), berufliches Selbstverständnis entwickeln und berufliches Selbstverständnis bewältigen“ (Kompetenzschwerpunkt 4 der Anlage 1) sowie
3. „Mit Patientinnen und Patienten aller Altersstufen und deren Bezugspersonen unter Berücksichtigung soziologischer, psychologischer, kognitiver, kultureller und ethischer Aspekte kommunizieren und interagieren“ (Kompetenzschwerpunkt 6 der Anlage 1).

(3) Im Fall der Ausbildung zur Operationstechnischen Assistentin oder zum Operationstechnischen Assistenten muss sich der mündliche Teil auf Grundlage einer komplexen Aufgabenstellung in Form der Bearbeitung einer Fallsituation auf die folgenden drei Kompetenzschwerpunkte erstrecken:

1. „Interdisziplinäres und interprofessionelles Handeln verantwortlich mitgestalten“ (Kompetenzschwerpunkt 3 der Anlage 3),
2. „Verantwortung für die Entwicklung der eigenen Persönlichkeit übernehmen (lebenslanges Lernen), berufliches Selbstverständnis entwickeln und berufliches Selbstverständnis bewältigen“ (Kompetenzschwerpunkt 4 der Anlage 3) sowie
3. „Mit Patientinnen und Patienten aller Altersstufen und deren Bezugspersonen unter Berücksichtigung soziologischer, psychologischer, kognitiver, kultureller und ethischer Aspekte kommunizieren und interagieren“ (Kompetenzschwerpunkt 6 der Anlage 3).

§ 35 Durchführung des mündlichen Teils

(1) Im mündlichen Teil der staatlichen Prüfung sind die Prüfungskandidatinnen und Prüfungskandidaten einzeln oder zu zweit zu prüfen.

(2) [1]Der mündliche Teil soll für jede Prüfungskandidatin und jeden Prüfungskandidaten mindestens 30 Minuten und höchstens 45 Minuten dauern. [2]Eine angemessene Vorbereitungszeit unter Aufsicht ist zu gewährleisten.

(3) Der mündliche Teil wird von zwei Fachprüferinnen und Fachprüfern abgenommen.

(4) Die oder der Vorsitzende des Prüfungsausschusses kann die Anwesenheit von höchstens fünf Zuhörerinnen und Zuhörern beim mündlichen Teil gestatten, wenn

1. im Fall
   a) der Einzelprüfung die Prüfungskandidatin oder der Prüfungskandidat dem zugestimmt hat oder
   b) der Prüfung zu zweit beide Prüfungskandidatinnen und Prüfungskandidaten dem zugestimmt haben und
2. ein berechtigtes Interesse besteht.

§ 36 Benotung und Note für die im mündlichen Teil erbrachte Leistung

(1) Die im mündlichen Teil der staatlichen Prüfung erbrachte Leistung wird von den Fachprüferinnen und Fachprüfern benotet, von denen der mündliche Teil abgenommen worden ist.

(2) Aus den Noten der Fachprüferinnen und Fachprüfer bildet die oder der Vorsitzende des Prüfungsausschusses die Note für die im mündlichen Teil der staatlichen Prüfung gezeigte Leistung als das arithmetische Mittel.

(3) [1]In die Note fließt ein:

1. der Zahlenwert der Note für die im mündlichen Teil der staatlichen Prüfung gezeigte Leistung mit 75 Prozent und
2. der Zahlenwert der Vornote für den mündlichen Teil mit 25 Prozent.

[2]Die Berechnung erfolgt auf zwei Stellen nach dem Komma ohne Rundung.

(4) Dem berechneten Zahlenwert ist die entsprechende Note nach § 27 zuzuordnen.

§ 37 Bestehen des mündlichen Teils

Der mündliche Teil der staatlichen Prüfung ist bestanden, wenn die Prüfungsleistung mindestens mit „ausreichend" benotet worden ist.

§ 38 Wiederholung des mündlichen Teils

(1) Wer den mündlichen Teil der staatlichen Prüfung nicht bestanden hat, kann ihn einmal wiederholen.

(2) Für die Wiederholung ist ein Antrag der Prüfungskandidatin oder des Prüfungskandidaten bei der oder dem Vorsitzenden des Prüfungsausschusses erforderlich.

(3) [1]Die Wiederholungsprüfung muss spätestens zwölf Monate nach der letzten Prüfung abgeschlossen sein. [2]Ausnahmen kann die zuständige Behörde in begründeten Fällen zulassen.

Unterabschnitt 4
Praktischer Teil der staatlichen Prüfung

§ 39 Inhalt des praktischen Teils

(1) Im praktischen Teil der staatlichen Prüfung hat die Prüfungskandidatin oder der Prüfungskandidat nachzuweisen, dass sie oder er über die Kompetenzen verfügt, die

1. im Fall der Ausbildung zur Anästhesietechnischen Assistentin oder zum Anästhesietechnischen Assistenten erforderlich sind zur eigenverantwortlichen Ausführung von und Mitwirkung bei berufsfeldspezifischen Aufgaben im anästhesiologischen Bereich der ambulanten oder stationären Versorgung oder
2. im Fall der Ausbildung zur Operationstechnischen Assistentin oder zum Operationstechnischen Assistenten erforderlich sind zur eigenverantwortlichen Ausführung von und Mitwirkung bei berufsfeldspezifischen Aufgaben im operativen Bereich der ambulanten oder stationären Versorgung.

(2) Der praktische Teil der staatlichen Prüfung besteht

1. im Fall der Ausbildung zur Anästhesietechnischen Assistentin oder zum Anästhesietechnischen Assistenten aus einer Aufgabe zur umfassenden Vorbereitung, Assistenz und Nachbereitung einer anästhesiologischen Maßnahme und
2. im Fall der Ausbildung zur Operationstechnischen Assistentin oder zum Operationstechnischen Assistenten aus einer Aufgabe zur umfassenden Vorbereitung, Instrumentation und Nachbereitung eines operativen Eingriffs.

(3) Der praktische Teil muss sich erstrecken auf

1. die Kompetenzschwerpunkte 1 bis 8 der Anlage 1 im Fall der Ausbildung zur Anästhesietechnischen Assistentin oder zum Anästhesietechnischen Assistenten und
2. die Kompetenzschwerpunkte 1 bis 8 der Anlage 3 im Fall der Ausbildung zur Operationstechnischen Assistentin oder zum Operationstechnischen Assistenten.

(4) Die Aufgabe der anästhesiologischen Assistenz ist so zu gestalten, dass die Prüfungskandidatin oder der Prüfungskandidat zeigen kann, dass sie oder er die erforderlichen Kompetenzen erworben hat, um alle anfallenden Aufgaben zu planen, zu organisieren, durchzuführen, zu begründen und in einem Reflexionsgespräch zu evaluieren.

(5) Die Aufgabe der operativen Assistenz ist so zu gestalten, dass die Prüfungskandidatin oder der Prüfungskandidat zeigen kann, dass sie oder er die erforderlichen Kompetenzen erworben hat, um alle anfallenden Aufgaben zu planen, zu organisieren, durchzuführen, zu begründen und in einem Reflexionsgespräch zu evaluieren.

(6) Die jeweilige Aufgabe der anästhesiologischen Assistenz oder der operativen Assistenz nach Absatz 2 soll insbesondere den Versorgungsbereich berücksichtigen, in dem die Prüfungskandidatin oder der Prüfungskandidat den überwiegenden Teil der praktischen Ausbildung absolviert hat.

(7) [1]Die jeweilige Aufgabe der anästhesiologischen Assistenz oder der operativen Assistenz wird auf Vorschlag der Schule durch die Fachprüferinnen und Fachprüfer

bestimmt. [2]Die jeweilige Aufgabe darf unter Beteiligung einer Patientin oder eines Patienten nur durchgeführt werden, wenn die betroffenen Patientinnen und Patienten oder eine vertretungsberechtigte Person darin eingewilligt haben. [3]Die verantwortliche Ärztin oder der verantwortliche Arzt kann die Durchführung der Aufgabe aus medizinischen Gründen ablehnen.

§ 40 Durchführung des praktischen Teils

(1) Im praktischen Teil der staatlichen Prüfung ist jede Prüfungskandidatin und jeder Prüfungskandidat einzeln zu prüfen.

(2) Der praktische Teil muss

1. im Fall der Ausbildung zur Anästhesietechnischen Assistentin oder zum Anästhesietechnischen Assistenten in einer realen und komplexen anästhesiologischen Situation durchgeführt werden und
2. im Fall der Ausbildung zur Operationstechnischen Assistentin und zum Operationstechnischen Assistenten in einer realen und komplexen operativen Situation durchgeführt werden.

(3) Der praktische Teil muss von zwei Fachprüferinnen oder Fachprüfern abgenommen werden, von denen mindestens eine Person zum Zeitpunkt der Prüfung als praxisanleitende Person tätig ist.

§ 41 Bestandteile des praktischen Teils und Dauer

(1) [1]Der praktische Teil der staatlichen Prüfung besteht aus

1. der Erstellung eines umfassenden perioperativen Ablaufplans,
2. der Fallvorstellung,
3. der Durchführung der geplanten und situativ erforderlichen berufsfeldspezifischen Maßnahmen und
4. einem Reflexionsgespräch.

[2]Der Ablaufplan ist schriftlich oder elektronisch unter Aufsicht zu erstellen.

(2) [1]Die gesamte Dauer des praktischen Teils soll einschließlich des Reflexionsgespräches mindestens fünf und höchstens sechs Stunden dauern. [2]Der Ablaufplan ist innerhalb einer Bearbeitungszeit von 90 Minuten zu erstellen. [3]Die Fallvorstellung darf maximal 20 Minuten dauern. [4]Das Reflexionsgespräch darf maximal 20 Minuten dauern.

(3) Der praktische Teil darf maximal für die Dauer eines Werktages unterbrochen werden.

§ 42 Benotung und Note für die im praktischen Teil erbrachte Leistung

(1) Die im praktischen Teil der staatlichen Prüfung erbrachte Leistung wird von den Fachprüferinnen und Fachprüfern benotet, von denen der praktische Teil abgenommen worden ist.

(2) Aus den Noten der Fachprüferinnen und Fachprüfer bildet die oder der Vorsitzende des Prüfungsausschusses die Note für die im praktischen Teil der staatlichen Prüfung gezeigte Leistung als das arithmetische Mittel.

(3) [1]In die Note fließt ein:

1. der Zahlenwert der Note für die im praktischen Teil der staatlichen Prüfung gezeigte Leistung mit 75 Prozent und
2. der Zahlenwert der Vornote für den praktischen Teil mit 25 Prozent.

[2]Die Berechnung erfolgt auf zwei Stellen nach dem Komma ohne Rundung.

(4) Dem berechneten Zahlenwert ist die entsprechende Note nach § 27 zuzuordnen.

§ 43 Bestehen des praktischen Teils

Der praktische Teil der staatlichen Prüfung ist bestanden, wenn die Prüfungsleistung mindestens mit „ausreichend“ benotet worden ist.

§ 44 Wiederholung des praktischen Teils und zusätzlicher Praxiseinsatz

(1) Wer den praktischen Teil der staatlichen Prüfung nicht bestanden hat, kann ihn einmal wiederholen.

(2) Für die Wiederholung ist ein Antrag der Prüfungskandidatin oder des Prüfungskandidaten bei der oder dem Vorsitzenden des Prüfungsausschusses erforderlich.

(3) [1]Vor der Wiederholung hat die Prüfungskandidatin oder der Prüfungskandidat einen zusätzlichen Praxiseinsatz zu absolvieren. [2]Dauer und Inhalt des Praxiseinsatzes sind von der oder dem Vorsitzenden des Prüfungsausschusses zu bestimmen.

(4) Zur Wiederholung darf nur zugelassen werden, wer dem Antrag einen Nachweis über den zusätzlichen Praxiseinsatz beigefügt hat.

(5) [1]Die Wiederholungsprüfung muss spätestens zwölf Monate nach der letzten Prüfung abgeschlossen sein. [2]Ausnahmen kann die zuständige Behörde in begründeten Fällen zulassen.

Unterabschnitt 5
Abschluss des Prüfungsverfahrens

§ 45 Gesamtnote der staatlichen Prüfung

(1) Für jede Prüfungskandidatin und jeden Prüfungskandidaten, die oder der die drei Teile der staatlichen Prüfung bestanden hat, bildet die oder der Vorsitzende des Prüfungsausschusses die Gesamtnote der staatlichen Prüfung.

(2) [1]Die Gesamtnote der staatlichen Prüfung wird aus dem arithmetischen Mittel der drei Prüfungsteile gebildet. [2]Die Berechnung erfolgt auf zwei Stellen nach dem Komma ohne Rundung.

(3) [1]Dem berechneten Notenwert ist die entsprechende Note nach § 27 zuzuordnen. [2]Die zugeordnete Note ist die Gesamtnote der staatlichen Prüfung.

§ 46 Bestehen der staatlichen Prüfung

Die staatliche Prüfung ist bestanden, wenn die Gesamtnote des schriftlichen Teils, des mündlichen Teils und des praktischen Teils der Prüfung jeweils mindestens mit „ausreichend“ benotet worden ist.

§ 47 Zeugnis über die staatliche Prüfung

(1) Wer die staatliche Prüfung bestanden hat, erhält ein Zeugnis nach dem Muster der Anlage 6.

(2) Im Zeugnis sind insbesondere anzugeben

1. die Note für den schriftlichen Teil der staatlichen Prüfung,
2. die Note für den mündlichen Teil der staatlichen Prüfung,
3. die Note für den praktischen Teil der staatlichen Prüfung und
4. die Gesamtnote der staatlichen Prüfung als Note in Worten und als Zahlenwert mit zwei Nachkommastellen.

§ 48 Mitteilung bei Nichtbestehen der staatlichen Prüfung

Wer die staatliche Prüfung nicht bestanden hat, erhält von der Vorsitzenden oder dem Vorsitzenden des Prüfungsausschusses eine schriftliche oder elektronische Mitteilung, in der die Noten der drei Teile der staatlichen Prüfung angegeben sind.

§ 49 Aufbewahrung der Prüfungsunterlagen und Einsichtnahme

(1) [1]Die Aufsichtsarbeiten sind drei Jahre aufzubewahren. [2]Die übrigen Prüfungsunterlagen, einschließlich der Niederschrift nach § 25, sind zehn Jahre aufzubewahren.

(2) Nach Abschluss der staatlichen Prüfung ist der betroffenen Person auf Antrag Einsicht in die sie betreffenden Prüfungsunterlagen zu gewähren.

Teil 2
Erlaubnisurkunde

§ 50 Ausstellung der Erlaubnisurkunde

(1) Bei der Erteilung der Erlaubnis, die Berufsbezeichnung „Anästhesietechnische Assistentin“ oder „Anästhesietechnischer Assistent“ oder die Berufsbezeichnung „Operationstechnische Assistentin“ oder „Operationstechnischer Assistent“ zu führen, stellt die zuständige Behörde eine Erlaubnisurkunde aus.

(2) [1]Für die Erlaubnisurkunde ist das Muster nach Anlage 7 zu verwenden. [2]Dies gilt auch bei Bestehen der Nachprüfung nach § 104.

(3) Im Fall eines Antrags nach § 69 Absatz 2 des Anästhesietechnische- und Operationstechnische-Assistenten-Gesetzes ist für die Erlaubnisurkunde das Muster nach Anlage 8 zu verwenden.

Teil 3
Anerkennung ausländischer Berufsqualifikationen und erforderliche Anpassungsmaßnahmen

Abschnitt 1
Verfahren

§ 51 Frist der Behörde für die Bestätigung des Antragseingangs

Beantragt eine Person, die ihre Berufsqualifikation außerhalb des Geltungsbereichs des Anästhesietechnische- und Operationstechnische-Assistenten-Gesetzes erworben hat, die Erlaubnis die Berufsbezeichnung „Anästhesietechnische Assistentin" oder „Anästhesietechnischer Assistent" oder die Berufsbezeichnung „Operationstechnische Assistentin" oder „Operationstechnischer Assistent" zu führen, so bestätigt die zuständige Behörde ihr innerhalb eines Monats nach Eingang des Antrags den Antragseingang und teilt ihr gegebenenfalls mit, welche Unterlagen fehlen, um die erforderlichen Voraussetzungen nachzuweisen.

§ 52 Erforderliche Unterlagen

(1) Personen, die die Erlaubnis zum Führen der Berufsbezeichnung nach § 1 Absatz 1 oder § 2 Absatz 1 des Anästhesietechnische- und Operationstechnische-Assistenten-Gesetzes aufgrund einer außerhalb des Geltungsbereichs des Anästhesietechnische- und Operationstechnische-Assistenten-Gesetzes erworbenen Berufsqualifikation beantragen, haben dem Antrag folgende Unterlagen beizufügen:

1. eine tabellarische Aufstellung der absolvierten Ausbildungsgänge und der ausgeübten Erwerbstätigkeiten in deutscher Sprache,
2. einen Identitätsnachweis,
3. eine Bescheinigung über die erworbene Berufsqualifikation, aus der sich ergibt, dass die Berufsqualifikation in dem Staat, in dem sie erworben worden ist, erforderlich ist für den unmittelbaren Zugang zu einem Beruf, der dem Beruf der Anästhesietechnischen Assistentin und des Anästhesietechnischen Assistenten oder der Operationstechnischen Assistentin und des Operationstechnischen Assistenten entspricht, und die Ausbildungsnachweise, die den Erwerb dieser Berufsqualifikation belegen,
4. sofern vorhanden, eine Bescheinigung über die erworbene Berufserfahrung oder Nachweise über Kenntnisse und Fähigkeiten, die durch lebenslanges Lernen erworben worden sind und
5. eine Erklärung, dass bisher noch kein Antrag auf Feststellung der Gleichwertigkeit gestellt wurde.

(2) [1]Die Unterlagen nach Absatz 1 Nummer 1 bis 4 sind der zuständigen Stelle in Form von Kopien vorzulegen oder elektronisch zu übermitteln. [2]Von den Unterlagen nach Absatz 1 Nummer 3 und 4 sind Übersetzungen in deutscher Sprache vorzulegen. [3]Darüber hinaus kann die zuständige Stelle von den Unterlagen nach Absatz 1 Nummer 2 und allen nachgereichten Unterlagen Übersetzungen in deutscher Sprache verlangen. [4]Die Übersetzungen sind von einer öffentlich bestellten

oder beeidigten Dolmetscherin oder Übersetzerin oder einem öffentlich bestellten oder beeidigten Dolmetscher oder Übersetzer erstellen zu lassen.

(3) Die zuständige Stelle kann abweichend von Absatz 2 eine andere Form für die vorzulegenden Dokumente zulassen.

(4) [1]Die zuständige Stelle kann die Antragstellerin oder den Antragsteller auffordern, innerhalb einer angemessenen Frist Informationen zum Inhalt und zur Dauer der im Ausland absolvierten Berufsbildung sowie zu sonstigen Berufsqualifikationen vorzulegen, soweit dies zur Bewertung der Gleichwertigkeit erforderlich ist. [2]Soweit die Berufsbildung in einem Mitgliedstaat der Europäischen Union, einem weiteren Vertragsstaat des Abkommens über den Europäischen Wirtschaftsraum oder in einem durch Abkommen gleichgestellten Staat absolviert wurde, kann sich die zuständige Stelle an die zuständige Stelle des Ausbildungsstaats wenden.

(5) [1]Bestehen begründete Zweifel an der Echtheit oder der inhaltlichen Richtigkeit der vorgelegten Unterlagen, kann die zuständige Stelle die Antragstellerin oder den Antragsteller auffordern, innerhalb einer angemessenen Frist Originale, beglaubigte Kopien oder weitere geeignete Unterlagen vorzulegen. [2]Bei Unterlagen, die in einem Mitgliedstaat der Europäischen Union oder einem weiteren Vertragsstaat des Abkommens über den Europäischen Wirtschaftsraum ausgestellt oder anerkannt wurden, kann sich die zuständige Stelle im Fall begründeter Zweifel an der Echtheit der Unterlagen sowohl an die zuständige Stelle des Ausbildungs- oder Anerkennungsstaats wenden, als auch die Antragstellerin oder den Antragsteller auffordern, beglaubigte Kopien vorzulegen. 3Eine solche Aufforderung hemmt nicht den Fristlauf nach § 38 Absatz 3 Satz 2 des Anästhesietechnische- und Operationstechnische-Assistenten-Gesetzes.

(6) [1]Die Antragstellerin oder der Antragsteller hat durch geeignete Unterlagen darzulegen, im jeweiligen Bundesland eine den Berufsqualifikationen entsprechende Erwerbstätigkeit ausüben zu wollen. [2]Geeignete Unterlagen können beispielsweise der Nachweis der Beantragung eines Einreisevisums zur Erwerbstätigkeit, der Nachweis einer Kontaktaufnahme mit potenziellen Arbeitgebern oder ein Geschäftskonzept sein. [3]Für Antragstellerinnen oder Antragsteller mit Wohnsitz in einem Mitgliedstaat der Europäischen Union, einem weiteren Vertragsstaat des Abkommens über den Europäischen Wirtschaftsraum oder in einem durch Abkommen gleichgestellten Staat sowie für Staatsangehörige dieser Staaten ist diese Darlegung entbehrlich, sofern keine besonderen Gründe gegen eine entsprechende Absicht sprechen.

§ 53 Frist der Behörde für die Entscheidung über den Antrag

(1) Die zuständige Behörde entscheidet kurzfristig über den Antrag, spätestens jedoch drei Monate nach Vorlage der vollständigen Unterlagen durch die antragstellende Person.

(2) Im Fall des § 81a des Aufenthaltsgesetzes soll die Entscheidung innerhalb von zwei Monaten erfolgen.

§ 54 Bescheide bei Feststellung wesentlicher Unterschiede

(1) Stellt die Behörde hinsichtlich der Gleichwertigkeit der außerhalb des Geltungsbereichs des Anästhesietechnische- und Operationstechnische-Assistenten-Gesetzes erworbenen Berufsqualifikation wesentliche Unterschiede fest, so erteilt sie der antragstellenden Person einen rechtsmittelfähigen Bescheid.

(2) Der Bescheid enthält folgende Angaben:

1. das Niveau der in Deutschland verlangten Qualifikation und das Niveau der von der antragstellenden Person vorgelegten Qualifikation gemäß der Klassifizierung in Artikel 11 der Richtlinie 2005/36/EG des Europäischen Parlaments und des Rates vom 7. September 2005 über die Anerkennung von Berufsqualifikationen (ABl. L 255 vom 30.9.2005, S. 22; L 271 vom 16.10.2007, S. 18; L 93 vom 4.4.2008, S. 28; L 33 vom 3.2.2009, S. 49; L 305 vom 24.10.2014, S. 115), die zuletzt durch den Delegierten Beschluss (EU) 2020/548 (ABl. L 131 vom 24.4.2020, S. 1) geändert worden ist, in der jeweils geltenden Fassung,
2. die Themenbereiche oder Ausbildungsbestandteile, bei denen wesentliche Unterschiede festgestellt worden sind,
3. eine inhaltliche Erläuterung der wesentlichen Unterschiede sowie eine Begründung, warum diese dazu führen, dass die antragstellende Person nicht in ausreichender Form über die Kompetenzen verfügt, die in Deutschland erforderlich sind
   a) zur Ausübung des Berufs der Anästhesietechnischen Assistentin oder des Anästhesietechnischen Assistenten oder
   b) zur Ausübung des Berufs der Operationstechnischen Assistentin oder des Operationstechnischen Assistenten,
4. eine Begründung, warum die antragstellende Person die wesentlichen Unterschiede nicht nach § 45 des Anästhesietechnische- und Operationstechnische-Assistenten-Gesetzes durch Kenntnisse, Fähigkeiten und Kompetenzen hat ausgleichen können, die sie im Rahmen ihrer nachgewiesenen Berufserfahrung oder durch lebenslanges Lernen erworben hat, und
5. die zum Ausgleich der festgestellten wesentlichen Unterschiede erforderlichen Anpassungsmaßnahmen nach Abschnitt 2 oder Abschnitt 3 dieses Teils.

(3) Die Länder können vereinbaren, für die Feststellung oder Bewertung der Gleichwertigkeit der im Ausland erworbenen Berufsqualifikationen eine einheitliche Bewertungsgrundlage zugrunde zu legen.

Abschnitt 2
Anpassungsmaßnahmen nach § 47 des Anästhesietechnische- und Operationstechnische-Assistenten-Gesetzes

Unterabschnitt 1
Eignungsprüfung

§ 55 Zweck der Eignungsprüfung

In der Eignungsprüfung hat die Prüfungskandidatin oder der Prüfungskandidat nachzuweisen, dass sie oder er über Kenntnisse, Fähigkeiten und Kompetenzen verfügt, die zum Ausgleich der von der zuständigen Behörde festgestellten wesentlichen Unterschiede erforderlich sind.

§ 56 Eignungsprüfung als staatliche Prüfung

(1) Die Eignungsprüfung wird als staatliche Prüfung durchgeführt.

(2) [1]Zur Durchführung der Eignungsprüfung können die Länder die Prüfungsausschüsse der staatlichen Prüfung (§§ 13 und 14) und die Prüfungstermine der staatlichen Prüfung (§ 19) nutzen. [2]Sie haben sicherzustellen, dass die antragstellende Person die Eignungsprüfung innerhalb von sechs Monaten nach der Entscheidung nach § 47 Absatz 2 des Anästhesietechnische- und Operationstechnische-Assistenten-Gesetzes ablegen kann.

(3) Soweit in diesem Unterabschnitt nichts anderes bestimmt ist, gelten für die Eignungsprüfung die §§ 21 bis 25 und 49 entsprechend.

§ 57 Inhalt der Eignungsprüfung

(1) Die Eignungsprüfung ist eine praktische Prüfung, die mit Prüfungsgesprächen verbunden ist.

(2) Die praktische Prüfung umfasst

1. im Fall einer Person, die die Erlaubnis zum Führen der Berufsbezeichnung der Anästhesietechnischen Assistentin oder des Anästhesietechnischen Assistenten beantragt hat, mindestens zwei und höchstens vier anästhesiologische Situationen oder
2. im Fall einer Person, die die Erlaubnis zum Führen der Berufsbezeichnung Operationstechnische Assistentin oder Operationstechnischer Assistent beantragt hat, mindestens zwei und höchstens vier operative Situationen.

(3) Jede anästhesiologische oder operative Situation ist mit einem Prüfungsgespräch verbunden.

(4) [1]Jede anästhesiologische oder operative Situation soll nicht länger als 120 Minuten dauern und als Prüfung einer konkreten Behandlungssituation an einer Patientin oder einem Patienten ausgestaltet sein. [2]Die betroffene Patientin oder der betroffene Patient oder eine vertretungsberechtigte Person sowie die verantwortliche Ärztin oder der verantwortliche Arzt müssen darin eingewilligt haben.

(5) Die zuständige Behörde legt nach Absatz 2 die Anzahl der anästhesiologischen oder operativen Situationen, auf die sich die Prüfung erstreckt, und die Kompetenzschwerpunkte der Anlage 1 oder 3 gemäß den festgestellten wesentlichen Unterschieden fest.

§ 58 Prüfungsort der Eignungsprüfung

(1) Für die einzelnen anästhesiologischen und operativen Situationen der Eignungsprüfung legt die zuständige Behörde den jeweiligen Prüfungsort fest.

(2) Prüfungsort soll eine Einrichtung sein, die nach § 14 Absatz 2 des Anästhesietechnische- und Operationstechnische-Assistenten-Gesetzes geeignet ist.

§ 59 Durchführung der Eignungsprüfung

(1) Die Eignungsprüfung wird von zwei Personen abgenommen, von denen eine Person schulische Fachprüferin oder schulischer Fachprüfer und die andere Person praktische Fachprüferin oder praktischer Fachprüfer ist.

(2) Während der Eignungsprüfung sind den beiden Fachprüferinnen und Fachprüfern Nachfragen gestattet, die sich auf das praktische Vorgehen der Prüfungskandidatin oder des Prüfungskandidaten beziehen.

§ 60 Bewertung und Bestehen der Eignungsprüfung

(1) Die in der Eignungsprüfung gezeigte Leistung ist von den beiden Fachprüferinnen und Fachprüfern zu bewerten, die die Eignungsprüfung abgenommen haben.

(2) Für jede anästhesiologische oder operative Situation der Eignungsprüfung ist eine gesonderte Bewertung vorzunehmen.

(3) [1]Bewertet wird die Leistung entweder mit „bestanden“ oder mit „nicht bestanden“. [2]Mit „bestanden“ wird sie bewertet, wenn sie den Anforderungen genügt, also mindestens der Note „ausreichend (4)“ entspricht.

(4) [1]Kommen die beiden Fachprüferinnen und Fachprüfer zu einer unterschiedlichen Bewertung, so hat die oder der Vorsitzende des Prüfungsausschusses die Bewertung festzulegen. [2]Die oder der Vorsitzende des Prüfungsausschusses muss zu diesem Zweck während der Eignungsprüfung anwesend sein; ihr oder ihm steht ein Fragerecht zu.

(5) Die Eignungsprüfung ist bestanden, wenn die Fachprüferinnen und Fachprüfer jede anästhesiologische oder operative Situation mit „bestanden“ bewerten.

§ 61 Wiederholung

(1) Wer eine anästhesiologische oder eine operative Situation der Eignungsprüfung nicht bestanden hat, darf sie einmal wiederholen.

(2) Für die Wiederholung ist ein Antrag der Prüfungskandidatin oder des Prüfungskandidaten bei der oder dem Vorsitzenden des Prüfungsausschusses erforderlich.

§ 62 Bescheinigung

(1) Die oder der Vorsitzende des Prüfungsausschusses hat der Person, die die Eignungsprüfung bestanden hat, eine Bescheinigung auszustellen.

(2) Für die Bescheinigung ist das Muster der Anlage 9 zu verwenden.

Unterabschnitt 2
Anpassungslehrgang

§ 63 Ziel und Inhalt des Anpassungslehrgangs

(1) Ziel des Anpassungslehrgangs ist es, die von der zuständigen Behörde festgestellten wesentlichen Unterschiede auszugleichen (Lehrgangsziel).

(2) Die zuständige Behörde legt die Dauer und die Inhalte des Anpassungslehrgangs so fest, dass das Lehrgangsziel erreicht werden kann.

(3) Für die Inhalte und die Durchführung des Anpassungslehrgangs können die Länder gemeinsame Empfehlungen abgeben.

§ 64 Durchführung des Anpassungslehrgangs

(1) Im Anpassungslehrgang wird der Beruf der Anästhesietechnischen Assistentin oder des Anästhesietechnischen Assistenten oder der Operationstechnischen Assistentin oder des Operationstechnischen Assistenten unter der Verantwortung einer Person, die über die Erlaubnis zur Führung der jeweiligen Berufsbezeichnung verfügt, ausgeübt und entsprechend dem Lehrgangsziel begleitet durch

1. theoretischen und praktischen Unterricht,
2. eine praktische Ausbildung mit theoretischer Unterweisung oder
3. theoretischen und praktischen Unterricht und eine praktische Ausbildung mit theoretischer Unterweisung.

(2) Der theoretische und praktische Unterricht wird an Einrichtungen nach § 14 Absatz 1 des Anästhesietechnische- und Operationstechnische-Assistenten-Gesetzes oder an von der zuständigen Behörde als vergleichbar anerkannten Einrichtungen durchgeführt.

(3) Die praktische Ausbildung wird an Einrichtungen nach § 14 Absatz 2 des Anästhesietechnische- und Operationstechnische-Assistenten-Gesetzes oder an von der zuständigen Behörde als vergleichbar anerkannten Einrichtungen durchgeführt.

(4) An der theoretischen Unterweisung sollen praxisanleitende Personen, die die Voraussetzungen nach § 9 erfüllen, in angemessenem Umfang beteiligt werden.

§ 65 Bescheinigung

(1) Der Person, die am Anpassungslehrgang teilgenommen hat, hat die Einrichtung, bei der die Person den Anpassungslehrgang absolviert hat, eine Bescheinigung auszustellen.

(2) Für die Bescheinigung ist das Muster der Anlage 10 zu verwenden.

Abschnitt 3
Anpassungsmaßnahmen nach § 48 des Anästhesietechnische- und Operationstechnische-Assistenten-Gesetzes

Unterabschnitt 1
Kenntnisprüfung

§ 66 Zweck der Kenntnisprüfung

Die Kenntnisprüfung dient der Feststellung, dass die Prüfungskandidatin oder der Prüfungskandidat über die Kenntnisse, Fähigkeiten und Kompetenzen verfügt, die erforderlich sind

1. zur Ausübung des Berufs der Anästhesietechnischen Assistentin oder des Anästhesietechnischen Assistenten oder
2. zur Ausübung des Berufs der Operationstechnischen Assistentin oder des Operationstechnischen Assistenten.

§ 67 Kenntnisprüfung als staatliche Prüfung

(1) Die Kenntnisprüfung wird als staatliche Prüfung durchgeführt.

(2) [1]Zur Durchführung der Kenntnisprüfung können die Länder die Prüfungsausschüsse der staatlichen Prüfung (§§ 13 und 14) und die Prüfungstermine der staatlichen Prüfung (§ 19) nutzen. [2]Sie haben sicherzustellen, dass die antragstellende Person die Kenntnisprüfung innerhalb von sechs Monaten nach der Entscheidung nach § 47 Absatz 2 des Anästhesietechnische- und Operationstechnische-Assistenten-Gesetzes ablegen kann.

(3) Soweit in diesem Unterabschnitt nichts anderes bestimmt ist, gelten für die Kenntnisprüfung die §§ 21 bis 25 und 49 entsprechend.

§ 68 Bestandteile

Die Kenntnisprüfung besteht aus

1. einem mündlichen Teil und
2. einem praktischen Teil.

§ 69 Inhalt des mündlichen Teils der Kenntnisprüfung

(1) Der mündliche Teil der Kenntnisprüfung erstreckt sich jeweils auf folgende Kompetenzschwerpunkte der Anlage 1 oder 3:

1. „Berufsbezogene Aufgaben im ambulanten und stationären Bereich eigenverantwortlich planen und strukturiert ausführen“ (Kompetenzschwerpunkt 1),
2. „Bei der medizinischen Diagnostik und Therapie mitwirken und ärztliche Anordnungen eigenständig durchführen“ (Kompetenzschwerpunkt 2),
3. „Das eigene Handeln an rechtlichen Vorgaben und Qualitätskriterien ausrichten“ (Kompetenzschwerpunkt 5),
4. „Mit Patientinnen und Patienten aller Altersstufen und deren Bezugspersonen unter Berücksichtigung soziologischer, psychologischer, kognitiver, kultureller

und ethischer Aspekte kommunizieren und interagieren" (Kompetenzschwerpunkt 6) und

5. „Hygienische Arbeitsweisen umfassend beherrschen und beachten" (Kompetenzschwerpunkt 8).

(2) Der mündliche Teil soll für jede Prüfungskandidatin und jeden Prüfungskandidaten mindestens 45 Minuten und nicht länger als 60 Minuten dauern.

§ 70 Prüfungsort des mündlichen Teils der Kenntnisprüfung

(1) Für die einzelnen anästhesiologischen und operativen Situationen der Kenntnisprüfung legt die zuständige Behörde den jeweiligen Prüfungsort fest.

(2) Prüfungsort soll eine Einrichtung sein, die nach § 14 Absatz 1 des Anästhesietechnische- und Operationstechnische-Assistenten-Gesetzes geeignet ist.

§ 71 Durchführung des mündlichen Teils der Kenntnisprüfung

Der mündliche Teil der Kenntnisprüfung wird von zwei Personen abgenommen, von denen eine Person als schulische Fachprüferin oder schulischer Fachprüfer tätig ist.

§ 72 Bewertung und Bestehen des mündlichen Teils der Kenntnisprüfung

(1) Die im mündlichen Teil der Kenntnisprüfung gezeigte Leistung ist von den beiden Personen zu benoten, von denen der mündliche Teil abgenommen worden ist.

(2) [1]Bewertet wird die Leistung entweder mit „bestanden" oder mit „nicht bestanden". [2]Mit „bestanden" wird sie bewertet, wenn sie den Anforderungen genügt, also mindestens der Note „ausreichend (4)" entspricht.

(3) [1]Kommen die beiden Fachprüferinnen und Fachprüfer zu einer unterschiedlichen Bewertung, so hat die oder der Vorsitzende des Prüfungsausschusses die Bewertung festzulegen. [2]Die oder der Vorsitzende des Prüfungsausschusses muss zu diesem Zweck während des mündlichen Teils der Kenntnisprüfung anwesend sein; ihr oder ihm steht ein Fragerecht zu.

§ 73 Wiederholung des mündlichen Teils der Kenntnisprüfung

(1) Wer den mündlichen Teil der Kenntnisprüfung nicht bestanden hat, darf ihn einmal wiederholen.

(2) Für die Wiederholung ist ein Antrag der Prüfungskandidatin oder des Prüfungskandidaten bei der oder dem Vorsitzenden des Prüfungsausschusses erforderlich.

§ 74 Inhalt des praktischen Teils der Kenntnisprüfung

(1) Der praktische Teil der Kenntnisprüfung besteht

1. im Fall einer Person, die die Erlaubnis zum Führen der Berufsbezeichnung Anästhesietechnische Assistentin oder Anästhesietechnischer Assistent beantragt hat, aus mindestens zwei und höchstens vier anästhesiologischen Situationen oder

2. im Fall einer Person, die das Führen der Berufsbezeichnung der Anästhesietechnischen Assistentin oder des Anästhesietechnischen Assistenten beantragt hat, aus mindestens zwei und höchstens vier operativen Situationen.

(2) Die zuständige Behörde legt die Anzahl der anästhesiologischen oder operativen Situationen, auf die sich die praktische Prüfung erstreckt, und die Kompetenzschwerpunkte der Anlagen 1 und 3 fest.

(3) [1]Jede anästhesiologische oder operative Situation soll nicht länger als 120 Minuten dauern und als Prüfung einer konkreten Behandlungssituation an einer Patientin oder einem Patienten ausgestaltet sein. [2]Die betroffene Patientin oder der betroffene Patient oder eine vertretungsberechtigte Person sowie die verantwortliche Ärztin oder der verantwortliche Arzt müssen darin eingewilligt haben.

§ 75 Prüfungsort des praktischen Teils der Kenntnisprüfung

(1) Für die einzelnen anästhesiologischen oder operativen Situationen des praktischen Teils der Kenntnisprüfung legt die zuständige Behörde die Prüfungsorte fest.

(2) Prüfungsort soll eine Einrichtung sein, die nach § 14 Absatz 2 des Anästhesietechnische- und Operationstechnische-Assistenten-Gesetzes geeignet ist.

§ 76 Durchführung des praktischen Teils der Kenntnisprüfung

(1) Der praktische Teil der Kenntnisprüfung wird von zwei Personen abgenommen, von denen eine Person schulische Fachprüferin oder schulischer Fachprüfer und die andere Person praktische Fachprüferin oder praktischer Fachprüfer ist.

(2) Während des praktischen Teils der Kenntnisprüfung sind den beiden Fachprüferinnen und Fachprüfern Nachfragen gestattet, die sich auf das praktische Vorgehen der Prüfungskandidatin oder des Prüfungskandidaten beziehen.

§ 77 Bewertung und Bestehen des praktischen Teils der Kenntnisprüfung

(1) Die im praktischen Teil der Kenntnisprüfung gezeigte Leistung ist von den beiden Fachprüferinnen und Fachprüfern zu bewerten, die den praktischen Teil abgenommen haben.

(2) Für jede anästhesiologische oder operative Situation der Kenntnisprüfung ist eine gesonderte Bewertung vorzunehmen.

(3) [1]Bewertet wird die Leistung entweder mit „bestanden“ oder mit „nicht bestanden“. [2]Mit „bestanden“ wird sie bewertet, wenn sie den Anforderungen genügt, also mindestens der Note „ausreichend (4)“ entspricht.

(4) [1]Kommen die beiden Fachprüferinnen und Fachprüfer zu einer unterschiedlichen Bewertung, so hat die oder der Vorsitzende des Prüfungsausschusses die Bewertung festzulegen. [2]Die oder der Vorsitzende des Prüfungsausschusses muss zu diesem Zweck während des praktischen Teils der Kenntnisprüfung anwesend sein; ihr oder ihm steht ein Fragerecht zu.

(5) Der praktische Teil der Kenntnisprüfung ist bestanden, wenn die Fachprüferinnen und Fachprüfer jede anästhesiologische oder operative Situation mit „bestanden“ bewerten.

§ 78 Wiederholung des praktischen Teils der Kenntnisprüfung

(1) Wer eine anästhesiologische oder eine operative Situation des praktischen Teils der Kenntnisprüfung nicht bestanden hat, darf sie einmal wiederholen.

(2) Für die Wiederholung ist ein Antrag der Prüfungskandidatin oder des Prüfungskandidaten bei der oder dem Vorsitzenden des Prüfungsausschusses erforderlich.

§ 79 Bestehen der Kenntnisprüfung

Die Kenntnisprüfung hat bestanden, wer den mündlichen und den praktischen Teil der Kenntnisprüfung bestanden hat.

§ 80 Bescheinigung

(1) Der Person, die die Kenntnisprüfung bestanden hat, hat die Behörde eine Bescheinigung auszustellen.

(2) Für die Bescheinigung ist das Muster der Anlage 11 zu verwenden.

Unterabschnitt 2
Anpassungslehrgang

§ 81 Ziel und Inhalt des Anpassungslehrgangs

(1) Ziel des Anpassungslehrgangs zusammen mit dem Abschlussgespräch ist die Feststellung, dass die antragstellende Person über die erforderlichen Kenntnisse, Fähigkeiten und Kompetenzen verfügt (Lehrgangsziel), die erforderlich sind

1. zur Ausübung des Berufs der Anästhesietechnischen Assistentin oder des Anästhesietechnischen Assistenten oder
2. zur Ausübung des Berufs der Operationstechnischen Assistentin oder des Operationstechnischen Assistenten.

(2) Die zuständige Behörde legt die Dauer und die Inhalte des Anpassungslehrgangs so fest, dass das Ziel des Anpassungslehrgangs erreicht werden kann.

(3) Für die Inhalte und die Durchführung des Anpassungslehrgangs können die Länder gemeinsame Empfehlungen abgeben.

§ 82 Durchführung des Anpassungslehrgangs

(1) Im Anpassungslehrgang wird der Beruf der Anästhesietechnischen Assistentin oder des Anästhesietechnischen Assistenten oder der Operationstechnischen Assistentin oder des Operationstechnischen Assistenten unter der Verantwortung einer Person, die über die Erlaubnis zur Führung der jeweiligen Berufsbezeichnung verfügt, ausgeübt und entsprechend dem Lehrgangsziel begleitet durch

1. theoretischen und praktischen Unterricht,
2. eine praktische Ausbildung mit theoretischer Unterweisung oder
3. theoretischen und praktischen Unterricht und eine praktische Ausbildung mit theoretischer Unterweisung.

(2) Der theoretische und praktische Unterricht wird an Einrichtungen nach § 14 Absatz 1 des Anästhesietechnische- und Operationstechnische-Assistenten-Gesetzes oder an von der zuständigen Behörde als vergleichbar anerkannten Einrichtungen durchgeführt.

(3) Die praktische Ausbildung wird an Einrichtungen nach § 14 Absatz 2 des Anästhesietechnische- und Operationstechnische-Assistenten-Gesetzes oder an von der zuständigen Behörde als vergleichbar anerkannten Einrichtungen durchgeführt.

(4) An der theoretischen Unterweisung sollen praxisanleitende Personen, die die Voraussetzungen nach § 9 erfüllen, in angemessenem Umfang beteiligt werden.

(5) Der Anpassungslehrgang schließt mit einer Prüfung ab.

§ 83 Durchführung und Inhalt des Abschlussgesprächs

(1) Die Prüfung, mit der der Anpassungslehrgang abschließt, ist in Form eines Abschlussgesprächs durchzuführen.

(2) Das Abschlussgespräch mit der antragstellenden Person wird von zwei Personen geführt, von denen

1. im Fall des § 82 Absatz 1 Nummer 1 beide Personen eine schulische Fachprüferin oder ein schulischer Fachprüfer sein müssen oder
2. im Fall des § 82 Absatz 1 Nummer 2 oder 3 eine Person eine schulische Fachprüferin oder ein schulischer Fachprüfer sein muss und die andere Person eine praxisanleitende Person nach § 9, die die antragstellende Person während des Anpassungslehrgangs betreut hat.

(3) Während des Abschlussgesprächs sind den beiden Prüferinnen und Prüfern Nachfragen gestattet.

(4) Inhalt des Abschlussgesprächs sind die im Anpassungslehrgang vermittelten Kenntnisse, Fähigkeiten und Kompetenzen.

§ 84 Bewertung und erfolgreiches Absolvieren des Anpassungslehrgangs

(1) Die im Abschlussgespräch gezeigte Leistung ist von den beiden Prüferinnen und Prüfern zu bewerten.

(2) [1]Bewertet wird das Abschlussgespräch entweder mit „bestanden“ oder mit „nicht bestanden“. [2]Mit „bestanden“ wird die Leistung bewertet, wenn sie den Anforderungen genügt und damit mindestens der Note „ausreichend (4)“ entspricht.

(3) [1]Kommen die beiden Fachprüferinnen und Fachprüfer zu einer unterschiedlichen Bewertung, so hat die oder der Vorsitzende des Prüfungsausschusses die Bewertung festzulegen. [2]Die oder der Vorsitzende des Prüfungsausschusses muss zu

diesem Zweck während des Abschlussgesprächs anwesend sein; ihr oder ihm steht ein Fragerecht zu.

(4) Erfolgreich absolviert wurde der Anpassungslehrgang, wenn das Abschlussgespräch mit „bestanden“ bewertet worden ist.

§ 85 Verlängerung und Wiederholung des Anpassungslehrgangs

(1) Hat eine Person den Anpassungslehrgang nicht erfolgreich absolviert, entscheidet die Fachprüferin oder der Fachprüfer im Benehmen mit der praxisanleitenden Person über eine angemessene Verlängerung des Anpassungslehrgangs.

(2) [1]Eine Verlängerung ist nur einmal zulässig. [2]Der Verlängerung folgt ein weiteres Abschlussgespräch.

(3) Wird das Abschlussgespräch nach der Verlängerung mit „nicht bestanden“ bewertet, darf die teilnehmende Person den Anpassungslehrgang einmal wiederholen.

§ 86 Bescheinigung

(1) Der Person, die am Anpassungslehrgang teilgenommen hat, hat die Einrichtung, bei der die Person den Anpassungslehrgang absolviert hat, eine Bescheinigung auszustellen.

(2) Für die Bescheinigung ist das Muster der Anlage 12 zu verwenden.

Abschnitt 4
Nachweise der Zuverlässigkeit und der gesundheitlichen Eignung durch Inhaberinnen und Inhaber von Berufsqualifikationen aus einem anderen Mitgliedstaat, einem anderen Vertragsstaat oder einem gleichgestellten Staat

§ 87 Nachweise der Zuverlässigkeit

(1) [1]Eine Person, die über eine Berufsqualifikation aus einem anderen Mitgliedstaat, einem anderen Vertragsstaat oder einem gleichgestellten Staat verfügt und die eine Erlaubnis zum Führen der Berufsbezeichnung nach § 1 Absatz 1 oder nach § 2 Absatz 1 des Anästhesietechnische- und Operationstechnische-Assistenten-Gesetzes beantragt, kann zum Nachweis, dass bei ihr die in § 1 Absatz 2 Nummer 2 oder § 2 Absatz 2 Nummer 2 des Anästhesietechnische- und Operationstechnische-Assistenten-Gesetzes genannte Voraussetzung vorliegt, eine von der zuständigen Behörde ihres Herkunftsstaates ausgestellte entsprechende Bescheinigung oder einen von einer solchen Behörde ausgestellten Strafregisterauszug vorlegen. [2]Wenn ein solcher Nachweis nicht vorgelegt werden kann, kann die antragstellende Person einen gleichwertigen Nachweis vorlegen.

(2) Hat die für die Erteilung der Erlaubnis zuständige Behörde berechtigte Zweifel an einem der in Absatz 1 genannten Dokumente, so kann sie von der zuständigen Behörde des Herkunftsstaates eine Bestätigung verlangen, aus der sich ergibt, dass

der antragstellenden Person die Ausübung des Berufs, der dem Beruf der Anästhesietechnischen Assistentin oder des Anästhesietechnischen Assistenten oder dem Beruf der Operationstechnischen Assistentin oder des Operationstechnischen Assistenten entspricht, nicht aufgrund eines schwerwiegenden standeswidrigen Verhaltens oder einer Verurteilung wegen strafbarer Handlungen dauerhaft oder vorübergehend untersagt worden ist.

(3) Hat die für die Erteilung der Erlaubnis zuständige Behörde Kenntnis von Tatsachen, die außerhalb des Geltungsbereichs des Anästhesietechnische- und Operationstechnische-Assistenten-Gesetzes eingetreten sind und im Hinblick auf die Voraussetzungen des § 1 Absatz 2 Nummer 2 oder § 2 Absatz 2 Nummer 2 des Anästhesietechnische- und Operationstechnische-Assistenten-Gesetzes von Bedeutung sein können, so hat sie

1. die zuständige Stelle des Herkunftsstaates über diese Tatsachen zu unterrichten und
2. die zuständige Stelle des Herkunftsstaates zu bitten,
   a) diese Tatsachen zu überprüfen und
   b) ihr das Ergebnis und die Folgerungen, die die zuständige Stelle des Herkunftsstaates hinsichtlich der von ihr ausgestellten Bescheinigungen und Nachweise daraus zieht, mitzuteilen.

(4) Werden von der zuständigen Stelle des Herkunftsstaates innerhalb von zwei Monaten weder die in Absatz 1 genannten Bescheinigungen oder Strafregisterauszüge ausgestellt, noch die nach Absatz 2 oder 3 nachgefragten Bestätigungen oder Mitteilungen gemacht, kann die antragstellende Person sie ersetzen durch Vorlage einer Bescheinigung über

1. die Abgabe einer eidesstattlichen Erklärung gegenüber der zuständigen Behörde des Herkunftsstaates oder
2. die Abgabe einer feierlichen Erklärung, wenn es in dem Herkunftsstaat keine eidesstattliche Erklärung gibt.

§ 88 Nachweise der gesundheitlichen Eignung

(1) Eine Person, die über eine Berufsqualifikation aus einem anderen Mitgliedstaat, einem anderen Vertragsstaat oder einem gleichgestellten Staat verfügt und die eine Erlaubnis zum Führen der Berufsbezeichnung nach § 1 Absatz 1 oder nach § 2 Absatz 1 des Anästhesietechnische- und Operationstechnische-Assistenten-Gesetzes beantragt, kann zum Nachweis, dass bei ihr die in § 1 Absatz 2 Nummer 3 oder § 2 Absatz 2 Nummer 3 des Anästhesietechnische- und Operationstechnische-Assistenten-Gesetzes genannte Voraussetzung vorliegt, einen entsprechenden Nachweis ihres Herkunftsstaates vorlegen.

(2) Wird im Herkunftsstaat ein solcher Nachweis nicht verlangt, ist eine von einer zuständigen Behörde dieses Staates ausgestellte Bescheinigung anzuerkennen, aus der sich ergibt, dass die in § 1 Absatz 2 Nummer 3 oder § 2 Absatz 2 Nummer 3 des Anästhesietechnische- und Operationstechnische-Assistenten-Gesetzes genannte Voraussetzung erfüllt ist.

§ 89 Aktualität von Nachweisen

Die Nachweise nach den §§ 87 und 88 dürfen von der zuständigen Behörde der Beurteilung nur zugrunde gelegt werden, wenn zum Zeitpunkt der Antragstellung der Zeitpunkt, zu dem die Nachweise ausgestellt worden sind, höchstens drei Kalendermonate zurückliegt.

Abschnitt 5
Verfahren bei der Erbringung von Dienstleistungen durch Inhaberinnen und Inhaber von Berufsqualifikationen aus einem anderen Mitgliedstaat der Europäischen Union oder einem anderen Vertragsstaat des Abkommens über den Europäischen Wirtschaftsraum

§ 90 Verfahren bei der Erbringung von Dienstleistungen

(1) Die zuständige Behörde prüft die Berufsqualifikation der meldenden Person nach § 56 des Anästhesietechnische- und Operationstechnische-Assistenten-Gesetzes und teilt der meldenden Person spätestens einen Monat nach vollständigem Eingang der in § 53 des Anästhesietechnische- und Operationstechnische-Assistenten-Gesetzes genannten Meldung und Dokumente ihre Entscheidung mit, ob sie zur Erbringung der Dienstleistung berechtigt ist oder die meldende Person eine Eignungsprüfung ablegen muss.

(2) [1]Ist der zuständigen Behörde eine Prüfung innerhalb eines Monats nach Eingang der Meldung und der Dokumente in Ausnahmefällen nicht möglich, unterrichtet sie die meldende Person innerhalb dieser Frist über die Gründe der Verzögerung. [2]Die der Verzögerung zugrunde liegenden Schwierigkeiten werden binnen eines Monats nach dieser Mitteilung behoben. [3]Die Entscheidung nach § 56 des Anästhesietechnische- und Operationstechnische-Assistenten-Gesetzes ergeht binnen zwei Monaten nach Behebung der der Verzögerung zugrunde liegenden Schwierigkeiten.

(3) Bleibt eine Mitteilung nach Absatz 1 oder Absatz 2 binnen der genannten Fristen aus, darf die Dienstleistung erbracht werden.

Teil 4
Nachprüfung

Abschnitt 1
Ziel und Verfahren der Nachprüfung

§ 91 Ziel der Nachprüfung

Die Nachprüfung dient der Feststellung, dass die Prüfungskandidatin oder der Prüfungskandidat über die Kenntnisse, Fähigkeiten und Kompetenzen verfügt, die erforderlich sind

1. zur Ausübung des Berufs der Anästhesietechnischen Assistentin oder des Anästhesietechnischen Assistenten oder
2. zur Ausübung des Berufs der Operationstechnischen Assistentin oder des Operationstechnischen Assistenten.

§ 92 Zulassung zur Nachprüfung

(1) [1]Personen, die nicht auf einer der in § 69 Absatz 1 des Anästhesietechnische- und Operationstechnische-Assistenten-Gesetzes genannten Grundlagen ausgebildet sind, können einen Antrag auf Zulassung zur Nachprüfung bei der zuständigen Behörde stellen, um die Erlaubnis zum Führen der Berufsbezeichnung nach § 1 Absatz 1 oder nach § 2 Absatz 1 des Anästhesietechnische- und Operationstechnische-Assistenten-Gesetzes zu erlangen. [2]Über den Antrag entscheidet die zuständige Behörde.

(2) Die Zulassung zur Nachprüfung ist zu erteilen, wenn die folgenden Nachweise vorliegen:

1. ein Identitätsnachweis der antragstellenden Person in amtlich beglaubigter Abschrift und
2. ein Nachweis über die erworbene Berufsqualifikation, die nicht auf einer der in § 69 Absatz 1 des Anästhesietechnische- und Operationstechnische-Assistenten-Gesetzes genannten Grundlagen erlangt worden ist.

§ 93 Bestandteile der Nachprüfung

(1) Die Nachprüfung wird als staatliche Prüfung durchgeführt.

(2) Die Nachprüfung besteht aus einem praktischen Teil und einem mündlichen Teil.

§ 94 Durchführung und Inhalt der Nachprüfung

Soweit in diesem Teil nichts anderes bestimmt ist, gelten die §§ 12 bis 27 und 49 für die Nachprüfung entsprechend.

Abschnitt 2
Praktischer Teil der Nachprüfung

§ 95 Praktischer Teil der Nachprüfung

(1) Im praktischen Teil der Nachprüfung hat die Prüfungskandidatin oder der Prüfungskandidat nachzuweisen, dass sie oder er über die Kompetenzen verfügt, die

1. im Fall der Nachprüfung zur Anästhesietechnischen Assistentin oder zum Anästhesietechnischen Assistenten erforderlich sind zur eigenverantwortlichen Ausführung von und Mitwirkung bei berufsfeldspezifischen Aufgaben im anästhesiologischen Bereich der ambulanten oder stationären Versorgung oder
2. im Fall der Nachprüfung zur Operationstechnischen Assistentin oder zum Operationstechnischen Assistenten erforderlich sind zur eigenverantwortlichen

Ausführung von und Mitwirkung bei berufsfeldspezifischen Aufgaben im operativen Bereich der ambulanten oder stationären Versorgung.

(2) Der praktische Teil der Nachprüfung besteht

1. im Fall der Nachprüfung zur Anästhesietechnischen Assistentin oder zum Anästhesietechnischen Assistenten aus einer Aufgabe zur umfassenden Vorbereitung, Assistenz und Nachbereitung einer anästhesiologischen Maßnahme oder
2. im Fall der Nachprüfung zur Operationstechnischen Assistentin oder zum Operationstechnischen Assistenten aus einer Aufgabe zur umfassenden Vorbereitung, Instrumentation und Nachbereitung eines operativen Eingriffs.

(3) Der praktische Teil muss sich erstrecken auf

1. im Fall der Nachprüfung zur Anästhesietechnischen Assistentin oder zum Anästhesietechnischen Assistenten die Kompetenzschwerpunkte 1 bis 8 der Anlage 1 oder
2. im Fall der Nachprüfung zur Operationstechnischen Assistentin oder zum Operationstechnischen Assistenten die Kompetenzschwerpunkte 1 bis 8 der Anlage 3.

(4) Die Aufgabe der anästhesiologischen Assistenz ist so zu gestalten, dass die Prüfungskandidatin oder der Prüfungskandidat zeigen kann, dass sie oder er die erforderlichen Kompetenzen erworben hat, um alle anfallenden Aufgaben zu planen, zu organisieren, durchzuführen, zu begründen und in einem Reflexionsgespräch zu evaluieren.

(5) Die Aufgabe der operativen Assistenz ist so zu gestalten, dass die Prüfungskandidatin oder der Prüfungskandidat zeigen kann, dass sie oder er die erforderlichen Kompetenzen erworben hat, um alle anfallenden Aufgaben zu planen, zu organisieren, durchzuführen, zu begründen und in einem Reflexionsgespräch zu evaluieren.

§ 96 Durchführung des praktischen Teils der Nachprüfung

(1) Im praktischen Teil der Nachprüfung ist jede Prüfungskandidatin und jeder Prüfungskandidat einzeln zu prüfen.

(2) Der praktische Teil muss

1. im Fall der Nachprüfung zur Anästhesietechnischen Assistentin oder zum Anästhesietechnischen Assistenten in einer realen und komplexen anästhesiologischen Situation durchgeführt werden oder
2. im Fall der Nachprüfung zur Operationstechnischen Assistentin oder zum Operationstechnischen Assistenten in einer realen und komplexen operativen Situation durchgeführt werden.

(3) Der praktische Teil muss von zwei Fachprüferinnen und Fachprüfern abgenommen werden, von denen mindestens eine oder einer zum Zeitpunkt der Prüfung als praxisanleitende Person tätig ist.

(4) [1]Die betroffenen Patientinnen und Patienten oder eine vertretungsberechtigte Person müssen in die Teilnahme an der Prüfungssituation eingewilligt haben. [2]Die verantwortliche Ärztin oder der verantwortliche Arzt kann die Durchführung der Aufgabe aus medizinischen Gründen ablehnen.

§ 97 Bestandteile des praktischen Teils und Dauer der Nachprüfung

(1) Der praktische Teil der Nachprüfung besteht aus

1. der Erstellung eines umfassenden perioperativen Ablaufplanes,
2. der Fallvorstellung,
3. der Durchführung der geplanten und situativ erforderlichen berufsfeldspezifischen Maßnahmen und
4. einem Reflexionsgespräch.

(2) [1]Die gesamte Dauer der Prüfung soll einschließlich des Reflexionsgespräches maximal drei Stunden betragen. [2]Der Ablaufplan ist innerhalb einer Bearbeitungszeit von 60 Minuten zu erstellen. [3]Die Fallvorstellung darf maximal 10 Minuten dauern. [4]Das Reflexionsgespräch darf maximal 10 Minuten dauern.

§ 98 Bewertung und Bestehen des praktischen Teils der Nachprüfung

(1) Die im praktischen Teil der Nachprüfung gezeigte Leistung wird von den Fachprüferinnen und Fachprüfern bewertet, die den praktischen Teil der Nachprüfung abgenommen haben.

(2) [1]Bewertet wird die Leistung entweder mit „bestanden" oder mit „nicht bestanden". [2]Mit „bestanden" wird sie bewertet, wenn sie den Anforderungen genügt, also mindestens der Note „ausreichend (4)" entspricht.

(3) [1]Kommen die beiden Fachprüferinnen und Fachprüfer zu einer unterschiedlichen Bewertung, so hat die oder der Vorsitzende des Prüfungsausschusses die Bewertung festzulegen. [2]Die oder der Vorsitzende des Prüfungsausschusses muss zu diesem Zweck während des praktischen Teils der Nachprüfung anwesend sein; ihr oder ihm steht ein Fragerecht zu.

(4) Der praktische Teil der Nachprüfung ist erfolgreich abgeschlossen, wenn die Fachprüferinnen und Fachprüfer den praktischen Teil mit „bestanden" bewerten.

§ 99 Wiederholung des praktischen Teils der Nachprüfung

(1) Wer den praktischen Teil der Nachprüfung nicht bestanden hat, kann ihn einmal wiederholen.

(2) Für die Wiederholung ist ein Antrag der Prüfungskandidatin oder des Prüfungskandidaten bei der oder dem Vorsitzenden des Prüfungsausschusses erforderlich.

(3) [1]Die Wiederholungsprüfung muss spätestens zwölf Monate nach der letzten Prüfung abgeschlossen sein. [2]Ausnahmen kann die zuständige Behörde in begründeten Fällen zulassen.

Abschnitt 3
Mündlicher Teil der Nachprüfung

§ 100 Mündlicher Teil der Nachprüfung

(1) [1]Im mündlichen Teil der Nachprüfung hat die Prüfungskandidatin oder der Prüfungskandidat nachzuweisen, dass sie oder er über die Fachkompetenz und über die personale Kompetenz, die zur Berufsausübung erforderlich ist, verfügt. [2]Die personale Kompetenz schließt Sozialkompetenz und Kompetenz zu selbständigem Handeln mit ein.

(2) Der mündliche Teil erstreckt sich auf die folgenden Kompetenzschwerpunkte der Anlage 1 oder 3:

1. „Berufsbezogene Aufgaben im ambulanten und stationären Bereich eigenverantwortlich planen und strukturiert ausführen“ (Kompetenzschwerpunkt 1),
2. „Bei der medizinischen Diagnostik und Therapie mitwirken und ärztliche Anordnungen eigenständig durchführen“ (Kompetenzschwerpunkt 2) und
3. „Das eigene Handeln an rechtlichen Vorgaben und Qualitätskriterien ausrichten“ (Kompetenzschwerpunkt 5).

§ 101 Durchführung des mündlichen Teils der Nachprüfung

(1) Im mündlichen Teil der staatlichen Prüfung sind die Prüfungskandidatinnen und Prüfungskandidaten einzeln oder zu zweit zu prüfen.

(2) Der mündliche Teil soll für jede Prüfungskandidatin und jeden Prüfungskandidaten mindestens 30 Minuten und höchstens 45 Minuten dauern.

(3) Der mündliche Teil wird von zwei Fachprüferinnen und Fachprüfern abgenommen.

§ 102 Bewertung und Bestehen des mündlichen Teils der Nachprüfung

(1) Die im mündlichen Teil der Nachprüfung gezeigte Leistung wird von den beiden Fachprüferinnen und Fachprüfern bewertet, die den mündlichen Teil der Nachprüfung abgenommen haben.

(2) [1]Bewertet wird die Leistung entweder mit „bestanden“ oder mit „nicht bestanden“. [2]Mit „bestanden“ wird sie bewertet, wenn sie den Anforderungen genügt, also mindestens der Note „ausreichend (4)“ entspricht.

(3) [1]Kommen die beiden Fachprüferinnen und Fachprüfer zu einer unterschiedlichen Bewertung, so hat die oder der Vorsitzende des Prüfungsausschusses die Bewertung festzulegen. [2]Die oder der Vorsitzende des Prüfungsausschusses muss zu diesem Zweck während des mündlichen Teils der Nachprüfung anwesend sein; ihr oder ihm steht ein Fragerecht zu.

(4) Der mündliche Teil der Nachprüfung ist erfolgreich abgeschlossen, wenn die Fachprüferinnen und Fachprüfer den mündlichen Teil mit „bestanden“ bewerten.

§ 103 Wiederholung des mündlichen Teils der Nachprüfung

(1) Wer den mündlichen Teil der Nachprüfung nicht bestanden hat, kann ihn einmal wiederholen.

(2) Für die Wiederholung ist ein Antrag der Prüfungskandidatin oder des Prüfungskandidaten bei der oder dem Vorsitzenden des Prüfungsausschusses erforderlich.

(3) [1]Die Wiederholungsprüfung muss spätestens zwölf Monate nach der letzten Prüfung abgeschlossen sein. [2]Ausnahmen kann die zuständige Behörde in begründeten Fällen zulassen.

Abschnitt 4
Abschluss des Nachprüfungsverfahrens

§ 104 Bestehen der Nachprüfung

Die Nachprüfung ist bestanden, wenn der praktische Teil und der mündliche Teil mit jeweils „bestanden" bewertet wurde.

§ 105 Bescheinigung

(1) Die Behörde hat der Person, die die Nachprüfung bestanden hat, eine Bescheinigung auszustellen.

(2) Für die Bescheinigung ist das Muster der Anlage 13 zu verwenden.

Anlage 1
(zu § 1 Absatz 1 und § 3 Absatz 1 Satz 2 Nummer 1)

Theoretischer und praktischer Unterricht in der Ausbildung zur Anästhesietechnischen Assistentin oder zum Anästhesietechnischen Assistenten

Der theoretische und praktische Unterricht umfasst folgende Kompetenzschwerpunkte:

1. Berufsbezogene Aufgaben im ambulanten und stationären Bereich eigenverantwortlich planen und strukturiert ausführen **880 Stunden**

Die Auszubildenden

a) verstehen die Sicherstellung der Patientensicherheit als professionsübergreifende Aufgabe und übernehmen dazu die Verantwortung für den eigenen Aufgabenbereich,

b) unterstützen und überwachen fachgerecht Patientinnen und Patienten aller Altersstufen vor, während und nach anästhesiologischen Maßnahmen unter Berücksichtigung ihrer individuellen physischen, kognitiven und psychischen Situation und führen fachgerecht Prophylaxen durch,

c) überwachen und unterstützen postoperativ und postanästhesiologisch eigenständig Patientinnen und Patienten aller Altersstufen in Aufwacheinheiten, beurteilen kontinuierlich gewonnene Parameter und Erkenntnisse, erkennen frühzeitig lebensbedrohliche Situationen und reagieren situativ angemessen,

d) kennen Medikamente umfassend, die zur und im Rahmen der Anästhesie angewendet werden sowie anästhesiologische Verfahren und Maßnahmen einschließlich deren Abläufe und mögliche Komplikationen,

e) bereiten eigenständig geplant und strukturiert anästhesiologische Maßnahmen in unterschiedlichen operativen und diagnostischen Bereichen auch unter Nutzung von Standards und Checklisten vor,

f) assistieren geplant und strukturiert auf Grundlage von medizinischen Erkenntnissen und relevanten Kenntnissen von Bezugswissenschaften wie Naturwissenschaften, Anatomie, Physiologie, allgemeiner und spezieller Krankheitslehre und medizinischer Mikrobiologie bei anästhesiologischen Verfahren und Maßnahmen in den verschiedenen operativen und diagnostischen Bereichen,

g) koordinieren und kontrollieren situationsgerecht die Arbeitsabläufe unter Beachtung der Sterilzone und unter Beachtung relevanter Schutzvorschriften bezogen auf die Exposition durch Strahlung und elektromagnetische Felder,

h) bereiten fachkundig anästhesiologische Verfahren und Maßnahmen nach, die auch Prozeduren der Reinigung und Aufrüstung des Arbeitsplatzes einschließlich deren Überwachung bei der Ausführung durch Dritte sowie die Organisation des Patientenwechsels umfassen,

i) setzen spezielle medizinisch-technische Geräte im Bereich der Anästhesie auf Grundlage von Kenntnissen des Aufbaus und des Funktionsprinzips effizient und sicher ein, erkennen technische Probleme und leiten notwendige Maßnahmen zum Patienten- und Eigenschutz ein,

j) verfügen über fachspezifisches Wissen mit Blick auf medizinisch-technische Geräte, Medizinprodukte, Instrumente sowie Arzneimittel im Einsatzkontext, gehen sachgerecht mit ihnen um und berücksichtigen dabei die rechtlichen Vorgaben für den Umgang,

k) wirken über den anästhesiologischen Versorgungsbereich hinaus bei speziellen Arbeitsablauforganisationen in Ambulanzen, Notfallaufnahmen und weiteren Funktionsbereichen mit, führen berufsbezogene Aufgaben eigenständig durch und unterstützen darüber hinaus bei der medizinischen Diagnostik und Therapie,

l) führen zielgerichtet Übergabe- und Übernahmegespräche einschließlich des präzisen Beschreibens und der Dokumentation des gesundheitlichen Zustands und dessen Verlaufs von Patientinnen und Patienten aller Altersstufen.

2. Bei der medizinischen Diagnostik und Therapie mitwirken und ärztliche Anordnungen eigenständig durchführen **340 Stunden**

Die Auszubildenden

a) wirken bei der medizinischen Diagnostik und Therapie bei Patientinnen und Patienten aller Altersstufen mit,

b) führen ärztlich veranlasste Maßnahmen eigenständig durch,

c) kennen und berücksichtigen alle relevanten rechtlichen Aspekte im Zusammenhang mit der eigenständigen Durchführung ärztlicher Anordnungen,

d) verfügen über grundlegende Kenntnisse der Schmerzentstehung und der Schmerzarten, kennen und nehmen die Auswirkungen auf Patientinnen und Patienten aller Altersstufen wahr und unterstützen Patientinnen und Patienten aller Altersstufen sowie deren Bezugspersonen durch Information und Beratung,

e) führen die medikamentöse postoperative und postinterventionelle Schmerztherapie nach ärztlicher Anordnung eigenständig auf Grundlage pharmakologischer Kenntnisse durch und überwachen diese, berücksichtigen dabei patientenbezogene und situative Erfordernisse, kennen Schmerzerfassungsinstrumente und wenden diese situationsgerecht an,

f) kennen nichtmedikamentöse Schmerztherapieformen und setzten sie nach ärztlicher Rücksprache patientengerecht ein,

g) planen mit der behandelnden Ärztin oder dem behandelnden Arzt den Intra- und Interhospitaltransport von Patientinnen und Patienten aller Altersstufen und wirken bei der Durchführung mit,

h) kennen Krankheitsbilder, die in der Notaufnahme, in der Endoskopie und in weiteren diagnostischen und therapeutischen Funktionsbereichen häufig auftreten, leiten relevante Bezüge für eigene Tätigkeiten ab und berücksichtigen diese.

3. Interdisziplinäres und interprofessionelles Handeln verantwortlich mitgestalten **120 Stunden**

Die Auszubildenden

a) sind sich der Bedeutung von Abstimmungs- und Koordinierungsprozessen in Teams bewusst, kennen und beachten die jeweils unterschiedlichen Verantwortungs- und Aufgabenbereiche und grenzen diese begründet mit dem eigenen Verantwortungs- und Aufgabenbereich ab,

b) übernehmen Mitverantwortung bei der interdisziplinären und interprofessionellen Behandlung und Versorgung von Patientinnen und Patienten aller Altersstufen und unterstützen die Sicherstellung der Versorgungskontinuität an interprofessionellen und institutionellen Schnittstellen,

c) übernehmen Mitverantwortung für die Organisation und Gestaltung gemeinsamer Arbeitsprozesse auch im Hinblick auf Patientenorientierung und -partizipation,

d) beteiligen sich an Teamentwicklungsprozessen und gehen im Team wertschätzend miteinander um,

e) sind aufmerksam für Spannungen und Konflikte im Team, reflektieren diesbezüglich die eigene Rolle und bringen sich zur Bewältigung von Spannungen und Konflikten konstruktiv ein,

f) bringen die berufsfachliche Sichtweise in die interprofessionelle Kommunikation ein und kommunizieren fachsprachlich,

g) beteiligen sich im Team an der Einarbeitung neuer Kolleginnen und Kollegen, leiten Auszubildende an und beraten Teammitglieder bei fachlichen Fragestellungen,

h) kennen die speziellen Abläufe und Organisationsstrukturen im anästhesiologischen Versorgungsbereich und wirken bei der anästhesiologischen Versorgung von Patientinnen und Patienten aller Altersstufen mit.

4. Verantwortung für die Entwicklung der eigenen Persönlichkeit übernehmen (lebenslanges Lernen), berufliches Selbstverständnis entwickeln und berufliche Anforderungen bewältigen **120 Stunden**

Die Auszubildenden

a) verstehen den Beruf in seiner Eigenständigkeit, positionieren ihn im Kontext der Gesundheitsfachberufe, entwickeln unter Berücksichtigung berufsethischer und eigener ethischer Überzeugungen ein eigenes berufliches Selbstverständnis und bringen sich kritisch in die Weiterentwicklung des Berufs ein,

b) verstehen die rechtlichen, politischen und ökonomischen Zusammenhänge im Gesundheitswesen,

c) bewerten das lebenslange Lernen als ein Element der persönlichen und beruflichen Weiterentwicklung, übernehmen Eigeninitiative und Verantwortung für das eigene Lernen und nutzen hierfür auch moderne Informations- und Kommunikationstechnologien,

d) reflektieren persönliche und berufliche Herausforderungen in einem fortlaufenden, auch im zunehmenden Einsatz digitaler Technologien begründeten, grundlegenden Wandel der Arbeitswelt und leiten daraus ihren Lernbedarf ab,

e) schätzen die Zuverlässigkeit und Glaubwürdigkeit von Informationen und Techniken im Zusammenhang mit der digitalen Transformation kriteriengeleitet ein,

f) erhalten und fördern die eigene Gesundheit, setzen dabei gezielt Strategien zur Kompensation und Bewältigung unvermeidbarer beruflicher Belastungen ein und nehmen frühzeitig Unterstützungsangebote wahr oder fordern diese aktiv ein.

5. Das eigene Handeln an rechtlichen Vorgaben und Qualitätskriterien ausrichten **140 Stunden**

Die Auszubildenden

a) üben den Beruf im Rahmen der relevanten rechtlichen Vorgaben sowie unter Berücksichtigung ihrer ausbildungs- und berufsbezogenen Rechte und Pflichten aus,

b) kennen das deutsche Gesundheitswesen in seinen wesentlichen Strukturen, erfassen Entwicklungen in diesem Bereich und schätzen die Folgen für den eigenen Beruf ein,

c) berücksichtigen im Arbeitsprozess Versorgungskontexte und Systemzusammenhänge und beachten ökonomische und ökologische Prinzipien,

d) verstehen Qualitätsentwicklung und -sicherung als rechtlich verankertes und interdisziplinäres Anliegen, wirken an der Entwicklung von qualitätssichernden Maßnahmen mit und integrieren Anforderungen der internen und externen Qualitätssicherung und des Risikomanagements in das berufliche Handeln,

e) erkennen unerwünschte Ereignisse und Fehler, nehmen sicherheitsrelevante Ereignisse wahr und nutzen diese Erkenntnisse für die Verbesserung der Patientensicherheit, kennen Berichtssysteme zur Meldung und setzen diese gezielt ein,

f) kennen anfallende Dokumentationspflichten und führen diese eigenständig und fach- und zeitgerecht durch,

g) kennen die berufsbezogene Bedeutung des Datenschutzes und der Datensicherheit und berücksichtigen diese in ihrer Tätigkeit.

6. Mit Patientinnen und Patienten aller Altersstufen und deren Bezugspersonen unter Berücksichtigung soziologischer, psychologischer, kognitiver, kultureller und ethischer Aspekte kommunizieren und interagieren **120 Stunden**

Die Auszubildenden

a) richten Kommunikation und Interaktion an Grundlagen aus Psychologie und Soziologie aus und orientieren sich an berufsethischen Werten,

b) gestalten professionelle Beziehungen mit Patientinnen und Patienten aller Altersstufen, die von Empathie und Wertschätzung gekennzeichnet und auch bei divergierenden Zielsetzungen oder Sichtweisen verständigungsorientiert gestaltet sind,

c) nehmen die psychischen, kognitiven und physischen Bedürfnisse und Ressourcen von Patientinnen und Patienten aller Altersstufen sowie von deren Bezugspersonen individuell und situationsbezogen wahr, richten ihr Verhalten und Handeln danach aus und berücksichtigen dabei auch geschlechtsbezogene und soziokulturelle Aspekte,

d) beachten die besonderen Bedürfnisse von sterbenden Patientinnen und Patienten aller Altersstufen sowie ihrer Angehörigen,

e) erkennen Kommunikationsbarrieren und setzen auch unter Nutzung nonverbaler Möglichkeiten unterstützende und kompensierende Maßnahmen ein,

f) informieren und beraten bei Bedarf Patientinnen und Patienten aller Altersstufen sowie deren Bezugspersonen im beruflichen Kontext.

7. In lebensbedrohlichen Krisen- und Katastrophensituationen zielgerichtet handeln **40 Stunden**

Die Auszubildenden

a) erkennen frühzeitig lebensbedrohliche Situationen, treffen erforderliche Interventionsentscheidungen und leiten lebenserhaltende Sofortmaßnahmen nach den geltenden Richtlinien bis zum Eintreffen der Ärztin oder des Arztes ein,

b) wirken interprofessionell und interdisziplinär bei der weiteren Notfallversorgung von Patientinnen und Patienten aller Altersstufen mit,

c) erkennen Notsituationen in ambulanten und stationären Gesundheitseinrichtungen und wirken bei der Umsetzung von Notfall- und Katastrophenplänen mit,

d) wirken in Not- und Katastrophensituationen bei der Versorgung gefährdeter Patientinnen und Patienten aller Altersstufen mit.

8. Hygienische Arbeitsweisen umfassend beherrschen und beachten **140 Stunden**

Die Auszubildenden

a) verstehen die Notwendigkeit der allgemeinen- und der Krankenhaushygiene einschließlich betrieblich-organisatorischer und baulich-funktioneller Maßnahmen als wesentliche Grundlage ihrer beruflichen Tätigkeit,

b) kennen die jeweils aktuellen evidenzbasierten und rechtlich verbindlichen Hygienerichtlinien, beachten umfassend die jeweils berufsfeldspezifischen Anforderungen der Hygiene im ambulanten und stationären Bereich und wirken verantwortlich an der Infektionsprävention mit,

c) beherrschen und setzen die jeweiligen hygienischen Vorgaben und Arbeitsweisen in sterilen und unsterilen Tätigkeitsbereichen einschließlich dem Umgang mit Sterilgut um und greifen gegebenenfalls korrigierend ein,

d) arbeiten sach- und fachgerecht Medizinprodukte im Tätigkeitsfeld der Sterilgutaufbereitung und -versorgung nach den Vorgaben geltender Rechtsnormen, Herstellerangaben, Richtlinien und Standards auf und führen sie einer sach- und fachgerechten Lagerung zu,

e) gewährleisten in Zusammenarbeit mit anderen Berufsgruppen die Sicherung der Sterilgutversorgung,

f) reflektieren auf Grundlage relevanter Rechtsvorschriften, insbesondere aus den Bereichen des Infektionsschutzes und des Arbeitsschutzes, die berufsspezifischen Arbeitsabläufe und wenden diese situationsbezogen unter Berücksichtigung des Fremd- und Eigenschutzes sicher an.

9. Freie Verteilung auf die Kompetenzschwerpunkte **200 Stunden**

Stundenanzahl insgesamt: 2 100

Anlage 2
(zu § 4 Absatz 2 Nummer 1)

Praktische Ausbildung zur Anästhesietechnischen Assistentin oder zum Anästhesietechnischen Assistenten

Die praktische Ausbildung umfasst folgende Versorgungs- und Funktionsbereiche:

	Stunden
a) **Berufsspezifischer Orientierungseinsatz**	**80***
• Flexibel gestalteter Einsatz zu Beginn der Ausbildung bei der verantwortlichen Einrichtung der praktischen Ausbildung	
Allgemeine Pflichteinsätze in folgenden anästhesiologischen Einsatzbereichen	
• Anästhesie in der Viszeralchirurgie	**280**
• Anästhesie in der Unfallchirurgie oder Orthopädie	**280**
• Anästhesie in der Gynäkologie oder Urologie	**220**
• Anästhesie im ambulanten Kontext (Krankenhaus/Tagesklinik/Praxis)	**100**
• Aufwacheinheiten	**240**
Wahlpflichteinsätze in folgenden anästhesiologischen Einsatzbereichen	**400**
(davon mindestens 100 Stunden je Disziplin)	
• Anästhesie in der Thoraxchirurgie	
• Anästhesie in der Neurochirurgie	
• Anästhesie in der HNO	
• Anästhesie in der Mund-, Kiefer-, Gesichtschirurgie	
• Anästhesie in der Augenchirurgie	
• Anästhesie in der Gefäßchirurgie	
• Anästhesie bei Kindern	
• Anästhesie in der Geburtshilfe/Kreissaal (geburtshilfliche Anästhesie)	
• Anästhesie in anderen Fachrichtungen	
Pflichteinsätze in folgenden Funktions- und Versorgungsbereichen	
• Pflegepraktikum	**120**
• zentrale Sterilgutversorgungsabteilung bzw. Aufbereitungseinheit für Medizinprodukte	**80**
• Operationsdienst	**140**
• Schmerzambulanz/Schmerzdienst	**120**
• Notaufnahme und Ambulanz	**200**
• Interventionelle Funktionseinheiten (Endoskopie, Katheterlabore, etc.)	**160**
Stunden zur freien Verteilung	**80***
Stundenzahl insgesamt	**2 500**

* Berufsspezifischer Orientierungseinsatz fakultativ. Die gegebenenfalls freiwerdenden Stundenkontingente erhöhen entsprechend die Stunden zur freien Verteilung.

Anlage 3
(zu § 1 Absatz 2 und § 3 Absatz 1 Satz 2 Nummer 2)

Theoretischer und praktischer Unterricht in der Ausbildung zur Operationstechnischen Assistentin oder zum Operationstechnischen Assistenten

Der theoretische und praktische Unterricht umfasst folgende Kompetenzschwerpunkte:

1. Berufsbezogene Aufgaben im ambulanten und stationären Bereich eigenverantwortlichplanen und strukturiert ausführen **880 Stunden**

Die Auszubildenden

a) verstehen die Sicherstellung der Patientensicherheit als professionsübergreifende Aufgabe und übernehmen dazu die Verantwortung für den eigenen Aufgabenbereich,

b) unterstützen und überwachen fachgerecht Patientinnen und Patienten aller Altersstufen vor, während und nach operativer Maßnahmen unter Berücksichtigung ihrer individuellen physischen, kognitiven und psychischen Situation und führen fachgerecht Prophylaxen durch,

c) kennen umfassend auf der Grundlage medizinischer, medizinisch-technischer und weiterer bezugswissenschaftlicher Erkenntnisse unterschiedliche Operationsverfahren einschließlich Möglichkeiten und Einsatz radiologischer Diagnostik und weiterer bildgebender Verfahren sowie deren Abläufe und mögliche Komplikationen,

d) bereiten eigenständig geplant und strukturiert operative Eingriffe in unterschiedlichen operativen und diagnostischen Bereichen auch unter Nutzung von Standards und Checklisten vor,

e) führen geplant und strukturiert auf Grundlage von medizinischen Erkenntnissen und relevanten Kenntnissen von Bezugswissenschaften wie Naturwissenschaften, Anatomie, Physiologie, allgemeiner und spezieller Krankheitslehre und medizinischer Mikrobiologie die Instrumentiertätigkeit in den verschiedenen operativen und diagnostischen Bereichen eigenständig durch und koordinieren und kontrollieren situationsgerecht die Arbeitsabläufe unter Beachtung der Sterilzone und unter Beachtung relevanter Schutzvorschriften bezogen auf die Exposition durch Strahlung und elektromagnetische Felder,

f) bereiten fachkundig operative Eingriffe berufsbezogen nach, unter Beachtung von Prozeduren der Reinigung und Aufrüstung der Eingriffsräume einschließlich deren Überwachung bei der Ausführung durch Dritte sowie die Organisation des Patientenwechsels,

g) führen im Rahmen der Springertätigkeit alle notwendigen Maßnahmen fach- und sachgerecht aus und unterstützen dabei durch Koordinierung von Arbeitsprozessen das operierende Team,

h) setzen spezielle medizinisch-technische Geräte im operativen Bereich auf Grundlage von Kenntnissen des Aufbaus und des Funktionsprinzips effizient und sicher ein, erkennen technische Probleme und leiten notwendige Maßnahmen zum Patienten- und Eigenschutz ein,

i) verfügen über fachspezifisches Wissen mit Blick auf medizinisch-technische Geräte, Medizinprodukte, Instrumente sowie Arzneimittel im Einsatzkontext, gehen sachgerecht mit ihnen um und berücksichtigen dabei die rechtlichen Vorgaben für den Umgang,

j) wirken über den operativen Versorgungsbereich hinaus bei speziellen Arbeitsablauforganisationen in Ambulanzen, Notfallaufnahmen und weiteren Funktionsbereichen mit, führen berufsbezogene Aufgaben eigenständig durch und unterstützen darüber hinaus bei der medizinischen Diagnostik und Therapie,

k) führen zielgerichtet Übergabe- und Übernahmegespräche einschließlich des präzisen Beschreibens und der Dokumentation des operativen Verlaufs.

2. Bei der medizinischen Diagnostik und Therapie mitwirken und ärztliche Anordnungen eigenständig durchführen **340 Stunden**

Die Auszubildenden

a) wirken bei der medizinischen Diagnostik und Therapie bei Patientinnen und Patienten aller Altersgruppen mit,

b) führen ärztlich veranlasste Maßnahmen eigenständig durch,

c) wirken bei der Anwendung von radiologischen und weiteren bildgebenden Verfahren unter Beachtung des Strahlenschutzes mit,

d) kennen und berücksichtigen alle relevanten rechtlichen Aspekte im Zusammenhang mit der eigenständigen Durchführung ärztlicher Anordnungen,

e) kennen Krankheitsbilder, die in der Notaufnahme, in der Endoskopie und in weiteren diagnostischen und therapeutischen Funktionsbereichen häufig auftreten, leiten relevante Bezüge für eigene Tätigkeiten ab und berücksichtigen diese.

3. Interdisziplinäres und interprofessionelles Handeln verantwortlich mitgestalten **120 Stunden**

Die Auszubildenden

a) sind sich der Bedeutung von Abstimmungs- und Koordinierungsprozessen in Teams bewusst, kennen und beachten die jeweils unterschiedlichen Verantwortungs- und Aufgabenbereiche und grenzen diese begründet mit dem eigenen Verantwortungs- und Aufgabenbereich ab,

b) übernehmen Mitverantwortung bei der interdisziplinären und interprofessionellen Behandlung und Versorgung von Patientinnen und Patienten aller

Altersstufen und unterstützen die Sicherstellung der Versorgungskontinuität an interprofessionellen und institutionellen Schnittstellen,

c) übernehmen Mitverantwortung für die Organisation und Gestaltung gemeinsamer Arbeitsprozesse auch im Hinblick auf Patientenorientierung und -partizipation,

d) beteiligen sich an Teamentwicklungsprozessen und gehen im Team wertschätzend miteinander um,

e) sind aufmerksam für Spannungen und Konflikte im Team, reflektieren diesbezüglich die eigene Rolle und bringen sich zur Bewältigung von Spannungen und Konflikten konstruktiv ein,

f) bringen die berufsfachliche Sichtweise in die interprofessionelle Kommunikation ein und kommunizieren fachsprachlich,

g) beteiligen sich im Team an der Einarbeitung neuer Kolleginnen und Kollegen, leiten Auszubildende an und beraten Teammitglieder bei fachlichen Fragestellungen,

h) kennen die speziellen Abläufe und Organisationsstrukturen im operativen Versorgungsbereich und wirken bei der perioperativen Versorgung von Patientinnen und Patienten aller Altersstufen mit.

4. Verantwortung für die Entwicklung der eigenen Persönlichkeit übernehmen (lebenslanges Lernen), berufliches Selbstverständnis entwickeln und berufliche Anforderungen bewältigen **120 Stunden**

Die Auszubildenden

a) verstehen den Beruf in seiner Eigenständigkeit, positionieren ihn im Kontext der Gesundheitsfachberufe, entwickeln unter Berücksichtigung berufsethischer und eigener ethischer Überzeugungen ein eigenes berufliches Selbstverständnis und bringen sich kritisch in die Weiterentwicklung des Berufs ein,

b) verstehen die rechtlichen, politischen und ökonomischen Zusammenhänge im Gesundheitswesen,

c) bewerten das lebenslange Lernen als ein Element der persönlichen und beruflichen Weiterentwicklung, übernehmen Eigeninitiative und Verantwortung für das eigene Lernen und nutzen hierfür auch moderne Informations- und Kommunikationstechnologien,

d) reflektieren persönliche und berufliche Herausforderungen in einem fortlaufenden, auch im zunehmende Einsatz digitaler Technologien begründeten, grundlegenden Wandel der Arbeitswelt und leiten daraus ihren Lernbedarf ab,

e) schätzen die Zuverlässigkeit und Glaubwürdigkeit von Informationen und Techniken im Zusammenhang mit der digitalen Transformation kriteriengeleitet ein,

f) erhalten und fördern die eigene Gesundheit, setzen dabei gezielt Strategien zur Kompensation und Bewältigung unvermeidbarer beruflicher Belastungen ein und nehmen frühzeitig Unterstützungsangebote wahr oder fordern diese aktiv ein.

5. Das eigene Handeln an rechtlichen Vorgaben und Qualitätskriterien ausrichten **140 Stunden**

Die Auszubildenden

a) üben den Beruf im Rahmen der relevanten rechtlichen Vorgaben sowie unter Berücksichtigung ihrer ausbildungs- und berufsbezogenen Rechte und Pflichten aus,

b) kennen das deutsche Gesundheitswesen in seinen wesentlichen Strukturen, erfassen Entwicklungen in diesem Bereich und schätzen die Folgen für den eigenen Beruf ein,

c) berücksichtigen im Arbeitsprozess Versorgungskontexte und Systemzusammenhänge und beachten ökonomische und ökologische Prinzipien,

d) verstehen Qualitätsentwicklung und -sicherung als rechtlich verankertes und interdisziplinäres Anliegen, wirken an der Entwicklung von qualitätssichernden Maßnahmen mit und integrieren Anforderungen der internen und externen Qualitätssicherung und des Risikomanagements in das berufliche Handeln,

e) erkennen unerwünschte Ereignisse und Fehler, nehmen sicherheitsrelevante Ereignisse wahr und nutzen diese Erkenntnisse für die Verbesserung der Patientensicherheit, kennen Berichtssysteme zur Meldung und setzen diese gezielt ein,

f) kennen anfallende Dokumentationspflichten und führen diese eigenständig und fach- und zeitgerecht durch,

g) kennen die berufsbezogene Bedeutung des Datenschutzes und der Datensicherheit und berücksichtigen diese in ihrer Tätigkeit.

6. Mit Patientinnen und Patienten aller Altersstufen und deren Bezugspersonen unter Berücksichtigung soziologischer, psychologischer, kognitiver, kultureller und ethischer Aspekte kommunizieren und interagieren **120 Stunden**

Die Auszubildenden

a) richten Kommunikation und Interaktion an Grundlagen aus Psychologie und Soziologie aus und orientieren sich an berufsethischen Werten,

b) gestalten professionelle Beziehungen mit Patientinnen und Patienten aller Altersstufen, die von Empathie und Wertschätzung gekennzeichnet und auch bei divergierenden Zielsetzungen oder Sichtweisen verständigungsorientiert gestaltet sind,

c) nehmen die psychischen, kognitiven und physischen Bedürfnisse und Ressourcen von Patientinnen und Patienten aller Altersstufen sowie von deren Bezugspersonen individuell und situationsbezogen wahr, richten ihr Verhalten und Handeln danach aus und berücksichtigen dabei auch geschlechtsbezogene und soziokulturelle Aspekte,

d) beachten die besonderen Bedürfnisse von sterbenden Patientinnen und Patienten aller Altersstufen sowie ihrer Angehörigen,

e) erkennen Kommunikationsbarrieren und setzen auch unter Nutzung nonverbaler Möglichkeiten unterstützende und kompensierende Maßnahmen ein,

f) informieren und beraten bei Bedarf Patientinnen und Patienten aller Altersstufen sowie deren Bezugspersonen im beruflichen Kontext.

7. In lebensbedrohlichen Krisen- und Katastrophensituationen zielgerichtet handeln — **40 Stunden**

Die Auszubildenden

a) erkennen frühzeitig lebensbedrohliche Situationen, treffen erforderliche Interventionsentscheidungen und leiten lebenserhaltende Sofortmaßnahmen nach den geltenden Richtlinien bis zum Eintreffen der Ärztin oder des Arztes ein,

b) wirken interprofessionell und interdisziplinär bei der weiteren Notfallversorgung von Patientinnen und Patienten aller Altersstufen mit,

c) erkennen Notsituationen in ambulanten und stationären Gesundheitseinrichtungen und wirken bei der Umsetzung von Notfall- und Katastrophenplänen mit,

d) wirken in Not- und Katastrophensituationen bei der Versorgung gefährdeter Patientinnen und Patienten aller Altersstufen mit.

8. Hygienische Arbeitsweisen umfassend beherrschen und beachten — **140 Stunden**

Die Auszubildenden

a) verstehen die Notwendigkeit der allgemeinen- und Krankenhaushygiene einschließlich betrieblich-organisatorischer und baulich-funktioneller Maßnahmen als wesentliche Grundlage ihrer beruflichen Tätigkeit,

b) kennen die jeweils aktuellen evidenzbasierten und rechtlich verbindlichen Hygienerichtlinien und beachten umfassend die jeweils berufsfeldspezifischen Anforderungen der Hygiene im ambulanten und stationären Bereich und wirken verantwortlich an der Infektionsprävention mit,

c) beherrschen und setzen die jeweiligen hygienischen Vorgaben und Arbeitsweisen in sterilen und unsterilen Tätigkeitsbereichen einschließlich dem Umgang mit Sterilgut um und greifen gegebenenfalls korrigierend ein,

d) arbeiten sach- und fachgerecht Medizinprodukte im Tätigkeitsfeld der Sterilgutaufbereitung und -versorgung nach den Vorgaben geltender Rechtsnormen, Herstellerangaben, Richtlinien und Standards auf und führen sie einer sach- und fachgerechten Lagerung zu,

e) gewährleisten in Zusammenarbeit mit anderen Berufsgruppen die Sicherung der Sterilgutversorgung,

f) reflektieren auf Grundlage relevanter Rechtsvorschriften, insbesondere aus den Bereichen des Infektionsschutzes und Arbeitsschutzes, die berufsspezifischen Arbeitsabläufe und wenden diese situationsbezogen unter Berücksichtigung des Fremd- und Eigenschutzes sicher an.

9. Freie Verteilung auf die Kompetenzschwerpunkte 200 Stunden

Stundenanzahl insgesamt: 2 100

Anlage 4
(zu § 4 Absatz 2 Nummer 2)

Praktische Ausbildung zur Operationstechnischen Assistentin oder zum Operationstechnischen Assistenten

Die praktische Ausbildung umfasst folgende Versorgungs- und Funktionsbereiche:

	Stunden
Berufsspezifischer Orientierungseinsatz	**80***
• Flexibel gestalteter Einsatz zu Beginn der Ausbildung bei der verantwortlichen Einrichtung der praktischen Ausbildung	
Allgemeine Pflichteinsätze in folgenden operativen Einsatzbereichen	
• Viszeralchirurgie	**480**
• Unfallchirurgie oder Orthopädie	**480**
• Gynäkologie oder Urologie	**200**
• Ambulantes Operieren (Krankenhaus/Tagesklinik/Praxis)	**120**
Wahlpflichteinsätze in folgenden Disziplinen und Einsatzbereichen	**400**
	(davon mindestens 200 Stunden je Disziplin)
• Thoraxchirurgie	
• Neurochirurgie	
• HNO	
• Mund-, Kiefer-, Gesichtschirurgie	
• Augenchirurgie	
• Gefäßchirurgie	
• Operative Eingriffe bei Kindern	
• und andere Disziplinen	
Pflichteinsätze in folgenden Funktions- und Versorgungsbereichen	
• Pflegepraktikum	**120**
• zentrale Sterilgutversorgungsabteilung bzw. Aufbereitungseinheit für Medizinprodukte	**80**
• Anästhesie	**140**
• Notaufnahme und Ambulanz	**200**
• Interventionelle Funktionseinheiten (Endoskopie, Katheterlabore, etc.)	**120**
Stunden zur freien Verteilung	**80***
Stundenzahl insgesamt	**2 500**

* Berufsspezifischer Orientierungseinsatz fakultativ. Die gegebenenfalls freiwerdenden Stundenkontingente erhöhen entsprechend die Stunden zur freien Verteilung.

Anlage 5
(zu § 18 Absatz 2 Nummer 1 Buchstabe b)

Bescheinigung
über die Teilnahme am theoretischen und praktischen Unterricht
und an der praktischen Ausbildung

Name, Vorname

____

Geburtsdatum Geburtsort

____

hat in der Zeit vom ____________________ bis ____________________ mit Erfolg an dem theoretischen und praktischen Unterricht sowie an der praktischen Ausbildung für

[...] Anästhesietechnische Assistentinnen und Anästhesietechnische Assistenten

[...] Operationstechnische Assistentinnen und Operationstechnische Assistenten

gemäß § 13 Absatz 1 des Anästhesietechnische- und Operationstechnische-Assistenten-Gesetzes in Verbindung mit § 1 der Anästhesietechnische- und Operationstechnische-Assistenten-Ausbildungs- und -Prüfungsverordnung teilgenommen.

Die Ausbildung ist – nicht* – über die nach dem Anästhesietechnische- und Operationstechnische-Assistenten-Gesetz zulässigen Fehlzeiten hinaus – um ____________ Stunden* – unterbrochen worden.

Ort, Datum

______________________________ (Stempel)

____

Unterschrift oder qualifizierte elektronische Signatur
der Schulleitung

* Nichtzutreffendes streichen.

Anlage 6
(zu § 47 Absatz 1)

Die/der Vorsitzende
des Prüfungsausschusses

Zeugnis
über die staatliche Prüfung zum Führen der Berufsbezeichnung

Name, Vorname

____

Geburtsdatum Geburtsort

____

hat am ______________ die staatliche Prüfung nach § 1 Absatz 2 Nummer 1* – § 2 Absatz 2 Nummer 1* des Anästhesietechnische- und Operationstechnische-Assistenten-Gesetzes vor dem Prüfungsausschuss bei der

______________________________ (Bezeichnung der Schule)

in ______________________________ bestanden.

Sie/Er hat folgende Prüfungsnoten erhalten:

1. im schriftlichen Teil der Prüfung „______________"
2. im mündlichen Teil der Prüfung „______________"
3. im praktischen Teil der Prüfung „______________"

____

Gesamtnote der staatlichen Prüfung (auf der Grundlage der Prüfungsnoten der Nummern 1 bis 3)

Ort, Datum

______________________________ (Siegel)

____

(Unterschrift oder qualifizierte elektronische Signatur der/des Vorsitzenden des Prüfungsausschusses)

* Nichtzutreffendes streichen.

Anlage 7
(zu § 50 Absatz 2)

Urkunde
über die Erlaubnis zum Führen der Berufsbezeichnung

Name, Vorname

___

Geburtsdatum Geburtsort

___

erhält auf Grund des § 1 Absatz 1* – § 2 Absatz 1* des Anästhesietechnische- und Operationstechnische-Assistenten-Gesetzes mit Wirkung vom heutigen Tage die Erlaubnis, die Berufsbezeichnung

»___«

zu führen.

Ort, Datum

___ (Siegel)

___

(Unterschrift oder qualifizierte elektronische Signatur)

* Nichtzutreffendes streichen.

Anlage 8
(zu § 50 Absatz 3)

Urkunde
über die Erlaubnis zum Führen der Berufsbezeichnung

Name, Vorname

____

Geburtsdatum Geburtsort

____

erhält auf Grund des § 1 Absatz 1* – § 2 Absatz 1* des Anästhesietechnische- und Operationstechnische-Assistenten-Gesetzes mit Wirkung vom heutigen Tage die Erlaubnis, die Berufsbezeichnung

»_______________________________«

zu führen.

Die Berufsqualifikation wurde auf Grundlage von

____

erworben.

Die auf dieser Grundlage erteilte Berechtigung zum Führen der Berufsbezeichnung wurde am _______________ erteilt.

Ort, Datum

_______________________________ (Siegel)

____

(Unterschrift oder qualifizierte elektronische Signatur)

* Nichtzutreffendes streichen.

Anlage 9
(zu § 62 Absatz 2)

Die/der Vorsitzende
des Prüfungsausschusses

Bescheinigung
über die staatliche Eignungsprüfung

Name, Vorname

___

Geburtsdatum Geburtsort

___

hat am ________________ die staatliche Eignungsprüfung nach den §§ 55 ff. der Anästhesietechnische- und Operationstechnische-Assistenten-Ausbildungs- und -Prüfungsverordnung bestanden/nicht bestanden*.

Ort, Datum

____ (Siegel)

____
(Unterschrift oder qualifizierte elektronische Signatur
der/des Vorsitzenden des Prüfungsausschusses)

* Nichtzutreffendes streichen.

Anlage 10
(zu § 65 Absatz 2)

____

Bezeichnung der Einrichtung

Bescheinigung
über die Teilnahme am Anpassungslehrgang

Name, Vorname

____

Geburtsdatum Geburtsort

____

hat in der Zeit vom ________________ bis ________________ regelmäßig und mit Erfolg an dem Anpassungslehrgang teilgenommen, der nach den §§ 63 ff. der Anästhesietechnische- und Operationstechnische-Assistenten-Ausbildungs- und -Prüfungsverordnung von der zuständigen Behörde festgelegt wurde.

Ort, Datum

______________________________________ (Siegel)

____

(Unterschrift(en) oder qualifizierte
elektronische Signatur(en) der Einrichtung)

Anlage 11
(zu § 80 Absatz 2)

Die/der Vorsitzende
des Prüfungsausschusses

Bescheinigung
über die staatliche Kenntnisprüfung

Name, Vorname

____

Geburtsdatum Geburtsort

____

hat am __________________ die staatliche Kenntnisprüfung nach den §§ 66 ff. der Anästhesietechnische- und Operationstechnische-Assistenten-Ausbildungs- und -Prüfungsverordnung bestanden/nicht bestanden*.

Ort, Datum

______________________________ (Siegel)

____

(Unterschrift oder qualifizierte elektronische
Signatur der/des Vorsitzenden des Prüfungsausschusses)

* Nichtzutreffendes streichen.

Anlage 12
(zu § 86 Absatz 2)

____

Bezeichnung der Einrichtung

Bescheinigung
über die Teilnahme am Anpassungslehrgang

Name, Vorname

____

Geburtsdatum Geburtsort

____

hat in der Zeit vom ________________ bis ________________ regelmäßig und mit Erfolg an dem Anpassungslehrgang teilgenommen, der nach den §§ 81 ff. der Anästhesietechnische- und Operationstechnische-Assistenten-Ausbildungs- und -Prüfungsverordnung von der zuständigen Behörde festgelegt wurde.
Das Abschlussgespräch hat sie/er bestanden/nicht bestanden*.

Ort, Datum

____ (Siegel)

____

(Unterschrift(en) oder qualifizierte
elektronische Signatur(en) der Einrichtung)

* Nichtzutreffendes streichen.

Anlage 13
(zu § 105 Absatz 2)

Die/der Vorsitzende
des Prüfungsausschusses

Bescheinigung
über die staatliche Nachprüfung

Name, Vorname

____

Geburtsdatum Geburtsort

____

hat am ______________ die staatliche Nachprüfung nach den §§ 91 ff. der Anästhesietechnische- und Operationstechnische-Assistenten-Ausbildungs- und -Prüfungsverordnung bestanden/nicht bestanden*.

Ort, Datum

______________________________ (Siegel)

____

(Unterschrift oder qualifizierte elektronische Signatur
der/des Vorsitzenden des Prüfungsausschusses)

* Nichtzutreffendes streichen.

D.

Erläuterungen

Ausbildungs- und Prüfungsverordnung über die Ausbildung zur Anästhesietechnischen Assistentin und zum Anästhesietechnischen Assistenten und über die Ausbildung zur Operationstechnischen Assistentin und zum Operationstechnischen Assistenten (Anästhesietechnische- und Operationstechnische-Assistenten-Ausbildungs- und -Prüfungsverordnung – ATA-OTA-APrV)[1, *]

vom 4.11.2020 (BGBl. I S. 2295),
zuletzt geändert durch Art. 3 V vom 7.6.2023 (BGBl. I Nr. 148)

Inhaltsübersicht

---

1 Diese Verordnung dient der Umsetzung der Richtlinie 2005/36/EG des Europäischen Parlaments und des Rates vom 7. September 2005 über die Anerkennung von Berufsqualifikationen (ABl. L 255 vom 30.9.2005, S. 22; L 271 vom 16.10.2007, S. 18; L 93 vom 4.4.2008, S. 28; L 33 vom 3.2.2009, S. 49; L 305 vom 24.10.2014, S. 115), die zuletzt durch den Delegierten Beschluss (EU) 2020/548 (ABl. L 131 vom 24.4.2020, S. 1) geändert worden ist.

* **Anm. d. Verlages:**
Die Verordnung wurde verkündet als Art. 1 der Ausbildungs- und Prüfungsverordnung über die Ausbildung zur Anästhesietechnischen Assistentin und zum Anästhesietechnischen Assistenten und über die Ausbildung zur Operationstechnischen Assistentin und zum Operationstechnischen Assistenten und zur Änderung der Ausbildungs- und Prüfungsverordnung für Notfallsanitäterinnen und Notfallsanitäter ist mit Wirkung vom 1.1.2022 in Kraft getreten.

	oder zum Operationstechnischen Assistenten	Anlage 8	Urkunde über die Erlaubnis zum Führen der Berufsbezeichnung
Anlage 5	Bescheinigung über die Teilnahme am theoretischen und praktischen Unterricht und an der praktischen Ausbildung	Anlage 9	Bescheinigung über die staatliche Eignungsprüfung
		Anlage 10	Bescheinigung über die Teilnahme am Anpassungslehrgang
Anlage 6	Zeugnis über die staatliche Prüfung zum Führen der Berufsbezeichnung	Anlage 11	Bescheinigung über die staatliche Kenntnisprüfung
		Anlage 12	Bescheinigung über die Teilnahme am Anpassungslehrgang
Anlage 7	Urkunde über die Erlaubnis zum Führen der Berufsbezeichnung	Anlage 13	Bescheinigung über die staatliche Nachprüfung

Teil 1
Ausbildung und staatliche Prüfung

Abschnitt 1
Ausbildung

§ 1 Inhalt der Ausbildung

(1) In der Ausbildung zur Anästhesietechnischen Assistentin oder zum Anästhesietechnischen Assistenten sind der oder dem Auszubildenden zur Erreichung des Ausbildungsziels nach den §§ 7 bis 9 des Anästhesietechnische- und Operationstechnische-Assistenten-Gesetzes mindestens die in der Anlage 1 genannten Kompetenzen zu vermitteln.

(2) In der Ausbildung zur Operationstechnischen Assistentin oder zum Operationstechnischen Assistenten sind der oder dem Auszubildenden zur Erreichung des Ausbildungsziels nach den §§ 7, 8 und 10 des Anästhesietechnische- und Operationstechnische-Assistenten-Gesetzes mindestens die in der Anlage 3 genannten Kompetenzen zu vermitteln.

Erläuterungen

1 In der Begründung zur Verordnung (BR-Drs. 491/20, S. 77 f.) wird zu dieser Vorschrift Folgendes ausgeführt:

„***Zu Absatz 1 und zu Absatz 2***

In den §§ 7 bis 10 des Anästhesietechnische- und Operationstechnische-Assistenten-Gesetzes werden die Ziele der Ausbildung zur Anästhesietechnischen Assistentin und zum Anästhesietechnischen Assistenten und zur Operationstechnischen Assistentin und zum Operationstechnischen Assistenten ausführlich geregelt. Den Auszubildenden werden dabei entsprechend der Anlagen 1 und 3 dieser Verordnung die Kompetenzen vermittelt, die für den Aufbau einer umfassenden Handlungskompetenz unentbehrlich sind und eine berufliche Qualifizierung ermöglichen, die den wesentlichen Anforderungen des anästhesietechnischen und des operationstechnischen Berufsfeldes genügen. Verdeutlicht wird dies u. a. auch durch die Zuordnung eines hohen Zeitkontingentes im theoretischen und praktischen Unterricht für den Kompetenzschwerpunkt 1 ‚Berufsbezogene Aufgaben im ambulanten und stationären Bereich eigenverantwortlich planen und strukturiert ausführen' sowie für den Kompetenzschwerpunkt 2 ‚Bei der medizinischen Diagnostik und Therapie mitwirken und ärztliche Anordnungen eigenständig durchführen'. Mit einem gemeinsamen Stundenkontingent von über 1.200 Stunden sind im Rahmen des theoretischen und praktischen Unterrichts damit mehr als 50 % des Unterrichtsumfanges von mindestens 2.100 Stunden für die Vermittlung der diesen Schwerpunkten zugeordneten Kompetenzen vorgesehen. Gleichzeitig erwerben die Auszubildenden weitere Kompetenzen für einen im Sinne lebenslangen Lernens erforderlichen Entwicklungsprozess, für eine verantwortliche Mitgestaltung eines interdisziplinären und interprofessionellen Handelns, für eine umfassende Beherrschung und Beachtung hygienischer Arbeitsweisen oder für eine patientenorientierte Kommunikation und Interaktion. Die Anlagen 1 und 3 stellen eine detaillierte Weiterverfolgung des im Gesetz festgelegten Ausbildungsziels dar und ermöglichen eine starke Verbindung zwischen Theorie und Praxis. Sie sind verbindlich und bilden die Grundlage für die Erarbeitung von Rahmenlehrplänen und Curricula, in welchen eine Aufgliederung der Ausbildungsinhalte und eine zeitliche Anordnung vorzunehmen ist. Dabei sind sie bewusst nicht als Reihenfolge der zu unterrichtenden Inhalte zu verstehen, da auch die einzelnen Kompetenzschwerpunkte Beziehungen untereinander aufweisen. Entsprechend der bereits im Anästhesietechnische- und Operationstechnische-Assistenten-Gesetz angelegten Systematik werden einzelne Aufgaben unterteilt. Hierbei wird unterschieden zwischen Aufgaben, die selbständig ausgeführt werden, ärztlich angeordnete Maßnahmen, die eigenständig durchgeführt sowie die interdisziplinäre Kommunikation und Zusammenarbeit mit anderen Berufsgruppen. Bei Verwendung der Begriffe ‚selbständig' oder ‚eigenständig' wurde auf die Erläuterungen zu den Begrifflichkeiten des Deutschen Qualifikationsrahmens abgestellt. Der Begriff der Selbständigkeit umfasst danach insbesondere auch das Element des Tätigwerdens in eigener Verantwortung, während der Begriff der Eigenständigkeit den Fall des Tätigwerdens auf fremde (ärztliche) Anordnung erfasst. Übernahme- und Durchführungsverantwortung verbleiben unabhängig davon immer bei der Anästhesietechnischen Assistentin und Anästhesietechnischen Assistenten und der Operationstechnischen Assistentin und Operationstechnischen Assistenten. Verdeutlicht wird dies u. a. im Kompetenzschwerpunkt 2 der Anlagen 1 und 3. Die hier genannten Kompetenzen beziehen sich zum einen – im Rahmen einer arbeitsteiligen Zusammenarbeit mit Ärztinnen und Ärzten – auf diejenigen Aufgaben, die aufgrund ärztlicher Veranlassung im Wege der Delegation und nicht aufgrund einer eigenen Entscheidung der Berufsangehörigen der Anästhesie- und Operationstechnischen Assistenz durchgeführt werden. Zum anderen handelt es sich bei eigenständig durchzuführenden Tätigkeiten um ärztlich veranlasste Maßnahmen, die zwar selbständig, allerdings grundsätzlich im Wege der Delegation durchgeführt werden. Dabei wird eine Maßnahme nach den allgemeinen Maßstäben beruflicher Bildung beherrscht, wenn sie auf Basis sicheren theoretischen Wissens praktisch sicher angewendet werden kann. Insoweit bedarf es beispielhaft bei der Anwendung von Arzneimitteln durch Anästhesietechnische Assistentinnen und Assistenten und Operationstechnische Assistentinnen und Assistenten der vorherigen Indikationsstellung durch einen Arzt; eine Substitution heilkundlicher Tätigkeit erfolgt nicht."

§ 2 Gliederung der Ausbildung

(1) Die Ausbildung erfolgt im Wechsel von Abschnitten des theoretischen und praktischen Unterrichts und der praktischen Ausbildung.

(2) Der theoretische und praktische Unterricht und die praktische Ausbildung sind aufeinander abzustimmen.

(3) Die Schule und die verantwortliche Einrichtung der praktischen Ausbildung nach § 14 Absatz 3 des Anästhesietechnische- und Operationstechnische-Assistenten-Gesetzes haben im gegenseitigen Einvernehmen das schulinterne Curriculum und den Ausbildungsplan nach den Grundsätzen der Absätze 1 und 2 abzustimmen.

(4) Die Länder können ein Rahmencurriculum und einen Rahmenausbildungsplan verbindlich erlassen.

Erläuterungen

1 In der Begründung zur Verordnung (BR-Drs. 491/20, S. 78) wird zu dieser Vorschrift Folgendes ausgeführt:

„***Zu Absatz 1***

Nach Absatz 1 erfolgen die Einheiten des theoretischen und praktischen Unterrichts im zeitlichen Ablauf im Wechsel mit der praktischen Ausbildung.

Zu Absatz 2

Absatz 2 regelt, dass neben dem zeitlichen Wechsel nach Absatz 1 auch die Inhalte des theoretischen und praktischen Unterrichts mit denen der praktischen Ausbildung aufeinander abzustimmen sind. Eine Verengung der Abstimmung ausschließlich auf den Faktor Zeit ist hier nicht intendiert. Vielmehr steht das Ausbildungsziel mit Erwerb und Entwicklung von Kompetenzen im Vordergrund.

Zu Absatz 3

Die Vorgaben der Absätze 1 und 2 gelten für den Ausbildungsplan und das schulinterne Curriculum. Nach Absatz 3 haben die Schule und die verantwortliche Einrichtung der praktischen Ausbildung beide Instrumente im gegenseitigen Einvernehmen abzustimmen. Insgesamt soll dadurch sichergestellt werden, dass Unterricht und praktische Einsätze aufeinander aufbauen, so dass die Auszubildenden das im Unterricht Erlernte sinnvoll bei den praktischen Einsätzen anwenden können und umgekehrt.“

2 **Abs. 4:** Der Bundesrat hat die Einfügung des **Abs. 4** beschlossen (BR-Drs. 491/1/20, S. 1 f.). Zur Begründung wird Folgendes ausgeführt:

„*Die Länder erhalten die Möglichkeit, auf der Grundlage der Kompetenzbeschreibungen in Anlage 1 und 3 landeseinheitliche curriculare Rahmenregelungen zu schaffen. Zum einen kann ein solches Vorgehen die Ausbildung landesweit zu Gunsten der Ausbildungsqualität vergleichbar vereinheitlichen. Zum anderen können die einzelnen Schulen vor Ort bei der Entwicklung ihres Curriculums entlastet werden.*“

§ 3 Theoretischer und praktischer Unterricht

(1) [1]Während des theoretischen und praktischen Unterrichts sind die zur Ausübung des jeweiligen Berufs erforderlichen fachlichen, personalen und sozialen Kompetenzen zu vermitteln, die zur Erreichung des Ausbildungsziels nach den §§ 7 bis 9 oder §§ 7, 8 und 10 des Anästhesietechnische- und Operationstechnische-Assistenten-Gesetzes erforderlich sind, sowie die Eigenverantwortlichkeit im beruflichen Handeln zu fördern. [2]Zu vermitteln sind

1. **im Fall der Ausbildung zur Anästhesietechnischen Assistentin oder zum Anästhesietechnischen Assistenten die in Anlage 1 genannten Kompetenzen im Umfang von 2 100 Stunden und**
2. **im Fall der Ausbildung zur Operationstechnischen Assistentin oder zum Operationstechnischen Assistenten die in Anlage 3 genannten Kompetenzen im Umfang von 2 100 Stunden.**

(2) Im theoretischen und praktischen Unterricht sind die verschiedenen Versorgungs- und Funktionsbereiche der beruflichen Tätigkeit zu berücksichtigen.

(3) [1]Lehrformate, die selbstgesteuertes Lernen oder E-Learning beinhalten, können zielgerichtet bei der Konzeption des theoretischen und praktischen Unterrichts in einem angemessenen Umfang berücksichtigt werden. [2]Die Teilnahme an Lehrformaten nach Satz 1 ist von den Auszubildenden gegenüber der Schule nachzuweisen. [3]Das Nähere regeln die Länder.

Erläuterungen

In der Begründung zur Verordnung (BR-Drs. 491/20, S. 78 f.) wird zu dieser Vorschrift Folgendes ausgeführt: 1

„Zu Absatz 1

Im Rahmen des theoretischen und praktischen Unterrichts sind den Auszubildenden die Kompetenzen zu vermitteln, die die Basis für die praktische Ausbildung bilden, um dort die für die Berufsausübung erforderliche Handlungssicherheit zu entwickeln. Gegenstand der Ausbildung ist die Förderung und Entwicklung der zur Berufsausübung notwendigen Fach-, Personal-, Sozial- und Selbstkompetenz. Im Ergebnis dient die Ausbildung damit dem Ziel, umfassend berufliche Handlungskompetenz zu entwickeln. Die Inhalte für den theoretischen und praktischen Unterricht für die Anästhesietechnischen Assistentinnen und Assistenten folgen aus der Anlage 1, die Inhalte für die Operationstechnischen Assistentinnen und Assistenten folgen aus der Anlage 3. Die hier aufgezeigte Verteilung der Stunden ist als Mindestvorgabe verbindlich.

Zu Absatz 2

Absatz 2 gibt vor, dass im theoretischen und praktischen Unterricht die verschiedenen Versorgungs- und Funktionsbereiche zu behandeln sind, um bereits in der Ausbildung einen umfänglichen Einblick in die Tätigkeitsbereiche der anästhesietechnischen und der operationstechnischen Assistenz zu vermitteln. Diese sind für die Anästhesietechnische Assistenz in Anlage 2 und für die Operationstechnische Assistenz in Anlage 4 geregelt.

Zu Absatz 3

Absatz 3 eröffnet den Schulen die Möglichkeit, den Unterricht auf Grundlage einer curricularen Einbindung in Form des Selbststudiums in einem angemessenen Umfang, der 10 % nicht überschreiten sollte, durchzuführen. Dabei sind die Möglichkeiten des E-Learnings einzubinden. Dadurch soll auch zukünftigen Entwicklungen des E-Learnings Rechnung getragen werden, ohne aber in einem zu weitgehenden Umfang die – gerade in der Ausbildung zu Gesundheitsberufen bedeutsame – persönliche Unterrichtsvermittlung durch berufserfahrene Ausbilderinnen und Ausbilder zu verzichten. Die Erfahrungen aus der aktuellen Corona-Pandemie haben gezeigt, wie wichtig es ist, in derartigen Situationen auf moderne, digitale Möglichkeiten zurückgreifen zu können. Sofern die Schule von der Möglichkeit des E-Learnings Gebrauch macht, ist hierbei ein barrierefreier Zugang zu ermöglichen.

Die Teilnahme an Lehrformaten, die selbstgesteuertes Lernen oder E-Learning beinhalten, ist entsprechend nachzuweisen.“

2 Der Bundesrat hat die Einfügung des Satzes 2 in **Abs. 3** nach Satz 1 beschlossen (BR-Drs. 491/1/20, S. 2). Zur Begründung wird Folgendes ausgeführt:

„§ 3 Absatz 3 Satz 1 ATA-OTA-APrV ermöglicht ein selbstgesteuertes Lernen und E-Learning in einem ‚angemessenen Umfang‘. Diese Öffnung der Lernformate ist zu begrüßen. Es sollte allerdings sichergestellt werden, dass der ‚angemessene Umfang‘ durch die Länder näher bestimmt wird und mit den Regelungen anderer Ausbildungen in den Gesundheitsfachberufen abgeglichen werden kann.“

3 **Abs. 3** ist durch Art. 3 Nr. 1 der Verordnung zur Modernisierung der Prüfungsverfahren im Recht der Heilberufe (Heilberufe-Prüfungsrechtmodernisierungsverordnung) (BGBl. 2023 I Nr. 148 vom 13.6.2023) geändert worden. Die Verordnung ist am 1.10.2023 in Kraft getreten (Art. 16 der Verordnung). Die Änderungen betreffen die Sätze 2 und 3.

In der Begründung zur Verordnung (BR-Drs. 81/23, S. 39) wird hierzu Folgendes ausgeführt:

„Sofern die Länder von der Möglichkeit des E-Learnings oder des selbstgesteuerten Lernens Gebrauch machen, obliegt es ihnen, das Nähere zur Nachweiserbringung durch die Auszubildenden gegenüber der Schule zu regeln. Durch die Änderung wird die Regelung an die zuletzt im Rahmen der Reformierung des Berufes der Medizinischen Technologinnen und Technologen aufgenommene Regelung (§ 3 Absatz 3 MT-Ausbildungs- und Prüfungsverordnung) angepasst.“

§ 4 Praktische Ausbildung

(1) [1]Während der praktischen Ausbildung sind die Kompetenzen zu vermitteln, die zur Erreichung des jeweiligen Ausbildungsziels nach den §§ 7 bis 9 oder §§ 7, 8 und 10 des Anästhesietechnische- und Operationstechnische-Assistenten-Gesetzes erforderlich sind. [2]Die oder der Auszubildende wird befähigt, die im theoretischen und im praktischen Unterricht erworbenen Kompetenzen aufeinander zu beziehen, miteinander zu verbinden und weiterzuentwickeln, um die erforderlichen Handlungskompetenzen für die beruflichen Tätigkeiten zu erwerben.

(2) Die Bereiche der praktischen Ausbildung sind

1. **im Fall der Ausbildung zur Anästhesietechnischen Assistentin oder zum Anästhesietechnischen Assistenten die in Anlage 2 genannten Versorgungs- und Funktionsbereiche im Umfang von 2 500 Stunden und**
2. **im Fall der Ausbildung zur Operationstechnischen Assistentin oder zum Operationstechnischen Assistenten die in Anlage 4 genannten Versorgungs- und Funktionsbereiche im Umfang von 2 500 Stunden.**

(3) Die praktische Ausbildung soll mit einem in Anlage 2 oder 4 genannten Orientierungseinsatz im Umfang von 80 Stunden bei der verantwortlichen Einrichtung der praktischen Ausbildung nach § 14 Absatz 3 des Anästhesietechnische- und Operationstechnische-Assistenten-Gesetzes beginnen.

Erläuterungen

In der Begründung zur Verordnung (BR-Drs. 491/20, S. 79) wird zu dieser Vorschrift Folgendes ausgeführt: 1

„Zu Absatz 1

Im Rahmen der praktischen Ausbildung ist sicherzustellen, dass die Auszubildenden Gelegenheit haben, die im theoretischen und praktischen Unterricht erworbenen Kompetenzen einzuüben und zu vertiefen, um so die erforderlichen praktischen Fertigkeiten zu entwickeln, die sie für eine Tätigkeit in der anästhesietechnischen oder operationstechnischen Assistenz befähigen. Die Inhalte des theoretischen und praktischen Unterrichts fließen dabei in die praktische Ausbildung ein und dienen als Grundlage, um die für die Berufsausübung notwendigen Handlungskompetenzen zu entwickeln. Insgesamt sind in der praktischen Ausbildung diejenigen Kompetenzen zu vermitteln, die zur Erreichung des jeweiligen Ausbildungsziels erforderlich sind.

Zu Absatz 2

Sowohl Stundenumfang, als auch Stundenverteilung der praktischen Ausbildung werden in den Anlagen 2 und 4 geregelt. Für die Ausbildung geeignete Krankenhäuser und ambulante Einrichtungen bilden dabei die Orte der praktischen Ausbildung. Die Anlagen sehen jeweils die zu durchlaufenden Orientierungs-, allgemeinen Pflicht-, Wahlpflicht- und Pflichteinsätze mit konkreten Stundenvorgaben vor. Der Orientierungseinsatz ist hierbei als fakultativer Teil der praktischen Ausbildung vorgesehen. Die Inhalte des theoretischen und praktischen Unterrichts fließen dabei in die praktische Ausbildung ein und dienen als Grundlage dazu, die für die Berufsausübung notwendigen Handlungskompetenzen zu entwickeln. Die in den Anlagen 2 und 4 vorgenommenen Stundenvorgaben für die verschiedenen Einsätze in der praktischen Ausbildung sollen gewährleisten, dass in der praktischen Ausbildung bei allen zu durchlaufenden Einsatz-, Funktions- und Versorgungsbereichen ausreichend Zeit vorhanden ist, um den Erwerb der erforderlichen berufsspezifischen Kompetenzen durch die notwendigen Praxiseinsätze zu vertiefen. Durch die Stunden zur freien Verteilung steht den Auszubildenden und den Einrichtungen der praktischen Ausbildung eine flexibel nutzbare Zeit zur Verfügung.

Zu Absatz 3

Eine verpflichtende Absolvierung des Orientierungseinsatzes regelt die Vorschrift nicht. Der Orientierungseinsatz eröffnet allerdings zu Ausbildungsbeginn die Möglichkeit für die Auszubildenden einen ersten Überblick über das Berufsfeld zu erhaltenen. Darüber hinaus kann die Verbindung zur verantwortlichen Einrichtung der praktischen Ausbildung gestärkt und gefestigt werden."

§ 5 Dauer und Inhalt des Pflegepraktikums

(1) Das Pflegepraktikum in der praktischen Ausbildung nach § 15 des Anästhesietechnische- und Operationstechnische-Assistenten-Gesetzes muss einen Umfang von mindestens 120 Stunden umfassen.

(2) Das Pflegepraktikum vermittelt einen Überblick über die pflegerische Versorgung von Patientinnen und Patienten vor und nach anästhesiologischen oder operativen Eingriffen.

Erläuterungen

In der Begründung zur Verordnung (BR-Drs. 491/20, S. 80) wird zu dieser Vorschrift 1
Folgendes ausgeführt:

*„**Zu Absatz 1***

Nach Absatz 1 hat das Pflegepraktikum einen Mindestumfang von 120 Stunden.

Zu Absatz 2

Absatz 2 regelt den Inhalt des Pflegepraktikums. Demnach soll das Pflegepraktikum dazu dienen, die Auszubildenden zu befähigen, die Aufgaben, die von Angehörigen der Pflegeberufe wahrzunehmen sind, einschätzen zu lernen und Einblick in die pflegerische Versorgung von Patientinnen und Patienten vor und nach der Behandlung im OP und der Anästhesie zu gewinnen. Eine Qualifizierung ‚am Bett' ist ausdrücklich nicht umfasst, da den Auszubildenden die dazu erforderlichen Kompetenzen nicht vermittelt werden müssen und diese den berufsspezifischen Tätigkeitsfeldern nicht entsprechen. Zudem ist bereits in § 15 des Anästhesietechnische- und Operationstechnische-Assistenten-Gesetzes festgelegt, dass das verpflichtende Pflegepraktikum in dem für die jeweilige Ausbildung relevanten Versorgungsbereich zu absolvieren ist, der für die Ausbildung in der anästhesietechnischen oder der operationstechnischen Assistenz relevant ist."

§ 6 Nachtarbeit

[1]Ab dem zweiten Ausbildungsdrittel hat die oder der Auszubildende in der praktischen Ausbildung mindestens 80, höchstens 120 Stunden im Rahmen von Nachtarbeit (Volldienst oder Bereitschaftsdienst) unter unmittelbarer Aufsicht zu absolvieren. [2]Dies gilt nicht für jugendliche Auszubildende. [3]Auszubildende, die über einen anteiligen Zeitraum der letzten beiden Ausbildungsdrittel minderjährig sind, haben die Nachtarbeitsstunden zu einem entsprechenden Anteil zu absolvieren. [4]Die Vorschriften des Arbeitszeitgesetzes bleiben unberührt.

Erläuterungen

1 Die Vorschrift ist gegenüber der Fassung in der BR-Drs. 491/20 (S. 9) in **Satz 1** geändert und um **Satz 3** ergänzt worden. In den Beschlussempfehlungen (BR-Drs. 491/1/20, S. 3) wird dazu Folgendes ausgeführt:

„Das Gesetz über die Ausbildung zur Anästhesietechnischen Assistentin und zum Anästhesietechnischen Assistenten und über die Ausbildung zur Operationstechnischen Assistentin und zum Operationstechnischen Assistenten sieht in § 12 Absatz 2 die Möglichkeit der Teilzeitausbildung vor. Entsprechend sollte hier von Ausbildungsdritteln und nicht von -jahren gesprochen werden. Die Ausnahmeregelung, dass für jugendliche Auszubildende die Nachtarbeitsverpflichtung nicht gilt, wird begrüßt. In der Pflegeausbildung führt das Fehlen dieser Ausnahmeregelung regelmäßig zu einer Verdichtung der Nachtarbeitszeit auf den Zeitraum der Volljährigkeit. Daher sollte hier idealerweise eine Klarstellung erfolgen wie zu verfahren ist, wenn sich der Status als Minderjährige oder Minderjähriger im Laufe der Ausbildung – hier entscheidend sind die letzten beiden Ausbildungsdrittel – ändert."

Zu einer weiteren Änderung in **Satz 1** wird in der Beschlussempfehlung (BR-Drs. 491/1/20, S. 3) Folgendes ausgeführt:

„In den Funktionsbereichen OP und Endoskopie werden in der Regel nur Bereitschafts- und Rufdienste geleistet. Diese Bereiche sollten vom Nachtdienst nicht ausgeschlossen sein."

2 In der Begründung zur Verordnung BR-Drs. 491/20, S. 80) wird zur ursprünglichen Fassung der Vorschrift Folgendes ausgeführt:

„Ab dem zweiten Lehrjahr ist Nachtarbeit im Sinne von § 2 Absatz 4 Arbeitszeitgesetz abzuleisten. Danach ist Nachtarbeit definiert als jede Arbeit, die mehr als zwei Stunden in der Nachtzeit (23:00 Uhr bis 06:00 Uhr) umfasst. Dies gilt jedoch nicht für Auszubildende unter 18 Jahre. Zum Schutz der Auszubildenden vor physischer und psychischer Überbeanspruchung werden die abzuleistenden Stunden begrenzt. Zudem sind die Vorschriften des Arbeitszeitgesetzes zu beachten, um die dort gesetzlich vorgeschriebenen Ruhezeiten sicherzustellen. Die zwingend vorgeschriebene Nachtarbeit soll sicherstellen, dass die Auszubildenden während der praktischen Ausbildung die Besonderheiten des jeweiligen Berufsfeldes während dieser Zeit kennen lernen. Grundsätzlich umfasst der Begriff ‚Nachtarbeit' die Vielzahl unterschiedlicher Dienstplan- und Arbeitsmodelle, die in den Einrichtungen der praktischen Ausbildung vorherrschen. Hierbei werden u. a. auch Bereitschafts- und Rufbereitschaftsdienste

berücksichtigt, da nicht jede ausbildungsrelevante Einrichtung, die zur praktischen Ausbildung berechtigt ist, ein durchgängiges Drei-Schichten-System etabliert hat.

Um sicherzustellen, dass es hier nicht zu Überforderungen der Auszubildenden kommt, wird vorgegeben, dass praktische Ausbildungsanteile in der Nacht nur in Betracht kommen, wenn diese unter unmittelbarer Aufsicht einer entsprechend qualifizierten diensthabenden Fachkraft erfolgen. Dabei muss die Aufsichtsperson jederzeit sofort erreichbar und in der Lage sein, rechtzeitig einzugreifen. Maßstab der Eignung ist hier die fachliche Kompetenz, die erforderlich ist, um den Auszubildenden während der praktischen Ausbildung während der Nachtarbeit die Kompetenzen zu vermitteln, die zur Ausübung des Berufs erforderlich sind. Damit sind insbesondere Fachkräfte gemeint, die eine Erlaubnis zum Führen der Berufsbezeichnung nach § 1, § 2 oder § 69 Absatz 1 oder 3 des Anästhesietechnische- und Operationstechnische-Assistenten-Gesetzes haben. Daneben können aber auch andere Berufsgruppen, die regelmäßig im Rahmen der Nachtarbeit tätig sind, eine solche Aufsichtsfunktion wahrnehmen. Dazu gehören beispielsweise Gesundheits- und Krankenpfleger, die eine Erlaubnis nach § 1 des Krankenpflegegesetzes aufweisen, Pflegefachkräfte mit entsprechend anerkannter Fachweiterbildung, aber auch Ärztinnen und Ärzte können die Aufsicht wahrnehmen.“

§ 7 Noten für praktische Einsätze

(1) Jede an der Ausbildung beteiligte Einrichtung hat die Leistung, die die oder der Auszubildende im Rahmen des bei ihr durchgeführten praktischen Einsatzes erbracht hat, einzuschätzen.

(2) Die beteiligte Einrichtung hat bei Beendigung des praktischen Einsatzes

1. **der oder dem Auszubildenden die qualifizierte Leistungseinschätzung mitzuteilen und zu erläutern und**
2. **der Schule die qualifizierte Leistungseinschätzung und die Zeiten, die die oder der Auszubildende während des praktischen Einsatzes gefehlt hat, mitzuteilen.**

Erläuterungen

1 Die Vorschrift ist gegenüber der Fassung in der BR-Drs. 491/20 (S. 9) in **Abs. 1** und **Abs. 2 Nr. 1 und Nr. 2** geändert worden. In den Beschlussempfehlungen (BR-Drs. 491/1/20, S. 4) wird dazu Folgendes ausgeführt:

„Eine selbständige Notengebung durch Praxisanleiterinnen und Praxisanleiter ohne Mitwirken einer Lehrkraft kann nicht stattfinden. Die pädagogischen Kompetenzen von Praxisanleiterinnen und Praxisanleitern mit einer lediglich 300 Stunden umfassenden berufspädagogischen Zusatzqualifikation reichen nicht aus, um Noten zu erheben, die direkt in eine Zeugnisnote einfließen. Lehrkräfte erwerben im Rahmen ihres Studiums und der sich anschließenden schulpraktischen Ausbildung spezifische Kompetenzen zur Notengebung, die eine zentrale berufliche Aufgabe von Lehrkräften darstellt. Auf die Expertise zur Notengebung, über die Lehrkräfte verfügen, können Praxisanleiterinnen und Praxisanleiter nicht zurückgreifen."

2 In der Begründung (BR-Drs. 491/20, S. 81) wird zur ursprünglichen Fassung dieser Vorschrift Folgendes ausgeführt:

„Zu Absatz 1

Absatz 1 regelt, dass jede an der praktischen Ausbildung beteiligte Einrichtung den bei ihr absolvierten Einsatz zu benoten hat. Diese Einzelnoten sind Bestandteil der Jahresnote, wodurch gewährleistet wird, dass die oder der Auszubildende eine der erbrachten Leistung entsprechende Jahresnote erhält.

Zu Absatz 2

Die von der Einrichtung für den jeweiligen Praxiseinsatz zu erstellende Benotung des absolvierten Einsatzes dokumentiert die von der oder dem Auszubildenden während des Einsatzes erbrachten Leistungen unter Ausweisung von Fehlzeiten. Die Benotung und die Fehlzeiten sind der Schule mitzuteilen. Vor dem Hintergrund der pädagogischen Zielsetzung zur Erlangung der beruflichen Kompetenzen erscheint ein Abschlussgespräch sinnvoll, in dem der oder die Auszubildende eine Rückmeldung zu dem erreichten Leistungsstand gegeben wird."

§ 8 Jahreszeugnisse

(1) Für jedes Ausbildungsjahr muss die Schule der oder dem Auszubildenden ein Jahreszeugnis ausstellen.

(2) Im Jahreszeugnis sind insbesondere anzugeben

1. **die Jahresnote als Gesamtnote der Fächer des theoretischen und praktischen Unterrichts,**
2. **die Jahresnote als Gesamtnote für die praktischen Einsätze,**
3. **etwaige Fehlzeiten während des theoretischen und praktischen Unterrichts und**
4. **etwaige Fehlzeiten während der praktischen Ausbildung.**

(3) Die Jahresnote für den theoretischen und praktischen Unterricht wird aus den Einzelnoten der Lernbereiche gebildet.

(4) [1]Die Jahresnote für alle praktischen Einsätze wird von der Schule unter Berücksichtigung der qualifizierten Leistungseinschätzungen nach § 7 Absatz 1 festgelegt. [2]Ist ein praktischer Einsatz am Ende eines Ausbildungsjahres nicht beendet, so erfolgt die Berücksichtigung im nächsten Ausbildungsjahr. [3]Die Jahresnote für alle praktischen Einsätze ist im Benehmen mit der verantwortlichen Einrichtung der praktischen Ausbildung festzulegen.

Erläuterungen

Die Vorschrift ist gegenüber der Fassung in der BR-Drs. 491/20 (S. 9) in **Abs. 3** und **Abs. 4** geändert worden. In den Beschlussempfehlungen (BR-Drs. 491/1/20, S. 4) wird zu der Änderung in **Abs. 3** Folgendes ausgeführt: 1

„Die Festlegung auf ‚Fächer' ist ungeeignet, da in der beruflichen Bildung in der Regel fächerintegriert unterrichtet und geprüft wird. Der Begriff ‚Lernbereiche' ermöglicht auf offene Weise die Einbindung eines Lernfeldkonzeptes oder anderer Strukturen."

Im Antrag des Freistaates Bayern (BR-Drs. 491/2/20, S. 1 f.) zur Änderung des **Abs. 4 Satz 1** wird zur Begründung Folgendes ausgeführt: 2

„Eine selbstständige Notengebung durch Praxisanleiterinnen und Praxisanleiter ohne Mitwirken einer Lehrkraft kann nicht stattfinden. Die pädagogischen Kompetenzen von Praxisanleiterinnen und Praxisanleitern mit einer lediglich 300 Stunden umfassenden berufspädagogischen Zusatzqualifikation reichen nicht aus, um Noten zu erheben, die direkt in eine Zeugnisnote einfließen. Lehrkräfte erwerben im Rahmen ihres Studiums und der sich anschließenden schulpraktischen Ausbildung spezifische Kompetenzen zur Notengebung, die eine zentrale berufliche Aufgabe von Lehrkräften darstellt. Auf die Expertise zur Notengebung, über die Lehrkräfte verfügen, können Praxisanleitungen nicht zurückgreifen."

3 In der Begründung (BR-Drs. 491/20, S. 81) wird zur ursprünglichen Fassung dieser Vorschrift Folgendes ausgeführt:

*„**Zu Absatz 1***

Die Regelung schreibt vor, dass für jedes Ausbildungsjahr ein Jahreszeugnis von der Schule erstellt wird. Die dort enthaltenden Leistungsbewertungen sollen den pädagogischen Zweck erfüllen, den Auszubildenden einen Überblick über ihre Lernentwicklung und den Leistungsstand zu geben. Sie sind außerdem Maßstab dafür, ob die mit der Ausbildung verfolgten Ziele erfüllt werden.

Zu Absatz 2

Absatz 2 gibt Mindestvorgaben zu Einzelinhalten des Jahreszeugnisses an. Neben der Jahresnote für den theoretischen und praktischen Unterricht und der Jahresnote für die praktischen Einsätze sind jeweilige Fehlzeiten für den theoretischen und praktischen Unterricht sowie der praktischen Ausbildung separiert anzugeben. Darüber hinaus können weitere Angaben, wie beispielsweise die Einzelnoten für den theoretischen und praktischen Unterricht oder die praktischen Einsätze angegeben werden.

Zu Absatz 3

Absatz 3 beinhaltet die Vorgabe, wie die Jahresnote für den theoretischen und praktischen Unterricht gebildet wird. Hierzu werden die Einzelnoten der jeweiligen Fächer herangezogen.

Zu Absatz 4

Die Jahresnote für alle praktischen Einsätze ist im Benehmen mit der verantwortlichen Einrichtung der praktischen Ausbildung festzulegen. Dabei werden die für das Ausbildungsjahr erstellten Leistungsbenotungen der einzelnen Einsätze besonders berücksichtigt. Nach Absatz 3 erfolgt die Bewertung eines praktischen Einsatzes im Folgejahr, wenn dieser nicht am Ende des Ausbildungsjahres beendet ist.“

§ 9 Qualifikation der Praxisanleitung

(1) [1]Zur Praxisanleitung geeignet ist eine Person, die

1. über die Erlaubnis zum Führen der Berufsbezeichnung
a) nach § 1 Absatz 1, § 2 Absatz 1 oder § 69 Absatz 1 oder 3 des Anästhesietechnische- und Operationstechnische-Assistenten-Gesetzes verfügt oder
b) nach § 1 Absatz 1, § 58 Absatz 1 oder 2 oder nach § 64 des Pflegeberufegesetzes verfügt und eine Fachweiterbildung für den Operationsdienst oder eine Fachweiterbildung für die Intensivpflege und Anästhesie, für die Anästhesie oder eine gleichwertige Fachweiterbildung erfolgreich absolviert hat,

2. über Berufserfahrung in dem jeweiligen Berufsfeld von mindestens einem Jahr verfügt,

3. eine berufspädagogische Zusatzqualifikation im Umfang von mindestens 300 Stunden absolviert hat und

4. kontinuierlich berufspädagogische Fortbildungen im Umfang von mindestens 24 Stunden jährlich absolviert.

[2]Die Länder können den Zeitraum, in dem die berufspädagogischen Fortbildungen nach Satz 1 Nummer 4 zu absolvieren sind, auf bis zu drei Jahre verlängern. [3]Der Stundenumfang ist entsprechend zu erhöhen.

(2) [1]Zur Praxisanleitung geeignet ist auch eine Person, die

1. zum 31. Dezember 2021 nachweislich als Praxisanleiterin oder Praxisanleiter in der anästhesietechnischen oder in der operationstechnischen Assistenz eingesetzt ist oder nachweislich über die Qualifikation verfügt, die bis zum 31. Dezember 2021 zum Einsatz als Praxisanleitung befähigt,

2. über Berufserfahrung in dem jeweiligen Berufsfeld von mindestens einem Jahr verfügt und

3. kontinuierlich berufspädagogische Fortbildungen im Umfang von mindestens 24 Stunden jährlich absolviert.

[2]Die Länder können den Zeitraum, in dem die berufspädagogischen Fortbildungen nach Satz 1 Nummer 3 zu absolvieren sind, auf bis zu drei Jahre verlängern. [3]Der Stundenumfang ist entsprechend zu erhöhen.

(3) Während der praktischen Ausbildung im ambulanten Kontext gemäß den Anlagen 2 und 4 kann die Praxisanleitung nach § 16 des Anästhesietechnische- und Operationstechnische-Assistenten-Gesetzes auch durch qualifizierte Fachkräfte der ambulanten Einrichtung, die nicht über eine Qualifikation nach Absatz 1 oder 2 verfügen, sichergestellt werden.

Erläuterungen

In der ursprünglichen Fassung des **Abs. 1 Satz 1 Nr. 1 Buchst. b** (BR-Drs. 491/20, 1
S. 10) wurde eine „staatlich anerkannte Fachweiterbildung" gefordert. In den Beschlussempfehlungen (BR-Drs. 491/1/20, S. 5) wurde die Streichung von „staatlich anerkannte" empfohlen. Zur Begründung (BR-Drs. 491/1/20, S. 6) wird Folgendes ausgeführt:

„Es herrscht Personalmangel bei der Praxisanleitung. Daher sollen diejenigen, die bisher die Praxisanleitung nach geltendem Recht durchführen durften, weiterhin tätig bleiben dürfen. Nicht in allen Bundesländern sind die Fachweiterbildungen für das Pflegepersonal staatlich anerkannt. Dieser Personenkreis wäre ansonsten von vornherein von der Praxisanleitung ausgeschlossen. Durch die gewählte Formulierung wird sichergestellt, dass die Praxisanleiter/-innen, die über keine staatlich anerkannte Fachweiterbildung verfügen, weiterhin tätig bleiben können, wenn ihre Fachweiterbildung den Qualitätsstandard erfüllt, der mit der staatlichen Anerkennung verbunden ist."

2 In der Begründung zur Verordnung (BR-Drs. 491/20, S. 81 ff.) wird zur ursprünglichen Fassung dieser Vorschrift Folgendes ausgeführt:

„Wesentlicher Bestandteil der praktischen Ausbildung ist die Praxisanleitung in den Einrichtungen. Entsprechend dem Ausbildungsziel unterstützt die geplante und strukturierte Durchführung der Praxisanleitung den Auszubildenden und leistet einen wichtigen Beitrag zur weiteren Verbesserung der Qualität der praktischen Ausbildung. Ergänzend trägt sie auch wesentlich dazu bei, die Verknüpfung des im Unterricht Gelernten mit den erforderlichen beruflichen Anforderungen herzustellen. Die Praxisanleitung soll die Auszubildenden schrittweise an die Wahrnehmung der berufsspezifischen Aufgaben heranführen. Dies beinhaltet insbesondere die Vermittlung der selbständigen und eigenständigen Ausführung der Aufgaben und die Vermittlung des effektiven Zusammenarbeitens.

Zu Absatz 1

Die persönlichen Anforderungen an die praxisanleitenden Personen regelt Absatz 1. Diese sind direkte Kontaktpersonen für die Auszubildenden während ihrer praktischen Ausbildung. Zudem sind sie Ansprechpartner der Schulen, welche die Gesamtverantwortung für die Ausbildung tragen.

Im Interesse einer hohen Qualität der Ausbildung und im Hinblick auf die Einbeziehung der praxisanleitenden Personen in die staatlichen Prüfungen und Ergänzungsprüfungen sind für diese Aufgaben neben einem einschlägigen Berufsabschluss (Nummer 1) eine mindestens einjährige Berufserfahrung (Nummer 2) sowie eine berufspädagogische Zusatzqualifikation im Umfang von mindestens 300 Stunden (Nummer 3) erforderlich. Die berufspädagogische Zusatzqualifikation kann dabei parallel zur Berufstätigkeit erworben werden. Schließlich muss die praxisanleitende Person kontinuierlich berufspädagogische Fortbildungen im Umfang von mindestens 24 Stunden jährlich absolvieren (Nummer 4). Damit soll sichergestellt werden, dass Praxisanleiterinnen und Praxisanleiter neben ihren fachlichen Qualifikationen über die aufgrund ihrer anspruchsvollen Aufgaben in der Ausbildung erforderlichen pädagogischen Fähigkeiten verfügen und diese auch auf einem aktuellen Stand halten.

Darüber hinaus regelt Satz 2, dass die Länder den Zeitraum, in dem die berufspädagogischen Fortbildungen zu absolvieren sind, auf bis zu drei Jahre verlängern können. Sie können also beispielsweise vorsehen, dass die praxisanleitenden Personen berufspädagogische Fortbildungen im Umfang von mindestens 72 Stunden in drei Jahren zu absolvieren haben. So kann die Fortbildungspflicht flexibilisiert und den Lebensumständen angepasst werden.

Zu Absatz 2

Für die bereits in der Praxisanleitung Tätigen ist ein umfassender Bestandsschutz vorgesehen, da es ist nicht sachgerecht wäre, auf diese erfahrenen und bewährten Praxisanleiter zu verzichten. Dabei wird neben der tatsächlichen Tätigkeit als praxisanleitende Person auch auf das Vorhandensein einer entsprechenden Qualifikation zur Praxisanleitung abgestellt, so dass auch Personen, die sich am 31. Dezember 2021 in Mutterschutz oder Elternzeit befinden und daher zum Stichtag nicht als Praxisanleitung eingesetzt sind, unter die Bestandsschutzregelungen fallen.

Personen nach Absatz 2 müssen aufgrund der – zumeist langjährigen – Erfahrung, die sie bereits durch die Ausübung ihrer Tätigkeit als Praxisanleiterin und Praxisanleiter haben und des daraus resultierenden notwendigen Bestandsschutzes keine berufspädagogische Zusatzqualifikation im Umfang von mindestens 300 Stunden nachweisen.

Schließlich muss die praxisanleitende Person kontinuierlich berufspädagogische Fortbildungen im Umfang von mindestens 24 Stunden jährlich absolvieren (Nummer 3). Diesbezüglich regelt Satz 2, dass die Länder den Zeitraum, in dem die berufspädagogischen Fortbildungen zu absolvieren sind, auf bis zu drei Jahre verlängern können. Sie können also beispielsweise vorsehen, dass die praxisanleitenden Personen berufspädagogische Fortbildungen im Umfang von mindestens 72 Stunden in drei Jahren zu absolvieren haben. So kann die Fortbildungspflicht flexibilisiert und den Lebensumständen angepasst werden.

Zu Absatz 3

Teile der praktischen Ausbildung können auch in einer dafür geeigneten ambulanten Einrichtung oder in mehreren dafür geeigneten ambulanten Einrichtungen durchgeführt werden. Auch hier ist die Praxisanleitung durch qualifizierte Praxisanleiterinnen und Praxisanleiter ein wesentliches Element zur schrittweisen Heranführung an die Übernahme berufsspezifischer Aufgaben. Aufgrund der Variationsbreite der möglichen Einrichtungen im ambulanten Ausbildungskontext und ihrer spezifischen Berufsgruppenzusammenstellung können jedoch auch entsprechend qualifizierte Fachkräfte die Praxisanleitung sicherstellen, die nicht über eine Qualifikation nach Absatz 1 oder 2 verfügen. Maßstab der Eignung ist hier die fachliche Kompetenz, die erforderlich ist, um den Auszubildenden während der praktischen Ausbildung im ambulanten Kontext die Kompetenzen zu vermitteln, die zur Ausübung des Berufs erforderlich sind.“

§ 10 Praxisbegleitung

[1]Für die Zeit der praktischen Ausbildung hat die Schule durch ihre Lehrkräfte zu gewährleisten, dass eine Praxisbegleitung in den Einrichtungen der praktischen Ausbildung in angemessenem Umfang erfolgt. [2]Im Rahmen der Praxisbegleitung sollen für jede Auszubildende und jeden Auszubildenden mindestens drei Besuche einer Lehrkraft im Rahmen der allgemeinen Pflichteinsätze, zwei Besuche im Rahmen der Pflichteinsätze in Funktions- und Versorgungsbereichen und ein Besuch im Rahmen der Wahlpflichteinsätze gemäß der Anlagen 2 und 4 erfolgen.

Erläuterungen

1 In der Begründung zur Verordnung (BR-Drs. 491/20, S. 83) wird zu dieser Vorschrift Folgendes ausgeführt:

„§ 10 konkretisiert die Anforderungen an die von der Schule zu leistende Praxisbegleitung je Einsatzgebiet. Dazu gehört auch eine Mindestanzahl von Besuchen einer Lehrkraft der Schule für jede Auszubildende oder jeden Auszubildenden in den Einrichtungen der praktischen Ausbildung. Die Gewichtung der Besuche orientiert sich dabei am Stundenumfang der im jeweiligen Einsatzgebiet zu absolvierenden praktischen Ausbildung. Die Lehrkräfte haben die Möglichkeit, die Besuche in den Ausbildungseinrichtungen so zu koordinieren und zu bündeln, dass mehrere Auszubildende in einer Einrichtung der praktischen Ausbildung besucht werden können."

§ 11 Inhalt der Kooperationsverträge

(1) [1]In den Kooperationsverträgen zwischen der Schule und den Einrichtungen der praktischen Ausbildung ist die enge Zusammenarbeit hinsichtlich der Ausbildung der Auszubildenden zu regeln. [2]Ziel ist es, eine bestmögliche Verzahnung von theoretischem und praktischem Unterricht mit der praktischen Ausbildung zu gewährleisten.

(2) Die Kooperationsverträge müssen insbesondere Vorgaben enthalten

1. **zum Ausbildungsplan,**
2. **zu den Vereinbarungen, die die verantwortliche Einrichtung der praktischen Ausbildung mit weiteren Einrichtungen abzuschließen hat, um die in den Anlagen 2 und 4 vorgegebenen Einsatzbereiche sicherzustellen,**
3. **zur Durchführung der Praxisanleitung und**
4. **zur Durchführung der Praxisbegleitung.**

Erläuterungen

In der Begründung zur Verordnung (BR-Drs. 491/20, S. 83) wird zu dieser Vorschrift Folgendes ausgeführt: 1

„Zu Absatz 1

Die neue bundesrechtliche Ausbildung zur Anästhesietechnischen und Operationstechnischen Assistenz erfordert eine enge Zusammenarbeit der Schule, der verantwortlichen Einrichtung der praktischen Ausbildung sowie der weiteren an der Ausbildung beteiligten Einrichtungen. Um diese Zusammenarbeit abzusichern sowie erfolgreich und arbeitsteilig zu gestalten, schließen die Beteiligten nach § 14 Absatz 4 des Anästhesietechnische- und Operationstechnische-Assistenten-Gesetzes Kooperationsverträge. Durch Absatz 1 wird die gesetzliche Vorgabe dahingehend konkretisiert, dass die Kooperationsverträge neben der Regelung der engen Zusammenarbeit darauf abzuzielen haben, dass im Interesse der Auszubildenden ein fortlaufender und systematischer Austausch zwischen allen an der Ausbildung beteiligten Akteuren sichergestellt wird.

Zu Absatz 2

Absatz 2 gibt den Mindestinhalt der Kooperationsverträge vor.“

Abschnitt 2
Staatliche Prüfung

Unterabschnitt 1
Allgemeines und Organisatorisches

§ 12 Bestandteile der staatlichen Prüfung

Die staatliche Prüfung besteht aus

1. **einem schriftlichen Teil,**
2. **einem mündlichen Teil und**
3. **einem praktischen Teil.**

Erläuterungen

1 In der Begründung zur Verordnung (BR-Drs. 491/20, S. 83) wird zu dieser Vorschrift Folgendes ausgeführt:

„Die staatliche Prüfung über die berufliche Ausbildung zur Anästhesietechnischen Assistentin und zum Anästhesietechnischen Assistenten und über die Ausbildung zur Operationstechnischen Assistentin und zum Operationstechnischen Assistenten gliedert sich jeweils in einen schriftlichen, einen mündlichen und einen praktischen Teil. Gegenstand der Prüfungen sind die auf Grundlage von §§ 7 – 10 des Anästhesietechnische- und Operationstechnische-Assistenten-Gesetz in den Anlagen 1 und 3 aufgeführten Kompetenzschwerpunkte."

§ 13 Bildung und Zuständigkeit des Prüfungsausschusses

(1) An jeder Schule, die die Ausbildung durchführt, wird ein Prüfungsausschuss gebildet.

(2) Der Prüfungsausschuss ist für die ordnungsgemäße Durchführung der staatlichen Prüfung zuständig.

Erläuterungen

In der Begründung zur Verordnung (BR-Drs. 491/20, S. 84) wird zu dieser Vorschrift Folgendes ausgeführt: 1

„Zu Absatz 1

An Schulen, an denen zur Anästhesietechnischen und oder zur Operationstechnischen Assistenz ausgebildet wird, ist ein Prüfungsausschuss zu bilden.

Zu Absatz 2

Die Vorschrift regelt, dass der Prüfungsausschuss für die ordnungsgemäße Durchführung der staatlichen Prüfungen zuständig ist.“

§ 14 Zusammensetzung des Prüfungsausschusses

(1) Der Prüfungsausschuss besteht aus den folgenden Mitgliedern:

1. einer Vertreterin oder einem Vertreter der zuständigen Behörde oder einer anderen geeigneten Person, die von der zuständigen Behörde mit der Wahrnehmung dieser Aufgabe betraut worden ist, als Vorsitzende oder Vorsitzender,
2. der Schulleiterin oder dem Schulleiter oder einem für die Ausbildung zuständigen Mitglied der Schulleitung,
3. mindestens drei Fachprüferinnen und Fachprüfern, von denen
   a) mindestens zwei Personen schulische Fachprüferinnen und Fachprüfer sein müssen und
   b) mindestens eine Person eine praktische Fachprüferin oder ein praktischer Fachprüfer sein muss.

(2) Zur schulischen Fachprüferin oder zum schulischen Fachprüfer darf nur bestellt werden, wer an der Schule unterrichtet.

(3) [1]Zur praktischen Fachprüferin oder zum praktischen Fachprüfer darf nur bestellt werden, wer zum Zeitpunkt der staatlichen Prüfung als praxisanleitende Person tätig ist. [2]Mindestens eine Person der praktischen Fachprüferinnen und Fachprüfer muss in der Einrichtung tätig sein, in der der überwiegende Teil der praktischen Ausbildung durchgeführt worden ist.

(4) Zu Fachprüferinnen und Fachprüfern sollen die Lehrkräfte und praxisanleitenden Personen bestellt werden, die die Prüfungskandidatinnen und Prüfungskandidaten überwiegend unterrichtet oder ausgebildet haben.

(5) Die zuständige Behörde bestellt auf Vorschlag der Schule die Mitglieder des Prüfungsausschusses sowie für jedes Mitglied ein Ersatzmitglied für den Fall der Verhinderung.

Erläuterungen

1 In der Begründung zur Verordnung (BR-Drs. 491/20, S. 84 f.) wird zu dieser Vorschrift Folgendes ausgeführt:

„Zu Absatz 1

Absatz 1 benennt die in den Prüfungsausschuss zu berufenden Mitglieder und die an sie zu stellenden Anforderungen.

Zu Nummer 1

Nummer 1 sieht eine Vertreterin oder einen Vertreter der zuständigen Behörde als Mitglied des Prüfungsausschusses vor, welches gleichzeitig den Vorsitz des Prüfungsausschusses führt. Es besteht nach Absatz 1 Nummer 1 die Möglichkeit, dass auch eine andere geeignete Person von der zuständigen Behörde als Mitglied bestellt und mit den anfallenden Aufgaben betraut wird.

Zu Nummer 2

Nummer 2 sieht als Mitglied des Prüfungsausschusses die Schulleiterin oder den Schulleiter vor. Anstelle der Schulleiterin oder des Schulleiters kann auch, insbesondere an großen Schulen, ein für die Ausbildung zuständiges Mitglied der Schulleitung (zum Beispiel die oder der für operationstechnische oder anästhesietechnische Assistenz zuständige Fachbereichsleiterin oder Fachbereichsleiter) bestellt werden.

Zu Nummer 3

Nummer 3 benennt die in den Prüfungsausschuss zu berufenden Fachprüferinnen und Fachprüfer. Geregelt wird die Mindestanzahl der zu bestellenden Fachprüferinnen und Fachprüfer.

Zu Absatz 2

Absatz 2 regelt, dass die in den Prüfungsausschuss zu berufenden Fachprüferinnen und Fachprüfer an der Schule unterrichten, an der die oder der Auszubildende unterrichtet worden ist.

Zu Absatz 3

Mindestens eine Fachprüferin oder ein Fachprüfer muss nicht nur in der Praxisanleitung tätig sein und die dafür erforderlichen Voraussetzungen erfüllen, sondern zugleich auch in der Einrichtung tätig sein, in der der überwiegenden Teil der praktischen Ausbildung durchgeführt wurde. Damit wird insgesamt der Funktion der Praxisanleitung in der Ausbildung auch im Rahmen der Prüfung Rechnung getragen. Die praktischen Fachprüferinnen oder die praktischen Fachprüfer sind insbesondere im praktischen Teil in die Prüfung einzubinden.

Zu Absatz 4

Die Auswahl der Fachprüferinnen und Fachprüfer bestimmt sich zudem durch die zu prüfenden Themenbereiche, in denen die Fachprüferinnen und Fachprüfer unterrichten, wobei der Begriff ‚überwiegend' nicht rein rechnerisch zu verstehen ist, sondern sich auch an anderen Kriterien orientieren kann. So kann für die Prüfung die Fachprüferin oder der Fachprüfer ausgewählt werden, die oder der in dem prüfungsrelevanten Themenbereich zuletzt unterrichtet hat und damit maßgeblich an der Vorbereitung der Auszubildenden auf die Prüfung beteiligt war.

Zu Absatz 5

Die Mitglieder des Prüfungsausschusses werden von der zuständigen Behörde bestellt, die sich dabei auf Vorschläge der Schule stützt. Gleiches gilt für die Ersatzmitglieder für den Fall der Verhinderung, die für jedes Mitglied des Prüfungsausschusses zu bestellen sind. Damit aufgrund der gewachsenen Strukturen auch Schulen mit kleineren Ausbildungskohorten die Zusammenstellung des Prüfungsausschusses gelingt, kann ein Stellvertreter oder eine Stellvertreterin auch für mehrere Fachprüfer oder Fachprüferinnen bestellt werden. Im Vertretungsfall darf ein Stellvertreter oder eine Stellvertreterin aber nur ein Mitglied ersetzen."

§ 15 Bestimmung der einzelnen Fachprüferinnen und Fachprüfer für die einzelnen Prüfungsteile der staatlichen Prüfung

Die oder der Vorsitzende des Prüfungsausschusses bestimmt auf Vorschlag der Schulleiterin oder des Schulleiters für jede Aufsichtsarbeit des schriftlichen Teils der staatlichen Prüfung und für den mündlichen und den praktischen Teil der staatlichen Prüfung jeweils

1. **die Fachprüferinnen und Fachprüfer sowie**
2. **deren Stellvertreterinnen und Stellvertreter.**

Erläuterungen

1 In der Begründung zur Verordnung (BR-Drs. 491/20, S. 85) wird zu dieser Vorschrift Folgendes ausgeführt:

„Nach § 15 legt die oder der Vorsitzende des Prüfungsausschusses auf Vorschlag der Schulleitung fest, welche Fachprüferinnen oder Fachprüfer mit welchen Stellvertreterinnen oder Stellvertretern für die einzelnen Prüfungsbereiche des schriftlichen Teils der Prüfung und für den mündlichen und praktischen Teil der Prüfung vorgesehen sind. Hierbei sind die jeweilige fachliche Qualifikation der Fachprüferinnen und Fachprüfer für die Prüfungsbereiche und Fallsituationen zu berücksichtigen. Für jedes Mitglied soll im Interesse einer jederzeitigen Funktionsfähigkeit des Prüfungsausschusses mindestens eine stellvertretende Person benannt werden. Die stellvertretende Person muss dabei nicht aus derselben Ausbildungseinrichtung oder derselben Schule stammen. Als Fachprüferinnen oder Fachprüfer sollen die Lehrkräfte bestellt werden, die die zu prüfende Person überwiegend ausgebildet haben."

§ 16 Teilnahme der oder des Vorsitzenden des Prüfungsausschusses an Teilen der staatlichen Prüfung

[1]Die oder der Vorsitzende hat das Recht, an den einzelnen Teilen der staatlichen Prüfung teilzunehmen; ihr oder ihm steht kein Fragerecht zu. [2]Eine Verpflichtung zur Anwesenheit besteht nicht.

Erläuterungen

1 Die Vorschrift ist durch Art. 3 Nr. 2 der Verordnung zur Modernisierung der Prüfungsverfahren im Recht der Heilberufe (Heilberufe-Prüfungsrechtmodernisierungsverordnung) (BGBl. 2023 I Nr. 148 vom 13.6.2023) neu gefasst worden. Die Verordnung ist am 1.10.2023 in Kraft getreten (Art. 16 der Verordnung).

In der Begründung zur Verordnung (BR-Drs. 81/23, S. 39) wird zu dieser Vorschrift Folgendes ausgeführt:

„Die dem Prüfungsausschuss vorsitzende Person kann weiterhin an allen Teilen der staatlichen Prüfung teilnehmen, ohne sich jedoch mit Fragen an der Prüfung zu beteiligen. Dadurch wird gewährleistet, dass die Prüfungsleistung alleine durch die Prüferinnen und Prüfer abgenommen und bewertet wird, welche die Leistung persönlich, unmittelbar und vollständig zur Kenntnis genommen haben. Die dem Prüfungsausschuss vorsitzende Person hat weiterhin die Möglichkeit, der Prüfung beizuwohnen, um sich von der ordnungsgemäßen Durchführung der staatlichen Prüfung zu überzeugen. Eine Anwesenheitspflicht ergibt sich daraus nicht.“

§ 17 Teilnahme von Sachverständigen sowie von Beobachterinnen und Beobachtern an der staatlichen Prüfung

(1) Die zuständige Behörde kann Sachverständige sowie Beobachterinnen und Beobachter zur Teilnahme an einzelnen oder allen Teilen der staatlichen Prüfung entsenden.

(2) Die Teilnahme an einer realen operativen oder anästhesiologischen Situation ist nur zulässig, wenn die betroffenen Patientinnen und Patienten oder eine vertretungsberechtigte Person zuvor darin eingewilligt haben.

Erläuterungen

1 In der Begründung zur Verordnung (BR-Drs. 491/20, S. 85 f.) wird zu dieser Vorschrift Folgendes ausgeführt:

„Zu Absatz 1

Nach Absatz 1 kann die zuständige Behörde nach freiem Ermessen Sachverständige und Beobachter, zum Beispiel Lehrkräfte einer Schule, sofern sie nicht selbst Mitglied des Prüfungsausschusses sind, zur Teilnahme an allen Prüfungsteilen entsenden.

Zu Absatz 2

Es ist selbstverständlich, dass die Teilnahme an einer realen anästhesiologischen oder operativen Situation nur mit Einwilligung der jeweiligen Patientin oder des jeweiligen Patienten zulässig ist. Dies wird durch Absatz 2 noch verdeutlicht.“

§ 18 Zulassung zur staatlichen Prüfung

(1) Auf Antrag der oder des Auszubildenden entscheidet die oder der Vorsitzende des Prüfungsausschusses, ob die oder der Auszubildende zur staatlichen Prüfung zugelassen wird.

(2) Die Zulassung zur staatlichen Prüfung wird erteilt, wenn

1. die folgenden Nachweise vorliegen:
   a) ein Identitätsnachweis der oder des Auszubildenden in amtlich beglaubigter Abschrift,
   b) die Bescheinigung über die regelmäßige und erfolgreiche Teilnahme am theoretischen und praktischen Unterricht sowie der praktischen Ausbildung nach Anlage 5,
   c) der schriftlich oder elektronisch geführte Ausbildungsnachweis nach § 28 Absatz 2 Nummer 5 des Anästhesietechnische- und Operationstechnische-Assistenten-Gesetzes,
   d) die Jahreszeugnisse nach § 8,

2. die Durchschnittsnote der Jahreszeugnisse mindestens „ausreichend" ist und

3. die Fehlzeiten,
   a) die nach § 25 des Anästhesietechnische- und Operationstechnische-Assistenten-Gesetzes auf die Dauer der Ausbildung anzurechnen sind, nicht überschritten worden sind oder
   b) die Verlängerung der Ausbildungsdauer nach § 25 Absatz 4 in Verbindung mit § 24 des Anästhesietechnische- und Operationstechnische-Assistenten-Gesetzes absolviert und nachgewiesen worden ist.

(3) In die Durchschnittsnote der Jahreszeugnisse nach Absatz 2 Nummer 2 fließen jeweils die Jahresnote des theoretischen und praktischen Unterrichts und die Jahresnote der praktischen Ausbildung der Jahreszeugnisse mit gleicher Gewichtung ein.

(4) Die zuständige Behörde stellt eine Bescheinigung über die absolvierte Verlängerung der Ausbildungsdauer nach Absatz 2 Nummer 3 Buchstabe b aus.

(5) [1]Die Entscheidung über die Zulassung zur staatlichen Prüfung wird der oder dem Auszubildenden spätestens zwei Wochen vor Beginn der staatlichen Prüfung mitgeteilt. [2]Die Mitteilung erfolgt schriftlich oder elektronisch.

Erläuterungen

Die Vorschrift ist gegenüber der Fassung in der BR-Drs. 491/20 (S. 13) in **Abs. 2 Nr. 1 Buchst. c** geändert worden. In den Beschlussempfehlungen (BR-Drs. 491/1/20, S. 5) wird zu der Änderung in Folgendes ausgeführt: 1

„Moderne Online-Lernplattformen und Ausbildungssoftwareprodukte bieten schon jetzt vielfältige Möglichkeiten, dass Lernenden und Ausbildende den Verlauf des Lernprozesses elektronisch dokumentieren. Das Führen eines papiergestützten Ausbildungsheftes (‚schriftlich') wird von elektronischen Nachweismöglichkeiten abgelöst werden können. Diese Möglichkeit sollte mit der neuen Formulierung eröffnet werden."

2 In der Begründung zur Verordnung (BR-Drs. 491/20, S. 86) wird zur ursprünglichen Fassung dieser Vorschrift Folgendes ausgeführt:

*„**Zu Absatz 1***

Die Entscheidung über die – von der oder dem Auszubildenden zu beantragende – Zulassung zur Prüfung trifft auf Grund ihrer oder seiner Leitungsfunktion die oder der Vorsitzende des Prüfungsausschusses.

Zu Absatz 2

Absatz 2 regelt die Voraussetzungen, die für eine Zulassung zur staatlichen Prüfung erfüllt sein müssen. Die antragstellende Person hat unter anderem den schriftlich geführten Ausbildungsnachweis nach § 28 Absatz 2 Nummer 5 des Anästhesietechnische- und Operationstechnische-Assistenten-Gesetzes, die Jahreszeugnisse sowie einen Identitätsnachweis vorzulegen. Der Identitätsnachweis ist amtlich zu beglaubigen. Sofern die technischen Voraussetzungen vorhanden sind, kann der Identitätsnachweis auch elektronisch erfolgen. Liegen die geforderten Nachweise vor und sind die in § 25 des Anästhesietechnische- und Operationstechnische-Assistenten-Gesetzes benannten Fehlzeiten nicht überschritten worden oder ist die Verlängerung der Ausbildungsdauer nach § 25 Absatz 4 in Verbindung mit § 24 des Anästhesietechnischen- und Operationstechnischen-Assistenten-Gesetzes absolviert und entsprechend nachgewiesen, hat die oder der Auszubildende einen Rechtsanspruch auf Zulassung.

Zu Absatz 3

Für die Zulassung ist die Durchschnittsnote der Jahreszeugnisse der drei Ausbildungsjahre, die mindestens ‚ausreichend' ergeben muss, von besonderer Relevanz, da sie Auskunft darüber gibt, ob im Durchschnitt die Ausbildungsziele durch die Auszubildende oder den Auszubildenden erreicht worden sind. Absatz 3 regelt, dass die Jahresnoten mit gleicher Gewichtung in die Durchschnittsnote einfließen.

Zu Absatz 4

Die zuständige Behörde hat eine Bescheinigung über die absolvierte Verlängerung der Ausbildungsdauer nach Absatz 2 Nummer 3 Buchstabe b auszustellen.

Zu Absatz 5

Die Zulassung kann schriftlich oder elektronisch erfolgen und ist der zu prüfenden Person spätestens zwei Wochen vor Beginn der staatlichen Prüfung mittzuteilen. Die Mitteilung der Zulassung hat im Falle der elektronischen Übermittlung barrierefrei zu erfolgen."

§ 19 Prüfungstermine für die staatliche Prüfung

(1) [1]Für die zugelassenen Prüfungskandidatinnen und Prüfungskandidaten muss die oder der Vorsitzende des Prüfungsausschusses die Prüfungstermine im Benehmen mit der Schulleiterin oder dem Schulleiter festlegen. [2]Der Beginn der staatlichen Prüfung soll nicht früher als fünf Monate vor dem Ende der Ausbildung liegen.

(2) Werden nach § 28 Absatz 6 bei einer Aufsichtsarbeit des schriftlichen Teils zentrale Aufgaben verwendet, so legt die zuständige Behörde für die Aufsichtsarbeit einen landeseinheitlichen Prüfungstermin fest.

(3) [1]Der Prüfungskandidatin oder dem Prüfungskandidaten werden in der Regel die Prüfungstermine spätestens zwei Wochen vor Beginn der staatlichen Prüfung mitgeteilt. [2]Die Mitteilung erfolgt schriftlich oder elektronisch.

Erläuterungen

In **Abs. 1 Satz 2** der Vorschrift ist gegenüber der Fassung in der BR-Drs. 491/20 (S. 14) das Wort „drei" durch das Wort „fünf" ersetzt worden. In den Beschlussempfehlungen (BR-Drs. 491/1/20, S. 5) wird zu der Änderung Folgendes ausgeführt: 1

„Die oder der Vorsitzende des Prüfungsausschusses setzt auf Grund ihrer oder seiner Leitungsfunktion die Prüfungstermine im Benehmen mit der Schulleiterin oder dem Schulleiter fest. Dabei soll der Beginn der staatlichen Prüfung nicht früher als fünf Monate vor dem Ende der Ausbildung liegen. Dieser vergleichsweise lange Zeitraum ist jedoch in Hinblick auf die besonderen Anforderungen an die praktische Prüfung nach den §§ 20, 40 und 41 einzuräumen."

In **Abs. 3 Satz 1** der Vorschrift ist gegenüber der Fassung in der BR-Drs. 491/20 (S. 14) das Wort „Prüfungsbeginn" durch das Wort „Beginn der staatlichen Prüfung" ersetzt worden. In den Beschlussempfehlungen (BR-Drs. 491/1/20, S. 6) wird zu der Änderung Folgendes ausgeführt: 2

„Die staatliche Prüfung besteht aus diversen Prüfungsteilen (schriftlich, mündlich und praktisch). Aus der Begründung zu § 19 Absatz 3 ATA-OTA-APrV wird deutlich, dass die zwei-Wochen-Frist sich auf den Beginn der staatlichen Prüfung bezieht und nicht auf jeden einzelnen Prüfungsteil. Dies ist auch im Sinne der Prüflinge. Es muss ausgeschlossen werden, dass diese Frist auf die einzelnen Prüfungsteile angewendet wird. Daher sollte dies im Verordnungstext auch klar benannt werden: Nicht zwei Wochen vor Prüfungsbeginn, sondern zwei Wochen vor Beginn der staatlichen Prüfung werden die Prüfungstermine mitgeteilt."

In der Begründung zur Verordnung (BR-Drs. 491/20, S. 86 f.) wird zur ursprünglichen Fassung der Vorschrift Folgendes ausgeführt: 3

„Zu Absatz 1

Die oder der Vorsitzende setzt auf Grund ihrer oder seiner Leitungsfunktion die Prüfungstermine im Benehmen mit der Schulleiterin oder dem Schulleiter fest. Dabei soll der Beginn der staatlichen Prüfung nicht früher als drei Monate vor dem Ende der Ausbildung liegen.

Zu Absatz 2

Bei zentralen Aufgaben wird von der zuständigen Behörde ein einheitlicher Prüfungstermin festgelegt. Dadurch kann gewährleistet werden, dass allen zu prüfenden Personen die gleichen Aufgaben mit den gleichen Schwierigkeitsgraden zum gleichen Zeitpunkt gestellt werden. Die zeitgleich durchzuführende Prüfung ist unabdingbar, weil nur so verhindert werden kann, dass sich die Prüfungskandidatinnen und Prüfungskandidaten zeitlich späterer Prüfungen noch vor ihrer Prüfung über die Prüfungsaufgaben unterrichten und sich so einen Vorteil verschaffen können.

Zu Absatz 3

Die Prüfungstermine werden den Prüfungskandidatinnen und Prüfungskandidaten gleichzeitig mit der Zulassung zur staatlichen Prüfung, und damit in der Regel zwei Wochen vor Beginn des ersten Teils der staatlichen Prüfung übermittelt. Auch in diesem Fall kann die Mitteilung schriftlich oder elektronisch erfolgen. Die Mitteilung der Zulassung hat im Falle der elektronischen Übermittlung barrierefrei zu erfolgen."

§ 20 Prüfungsort der staatlichen Prüfung

(1) [1]Den schriftlichen und den mündlichen Teil der staatlichen Prüfung legt die Prüfungskandidatin oder der Prüfungskandidat in der Schule ab, an der sie oder er die Ausbildung abschließt. [2]Die zuständige Behörde, in deren Bereich der schriftliche und der mündliche Teil abgelegt werden sollen, kann aus wichtigem Grund Ausnahmen zulassen.

(2) Den praktischen Teil der staatlichen Prüfung legt die Prüfungskandidatin oder der Prüfungskandidat in der Regel in der verantwortlichen Einrichtung der praktischen Ausbildung nach § 14 Absatz 3 des Anästhesietechnische- und Operationstechnische-Assistenten-Gesetzes ab.

Erläuterungen

In der Begründung zur Verordnung (BR-Drs. 491/20, S. 87) wird zu dieser Vorschrift Folgendes ausgeführt: 1

*„**Zu Absatz 1***

Nach Absatz 1 ist der schriftliche und der mündliche Teil der Prüfung grundsätzlich an der Schule abzulegen, an der die Ausbildung abgeschlossen wird. Ausnahmen sind aus wichtigem Grund zulässig.

Zu Absatz 2

Absatz 2 stellt klar, dass der praktische Teil der Prüfung in der Regel in der Einrichtung abgelegt wird, in der der überwiegende Teil der praktischen Ausbildung durchgeführt wurde. Insoweit kann die zuständige Behörde aus wichtigem Grund Ausnahmen zulassen.“

§ 21 Nachteilsausgleich

(1) Einer Prüfungskandidatin oder einem Prüfungskandidaten mit Behinderung oder Beeinträchtigung wird bei der Durchführung der staatlichen Prüfung auf Antrag ein individueller Nachteilsausgleich gewährt.

(2) [1]Der Antrag auf Nachteilsausgleich ist über die Schule an die zuständige Behörde zu stellen. [2]Die Schule leitet den Antrag gegebenenfalls zusammen mit einer Stellungnahme an die zuständige Behörde weiter. [3]Der Antrag erfolgt schriftlich oder elektronisch.

(3) [1]Die zuständige Behörde kann von der antragstellenden Person ein ärztliches Attest oder andere geeignete Unterlagen verlangen, aus denen die leistungsbeeinträchtigende Auswirkung der Beeinträchtigung oder Behinderung hervorgeht. [2]Bei Bedarf kann ein amtsärztliches Attest verlangt werden.

(4) [1]Über die Gewährung des Antrags auf Nachteilsausgleich entscheidet die zuständige Behörde. [2]Bei ihrer Entscheidung berücksichtigt sie die besonderen Belange von Prüfungskandidatinnen und Prüfungskandidaten mit Behinderung oder mit Beeinträchtigung, um deren Chancengleichheit bei der Durchführung der staatlichen Prüfung zu wahren.

(5) [1]Gewährt die zuständige Behörde den Nachteilsausgleich, so bestimmt sie individuell, in welcher geänderten Form die Prüfungsleistung zu erbringen ist. [2]Zur Festlegung der geänderten Form kann auch eine Verlängerung der Bearbeitungszeit gehören. [3]Die fachlichen Anforderungen an die staatliche Prüfung dürfen durch den Nachteilsausgleich nicht verändert werden.

(6) Ihre Entscheidung gibt die zuständige Behörde rechtzeitig und in geeigneter Weise der Prüfungskandidatin oder dem Prüfungskandidaten bekannt.

Erläuterungen

1 **Abs. 2 Satz und 2** der Vorschrift ist gegenüber der Fassung in der BR-Drs. 491/20 (S. 15) geändert worden. In den Beschlussempfehlungen (BR-Drs. 491/1/20, S. 6) wird zu der Änderung Folgendes ausgeführt:

„Die Behörde benötigt bei der Prüfung des Nachteilsausgleichs grundsätzlich die Stellungnahme der Schule, um feststellen zu können, wie der Nachteilsausgleich während der Dauer der Ausbildung gewährt wurde. Die aktuelle Formulierung führt zu einem Zeitverlust bei der Bearbeitung."

2 In der Begründung zur Verordnung (BR-Drs. 491/20, S. 87 f.) wird zu dieser Vorschrift Folgendes ausgeführt:

„Die Prüfungen müssen für alle zu prüfenden Personen die gleichen Chancen eröffnen. Bei Menschen mit Behinderungen oder Beeinträchtigungen kann es sein, dass zur Wahrung der Chancengleichheit individuell festzulegende Ausnahmen von den Prüfungsregularien erforderlich sind.

Zu Absatz 1

Absatz 1 macht deutlich, dass bei Menschen mit Behinderungen oder Beeinträchtigungen auf die besonderen Belange dieser zu prüfenden Personen Rücksicht zu nehmen ist. Sie haben einen Anspruch auf einen individuell zu bestimmenden Nachteilsausgleich, der ihnen die gleichen Chancen eröffnet wie Prüfungskandidatinnen und Prüfungskandidaten ohne Behinderungen oder Beeinträchtigungen. Zu beachten ist dabei aber, dass es nicht zu Abstrichen bei den fachlichen Prüfungsanforderungen führen darf, was in Absatz 5 deutlich gemacht wird.

Zu Absatz 2

Um einen Anspruch auf Nachteilsausgleich geltend machen zu können, muss bei der zuständigen Behörde ein entsprechender Antrag gestellt werden und eine Beeinträchtigung nachgewiesen werden, die die Kriterien einer Behinderung erfüllt. Dabei orientiert sich die Verordnung an § 2 des Neunten Buches Sozialgesetzbuch (SGB IX), der den Behinderungsbegriff des Übereinkommens der Vereinten Nationen über die Rechte von Menschen mit Behinderungen (VN-BRK) umsetzt. Der Antrag muss spätestens mit dem Antrag auf Zulassung zur staatlichen Prüfung eingegangen sein.

Zu Absatz 3

Die oder der Vorsitzende des Prüfungsausschusses kann für die Entscheidung über den Antrag auf Nachteilsausgleich ein amtsärztliches Attest oder andere geeignete Unterlagen fordern, aus denen die leistungsbeeinträchtigende Auswirkung der Behinderung oder Beeinträchtigung hervorgeht. Diese Unterlagen sind dann Grundlage für die Entscheidung über den Nachteilsausgleich.

Zu Absatz 4

Die Entscheidung darüber, ob und wenn ja in welcher Form ein Nachteilsausgleich gewährt wird, trifft die zuständige Behörde.

Zu Absatz 5

Nach Absatz 5 wird klargestellt, dass sich aus Gründen der Chancengleichheit alle zu prüfenden Personen den gleichen fachlichen Anforderungen stellen müssen. Ein Nachteilsausgleich kann daher nicht in fachlichen Vereinfachungen liegen. Der Nachteilsausgleich kann jedoch zum Beispiel in Form einer Verlängerung der Prüfungszeit oder der Möglichkeit der Unterbrechung von Prüfungen gewährt werden.

Zu Absatz 6

Die Behörde hat ihre Entscheidung in geeigneter Weise bekanntzugeben. Kriterien hierfür sind die Rechtzeitigkeit vor Prüfungsbeginn und die Möglichkeit der Erfassbarkeit der Entscheidung durch die betroffene Prüfungskandidatin oder den betroffenen Prüfungskandidaten.“

§ 22 Rücktritt von der staatlichen Prüfung

(1) Tritt die Prüfungskandidatin oder der Prüfungskandidat nach ihrer oder seiner Zulassung von der Prüfung oder einem Teil der staatlichen Prüfung zurück, so hat sie oder er den Grund für ihren Rücktritt unverzüglich der oder dem Vorsitzenden des Prüfungsausschusses schriftlich oder elektronisch mitzuteilen.

(2) Teilt die Prüfungskandidatin oder der Prüfungskandidat den Grund für den Rücktritt nicht unverzüglich mit, so ist der vom Rücktritt betroffene Teil der staatlichen Prüfung nicht bestanden.

(3) [1]Stellt die oder der Vorsitzende des Prüfungsausschusses fest, dass ein wichtiger Grund für den Rücktritt vorliegt, so gilt der vom Rücktritt betroffene Teil der staatlichen Prüfung als nicht begonnen. [2]Bei Krankheit ist die Vorlage eines amtsärztlichen Attests zu verlangen.

(4) Stellt die oder der Vorsitzende des Prüfungsausschusses fest, dass kein wichtiger Grund für den Rücktritt vorliegt, so ist der vom Rücktritt betroffene Teil der staatlichen Prüfung nicht bestanden.

Erläuterungen

1 In der Begründung zur Verordnung (BR-Drs. 491/20, S. 88) wird zu der Vorschrift Folgendes ausgeführt:

„Zu Absatz 1

Absatz 1 regelt den Rücktritt von der Prüfung vor Prüfungsbeginn. Ein Rücktritt von der Prüfung oder von Teilen der Prüfung ist unverzüglich der dem Prüfungsausschuss vorsitzenden Person schriftlich oder elektronisch mitzuteilen und zu begründen.

Zu Absatz 2

Teilt der zu Prüfende die Gründe für den Rücktritt nicht unverzüglich mit, so gilt der betreffende Teil der Prüfung als nicht bestanden.

Zu Absatz 3

Die Genehmigung des Rücktritts von der Prüfung obliegt der dem Prüfungsausschuss vorsitzenden Person. Sie entscheidet, wann ein wichtiger Grund (z. B. Krankheit oder auch eine schwere Erkrankung eines Familienangehörigen) als Voraussetzung für eine Genehmigung des Rücktritts vorliegt. Im Rahmen dieser Entscheidung hat sie die Rücktrittsgründe einschließlich eventuell vorzulegender amtsärztlicher Atteste sorgfältig zu prüfen.

Zu Absatz 4

Absatz 4 bestimmt die Rechtsfolge bei nicht genehmigtem Rücktritt.“

§ 23 Versäumnisfolgen

(1) [1]Versäumt eine Prüfungskandidatin oder ein Prüfungskandidat einen Prüfungstermin, gibt sie eine Aufsichtsarbeit nicht oder nicht rechtzeitig ab oder unterbricht sie die Prüfung oder einen Teil der Prüfung, so gilt die Prüfung oder der betreffende Teil der Prüfung als nicht bestanden, wenn nicht ein wichtiger Grund vorliegt. [2]Die §§ 32, 38 und 44 gelten entsprechend.

(2) [1]Liegt ein wichtiger Grund vor, so gilt die Prüfung oder der betreffende Teil der Prüfung als nicht begonnen. [2]Die Entscheidung darüber, ob ein wichtiger Grund vorliegt, trifft die oder der Vorsitzende des Prüfungsausschusses. [3]§ 22 Absatz 1 und 3 Satz 2 gilt entsprechend.

Erläuterungen

In der Begründung zur Verordnung (BR-Drs. 491/20, S. 88 f.) wird zu dieser Vorschrift Folgendes ausgeführt: 1

„§ 23 regelt den Fall, dass eine Person einen Bestandteil der staatlichen Prüfung versäumt. Das Versäumnis kann eine oder mehrere Aufsichtsarbeiten des schriftlichen Teils der staatlichen Prüfung, den mündlichen Teil der staatlichen Prüfung sowie einen oder mehrere Prüfungsteile des praktischen Teils der staatlichen Prüfung betreffen.

Zu Absatz 1

Absatz 1 bestimmt, dass der betroffen Prüfungsteil bei fehlendem wichtigem Grund für das Versäumnis nicht bestanden ist. Zudem verweist der Absatz 1 auf die Regelungen zur Wiederholung des jeweiligen Prüfungsteils.

Zu Absatz 2

Wenn die dem Prüfungsausschuss vorsitzende Person feststellt, dass ein wichtiger Grund vorliegt, gilt der versäumte Teil der Prüfung als nicht begonnen. Im Rahmen dieser Entscheidung sind die vorgebrachten Gründe einschließlich eventuell vorzulegender amtsärztlicher Atteste sorgfältig zu prüfen. Ein Versäumnis einer Prüfung oder von Teilen der Prüfung ist unverzüglich der dem Prüfungsausschuss vorsitzenden Person schriftlich oder elektronisch mitzuteilen und zu begründen.“

§ 24 Störung der staatlichen Prüfung und Täuschungsversuch

(1) Hat eine Prüfungskandidatin oder ein Prüfungskandidat die ordnungsgemäße Durchführung der staatlichen Prüfung in erheblichem Maß gestört oder eine Täuschung versucht, so kann die oder der Vorsitzende des Prüfungsausschusses den betreffenden Teil der staatlichen Prüfung für nicht bestanden erklären.

(2) Bei einer erheblichen Störung ist eine solche Entscheidung nur bis zu dem Werktag zulässig, der auf jenen Tag folgt, an dem der letzte Teil der staatlichen Prüfung beendet worden ist.

(3) Bei einem Täuschungsversuch ist eine solche Entscheidung nur innerhalb von drei Jahren nach Abschluss der staatlichen Prüfung zulässig.

Erläuterungen

1 In der Begründung zur Verordnung (BR-Drs. 491/20, S. 89) wird zu dieser Vorschrift Folgendes ausgeführt:

„***Zu Absatz 1***

Absatz 1 regelt, dass die oder der Vorsitzende des Prüfungsausschusses einen Teil der staatlichen Prüfung für nicht bestanden erklären kann, wenn eine Prüfungskandidatin oder ein Prüfungskandidat die ordnungsgemäße Durchführung der staatlichen Prüfung in erheblichem Maße gestört oder eine Täuschung versucht hat.

Zu Absatz 2

Nach Absatz 2 darf eine Entscheidung über eine Störung nur bis zu dem Werktag getroffen werden, der auf jenen Tag folgt, an dem der letzte Teil der staatlichen Prüfung abgeschlossen wurde.

Zu Absatz 3

Sollte ein Teil der Prüfung aufgrund einer Täuschung für nicht bestanden erklärt werden, so ist dies innerhalb von drei Jahren zulässig. Dies ist sachgerecht, weil sich auch erst nach Abschluss der Prüfung eine Täuschung herausstellen kann.“

§ 25 Niederschrift

[1]Über die Prüfung ist eine Niederschrift zu fertigen, aus der Gegenstand, Ablauf und Ergebnisse der Prüfung sowie etwa vorkommende Unregelmäßigkeiten hervorgehen. [2]Die Niederschrift kann in schriftlicher oder elektronischer Form erfolgen.

Erläuterungen

In der Begründung zur Verordnung (BR-Drs. 491/20, S. 89) wird zu dieser Vorschrift Folgendes ausgeführt: 1

„Die Niederschrift dient der Gewährleistung eines ordnungsgemäßen Prüfungsablaufs und sichert die möglicherweise notwendige Überprüfbarkeit des Prüfungsvorgangs auch noch zu einem späteren Zeitpunkt. Die Niederschrift kann alternativ zur schriftlichen Form auch elektronisch gefertigt und entsprechend qualifiziert elektronisch signiert werden."

§ 26 Vornoten

(1) Vor Beginn der staatlichen Prüfung setzt die oder der Vorsitzende des Prüfungsausschusses auf Vorschlag der Schule jeweils eine Vornote für den schriftlichen, den mündlichen und den praktischen Teil der staatlichen Prüfung fest. Grundlage der Festsetzung sind die Jahreszeugnisse nach § 8 Absatz 1.

(2) [1]Zur Festsetzung der Vornote für den schriftlichen Teil und den mündlichen Teil der staatlichen Prüfung ist jeweils das arithmetische Mittel aus den Zahlenwerten der drei Jahresnoten für den theoretischen und praktischen Unterricht zu berechnen. [2]Die Berechnung erfolgt auf zwei Stellen nach dem Komma ohne Rundung. [3]Dem berechneten Zahlenwert ist die entsprechende Note nach § 27 zuzuordnen. [4]Die zugeordnete Note ist die Vornote für den schriftlichen Teil der staatlichen Prüfung.

(3) [1]Zur Festsetzung der Vornote für den praktischen Teil der staatlichen Prüfung ist das arithmetische Mittel aus den Zahlenwerten der drei Jahresnoten für die praktischen Einsätze zu berechnen. [2]Die Berechnung erfolgt auf zwei Stellen nach dem Komma ohne Rundung. [3]Dem berechneten Zahlenwert ist die entsprechende Note nach § 27 zuzuordnen. [4]Die zugeordnete Note ist die Vornote für den praktischen Teil der staatlichen Prüfung.

(4) Die drei Vornoten sind der oder dem Auszubildenden spätestens drei Werktage vor Beginn der staatlichen Prüfung mitzuteilen.

Erläuterungen

1 In den Beschlussempfehlungen ist gegenüber der Fassung in der BR-Drs. 491/20 (S. 16) in **Abs. 1** der **Satz 2** eingefügt worden. In den Beschlussempfehlungen (BR-Drs. 491/1/20, S. 7) wird zu der Änderung Folgendes ausgeführt:

„Es fehlt eine Klarstellung, dass es sich bei den in § 8 Absatz 2 Satz 1 ATA-OTA-APrV genannten ‚Jahresnoten' um jene der Jahreszeugnisse handelt."

2 In der Begründung zur Verordnung (BR-Drs. 491/20, S. 89 f.) wird zur ursprünglichen Fassung der Vorschrift Folgendes ausgeführt:

„Durch die Vornoten fließen während der Ausbildung erbrachte Leistungen der Auszubildenden in die Prüfungsergebnisse ein. Es entspricht modernen pädagogischen Erfordernissen, neben den punktuell unter besonderen Prüfungsbedingungen erbrachten Leistungen, auch die während der Ausbildung erbrachten Leistungen in die Gesamtbetrachtung miteinzubeziehen.

Zu Absatz 1

Absatz 1 betrifft die Bildung von Vornoten. Das vorsitzende Mitglied des Prüfungsausschusses setzt die Vornoten auf Vorschlag der Schule fest. Grundlage der Bildung der Vornoten sind die entsprechenden Jahresnoten der Jahreszeugnisse nach § 8 über die im Unterricht und in der praktischen Ausbildung erbrachten Leistungen.

Zu Absatz 2 und Absatz 3

Die Absätze 2 und 3 regeln die Festsetzung der schriftlichen, mündlichen und praktischen Vornote. Dazu ist jeweils das arithmetische Mittel aus den Zahlenwerten der drei Jahresnoten zu berechnen und der entsprechenden Note nach § 27 zuzuordnen. Die so zusammengefassten Noten für den Unterricht bilden jeweils zugleich die Vornote für den schriftlichen und mündlichen Teil der Prüfung. Die zusammengefassten Noten der praktischen Ausbildung bilden die Vornote für den praktischen Teil der Prüfung.

Zu Absatz 4

Nach Absatz 4 müssen die Vornoten im Interesse einer rechtzeitigen Unterrichtung der Auszubildenden spätestens drei Werktage vor Beginn der Prüfung mitgeteilt werden.“

§ 27 Benotung von Leistungen in der staatlichen Prüfung

Die in der staatlichen Prüfung erbrachten Leistungen werden wie folgt benotet:

Berechneter Zahlenwert	Note in Worten (Zahlenwert)	Notendefinition
1,00 bis 1,49	sehr gut (1)	eine Leistung, die den Anforderungen in besonderem Maß entspricht
1,50 bis 2,49	gut (2)	eine Leistung, die den Anforderungen voll entspricht
2,50 bis 3,49	befriedigend (3)	eine Leistung, die im Allgemeinen den Anforderungen entspricht
3,50 bis 4,49	ausreichend (4)	eine Leistung, die zwar Mängel aufweist, aber im Ganzen den Anforderungen noch entspricht
4,50 bis 5,49	mangelhaft (5)	eine Leistung, die den Anforderungen nicht entspricht, jedoch erkennen lässt, dass die notwendigen Grundkenntnisse vorhanden sind und die Mängel in absehbarer Zeit behoben werden können
5,50 bis 6,00	ungenügend (6)	eine Leistung, die den Anforderungen nicht entspricht und bei der selbst die Grundkenntnisse so lückenhaft sind, dass die Mängel in absehbarer Zeit nicht behoben werden können

Erläuterungen

1 In der Begründung zur Verordnung (BR-Drs. 491/20, S. 90) wird zur entsprechenden Vorschrift des § 24 Referentenentwurf des BMG (S. 86) Folgendes ausgeführt:

„Für die Bewertung der Leistungen im schriftlichen, mündlichen und praktischen Teil der staatlichen Prüfung wird das Notensystem übernommen, das für allgemeinbildende Schulen und in anderen beruflichen Bildungsgängen üblich ist.“

Unterabschnitt 2
Schriftlicher Teil der staatlichen Prüfung

§ 28 Inhalt des schriftlichen Teils

(1) Im schriftlichen Teil der staatlichen Prüfung hat die Prüfungskandidatin oder der Prüfungskandidat nachzuweisen, dass sie oder er über die Fachkompetenz verfügt, die zur Berufsausübung erforderlich ist.

(2) Der schriftliche Teil der staatlichen Prüfung besteht aus drei Aufsichtsarbeiten.

(3) [1]Im Fall der Ausbildung zur Anästhesietechnischen Assistentin oder zum Anästhesietechnischen Assistenten ist je eine Aufsichtsarbeit zu schreiben

1. im Kompetenzschwerpunkt „Berufsbezogene Aufgaben im ambulanten und stationären Bereich eigenverantwortlich planen und strukturiert ausführen" (Kompetenzschwerpunkt 1 der Anlage 1),
2. im Kompetenzschwerpunkt „Bei der medizinischen Diagnostik und Therapie mitwirken und ärztliche Anordnungen eigenständig durchführen" (Kompetenzschwerpunkt 2 der Anlage 1) und
3. gemeinsam in den beiden Kompetenzschwerpunkten „Das eigene Handeln an rechtlichen Vorgaben und Qualitätskriterien ausrichten" und „Hygienische Arbeitsweisen umfassend beherrschen und beachten" (Kompetenzschwerpunkte 5 und 8 der Anlage 1).

[2]Die Aufgabenstellung für die Aufsichtsarbeit im Kompetenzschwerpunkt „Berufsbezogene Aufgaben im ambulanten und stationären Bereich eigenverantwortlich planen und strukturiert ausführen" muss so gestaltet sein, dass die in Anlage 1 Kompetenzschwerpunkt 1 Buchstabe c genannte Kompetenz in angemessenem Umfang geprüft wird.

(4) Im Fall der Ausbildung zur Operationstechnischen Assistentin oder zum Operationstechnischen Assistenten ist je eine Aufsichtsarbeit zu schreiben

1. im Kompetenzschwerpunkt „Berufsbezogene Aufgaben im ambulanten und stationären Bereich eigenverantwortlich planen und strukturiert ausführen" (Kompetenzschwerpunkt 1 der Anlage 3),
2. im Kompetenzschwerpunkt „Bei der medizinischen Diagnostik und Therapie mitwirken und ärztliche Anordnungen eigenständig durchführen" (Kompetenzschwerpunkt 2 der Anlage 3) und
3. gemeinsam in den Kompetenzschwerpunkten „Das eigene Handeln an rechtlichen Vorgaben und Qualitätskriterien ausrichten" und „Hygienische Arbeitsweisen umfassend beherrschen und beachten" (Kompetenzschwerpunkte 5 und 8 der Anlage 3).

(5) Die Aufgaben für die Aufsichtsarbeiten werden von der zuständigen Behörde auf Vorschlag der Schule ausgewählt.

(6) [1]Die zuständige Behörde kann auch zentrale Aufgaben für die Aufsichtsarbeiten vorgeben. [2]Die zentralen Aufgaben müssen unter Beteiligung von Schulen erarbeitet worden sein.

(7) Die Aufsichtsarbeiten dauern jeweils 120 Minuten.

Erläuterungen

1 In der Begründung zur Verordnung (BR-Drs. 491/20, S. 90 f.) wird zu dieser Vorschrift Folgendes ausgeführt:

*„**Zu Absatz 1***

Die zu prüfenden Personen müssen zeigen, dass sie über die genannten Kompetenzen verfügen und in der Lage sind, individuelle anästhesiologische oder operative Situationen mit Hilfe ihres Wissens analytisch zu erschließen, das Wissen fachgerecht einzusetzen und situationsbezogen kritisch, reflexiv, fachlich und ethisch begründet urteilen zu können.

Zu Absatz 2

Der schriftliche Teil der staatlichen Prüfung besteht aus drei Aufsichtsarbeiten.

Zu Absatz 3

Absatz 3 legt die mit der schriftlichen Prüfung festzustellenden Kompetenzen fest. Jeder der in Absatz 3 Nummer 1 bis 3 genannten Prüfungsbereiche ist in jeweils einer schriftlichen Aufsichtsarbeit zu bearbeiten. Dabei sind die Fallsituationen, die den Aufsichtsarbeiten zugrunde gelegt werden, in Bezug auf die in den Nummern 1 bis 3 aufgeführten Kompetenzschwerpunkte und Einsatzbereiche zu variieren. Es soll gewährleistet werden, dass die Aufgaben in verschiedenen stationären und ambulanten Versorgungskontexten Gegenstand der Prüfung sind.

Die in den Nummern 1 bis 3 aufgeführten Kompetenzschwerpunkte spiegeln die Berufswirklichkeit wider. Ohne konkrete Vorgaben würde die Gefahr bestehen, dass wichtige Kompetenzschwerpunkte in der schriftlichen Prüfung vernachlässigt werden.

Da in § 9 Nummer 1 Buchstabe e des Anästhesietechnische- und Operationstechnische-Assistenten-Gesetzes das Überwachen des gesundheitlichen Zustands der Patientinnen und Patienten sowie dessen Verlauf während des Aufenthalts u. a. auch in Aufwacheinheiten als eigenverantwortlich auszuführende Aufgabe für Anästhesietechnische Assistentinnen und Assistenten vorgesehen ist, sind die dazu notwendigerweise in der Ausbildung anzubahnenden Berufskompetenzen im schriftlichen Teil der staatlichen Prüfung in einem angemessenen Umfang abzuprüfen.

Zu Absatz 4

Jede zu prüfende Person hat im schriftlichen Teil der staatlichen Prüfung Aufsichtsarbeiten anzufertigen, die auf die Kompetenzschwerpunkte nach Absatz 3 ausgerichtet sind.

Zu Absatz 5

Die Aufgaben der Aufsichtsarbeiten werden auf Vorschlag der Schulen von der zuständigen Behörde ausgewählt.

Zu Absatz 6

Nach Absatz 6 kann die zuständige Behörde zentrale Prüfungsaufgaben vorgeben, die dann bei allen in dem Zuständigkeitsbereich der Behörde stattfindenden schriftlichen Prüfungen zu verwenden sind. In diesem Fall ist es erforderlich, dass die zuständige Behörde einen landeseinheitlichen Prüfungstermin festlegt (§ 19 Absatz 2). Dadurch kann gewährleistet werden, dass allen zu prüfenden Personen die gleichen Aufgaben mit den gleichen Schwierigkeitsgraden gestellt werden. Zudem ist dann eine weitergehende Vergleichbarkeit der erzielten Prüfungsergebnisse möglich.

Zu Absatz 7

Die Aufsichtsarbeiten dauern jeweils 120 Minuten.“

§ 29 Durchführung des schriftlichen Teils

(1) [1]Die Aufsichtsarbeiten werden unter Aufsicht geschrieben. [2]Die Aufsichtsführenden werden von der Schulleitung bestellt.

(2) Die Aufsichtsarbeiten sind in der Regel an drei aufeinanderfolgenden Werktagen durchzuführen.

Erläuterungen

1 In der Begründung zur Verordnung (BR-Drs. 491/20, S. 91) wird zu dieser Vorschrift Folgendes ausgeführt:

„***Zu Absatz 1***

Die Arbeiten haben unter Aufsicht stattzufinden, die von der Schulleitung zu bestellen sind.

Zu Absatz 2

Die Aufsichtsarbeiten sollen in der Regel an drei Tagen geschrieben werden, die regelmäßig, aber nicht zwingend aufeinanderfolgen müssen.“

§ 30 Benotung und Note einer Aufsichtsarbeit

(1) Jede Aufsichtsarbeit wird von zwei Fachprüferinnen und Fachprüfern benotet.

(2) Aus den Noten der Fachprüferinnen und Fachprüfer bildet die oder der Vorsitzende des Prüfungsausschusses die Note für die einzelnen Aufsichtsarbeiten als das arithmetische Mittel.

Erläuterungen

Die Vorschrift ist durch Art. 3 Nr. 3 der Verordnung zur Modernisierung der Prüfungsverfahren im Recht der Heilberufe (Heilberufe-Prüfungsrechtmodernisierungsverordnung) (BGBl. 2023 I Nr. 148 vom 13.6.2023) in **Abs. 1 und 2** geändert worden. Die Verordnung ist am 1.10.2023 in Kraft getreten (Art. 16 der Verordnung). 1

In der Begründung zur Verordnung (BR-Drs. 81/23, S. 39) wird zu **Abs. 1** Folgendes ausgeführt: 2

„Für den schriftlichen Teil der Prüfung wird bestimmt, dass jede Aufsichtsarbeit von zwei Prüferinnen oder Prüfern benotet wird. Damit wird die exakte Anzahl der Prüferinnen und Prüfer rechtssatzmäßig festgelegt."

In der Begründung zur Verordnung (BR-Drs. 81/23, S. 39 f.) wird zu **Abs. 2** Folgendes ausgeführt: 3

„Die Note für die einzelne Aufsichtsarbeit bildet die dem Prüfungsausschuss vorsitzende Person unter Verwendung des arithmetischen Mittels aus den einzelnen Noten der Prüferinnen und Prüfer. Damit wird das Verfahren im Falle von Bewertungsdifferenzen der Fachprüferinnen und Fachprüfer beim schriftlichen Teil der Prüfung rechtssatzmäßig festgelegt. Die Prüfungsnote für den schriftlichen Teil bildet die dem Prüfungsausschuss vorsitzende Person aus dem arithmetischen Mittel aus den Noten der einzelnen Aufsichtsarbeiten. Die Ergänzung stellt klar, dass bei der Bildung der Prüfungsnote für den schriftlichen Teil jeder Aufsichtsarbeit dasselbe Gewicht zukommt."

§ 31 Bestehen des schriftlichen Teils

Der schriftliche Teil der staatlichen Prüfung ist bestanden, wenn jede der drei Aufsichtsarbeiten mit mindestens „ausreichend" benotet worden ist.

Erläuterungen

1 In der Begründung zur Verordnung (BR-Drs. 491/20, S. 91) wird zu dieser Vorschrift Folgendes ausgeführt:

„Der schriftliche Teil der Prüfung ist bestanden, wenn die zu prüfende Person in jeder der drei Aufsichtsarbeiten mindestens die Note ‚ausreichend' erhalten hat. Es reicht also nicht, dass lediglich einzelne der Aufsichtsarbeiten mindestens mit ‚ausreichend' bestanden sind. Ein Ausgleich einer nichtbestandenen durch eine oder zwei eventuell mit sehr guter Benotung bestandener Aufsichtsarbeiten findet nicht statt."

§ 32 Wiederholung von Aufsichtsarbeiten

(1) Wer eine Aufsichtsarbeit des schriftlichen Teils der staatlichen Prüfung nicht bestanden hat, kann sie einmal wiederholen.

(2) Für die Wiederholung ist ein Antrag der Prüfungskandidatin oder des Prüfungskandidaten bei der oder dem Vorsitzenden des Prüfungsausschusses erforderlich.

(3) [1]Die Wiederholungsprüfung muss spätestens zwölf Monate nach der letzten Prüfung abgeschlossen sein. [2]Ausnahmen kann die zuständige Behörde in begründeten Fällen zulassen.

Erläuterungen

In der Begründung zur Verordnung (BR-Drs. 491/20, S. 92) wird zu dieser Vorschrift Folgendes ausgeführt: 1

„Die Vorschrift regelt die Voraussetzungen und Einzelheiten der Wiederholung der schriftlichen Prüfung. Sie gilt auch, wenn das Nichtbestehen Folge eines Rücktritts oder eines Versäumnisses eines Teils der staatlichen Prüfung ist. Darüber hinaus ist sie anwendbar, wenn die Vorsitzenden des Prüfungsausschusses einen Teil der staatlichen Prüfung wegen eines Ordnungsverstoßes oder eines Täuschungsversuches für nicht bestanden erklären.

Zu Absatz 1

Absatz 1 stellt klar, dass eine Wiederholung pro Aufsichtsarbeit nur einmal zulässig ist.

Zu Absatz 2

Nach Absatz 2 erfolgt die Wiederholung auf Antrag der Prüfungskandidatin oder des Prüfungskandidaten."

Der Vorschrift ist durch Art. 3 Nr. 4 der Verordnung zur Modernisierung der Prüfungsverfahren im Recht der Heilberufe (Heilberufe-Prüfungsrechtmodernisierungsverordnung) (BGBl. 2023 I Nr. 148 vom 13.6.2023) ein **Abs. 3** angefügt worden. Die Verordnung ist am 1.10.2023 in Kraft getreten (Art. 16 der Verordnung). 2

In der Begründung zur Verordnung (BR-Drs. 81/23, S. 40) wird zu **Abs. 3** Folgendes ausgeführt:

„Die zeitliche Befristung der Wiederholungsprüfung entspricht den üblichen Regelungen der Gesundheitsfachberufe. Durch die befristete Wiederholungsmöglichkeit werden einheitliche Rahmenbedingungen geschaffen, die für alle Prüfungskandidatinnen und Prüfungskandidaten gleichermaßen gelten. Zudem dient die Regelung der Rechtsicherheit, da bei Nichteintritt in das Wiederholungsverfahren ein endgültiges Nichtbestehen festgestellt und das Verfahren insgesamt geschlossen werden kann."

§ 33 Note für den schriftlichen Teil

(1) Für jede Prüfungskandidatin und jeden Prüfungskandidaten, die oder der den schriftlichen Teil der staatlichen Prüfung bestanden hat, ermittelt die oder der Vorsitzende des Prüfungsausschusses jeweils die Note für den schriftlichen Teil der staatlichen Prüfung.

(2) [1]In die Note fließt ein:

1. **der Zahlenwert von jeder Note der drei Aufsichtsarbeiten mit jeweils 25 Prozent und**
2. **der Zahlenwert der Vornote für den schriftlichen Teil mit 25 Prozent.**

[2]Die Berechnung erfolgt auf zwei Stellen nach dem Komma ohne Rundung.

(3) Dem berechneten Zahlenwert ist die entsprechende Note nach § 27 zuzuordnen.

Erläuterungen

1 In der Begründung zur Verordnung (BR-Drs. 491/20, S. 92) wird zu dieser Vorschrift Folgendes ausgeführt:

„Zu Absatz 1

Die Festsetzung der Note für den schriftlichen Teil der staatlichen Prüfung ist Aufgabe der oder des Vorsitzenden des Prüfungsausschusses.

Zu Absatz 2

Absatz 2 regelt die Bildung der Gesamtnote für den schriftlichen Teil. Die Gesamtnote für den schriftlichen Teil der staatlichen Prüfung wird von der oder dem Vorsitzenden des Prüfungsausschusses aus dem arithmetischen Mittel der Noten der einzelnen Aufsichtsarbeiten und der Vornote gebildet.

Die Vornoten werden bei der Bildung der Noten des schriftlichen Teils der Prüfung mit einer einheitlichen Größenordnung von 25 Prozent berücksichtigt. Damit wird der besondere Stellenwert der Einzelleistungen während der staatlichen Prüfung nicht eingeschränkt; eine Kompensation von mangelhaften oder ungenügenden Leistungen im Rahmen der staatlichen Prüfung durch Vornoten ist im Sinne der zu gewährleistenden Patientensicherheit damit nicht möglich.

Zu Absatz 3

Nach Absatz 3 ist die in § 27 geregelte Notenskala bei der Berechnung und bei der Bildung der Note für die schriftliche Prüfung anzuwenden."

Unterabschnitt 3
Mündlicher Teil der staatlichen Prüfung

§ 34 Inhalt des mündlichen Teils

(1) [1]Im mündlichen Teil der staatlichen Prüfung hat die Prüfungskandidatin oder der Prüfungskandidat nachzuweisen, dass sie oder er über die Fachkompetenz und über die personale Kompetenz, die zur Berufsausübung erforderlich ist, verfügt. [2]Die personale Kompetenz schließt Sozialkompetenz und Kompetenz zu selbständigem Handeln mit ein.

(2) Im Fall der Ausbildung zur Anästhesietechnischen Assistentin oder zum Anästhesietechnischen Assistenten muss sich der mündliche Teil auf Grundlage einer komplexen Aufgabenstellung in Form der Bearbeitung einer Fallsituation auf die folgenden drei Kompetenzschwerpunkte erstrecken:

1. „Interdisziplinäres und interprofessionelles Handeln verantwortlich mitgestalten" (Kompetenzschwerpunkt 3 der Anlage 1),
2. „Verantwortung für die Entwicklung der eigenen Persönlichkeit übernehmen (lebenslanges Lernen), berufliches Selbstverständnis entwickeln und berufliches Selbstverständnis bewältigen" (Kompetenzschwerpunkt 4 der Anlage 1) sowie
3. „Mit Patientinnen und Patienten aller Altersstufen und deren Bezugspersonen unter Berücksichtigung soziologischer, psychologischer, kognitiver, kultureller und ethischer Aspekte kommunizieren und interagieren" (Kompetenzschwerpunkt 6 der Anlage 1).

(3) Im Fall der Ausbildung zur Operationstechnischen Assistentin oder zum Operationstechnischen Assistenten muss sich der mündliche Teil auf Grundlage einer komplexen Aufgabenstellung in Form der Bearbeitung einer Fallsituation auf die folgenden drei Kompetenzschwerpunkte erstrecken:

1. „Interdisziplinäres und interprofessionelles Handeln verantwortlich mitgestalten" (Kompetenzschwerpunkt 3 der Anlage 3),
2. „Verantwortung für die Entwicklung der eigenen Persönlichkeit übernehmen (lebenslanges Lernen), berufliches Selbstverständnis entwickeln und berufliches Selbstverständnis bewältigen" (Kompetenzschwerpunkt 4 der Anlage 3) sowie
3. „Mit Patientinnen und Patienten aller Altersstufen und deren Bezugspersonen unter Berücksichtigung soziologischer, psychologischer, kognitiver, kultureller und ethischer Aspekte kommunizieren und interagieren" (Kompetenzschwerpunkt 6 der Anlage 3).

Erläuterungen

1 In der Begründung zur Verordnung (BR-Drs. 491/20, S. 92 f.) wird zu dieser Vorschrift Folgendes ausgeführt:

„Zu Absatz 1

Auch im mündlichen Teil der Prüfung hat die zu prüfende Person anwendungsbereite berufliche Kompetenzen nachzuweisen. Dem wird das ausschließliche Abfragen von Fachwissen nicht gerecht. Die zu prüfende Person hat vielmehr wegen der handlungsorientierten Ausrichtung des Unterrichts in der mündlichen Prüfung nachzuweisen, dass sie in der Lage ist, das in der Ausbildung erworbene Wissen und Können fallbezogen zu nutzen.

Zu Absatz 2

Gegenstand der Prüfung sind im Bereich der Anästhesietechnischen Assistenz die in den Nummern 1 bis 3 benannten Kompetenzschwerpunkte der Anlage 1. Diese beziehen sich u. a. auf teambezogene Aufgaben, die Auseinandersetzung mit der eigenen Berufsrolle und dem beruflichen Selbstverständnis und die Fähigkeit, mit den unterschiedlichsten Patientinnen und Patienten und ihren Bezugspersonen angemessen umzugehen. Die mündliche Prüfung erfolgt anhand einer komplexen Aufgabenstellung, die es ermöglicht, die in Absatz 2 genannten Kompetenzschwerpunkte einzubeziehen. Die zu prüfenden Personen müssen sich mit einer Fallsituation auseinandersetzen, bei deren Bearbeitung sie nachweisen können, dass sie über die in der Ausbildung erworbenen Kompetenzen zur situationsangemessenen Handlungsplanung und zur Reflexion der Handlungsfolgen verfügen.

Zu Absatz 3

Gegenstand der Prüfung sind im Bereich der Operationstechnischen Assistenz die in den Nummern 1 bis 3 benannten Kompetenzschwerpunkte der Anlage 3. Diese beziehen sich u. a. auf teambezogene Aufgaben, die Auseinandersetzung mit der eigenen Berufsrolle und dem beruflichen Selbstverständnis und die Fähigkeit, mit den unterschiedlichsten Patientinnen und Patienten und ihren Bezugspersonen angemessen umzugehen. Die mündliche Prüfung erfolgt anhand einer komplexen Aufgabenstellung, die es ermöglicht, die in Absatz 3 genannten Kompetenzschwerpunkte einzubeziehen. Die zu prüfenden Personen müssen sich mit einer Fallsituation auseinandersetzen, bei deren Bearbeitung sie nachweisen können, dass sie über die in der Ausbildung erworbenen Kompetenzen zur situationsangemessenen Handlungsplanung und zur Reflexion der Handlungsfolgen verfügen.“

§ 35 Durchführung des mündlichen Teils

(1) Im mündlichen Teil der staatlichen Prüfung sind die Prüfungskandidatinnen und Prüfungskandidaten einzeln oder zu zweit zu prüfen.

(2) [1]Der mündliche Teil soll für jede Prüfungskandidatin und jeden Prüfungskandidaten mindestens 30 Minuten und höchstens 45 Minuten dauern. [2]Eine angemessene Vorbereitungszeit unter Aufsicht ist zu gewährleisten.

(3) Der mündliche Teil wird von zwei Fachprüferinnen und Fachprüfern abgenommen.

(4) Die oder der Vorsitzende des Prüfungsausschusses kann die Anwesenheit von höchstens fünf Zuhörerinnen und Zuhörern beim mündlichen Teil gestatten, wenn

1. im Fall
   a) der Einzelprüfung die Prüfungskandidatin oder der Prüfungskandidat dem zugestimmt hat oder
   b) der Prüfung zu zweit beide Prüfungskandidatinnen und Prüfungskandidaten dem zugestimmt haben und

2. ein berechtigtes Interesse besteht.

Erläuterungen

1 In den Beschlussempfehlungen (BR-Drs. 491/1/20, S. 7) ist **Abs. 2** ein **Satz 2** der angefügt worden. In den Beschlussempfehlungen (BR-Drs. 491/1/20, S. 7) wird zu dieser Änderung Folgendes ausgeführt:

„Da der mündliche Prüfungsteil auf der Bearbeitung einer komplexen Fallsituation basiert, ist für die vorbereitende Auseinandersetzung mit der Fallsituation und der Fragestellung eine Vorbereitungszeit für die Prüfungskandidatinnen und Prüfungskandidaten einzuräumen. Um Täuschungsversuchen vorzubeugen, ist diese unter Aufsicht zu gewähren. Als angemessene Dauer sind 30 bis 45 Minuten anzusetzen."

2 In den Beschlussempfehlungen (BR-Drs. 491/1/20, S. 7) sind in **Abs. 4** die Wörter „von Zuhörerinnen und Zuhörern" durch die Wörter „von höchstens fünf Zuhörerinnen und Zuhörern beim mündlichen Teil" zu ersetzt worden. In den Beschlussempfehlungen (BR-Drs. 491/1/20, S. 7 f.) wird zu dieser Änderung Folgendes ausgeführt:

„In § 35 Absatz 4 ATA-OTA-APrV wird bestimmt, dass unter Nennung von zwei Bedingungen die Anwesenheit von Zuhörerinnen oder Zuhörern gestattet werden kann. Es stellt sich die Frage nach dem Sinnzusammenhang dieser Zuhörerinnen und Zuhörer, vor allem in Verbindung mit § 17 ATA-OTA-APrV, in dem die Teilnahme von Sachverständigen und Beobachtern ermöglicht wird. Die Abschlussprüfung mit ihrem schriftlichen, mündlichen und praktischen Teil stellt eine generelle hohe Anforderung an die zu prüfenden Personen in den Gesundheitsfachberufen. In der Abschlussprüfung ATA-OTA wird ein Prüfungsausschuss gebildet, der aus fünf Personen besteht. Zusätzlich können nach § 17 ATA-OTA-APrV weitere Personen zur passiven Teilnahme an der mündlichen Prüfung zugelassen werden. Die mögliche Personenanzahl, die einer mündlichen Prüfung beiwohnt, wird hierbei nicht begrenzt.

Daher sollte in § 35 Absatz 4 ATA-OTA-APrV die Anzahl der Zuhörerinnen und Zuhörer auf eine angemessene Maximalzahl begrenzt werden, um der besonderen Situation für die zu prüfenden Personen gerecht zu werden."

3 In der Begründung zur Verordnung (BR-Drs. 491/20, S. 93) wird zur ursprünglichen Fassung dieser Vorschrift Folgendes ausgeführt:

„Zu Absatz 1

In Absatz 1 wird die Anzahl der an einer mündlichen Prüfung teilnehmenden zu prüfenden Personen festgelegt. Um eine angemessene Prüfungssituation zu gewährleisten, wird die Anzahl der zu prüfenden Personen pro Prüfung auf maximal zwei Personen begrenzt.

Zu Absatz 2

In Absatz 2 wird festgelegt, dass die Prüfungsdauer zwischen 30 und 45 Minuten betragen darf.

Zu Absatz 3

Die mündliche Prüfung findet vor mindestens zwei Fachprüferinnen oder Fachprüfern statt. Der Vorsitzende des Prüfungsausschusses kann an der Prüfung teilnehmen und sich durch Fragen aktiv in das Prüfungsgeschehen einbringen.

Zu Absatz 4

Nach Absatz 4 kann Zuhörerinnen und Zuhörern bei berechtigtem Interesse die Anwesenheit bei der mündlichen Prüfung gestattet werden. Die störungsfreie Durchführung der Prüfung darf dadurch nicht gefährdet werden. Ein berechtigtes Interesse ist in der Regel anzunehmen, wenn es sich um Auszubildende oder Lehrkräfte der jeweiligen Schule handelt. Die Entscheidung über die Anwesenheit von Zuhörerinnen und Zuhörern trifft die oder der Vorsitzende des Prüfungsausschusses mit Zustimmung der zu prüfenden Personen."

4 **Abs. 3** der Vorschrift ist durch Art. 3 Nr. 5 der Verordnung zur Modernisierung der Prüfungsverfahren im Recht der Heilberufe (Heilberufe-Prüfungsrechtmodernisierungsverordnung) (BGBl. 2023 I Nr. 148 vom 13.6.2023) geändert worden. Die Verordnung ist am 1.10.2023 in Kraft getreten (Art. 16 der Verordnung). Abs. 3 Satz 1 ist geändert, Satz 2 aufgehoben worden.

In der Begründung zur Verordnung (BR-Drs. 81/23, S. 40) wird zu **Abs. 3 Satz 1** Folgendes ausgeführt:

„Für den mündlichen Teil der Prüfung wird bestimmt, dass die Prüfungsleistung von zwei Prüferinnen oder Prüfern abgenommen und bewertet wird. Damit wird die exakte Anzahl der Prüferinnen und Prüfer rechtssatzmäßig festgelegt."

Zur Aufhebung des **Abs. 3 Satz 2** wird in der Begründung zur Verordnung (BR-Drs. 81/23, S. 40) gesagt, dass es sich um eine Folgeänderung aufgrund des neu gefassten § 16 ATA-OTA-APrV) handele. S. hierzu → Erl. zu § 16 ATA-OTA-APrV, Rn. 1.

§ 36 Benotung und Note für die im mündlichen Teil erbrachte Leistung

(1) Die im mündlichen Teil der staatlichen Prüfung erbrachte Leistung wird von den Fachprüferinnen und Fachprüfern benotet, von denen der mündliche Teil abgenommen worden ist.

(2) Aus den Noten der Fachprüferinnen und Fachprüfer bildet die oder der Vorsitzende des Prüfungsausschusses die Note für die im mündlichen Teil der staatlichen Prüfung gezeigte Leistung als das arithmetische Mittel.

(3) [1]In die Note fließt ein:

1. **der Zahlenwert der Note für die im mündlichen Teil der staatlichen Prüfung gezeigte Leistung mit 75 Prozent und**
2. **der Zahlenwert der Vornote für den mündlichen Teil mit 25 Prozent.**

[2]Die Berechnung erfolgt auf zwei Stellen nach dem Komma ohne Rundung.

(4) Dem berechneten Zahlenwert ist die entsprechende Note nach § 27 zuzuordnen.

Erläuterungen

In der Begründung zur Verordnung (BR-Drs. 491/20, S. 94) wird zu dieser Vorschrift in der ursprünglichen Fassung Folgendes ausgeführt: 1

„Zu Absatz 1

Die Leistung des mündlichen Teils der Prüfung ist von mindestens zwei Fachprüferinnen oder Fachprüfern zu benoten.

Zu Absatz 2

Absatz 2 regelt die Festlegung der Prüfungsnote der mündlichen Prüfung. Der oder die Vorsitzende des Prüfungsausschusses setzt sich ins Benehmen mit den Fachprüferinnen und Fachprüfern und legt die Prüfungsnote auf der Grundlage der Benotungen der Fachprüferinnen und Fachprüfer fest.

Zu Absatz 3

Die Vornote wird bei der Bildung der Noten des mündlichen Teils der Prüfung mit einer einheitlichen Größenordnung von 25 Prozent berücksichtigt. Damit wird der besondere Stellenwert der Einzelleistungen während der staatlichen Prüfung nicht eingeschränkt; eine Kompensation von mangelhaften oder ungenügenden Leistungen im Rahmen der staatlichen Prüfung durch Vornoten ist im Sinne der zu gewährleistenden Patientensicherheit damit nicht möglich.

Die Berechnung des Zahlenwerts erfolgt auf zwei Stellen nach dem Komma.

Zu Absatz 4

Die in § 27 geregelte Notenskala ist bei der Berechnung und bei der Bildung der Note für den mündlichen Teil der Prüfung anzuwenden."

2 **Abs. 2** der Vorschrift ist durch Art. 3 Nr. 6 der Verordnung zur Modernisierung der Prüfungsverfahren im Recht der Heilberufe (Heilberufe-Prüfungsrechtmodernisierungsverordnung) (BGBl. 2023 I Nr. 148 vom 13.6.2023) neu gefasst worden. Die Verordnung ist am 1.10.2023 in Kraft getreten (Art. 16 der Verordnung).

In der Begründung zur Verordnung (BR-Drs. 81/23, S. 40) wird zu **Abs. 2** Folgendes ausgeführt:

„Die Prüfungsnote für den mündlichen Teil der Prüfung bildet die dem Prüfungsausschuss vorsitzende Person unter Verwendung des arithmetischen Mittels aus den einzelnen Noten der Prüferinnen und Prüfer. Eine eigene Bewertung der Prüfungsleistung durch die dem Prüfungsausschuss vorsitzende Person ist nicht vorgesehen, da die Anwesenheit während der gesamten Prüfung nicht gewährleistet ist und daher das vormals vorgesehene Stichentscheidungsrecht der vorsitzenden Person abgelöst wird.“

§ 37 Bestehen des mündlichen Teils

Der mündliche Teil der staatlichen Prüfung ist bestanden, wenn die Prüfungsleistung mindestens mit „ausreichend“ benotet worden ist.

Erläuterungen

In der Begründung zur Verordnung (BR-Drs. 491/20, S. 94) wird zu dieser Vorschrift Folgendes ausgeführt: 1

„Voraussetzung für das Bestehen des mündlichen Teils der Prüfung ist, dass er im Ergebnis der Gesamtbetrachtung – bezogen auf die komplexe Aufgabenstellung in Form der Bearbeitung einer Fallsituation – mindestens mit ‚ausreichend‘ benotet wird.“

§ 38 Wiederholung des mündlichen Teils

(1) Wer den mündlichen Teil der staatlichen Prüfung nicht bestanden hat, kann ihn einmal wiederholen.

(2) Für die Wiederholung ist ein Antrag der Prüfungskandidatin oder des Prüfungskandidaten bei der oder dem Vorsitzenden des Prüfungsausschusses erforderlich.

(3) [1]Die Wiederholungsprüfung muss spätestens zwölf Monate nach der letzten Prüfung abgeschlossen sein. [2]Ausnahmen kann die zuständige Behörde in begründeten Fällen zulassen.

Erläuterungen

1 In der Begründung zur Verordnung (BR-Drs. 491/20, S. 94) wird zu dieser Vorschrift Folgendes ausgeführt:

„Die Vorschrift regelt die Voraussetzungen und Einzelheiten der Wiederholung der mündlichen Prüfung. Sie gilt auch, wenn das Nichtbestehen Folge eines Rücktritts oder eines Versäumnisses von einem Teil der staatlichen Prüfung ist. Darüber hinaus ist sie anwendbar, wenn die Vorsitzenden des Prüfungsausschusses einen Teil der staatlichen Prüfung wegen eines Ordnungsverstoßes oder eines Täuschungsversuches für nicht bestanden erklären.

Zu Absatz 1

Für die auszubildende Person besteht die Möglichkeit, den mündlichen Teil der staatlichen Prüfung, den sie nicht bestanden hat, einmal zu wiederholen.

Zu Absatz 2

Die Wiederholung hat die zu prüfende Person bei der oder dem Vorsitzenden des Prüfungsausschusses zu beantragen."

3 Der Vorschrift ist durch Art. 3 Nr. 7 der Verordnung zur Modernisierung der Prüfungsverfahren im Recht der Heilberufe (Heilberufe-Prüfungsrechtmodernisierungsverordnung) (BGBl. 2023 I Nr. 148 vom 13.6.2023) ein **Abs. 3** angefügt worden. Die Verordnung ist am 1.10.2023 in Kraft getreten (Art. 16 der Verordnung).

In der Begründung zur Verordnung (BR-Drs. 81/23, S. 40) wird zu **Abs. 3** Folgendes ausgeführt:

„Die zeitliche Befristung der Wiederholungsprüfung entspricht den üblichen Regelungen der Gesundheitsfachberufe. Durch die befristete Wiederholungsmöglichkeit werden einheitliche Rahmenbedingungen geschaffen, die für alle Prüfungskandidatinnen und Prüfungskandidaten gleichermaßen gelten. Zudem dient die Regelung der Rechtsicherheit, da bei Nichteintritt in das Wiederholungsverfahren ein endgültiges Nichtbestehen festgestellt und das Verfahren insgesamt geschlossen werden kann."

Unterabschnitt 4
Praktischer Teil der staatlichen Prüfung

§ 39 Inhalt des praktischen Teils

(1) Im praktischen Teil der staatlichen Prüfung hat die Prüfungskandidatin oder der Prüfungskandidat nachzuweisen, dass sie oder er über die Kompetenzen verfügt, die

1. im Fall der Ausbildung zur Anästhesietechnischen Assistentin oder zum Anästhesietechnischen Assistenten erforderlich sind zur eigenverantwortlichen Ausführung von und Mitwirkung bei berufsfeldspezifischen Aufgaben im anästhesiologischen Bereich der ambulanten oder stationären Versorgung oder
2. im Fall der Ausbildung zur Operationstechnischen Assistentin oder zum Operationstechnischen Assistenten erforderlich sind zur eigenverantwortlichen Ausführung von und Mitwirkung bei berufsfeldspezifischen Aufgaben im operativen Bereich der ambulanten oder stationären Versorgung.

(2) Der praktische Teil der staatlichen Prüfung besteht

1. im Fall der Ausbildung zur Anästhesietechnischen Assistentin oder zum Anästhesietechnischen Assistenten aus einer Aufgabe zur umfassenden Vorbereitung, Assistenz und Nachbereitung einer anästhesiologischen Maßnahme und
2. im Fall der Ausbildung zur Operationstechnischen Assistentin oder zum Operationstechnischen Assistenten aus einer Aufgabe zur umfassenden Vorbereitung, Instrumentation und Nachbereitung eines operativen Eingriffs.

(3) Der praktische Teil muss sich erstrecken auf

1. die Kompetenzschwerpunkte 1 bis 8 der Anlage 1 im Fall der Ausbildung zur Anästhesietechnischen Assistentin oder zum Anästhesietechnischen Assistenten und
2. die Kompetenzschwerpunkte 1 bis 8 der Anlage 3 im Fall der Ausbildung zur Operationstechnischen Assistentin oder zum Operationstechnischen Assistenten.

(4) Die Aufgabe der anästhesiologischen Assistenz ist so zu gestalten, dass die Prüfungskandidatin oder der Prüfungskandidat zeigen kann, dass sie oder er die erforderlichen Kompetenzen erworben hat, um alle anfallenden Aufgaben zu planen, zu organisieren, durchzuführen, zu begründen und in einem Reflexionsgespräch zu evaluieren.

(5) Die Aufgabe der operativen Assistenz ist so zu gestalten, dass die Prüfungskandidatin oder der Prüfungskandidat zeigen kann, dass sie oder er die erforderlichen Kompetenzen erworben hat, um alle anfallenden Aufgaben zu planen, zu organisieren, durchzuführen, zu begründen und in einem Reflexionsgespräch zu evaluieren.

(6) Die jeweilige Aufgabe der anästhesiologischen Assistenz oder der operativen Assistenz nach Absatz 2 soll insbesondere den Versorgungsbereich berücksichti-

gen, in dem die Prüfungskandidatin oder der Prüfungskandidat den überwiegenden Teil der praktischen Ausbildung absolviert hat.

(7) [1]Die jeweilige Aufgabe der anästhesiologischen Assistenz oder der operativen Assistenz wird auf Vorschlag der Schule durch die Fachprüferinnen und Fachprüfer bestimmt. [2]Die jeweilige Aufgabe darf unter Beteiligung einer Patientin oder eines Patienten nur durchgeführt werden, wenn die betroffenen Patientinnen und Patienten oder eine vertretungsberechtigte Person darin eingewilligt haben. [3]Die verantwortliche Ärztin oder der verantwortliche Arzt kann die Durchführung der Aufgabe aus medizinischen Gründen ablehnen.

Erläuterungen

1 In der Begründung zur Verordnung (BR-Drs. 491/20, S. 95 f.) wird zu dieser Vorschrift Folgendes ausgeführt:

„Zu Absatz 1

In der praktischen Prüfung sollen sich die Anforderungen des Berufes vollumfänglich wiederspiegeln. Dabei sind sowohl die eigenverantwortliche Ausführung von berufsfeldspezifischen Aufgaben als auch Tätigkeiten im Rahmen der Mitwirkung Gegenstand der praktischen Prüfung. Der Gegenstand der praktischen Prüfung ergibt sich aus dem Arbeitsalltag der ambulanten oder der stationären Versorgung.

Zu Absatz 2

Absatz 2 regelt umfassend den Gegenstand der praktischen Prüfung. Es muss sichergestellt sein, dass alle Prüfungsinhalte ordnungsgemäß abgebildet und geprüft werden können. Die Prüfung umfasst die Übernahme aller anfallenden Aufgaben einer prozessorientierten anästhesietechnischen oder operationstechnischen Assistenz und spiegelt die späteren, maßgeblichen beruflichen Tätigkeiten des Berufs der Anästhesietechnischen Assistentin und des Anästhesietechnischen Assistenten oder der Operationstechnischen Assistentin und des Operationstechnischen Assistenten wieder.

Zu Absatz 3

Die praktische Prüfung ermöglicht den Nachweis über das Vorliegen der im Ausbildungsziel nach §§ 7–10 Anästhesietechnische- und Operationstechnische-Assistenten-Gesetz beschriebenen beruflichen Kompetenzen. In der praktischen Prüfung sollen sich die Anforderungen des jeweiligen Berufes vollumfänglich widerspiegeln, deshalb ist sie berufsspezifisch auf alle Kompetenzschwerpunkte der Anlagen 1 oder 3 entsprechend auszurichten.

Zu Absatz 4 und Absatz 5

Es ist Aufgabe der zu prüfenden Person, alle Kompetenzen einzubringen, die für eine angemessene Bewältigung der als Prüfungssituation ausgewählten anästhesiologischen oder operativen Situationen erforderlich sind. Die zu prüfende Person übernimmt dabei alle für eine fachgerechte Versorgung der zu betreuenden Patientinnen und Patienten notwendigen Aufgaben. Diese umfassen neben der Planung auch die Organisation und Durchführung. Im Rahmen eines Reflexionsgespräches ist die gesamte praktische Prüfung zu reflektieren.

Zu Absatz 6

Der praktische Prüfungsteil soll insbesondere den Versorgungsbereich einbeziehen, in dem die oder der Auszubildende den überwiegenden Teil der praktischen Ausbildung absolviert hat.

Zu Absatz 7

Der Inhalt der praktischen Prüfung wird auf Vorschlag der Schule durch die Fachprüferinnen und Fachprüfer festgelegt. Dabei ist von wesentlicher Bedeutung, dass dieser Vorschlag nur erfolgen kann, wenn die betroffene Patientin oder der betroffene Patient oder eine vertretungsberechtigte Person darin eingewilligt haben. Damit soll vor allem verhindert werden, dass Patientinnen und Patienten ohne oder gegen ihren Willen Mitwirkende einer praktischen Prüfung werden. Darüber hinaus wird die Patientensicherheit gestärkt, in dem zum praktischen Teil der staatlichen Prüfung keine Patientinnen und Patienten zur Verfügung stehen, deren Gesundheitszustand einer Prüfungsmitwirkung entgegensteht. Darüber hinaus kann die verantwortliche Ärztin oder der verantwortliche Arzt die Durchführung der Prüfung aus medizinischen Gründen ablehnen.“

§ 40 Durchführung des praktischen Teils

(1) Im praktischen Teil der staatlichen Prüfung ist jede Prüfungskandidatin und jeder Prüfungskandidat einzeln zu prüfen.

(2) Der praktische Teil muss

1. **im Fall der Ausbildung zur Anästhesietechnischen Assistentin oder zum Anästhesietechnischen Assistenten in einer realen und komplexen anästhesiologischen Situation durchgeführt werden und**
2. **im Fall der Ausbildung zur Operationstechnischen Assistentin und zum Operationstechnischen Assistenten in einer realen und komplexen operativen Situation durchgeführt werden.**

(3) Der praktische Teil muss von zwei Fachprüferinnen oder Fachprüfern abgenommen werden, von denen mindestens eine Person zum Zeitpunkt der Prüfung als praxisanleitende Person tätig ist.

Erläuterungen

1 In der Begründung zur Verordnung (BR-Drs. 491/20, S. 96) wird zu dieser Vorschrift Folgendes ausgeführt:

„Zu Absatz 1

Vorgegeben wird, dass die zu prüfenden Personen einzeln geprüft werden. Damit wird gewährleistet, dass die Kompetenzen der einzelnen zu prüfenden Person zur umfassenden Bewältigung von anästhesiologischen oder operativen Situationen und die damit verbundene Verantwortungsübernahme Gegenstand der Prüfung und Beurteilung sind. Bei einer Gruppenprüfung mit Beteiligung mehrerer zu prüfender Personen können die individuellen Anteile nicht zuverlässig bestimmt und nachgewiesen werden. Dies wäre besonders problematisch, wenn Fehler gemacht würden und diese nicht eindeutig einer zu prüfenden Person zugerechnet werden könnten.

Zu Absatz 2

Die Prüfung wird in einer realen und komplexen anästhesiologischen oder operativen Situation im ambulanten oder stationären Setting durchgeführt. Damit soll der Praxisbezug dieses Prüfungsteils sichergestellt werden. Nur in einer Situation des Alltags können die Kompetenzen der zu prüfenden Person hinreichend nachgewiesen werden.

Zu Absatz 3

Die praktische Prüfung findet vor mindestens zwei Fachprüferinnen oder Fachprüfern statt, von denen eine oder einer zum Zeitpunkt der Prüfung als praxisanleitende Person oder in der Einrichtung, in der der überwiegenden Teil der praktischen Ausbildung durchgeführt wurde, tätig ist. Damit soll gewährleistet werden, dass auf Seiten der Fachprüferinnen oder Fachprüfer auch praktische Erfahrungen in der anästhesietechnischen oder operationstechnischen Assistenz vorhanden sind, die für die Bewertung der Prüfungsleistungen unverzichtbar sind. Die Fachprüferinnen oder Fachprüfer benoten die Prüfung. Die oder der Vorsitzende des Prüfungsausschusses kann an der Prüfung teilnehmen und sich durch Fragen aktiv in das Prüfungsgeschehen einbringen.“

Abs. 3 der Vorschrift ist durch Art. 3 Nr. 8 der Verordnung zur Modernisierung der Prüfungsverfahren im Recht der Heilberufe (Heilberufe-Prüfungsrechtmodernisierungsverordnung) (BGBl. 2023 I Nr. 148 vom 13.6.2023) geändert worden. Die Verordnung ist am 1.10.2023 in Kraft getreten (Art. 16 der Verordnung). Abs. 3 Satz 1 ist geändert, Satz 2 aufgehoben worden. 2

In der Begründung zur Verordnung (BR-Drs. 81/23, S. 40) wird zu **Abs. 3 Satz 1** Folgendes ausgeführt:

„Für den praktischen Teil der Prüfung wird bestimmt, dass die Prüfungsleistung von zwei Prüferinnen oder Prüfern abgenommen und bewertet wird. Damit wird die exakte Anzahl der Prüferinnen und Prüfer rechtssatzmäßig festgelegt.“

Zur Aufhebung des **Abs. 3 Satz 2** wird in der Begründung zur Verordnung (BR-Drs. 81/23, S. 40) gesagt, dass es sich um eine Folgeänderung aufgrund des neu gefassten § 16 ATA-OTA-APrV handele. S. hierzu → Erl. zu § 16 ATA-OTA-APrV, Rn. 1.

§ 41 Bestandteile des praktischen Teils und Dauer

(1) [1]Der praktische Teil der staatlichen Prüfung besteht aus

1. **der Erstellung eines umfassenden perioperativen Ablaufplans,**
2. **der Fallvorstellung,**
3. **der Durchführung der geplanten und situativ erforderlichen berufsfeldspezifischen Maßnahmen und**
4. **einem Reflexionsgespräch.**

[2]Der Ablaufplan ist schriftlich oder elektronisch unter Aufsicht zu erstellen.

(2) [1]Die gesamte Dauer des praktischen Teils soll einschließlich des Reflexionsgespräches mindestens fünf und höchstens sechs Stunden dauern. [2]Der Ablaufplan ist innerhalb einer Bearbeitungszeit von 90 Minuten zu erstellen. [3]Die Fallvorstellung darf maximal 20 Minuten dauern. [4]Das Reflexionsgespräch darf maximal 20 Minuten dauern.

(3) Der praktische Teil darf maximal für die Dauer eines Werktages unterbrochen werden.

Erläuterungen

1 In der Begründung zur Verordnung (BR-Drs. 491/20, S. 96 f.) wird zu dieser Vorschrift Folgendes ausgeführt:

„Zu Absatz 1

Zu Nummer 1

Die praktische Prüfung beginnt mit einem vorab schriftlich oder elektronisch zu erstellenden umfassenden perioperativen Ablaufplan. Anhand des Ablaufplans dokumentiert die zu prüfende Person, dass sie in der Lage ist, alle notwendigen berufsspezifischen Aufgabenstellungen fall- und situationsorientiert zu strukturieren und zu begründen. Die berufsspezifischen Aufgaben umfassen den perioperativen Ablauf des operativen Eingriffs oder der anästhesiologischen Maßnahme, also auch Tätigkeiten vor, während und nach einer Operation oder anästhesiologischen Maßnahme. Aufgrund der Patientenakte muss die zu prüfende Person die Gesamtsituation wahrnehmen und Besonderheiten des konkreten Falls erkennen bzw. feststellen, einordnen und bewerten. Auf dieser Grundlage hat die zu prüfende Person anschließend darüber zu entscheiden und zu begründen, welche Maßnahmen zu erfolgen haben und wie Besonderheiten in allen drei Behandlungsphasen Rechnung getragen werden kann. Diese Komplexität der Aufgabe kommt in der umfassenden perioperativen Ablaufplanung zum Ausdruck.

Zu Nummer 2 und Nummer 3

Nach erfolgter Fallvorstellung durch die zu prüfende Person auf Grundlage der erstellten umfassenden perioperativen Ablaufplanung erfolgt im weiteren Verlauf der Prüfung die Durchführung der berufsspezifischen Aufgaben.

Zu Nummer 4

Voraussetzung für die ordnungsgemäße Erledigung der Prüfungsaufgaben sind die während der Ausbildung erworbenen Kompetenzen, auf die es bei der späteren Berufsausübung entscheidend ankommt. Die zu prüfende Person hat daher in einem sich an die anästhesiologischen oder operativen Maßnahmen anschließenden Reflexionsgespräch Erläuterungen und Begründungen zu der von ihr geplanten und durchgeführten Versorgung abzugeben. Sie erhält dadurch die Gelegenheit nachzuweisen, dass sie nicht nur Prüfungsaufgaben sachgerecht erledigen kann, sondern auch in der Lage ist, ihr Handeln auf andere Fallkonstellationen zu übertragen. Mit dem Beleg für ein begründetes Handeln in Funktions- sowie weiteren Versorgungsbereichen und der Aufforderung, das eigene Tun kritisch zu hinterfragen, wird im Rahmen der praktischen Prüfung eine wichtige Grundlage für die selbständige Gestaltung des Arbeitsprozesses während der späteren berufsspezifischen Tätigkeit gelegt. Das Prüfungsgeschehen stellt eine Einheit mit der handlungsorientierten Ausrichtung des Unterrichts und der praktischen Ausbildung dar und schließt damit den Kreis zur Erreichung des im Anästhesietechnische- und Operationstechnische-Assistenten-Gesetz formulierten Ausbildungsziels. Bei dem Reflexionsgespräch ist darauf zu achten, dass die Nachfragen der prüfenden Personen nicht zur Situation einer weiteren mündlichen Prüfung führen.

Zu Absatz 2

Im Interesse der zu prüfenden Person und zur Gewährleistung der Chancengleichheit im Prüfungsverfahren sollen Fallvorstellung und Reflexionsgespräch jeweils höchstens 20 Minuten dauern und die praktische Prüfung einschließlich des Reflexionsgespräch mindestens fünf und nicht länger als sechs Zeitstunden.

Für die Erstellung des Ablaufplans ist eine Bearbeitungszeit von 90 Minuten einzuräumen, in der die zu prüfende Person zu beaufsichtigen ist.

Zu Absatz 3

Um dem Prüfungsausschuss zeitliche Flexibilität bei der Organisation des praktischen Teils der Prüfung zu ermöglichen, ist eine organisatorische Pause von maximal einem Werktag zulässig.“

§ 42 Benotung und Note für die im praktischen Teil erbrachte Leistung

(1) Die im praktischen Teil der staatlichen Prüfung erbrachte Leistung wird von den Fachprüferinnen und Fachprüfern benotet, von denen der praktische Teil abgenommen worden ist.

(2) Aus den Noten der Fachprüferinnen und Fachprüfer bildet die oder der Vorsitzende des Prüfungsausschusses die Note für die im praktischen Teil der staatlichen Prüfung gezeigte Leistung als das arithmetische Mittel.

(3) [1]In die Note fließt ein:

1. **der Zahlenwert der Note für die im praktischen Teil der staatlichen Prüfung gezeigte Leistung mit 75 Prozent und**
2. **der Zahlenwert der Vornote für den praktischen Teil mit 25 Prozent.**

[2]Die Berechnung erfolgt auf zwei Stellen nach dem Komma ohne Rundung.

(4) Dem berechneten Zahlenwert ist die entsprechende Note nach § 27 zuzuordnen.

Erläuterungen

1 In der Begründung zur Verordnung (BR-Drs. 491/20, S. 97 f.) wird zu dieser Vorschrift Folgendes ausgeführt:

„Zu Absatz 1

Die Leistung des praktischen Teils der Prüfung ist von denjenigen Fachprüferinnen oder Fachprüfern zu benoten, die auch die Prüfung durchgeführt haben.

Zu Absatz 2

Absatz 2 regelt die Festlegung der Prüfungsnote der praktischen Prüfung. Der oder die Vorsitzende setzt sich ins Benehmen mit den Fachprüferinnen und Fachprüfern und legt die Prüfungsnote auf der Grundlage der Benotungen der Fachprüferinnen und Fachprüfer fest.

Zu Absatz 3

Die Vornoten werden bei der Bildung der Noten des praktischen Teils der Prüfung mit einer einheitlichen Größenordnung von 25 Prozent berücksichtigt. Damit wird der besondere Stellenwert der Einzelleistungen während der staatlichen Prüfung nicht eingeschränkt; eine Kompensation von mangelhaften oder ungenügenden Leistungen im Rahmen der staatlichen Prüfung durch Vornoten ist im Sinne der zu gewährleistenden Patientensicherheit damit nicht möglich.

Die Berechnung des Zahlenwerts erfolgt auf zwei Stellen nach dem Komma.

Zu Absatz 4

Die in § 27 geregelte Notenskala ist bei der Berechnung und bei der Bildung der Note für den praktischen Teil der staatlichen Prüfung anzuwenden.“

Abs. 2 der Vorschrift ist durch Art. 3 Nr. 9 der Verordnung zur Modernisierung der Prüfungsverfahren im Recht der Heilberufe (Heilberufe-Prüfungsrechtmodernisierungsverordnung) (BGBl. 2023 I Nr. 148 vom 13.6.2023) neu gefasst worden. Die Verordnung ist am 1.10.2023 in Kraft getreten (Art. 16 der Verordnung). 2

In der Begründung zur Verordnung (BR-Drs. 81/23, S. 41) wird zu **Abs. 2** Folgendes ausgeführt:

„Die Prüfungsnote für den praktischen Teil der Prüfung bildet die dem Prüfungsausschuss vorsitzende Person unter Verwendung des arithmetischen Mittels aus den einzelnen Noten der Prüferinnen und Prüfer. Eine eigene Bewertung der Prüfungsleistung durch die dem Prüfungsausschuss vorsitzende Person ist nicht vorgesehen, da die Anwesenheit während der gesamten Prüfung nicht gewährleistet ist und daher das vormals vorgesehene Stichentscheidungsrecht der vorsitzenden Person abgelöst wird.“

§ 43 Bestehen des praktischen Teils

Der praktische Teil der staatlichen Prüfung ist bestanden, wenn die Prüfungsleistung mindestens mit „ausreichend“ benotet worden ist.

Erläuterungen

1 In der Begründung zur Verordnung (BR-Drs. 491/20, S. 97 f.) wird zu dieser Vorschrift Folgendes ausgeführt:

„Voraussetzung für das Bestehen des praktischen Teils der Prüfung ist, dass er im Ergebnis der Gesamtbetrachtung mindestens mit ‚ausreichend‘ benotet wird.“

§ 44 Wiederholung des praktischen Teils und zusätzlicher Praxiseinsatz

(1) Wer den praktischen Teil der staatlichen Prüfung nicht bestanden hat, kann ihn einmal wiederholen.

(2) Für die Wiederholung ist ein Antrag der Prüfungskandidatin oder des Prüfungskandidaten bei der oder dem Vorsitzenden des Prüfungsausschusses erforderlich.

(3) [1]Vor der Wiederholung hat die Prüfungskandidatin oder der Prüfungskandidat einen zusätzlichen Praxiseinsatz zu absolvieren. [2]Dauer und Inhalt des Praxiseinsatzes sind von der oder dem Vorsitzenden des Prüfungsausschusses zu bestimmen.

(4) Zur Wiederholung darf nur zugelassen werden, wer dem Antrag einen Nachweis über den zusätzlichen Praxiseinsatz beigefügt hat.

(5) [1]Die Wiederholungsprüfung muss spätestens zwölf Monate nach der letzten Prüfung abgeschlossen sein. [2]Ausnahmen kann die zuständige Behörde in begründeten Fällen zulassen.

Erläuterungen

In der Begründung zur Verordnung (BR-Drs. 491/20, S. 98 f.) wird zu dieser Vorschrift Folgendes ausgeführt: 1

„Die Vorschrift regelt die Voraussetzungen und Einzelheiten der Wiederholung der praktischen Prüfung. Sie gilt auch, wenn das Nichtbestehen Folge eines Rücktritts oder des Versäumnisses von einem Teil der staatlichen Prüfung ist. Darüber hinaus ist sie anwendbar, wenn der oder die Vorsitzende des Prüfungsausschusses einen Teil der staatlichen Prüfung wegen eines Ordnungsverstoßes oder eines Täuschungsversuches für nicht bestanden erklärt.

Zu Absatz 1

Für die auszubildende Person besteht die Möglichkeit, den praktischen Teil der staatlichen Prüfung, den sie nicht bestanden hat, einmal zu wiederholen.

Zu Absatz 2

Die Wiederholung hat die zu prüfende Person bei der oder dem Vorsitzenden des Prüfungsausschusses zu beantragen.

Zu Absatz 3

Hat die zu prüfende Person den praktischen Teil der Prüfung zu wiederholen, dann muss sie vor der Wiederholungsprüfung einen zusätzlichen Praxiseinsatz absolvieren. Die Dauer und den Inhalt der zusätzlichen praktischen Ausbildung bestimmt die oder der Vorsitzende des Prüfungsausschusses. Sie oder er orientieren sich dabei an den in dem nicht bestandenen praktischen Prüfungsteil offenbarten Defiziten. Die oder der Vorsitzende berücksichtigen dabei auch, dass nach § 33 Absatz 2 Satz 2 Anästhesietechnische- und Operationstechnische-Assistenten-Gesetz das Ausbildungsverhältnis im Falle des Nichtbestehens der Prüfung um längstens ein Jahr verlängert werden darf.

Auch um ungerechtfertigte Verzögerungen zum Nachteil der zu prüfenden Person zu vermeiden, soll die zusätzliche Ausbildung einschließlich der für die Prüfung erforderlichen Zeit die Dauer von einem Jahr nicht überschreiten. Für besondere Fallgestaltungen und zur Vermeidung von unbilligen Härtefällen kann die zuständige Behörde in begründeten Fällen eine Ausnahme zulassen.

Zu Absatz 4

Voraussetzung für die Zulassung zur Wiederholung des praktischen Teils der Prüfung ist, dass die Prüfungskandidatin oder der Prüfungskandidat den zusätzlichen Praxiseinsatz nachweisen kann.“

2 Der Vorschrift ist durch Art. 3 Nr. 10 der Verordnung zur Modernisierung der Prüfungsverfahren im Recht der Heilberufe (Heilberufe-Prüfungsrechtmodernisierungsverordnung) (BGBl. 2023 I Nr. 148 vom 13.6.2023) ein **Abs. 5** angefügt worden. Die Verordnung ist am 1.10.2023 in Kraft getreten (Art. 16 der Verordnung).

In der Begründung zur Verordnung (BR-Drs. 81/23, S. 41) wird zu **Abs. 5** Folgendes ausgeführt:

„Die zeitliche Befristung der Wiederholungsprüfung entspricht den üblichen Regelungen der Gesundheitsfachberufe. Durch die befristete Wiederholungsmöglichkeit werden einheitliche Rahmenbedingungen geschaffen, die für alle Prüfungskandidatinnen und Prüfungskandidaten gleichermaßen gelten. Zudem dient die Regelung der Rechtsicherheit, da bei Nichteintritt in das Wiederholungsverfahren ein endgültiges Nichtbestehen festgestellt und das Verfahren insgesamt geschlossen werden kann.“

Unterabschnitt 5
Abschluss des Prüfungsverfahrens

§ 45 Gesamtnote der staatlichen Prüfung

(1) Für jede Prüfungskandidatin und jeden Prüfungskandidaten, die oder der die drei Teile der staatlichen Prüfung bestanden hat, bildet die oder der Vorsitzende des Prüfungsausschusses die Gesamtnote der staatlichen Prüfung.

(2) [1]Die Gesamtnote der staatlichen Prüfung wird aus dem arithmetischen Mittel der drei Prüfungsteile gebildet. [2]Die Berechnung erfolgt auf zwei Stellen nach dem Komma ohne Rundung.

(3) [1]Dem berechneten Notenwert ist die entsprechende Note nach § 27 zuzuordnen. [2]Die zugeordnete Note ist die Gesamtnote der staatlichen Prüfung.

Erläuterungen

In der Begründung zur Verordnung (BR-Drs. 491/20, S. 99) wird zu dieser Vorschrift Folgendes ausgeführt: 1

„Als Berufszulassungsprüfung dient die staatliche Prüfung der Feststellung, ob das Ausbildungsziel erreicht wurde und die Auszubildenden ab sofort den Anforderungen des Berufs im Alltag genügen. Hierzu ist es erforderlich, dass sie diese Befähigung unter Anwendung sämtlicher in der Ausbildung erworbenen Kompetenzen in der abschließenden Prüfung nachweisen.

Zu Absatz 1

Die Vorschrift regelt die Ermittlung der Gesamtnote der staatlichen Prüfung und die Gewichtung der drei Prüfungsteile.

Zu Absatz 2

Absatz 2 enthält die Bestimmung, dass die Gesamtnote auf zwei Stellen nach dem Komma ohne Rundung zu berechnen ist.

Zu Absatz 3

Nach Absatz 3 ist die in § 27 geregelte Notenskala bei der Berechnung und bei der Bildung der Note für den mündlichen Teil der Prüfung anzuwenden.“

§ 46 Bestehen der staatlichen Prüfung

Die staatliche Prüfung ist bestanden, wenn die Gesamtnote des schriftlichen Teils, des mündlichen Teils und des praktischen Teils der Prüfung jeweils mindestens mit „ausreichend" benotet worden ist.

Erläuterungen

1 In der ursprünglichen Vorschrift fehlten die Wörter „des schriftlichen Teils, des mündlichen Teils und des praktischen Teils der Prüfung jeweils" (BR-Drs. 491/20, S. 25). In den Beschlussempfehlungen (BR-Drs. 491/1/20, S. 8) wird zu der Änderung Folgendes ausgeführt:

„Die Voraussetzung, dass über alle Prüfungsteile die Gesamtnote ‚ausreichend' sein muss, reicht nicht aus, um sicherzustellen, dass die Kompetenzen nach den Anlagen 1 und 3 ATA-OTA-APrV erreicht werden. Die vorgelegte Formulierung stellt eine Aufweichung der Formulierung in § 43 ATA-OTA-APrV des Referentenentwurfes dar. Die Aufnahme der ursprünglichen Fassung wird hiermit vorgeschlagen. Es besteht ansonsten die Gefahr, dass beispielsweise durch gute mündliche Leistungen mangelhafte praktische Leistungen ausgeglichen werden können und damit nicht die vollständige ausreichende Kompetenz der Prüfungskandidatin beziehungsweise des Prüfungskandidaten abgeprüft wird."

2 In der Begründung zur Verordnung (BR-Drs. 491/20, S. 99) wird zur ursprünglichen Fassung der Vorschrift Folgendes ausgeführt:

„Voraussetzung für das Bestehen der staatlichen Prüfung ist, dass alle Teile der Prüfung bestanden sind und die Gesamtnoten der einzelnen Prüfungsteile mindestens mit ‚ausreichend' bewertet wurden."

§ 47 Zeugnis über die staatliche Prüfung

(1) Wer die staatliche Prüfung bestanden hat, erhält ein Zeugnis nach dem Muster der Anlage 6.

(2) Im Zeugnis sind insbesondere anzugeben

1. **die Note für den schriftlichen Teil der staatlichen Prüfung,**
2. **die Note für den mündlichen Teil der staatlichen Prüfung,**
3. **die Note für den praktischen Teil der staatlichen Prüfung und**
4. **die Gesamtnote der staatlichen Prüfung als Note in Worten und als Zahlenwert mit zwei Nachkommastellen.**

Erläuterungen

In der Begründung zur Verordnung (BR-Drs. 491/20, S. 99) wird zu dieser Vorschrift Folgendes ausgeführt: 1

„***Zu Absatz 1***

Wer die staatliche Prüfung bestanden hat, dem ist ein Zeugnis von der zuständigen Behörde auszustellen. Absatz 1 bestimmt darüber hinaus, dass die Behörde das Zeugnis nach den Vorgaben der Anlage 6 zu erstellen hat.

Zu Absatz 2

Absatz 2 regelt, dass die Einzelnoten der drei Teilprüfungen und die Gesamtnote auf dem Zeugnis auszuweisen sind. Dabei handelt es sich nicht um eine abschließende Aufzählung.“

§ 48 Mitteilung bei Nichtbestehen der staatlichen Prüfung

Wer die staatliche Prüfung nicht bestanden hat, erhält von der Vorsitzenden oder dem Vorsitzenden des Prüfungsausschusses eine schriftliche oder elektronische Mitteilung, in der die Noten der drei Teile der staatlichen Prüfung angegeben sind.

Erläuterungen

1 In der Begründung zur Verordnung (BR-Drs. 491/20, S. 99) wird zu dieser Vorschrift Folgendes ausgeführt:

„Wer die staatliche Prüfung nicht bestanden hat, wird darüber schriftlich oder elektronisch informiert. Die Mitteilung des Nichtbestehens der staatlichen Prüfung hat im Falle der elektronischen Übermittlung barrierefrei zu erfolgen. Damit die Prüfungskandidatin oder der Prüfungskandidaten die Entscheidung nachvollziehen und überprüfen können, sind die Prüfungsergebnisse anzugeben."

§ 49 Aufbewahrung der Prüfungsunterlagen und Einsichtnahme

(1) [1]Die Aufsichtsarbeiten sind drei Jahre aufzubewahren. [2]Die übrigen Prüfungsunterlagen, einschließlich der Niederschrift nach § 25, sind zehn Jahre aufzubewahren.

(2) Nach Abschluss der staatlichen Prüfung ist der betroffenen Person auf Antrag Einsicht in die sie betreffenden Prüfungsunterlagen zu gewähren.

Erläuterungen

In der Begründung zur Verordnung (BR-Drs. 491/20, S. 100) wird zu dieser Vorschrift Folgendes ausgeführt: 1

„Zu Absatz 1

In Absatz 1 wird bestimmt, dass Aufsichtsarbeiten drei Jahre, die Anträge auf Zulassung zur Prüfung und die Prüfungsniederschrift zehn Jahre aufzubewahren sind.

Zu Absatz 2

Absatz 2 enthält das Recht auf Einsicht in die Prüfungsunterlagen. Davon umfasst sind die Niederschrift, die schriftlichen Prüfungsarbeiten und ihre Bewertung, die Mitschriften der mündlichen und praktischen Prüfungen und sämtliche Anträge sowie die dazugehörenden Entscheidungen.“

Teil 2
Erlaubnisurkunde

§ 50 Ausstellung der Erlaubnisurkunde

(1) Bei der Erteilung der Erlaubnis, die Berufsbezeichnung „Anästhesietechnische Assistentin" oder „Anästhesietechnischer Assistent" oder die Berufsbezeichnung „Operationstechnische Assistentin" oder „Operationstechnischer Assistent" zu führen, stellt die zuständige Behörde eine Erlaubnisurkunde aus.

(2) [1]Für die Erlaubnisurkunde ist das Muster nach Anlage 7 zu verwenden. [2]Dies gilt auch bei Bestehen der Nachprüfung nach § 104.

(3) Im Fall eines Antrags nach § 69 Absatz 2 des Anästhesietechnische- und Operationstechnische-Assistenten-Gesetzes ist für die Erlaubnisurkunde das Muster nach Anlage 8 zu verwenden.

Erläuterungen

1 In der Begründung zur Verordnung (BR-Drs. 491/20, S. 100) wird zu dieser Vorschrift Folgendes ausgeführt:

*„**Zu Absatz 1***

Absatz 1 bestimmt, dass zur Führung der Berufsbezeichnung ‚Anästhesietechnische Assistentin' oder ‚Anästhesietechnischer Assistent' oder die Berufsbezeichnung ‚Operationstechnische Assistentin' oder ‚Operationstechnischer Assistent' eine entsprechende Urkunde auszustellen ist.

Zu Absatz 2

Die Vorschrift verweist auf das in Anlage 7 vorgeschriebene amtliche Muster für die Urkunde über die Erlaubnis zur Führung der Berufsbezeichnung, wenn die Ausbildung nach dem Anästhesietechnische- und Operationstechnische-Assistenten-Gesetz und dieser Verordnung absolviert worden ist. In den Fällen, in denen eine Nachprüfung erfolgreich absolviert worden ist, ist für die Ausstellung der Erlaubnisurkunde das Muster der Anlage 7 zu verwenden ist.

Zu Absatz 3

Absatz 3 regelt, dass in Fällen in denen die Urkunde über die Erlaubnis zum Führen der Berufsbezeichnung auf Antrag nach § 69 Absatz 2 des Anästhesietechnische- und Operationstechnische-Assistenten-Gesetzes ausgestellt wird, die Anlage 8 zu verwenden ist. Im Anwendungsbereich des § 69 Absatz 2 Anästhesietechnische- und Operationstechnische-Assistenten-Gesetz wurde die Erlaubnis zum Führen der Berufsbezeichnung vor Inkrafttreten des Anästhesietechnische- und Operationstechnische-Assistenten-Gesetzes erworben. In diesem Fall sind daher auch die Grundlage des Erwerbs der Berufsqualifikation und das Datum des Erwerbs der Berechtigung zum Führen der Berufsbezeichnung anzugeben."

Teil 3
Anerkennung ausländischer Berufsqualifikationen und erforderliche Anpassungsmaßnahmen

Abschnitt 1
Verfahren

§ 51 Frist der Behörde für die Bestätigung des Antragseingangs

Beantragt eine Person, die ihre Berufsqualifikation außerhalb des Geltungsbereichs des Anästhesietechnische- und Operationstechnische-Assistenten-Gesetzes erworben hat, die Erlaubnis die Berufsbezeichnung „Anästhesietechnische Assistentin" oder „Anästhesietechnischer Assistent" oder die Berufsbezeichnung „Operationstechnische Assistentin" oder „Operationstechnischer Assistent" zu führen, so bestätigt die zuständige Behörde ihr innerhalb eines Monats nach Eingang des Antrags den Antragseingang und teilt ihr gegebenenfalls mit, welche Unterlagen fehlen, um die erforderlichen Voraussetzungen nachzuweisen.

Erläuterungen

In der Begründung zur Verordnung (BR-Drs. 491/20, S. 100 f.) wird zu diesem Abschnitt und der Vorschrift Folgendes ausgeführt: 1

„Zu Teil 3 (Anerkennung ausländischer Berufsqualifikationen und erforderliche Anpassungsmaßnahmen)

Dieser Abschnitt gilt sowohl für antragstellende Personen, die eine Berufsqualifikation vorlegen, die in einem anderen Mitgliedstaat der Europäischen Union, als auch in einem anderen Vertragsstaat oder in einem gleichgestellten Staat erworben worden ist. Er gilt auch für antragstellende Personen, deren Berufsqualifikation in einem Drittstaat, der kein gleichgestellter Staat ist, erworben worden ist. Dazu gilt dieser Abschnitt für antragstellende Personen, die eine Berufsqualifikation vorlegen, die in einem Drittstaat, der kein gleichgestellter Staat ist, erworben worden ist und bereits in einem anderen Mitgliedsstaat, in einem anderen Vertragsstaat oder in einem gleichgestellten Staat anerkannt worden ist.

Zu Abschnitt 1 (Verfahren)

Zu § 51 (Frist der Behörde für die Bestätigung des Antragseingangs)

§ 51 regelt die Fristen für die Anerkennung der Gleichwertigkeit von ausländischen Berufsqualifikationen durch die zuständige Behörde. Die Frist für die Empfangsbestätigung des Antragseingangs beträgt einen Monat. Die zuständige Behörde muss außerdem innerhalb dieser Frist mitteilen, welche Unterlagen fehlen, die für den Nachweis der Erfüllung der Voraussetzungen zur Führung der Berufsbezeichnung ‚Anästhesietechnische Assistentin' oder ‚Anästhesietechnischer Assistent' oder die Berufsbezeichnung ‚Operationstechnische Assistentin' oder ‚Operationstechnischer Assistent' erforderlich sind."

§ 52 Erforderliche Unterlagen

(1) Personen, die die Erlaubnis zum Führen der Berufsbezeichnung nach § 1 Absatz 1 oder § 2 Absatz 1 des Anästhesietechnische- und Operationstechnische-Assistenten-Gesetzes aufgrund einer außerhalb des Geltungsbereichs des Anästhesietechnische- und Operationstechnische-Assistenten-Gesetzes erworbenen Berufsqualifikation beantragen, haben dem Antrag folgende Unterlagen beizufügen:

1. eine tabellarische Aufstellung der absolvierten Ausbildungsgänge und der ausgeübten Erwerbstätigkeiten in deutscher Sprache,
2. einen Identitätsnachweis,
3. eine Bescheinigung über die erworbene Berufsqualifikation, aus der sich ergibt, dass die Berufsqualifikation in dem Staat, in dem sie erworben worden ist, erforderlich ist für den unmittelbaren Zugang zu einem Beruf, der dem Beruf der Anästhesietechnischen Assistentin und des Anästhesietechnischen Assistenten oder der Operationstechnischen Assistentin und des Operationstechnischen Assistenten entspricht, und die Ausbildungsnachweise, die den Erwerb dieser Berufsqualifikation belegen,
4. sofern vorhanden, eine Bescheinigung über die erworbene Berufserfahrung oder Nachweise über Kenntnisse und Fähigkeiten, die durch lebenslanges Lernen erworben worden sind und
5. eine Erklärung, dass bisher noch kein Antrag auf Feststellung der Gleichwertigkeit gestellt wurde.

(2) [1]Die Unterlagen nach Absatz 1 Nummer 1 bis 4 sind der zuständigen Stelle in Form von Kopien vorzulegen oder elektronisch zu übermitteln. [2]Von den Unterlagen nach Absatz 1 Nummer 3 und 4 sind Übersetzungen in deutscher Sprache vorzulegen. [3]Darüber hinaus kann die zuständige Stelle von den Unterlagen nach Absatz 1 Nummer 2 und allen nachgereichten Unterlagen Übersetzungen in deutscher Sprache verlangen. [4]Die Übersetzungen sind von einer öffentlich bestellten oder beeidigten Dolmetscherin oder Übersetzerin oder einem öffentlich bestellten oder beeidigten Dolmetscher oder Übersetzer erstellen zu lassen.

(3) Die zuständige Stelle kann abweichend von Absatz 2 eine andere Form für die vorzulegenden Dokumente zulassen.

(4) [1]Die zuständige Stelle kann die Antragstellerin oder den Antragsteller auffordern, innerhalb einer angemessenen Frist Informationen zum Inhalt und zur Dauer der im Ausland absolvierten Berufsbildung sowie zu sonstigen Berufsqualifikationen vorzulegen, soweit dies zur Bewertung der Gleichwertigkeit erforderlich ist. [2]Soweit die Berufsbildung in einem Mitgliedstaat der Europäischen Union, einem weiteren Vertragsstaat des Abkommens über den Europäischen Wirtschaftsraum oder in einem durch Abkommen gleichgestellten Staat absolviert wurde, kann sich die zuständige Stelle an die zuständige Stelle des Ausbildungsstaats wenden.

(5) [1]Bestehen begründete Zweifel an der Echtheit oder der inhaltlichen Richtigkeit der vorgelegten Unterlagen, kann die zuständige Stelle die Antragstellerin oder den Antragsteller auffordern, innerhalb einer angemessenen Frist Originale, beglaubigte Kopien oder weitere geeignete Unterlagen vorzulegen. [2]Bei Unterla-

gen, die in einem Mitgliedstaat der Europäischen Union oder einem weiteren Vertragsstaat des Abkommens über den Europäischen Wirtschaftsraum ausgestellt oder anerkannt wurden, kann sich die zuständige Stelle im Fall begründeter Zweifel an der Echtheit der Unterlagen sowohl an die zuständige Stelle des Ausbildungs- oder Anerkennungsstaats wenden, als auch die Antragstellerin oder den Antragsteller auffordern, beglaubigte Kopien vorzulegen. 3Eine solche Aufforderung hemmt nicht den Fristlauf nach § 38 Absatz 3 Satz 2 des Anästhesietechnische- und Operationstechnische-Assistenten-Gesetzes.

(6) [1]Die Antragstellerin oder der Antragsteller hat durch geeignete Unterlagen darzulegen, im jeweiligen Bundesland eine den Berufsqualifikationen entsprechende Erwerbstätigkeit ausüben zu wollen. [2]Geeignete Unterlagen können beispielsweise der Nachweis der Beantragung eines Einreisevisums zur Erwerbstätigkeit, der Nachweis einer Kontaktaufnahme mit potenziellen Arbeitgebern oder ein Geschäftskonzept sein. [3]Für Antragstellerinnen oder Antragsteller mit Wohnsitz in einem Mitgliedstaat der Europäischen Union, einem weiteren Vertragsstaat des Abkommens über den Europäischen Wirtschaftsraum oder in einem durch Abkommen gleichgestellten Staat sowie für Staatsangehörige dieser Staaten ist diese Darlegung entbehrlich, sofern keine besonderen Gründe gegen eine entsprechende Absicht sprechen.

Erläuterungen

In **Abs. 1** der Vorschrift ist vor der bisherigen **Nr. 1** (BR-Drs. 491/20, S. 27) eine neue Nr. 1 eingefügt worden. In den Beschlussempfehlungen (BR-Drs. 491/1/20, S. 9) wird zu den Änderungen und Ergänzungen Folgendes ausgeführt: 1

„Es ist in den Verfahren zur Anerkennung ausländischer Berufsqualifikationen üblich und zweckmäßig, zusätzlich zu den Ausbildungsnachweisen und ähnlichen Dokumenten auch eine Aufstellung der absolvierten Ausbildungsgänge und der ausgeübten Erwerbstätigkeiten (vulgo ‚Lebenslauf') beizufügen. So ist dies auch in den meisten entsprechenden Regelungen, allen voran § 12 Absatz 1 BQFG, vorgesehen – und war es auch im Referentenentwurf der Verordnung. Die Aufstellung dürfte den zuständigen Behörden die Arbeit erleichtern, und ihre Beifügung bedeutet für die antragstellenden Personen keinen besonderen Aufwand."

In der ursprünglichen Vorschrift waren die **Abs. 2 bis 4** anders gefasst (BR-Drs. 491/20, S. 27 f.) Die Vorschrift ist in diesen Absätzen geändert und um die **Abs. 5 und 6** ergänzt worden. In den Beschlussempfehlungen (BR-Drs. 491/1/20, S. 11) wird zu den Änderungen und Ergänzungen Folgendes ausgeführt: 2

„§ 52 ATA-OTA-APrV regelt die für die Antragstellung ‚erforderlichen Unterlagen'. Die Regelungen weichen insofern von den jüngst überarbeiteten Regelungen des Mustergesetzentwurfs BQFG-Länder ab, als wesentliche Regelungen fehlen. Es fehlt bislang der Regelungsgehalt der im vorliegenden Antrag enthaltenen Absätze 3, 4 und 6: mögliche Abweichung von der Form der Dokumente, Nachforderung von Information zu Inhalt und Dauer der Ausbildung sowie Darlegung der beabsichtigten Erwerbstätigkeit in einem Bundesland. Grundlage für den Formulierungsvorschlag der Absätze 2 bis 6 ist der Mustergesetzentwurf BQFG-Länder. Soweit in den – auch

künftigen – Fachgesetzen Regelungen zu den erforderlichen Unterlagen getroffen werden, sollten diese im inhaltlichen Einklang untereinander sowie mit dem BQFG des Bundes und den BQFG der Länder stehen, um ein bundesweit einheitliches Verfahrensrecht über die Berufe hinweg zu fördern. Auch vor dem Hintergrund der Digitalisierung – insbesondere des Onlinezugangsgesetzes (OZG) – empfiehlt sich ein möglichst einheitliches Verfahren."

3 In der Begründung zur Verordnung (BR-Drs. 491/20, S. 101) wird zu der ursprünglichen Fassung der Vorschrift Folgendes ausgeführt:

„Zu Absatz 1

Absatz 1 enthält die Vorgaben, welche Unterlagen für die Antragsbearbeitung und damit für die Erteilung der Erlaubnis zum Führen der Berufsbezeichnung nach § 1 oder § 2 des Anästhesietechnische- und Operationstechnische-Assistenten-Gesetzes notwendig sind.

Zu Absatz 2

Absatz 2 legt fest, dass der Identitätsausweis, die Bescheinigung über die erworbene Berufsqualifikation, die erworbene Berufserfahrung oder die Kenntnisse und Fähigkeiten, die durch lebenslanges Lernen erworben wurden, in Form von Kopien oder im Rahmen einer elektronischen Übermittlung eingereicht werden können. Die Vorgabe entspricht im Wesentlichen den Vorgaben des § 12 Absatz 2 Satz 1 des Berufsqualifikationsfeststellungsgesetzes.

Zu Absatz 3

Sofern die zuständige Stelle begründete Zweifel an der Echtheit oder Richtigkeit der Unterlagen hat, kann sie von der Antragstellerin oder dem Antragsteller die Vorlage weiterer Unterlagen verlangen, aus der sich die Echtheit oder Richtigkeit ergibt. Die erneute Vorlage muss innerhalb einer von der zuständigen Behörde festgelegten Frist erfolgen, die die notwendige Zeit zur Beschaffung der Unterlagen angemessen berücksichtigt.

Sofern es sich um Unterlagen handelt, die ein Mitgliedstaat der Europäischen Union oder ein weiterer Vertragsstaat des Abkommens über den Europäischen Wirtschaftsraum ausgestellt oder anerkannt hat, kann die zuständige Stelle eine Bestätigung der Authentizität oder beglaubigte Kopien der Unterlagen verlangen.

Zu Absatz 4

Sofern die zuständige Behörde es für erforderlich hält, kann sie eine Übersetzung der Bescheinigung der erworbenen Berufsqualifikation und der Bescheinigung über die erworbene Berufserfahrung oder den Nachweis über Kenntnisse und Fähigkeiten, die durch lebenslanges Lernen erworben wurden, verlangen. Dasselbe gilt für den Identitätsausweis sowie die nachgereichten Unterlagen. Darüber hinaus enthält Absatz 4 notwendige Vorgaben an die Übersetzung, um den Antragstellerinnen und Antragstellern bereits im Ausland die meist kostengünstigere Übersetzung zur Vorlage bei einer deutschen Stelle zu ermöglichen."

§ 53 Frist der Behörde für die Entscheidung über den Antrag

(1) Die zuständige Behörde entscheidet kurzfristig über den Antrag, spätestens jedoch drei Monate nach Vorlage der vollständigen Unterlagen durch die antragstellende Person.

(2) Im Fall des § 81a des Aufenthaltsgesetzes soll die Entscheidung innerhalb von zwei Monaten erfolgen.

Erläuterungen

In der ursprünglichen Vorschrift war **Abs. 1** anders gefasst (BR-Drs. 491/20, S. 28). 1
Weiter sind die **Abs. 2 und 3** gestrichen worden. In den Beschlussempfehlungen (BR-Drs. 491/1/20, S. 11) wird zu den Änderungen und Streichungen Folgendes ausgeführt:

„Die bisherigen Absätze 1 bis 3 von § 53 ATA-OTA-APrV differenzieren zwischen drei Gruppen von antragstellenden Personen, sehen aber für alle dieselbe Regelung zur Bearbeitungsfrist vor. Im Sinne der Rechtsvereinfachung sollen sie daher zusammengefasst werden."

In der Begründung zur Verordnung (BR-Drs. 491/20, S. 102) wird zu der ursprüng- 2
lichen Fassung der Vorschrift Folgendes ausgeführt:

„Zu Absatz 1

In Absatz 1 wird eine grundsätzliche Frist von drei Monaten für die Entscheidung über den Antrag geregelt. Die Frist des Absatzes 1 gilt für den Fall, dass die antragstellende Person, die Berufsqualifikation in einem anderen Mitgliedstaat, einem anderen Vertragsstaat oder einem gleichgestellten Staat erworben hat.

Zu Absatz 2

Die Frist des Absatzes 2 gilt für den Fall, dass die antragstellende Person eine Berufsqualifikation vorlegt, die in einem Drittstaat, der kein gleichgestellter Staat ist, erworben hat und bereits in einem anderen Mitgliedstaat, in einem anderen Vertragsstaat oder in einem gleichgestellten Staat anerkannt worden ist. Die Frist beträgt drei Monate.

Zu Absatz 3

Absatz 3 enthält eine Frist von drei Monaten für die Entscheidung über den Antrag. Dies gilt, wenn die antragstellende Person eine Berufsqualifikation vorlegt, die in einem Drittstaat, der kein gleichgestellter Staat ist, erworben worden ist und nicht bereits in einem anderen Mitgliedstaat, in einem anderen Vertragsstaat oder in einem gleichgestellten Staat anerkannt worden ist.

Zu Absatz 4

Absatz 4 enthält eine Frist von zwei Monaten für die Entscheidung über den Antrag. Dies gilt im Fall des § 81a des Aufenthaltsgesetzes. Sie wird parallel zu anderen reglementierten Berufen im Gesundheits- und Pflegebereich und zur Sicherung des besonderen Fachkräftebedarfs getroffen. Die Vorgabe, dass die Frist erst nach Vorlage aller erforderlichen Unterlagen bei der zuständigen Behörde beginnt, gilt auch für diese verkürzte Frist. Es handelt sich um eine Soll-Vorschrift, die auch der Sicherstellung des Patientenschutzes dient. Die zuständige Behörde muss in schwierigen Fällen mit erhöhtem Zeitbedarf die Möglichkeit haben, sachgerecht zu prüfen.“

§ 54 Bescheide bei Feststellung wesentlicher Unterschiede

(1) Stellt die Behörde hinsichtlich der Gleichwertigkeit der außerhalb des Geltungsbereichs des Anästhesietechnische- und Operationstechnische-Assistenten-Gesetzes erworbenen Berufsqualifikation wesentliche Unterschiede fest, so erteilt sie der antragstellenden Person einen rechtsmittelfähigen Bescheid.

(2) Der Bescheid enthält folgende Angaben:

1. das Niveau der in Deutschland verlangten Qualifikation und das Niveau der von der antragstellenden Person vorgelegten Qualifikation gemäß der Klassifizierung in Artikel 11 der Richtlinie 2005/36/EG des Europäischen Parlaments und des Rates vom 7. September 2005 über die Anerkennung von Berufsqualifikationen (ABl. L 255 vom 30.9.2005, S. 22; L 271 vom 16.10.2007, S. 18; L 93 vom 4.4.2008, S. 28; L 33 vom 3.2.2009, S. 49; L 305 vom 24.10.2014, S. 115), die zuletzt durch den Delegierten Beschluss (EU) 2020/548 (ABl. L 131 vom 24.4.2020, S. 1) geändert worden ist, in der jeweils geltenden Fassung,

2. die Themenbereiche oder Ausbildungsbestandteile, bei denen wesentliche Unterschiede festgestellt worden sind,

3. eine inhaltliche Erläuterung der wesentlichen Unterschiede sowie eine Begründung, warum diese dazu führen, dass die antragstellende Person nicht in ausreichender Form über die Kompetenzen verfügt, die in Deutschland erforderlich sind
   a) zur Ausübung des Berufs der Anästhesietechnischen Assistentin oder des Anästhesietechnischen Assistenten oder
   b) zur Ausübung des Berufs der Operationstechnischen Assistentin oder des Operationstechnischen Assistenten,

4. eine Begründung, warum die antragstellende Person die wesentlichen Unterschiede nicht nach § 45 des Anästhesietechnische- und Operationstechnische-Assistenten-Gesetzes durch Kenntnisse, Fähigkeiten und Kompetenzen hat ausgleichen können, die sie im Rahmen ihrer nachgewiesenen Berufserfahrung oder durch lebenslanges Lernen erworben hat, und

5. die zum Ausgleich der festgestellten wesentlichen Unterschiede erforderlichen Anpassungsmaßnahmen nach Abschnitt 2 oder Abschnitt 3 dieses Teils.

(3) Die Länder können vereinbaren, für die Feststellung oder Bewertung der Gleichwertigkeit der im Ausland erworbenen Berufsqualifikationen eine einheitliche Bewertungsgrundlage zugrunde zu legen.

Erläuterungen

In der ursprünglichen Vorschrift war **Abs. 2 Nr. 5** anders gefasst (BR-Drs. 491/20, S. 29). In den Beschlussempfehlungen (BR-Drs. 491/1/20, S. 13) wird zu der Änderung der Vorschrift Folgendes ausgeführt: 1

„Die Änderung dient der besseren Klarheit. Die ‚Anpassungsmaßnahmen nach Abschnitt 2 oder Abschnitt 3 dieses Teils' sind genau dort aufgeführt und brauchen nicht im Bescheid festgehalten werden. Was im Bescheid festgesetzt werden muss, sind die im konkreten Einzelfall erforderlichen Anpassungsmaßnahmen, die im

Übrigen nach der Richtlinie 2005/36/EG eigentlich mit dem Oberbegriff Ausgleichsmaßnahmen benannt werden müssten.“

2 In der Begründung zur Verordnung (BR-Drs. 491/20, S. 102 f.) wird zu der ursprünglichen Fassung der Vorschrift Folgendes ausgeführt:

„Zu Absatz 1

Stellt die Behörde hinsichtlich der Gleichwertigkeit wesentliche Unterschiede fest, hat sie nach Absatz 1 der antragstellenden Person einen rechtsmittelfähigen Bescheid auszustellen.

Zu Absatz 2

Absatz 2 regelt, welche Angaben der Bescheid zur Feststellung der wesentlichen Unterschiede notwendigerweise enthalten muss.

Zu Absatz 3

Die Regelung weist ausdrücklich auf die Möglichkeit einer strukturierten Zusammenarbeit der Länder mit dem Ziel der Entlastung der Verwaltung und Beschleunigung der Verfahren hin.

Die zuständigen Behörden der Länder erhalten die Möglichkeit, einheitliche Bewertungsgrundlagen für die Prüfung oder Bewertung der Gleichwertigkeit von im Ausland erworbener Berufsqualifikationen anzuwenden. Dies bedeutet eine Arbeitserleichterung für die zuständigen Stellen. Zudem können Vergleichbarkeit und Transparenz der Bewertung verbessert werden.“

Abschnitt 2
Anpassungsmaßnahmen nach § 47 des Anästhesietechnische - und Operationstechnische - Assistenten - Gesetzes

Unterabschnitt 1
Eignungsprüfung

§ 55 Zweck der Eignungsprüfung

In der Eignungsprüfung hat die Prüfungskandidatin oder der Prüfungskandidat nachzuweisen, dass sie oder er über Kenntnisse, Fähigkeiten und Kompetenzen verfügt, die zum Ausgleich der von der zuständigen Behörde festgestellten wesentlichen Unterschiede erforderlich sind.

Erläuterungen

Die ursprüngliche Vorschrift (BR-Drs. 491/20, S. 29) ist nur redaktionell korrigiert 1
worden (statt „erforderlichen" „erforderlich") (BR-Drs. 491/20, S. 29). (Beschlussempfehlungen, BR-Drs. 491/1/20, S. 13).

In der Begründung zur Verordnung (BR-Drs. 491/20, S. 103) wird zu Abschnitt 2 2
Folgendes ausgeführt:

„Dieser Abschnitt gilt für antragstellende Personen, die eine Berufsqualifikation vorlegen, die in einem anderen Mitgliedstaat der Europäischen Union, in einem anderen Vertragsstaat oder in einem gleichgestellten Staat erworben worden ist. Er gilt auch für antragstellende Personen, deren Berufsqualifikation in einem Drittstaat, der kein gleichgestellter Staat ist, erworben worden und bereits in einem anderen Mitgliedsstaat der Europäischen Union, in einem anderen Vertragsstaat oder in einem gleichgestellten Staat anerkannt worden ist. Zugleich ist die Eignungsprüfung Anpassungsmaßnahme bei vorübergehender und gelegentlicher Dienstleistungserbringung."

In der Begründung zur Verordnung (BR-Drs. 491/20, S. 103) wird zu der Vorschrift 3
Folgendes ausgeführt:

„Grundsätzlich dient die Eignungsprüfung dem Nachweis, dass die zu prüfende Person über die notwendigen Kompetenzen verfügt, um die von der Behörde festgestellten wesentlichen Unterschiede auszugleichen. Insbesondere soll festgestellt werden, dass ausreichende Kompetenzen sowohl für die eigenverantwortlichen Tätigkeiten (§§ 9 Nummer 1, 10 Nummer 1 des Anästhesietechnische- und Operationstechnische-Assistenten-Gesetzes in Verbindung mit dem Kompetenzschwerpunkt 1 der Anlagen 1 und 3), als auch für die Mitwirkung bei ärztlich veranlassten Maßnahmen (§§ 9 Nummer 2 Buchstabe b, 10 Nummer 2 Buchstabe b des Anästhesietechnische- und Operationstechnische-Assistenten-Gesetzes in Verbindung mit dem Kompetenzschwerpunkt 2 der Anlagen 1 und 3) vorhanden sind, um die Berufe der Anästhesietechnischen Assistentin oder des Anästhesietechnischen Assistenten sowie der Operationstechnischen Assistentin oder des Operationstechnischen Assistenten ausüben zu können."

§ 56 Eignungsprüfung als staatliche Prüfung

(1) Die Eignungsprüfung wird als staatliche Prüfung durchgeführt.

(2) [1]Zur Durchführung der Eignungsprüfung können die Länder die Prüfungsausschüsse der staatlichen Prüfung (§§ 13 und 14) und die Prüfungstermine der staatlichen Prüfung (§ 19) nutzen. [2]Sie haben sicherzustellen, dass die antragstellende Person die Eignungsprüfung innerhalb von sechs Monaten nach der Entscheidung nach § 47 Absatz 2 des Anästhesietechnische- und Operationstechnische-Assistenten-Gesetzes ablegen kann.

(3) Soweit in diesem Unterabschnitt nichts anderes bestimmt ist, gelten für die Eignungsprüfung die §§ 21 bis 25 und 49 entsprechend.

Erläuterungen

1 In der ursprünglichen Vorschrift war **Abs. 2 Satz 2** anders gefasst (BR-Drs. 491/20, S. 30). In den Beschlussempfehlungen (BR-Drs. 491/1/20, S. 14) wird zu der Änderung der Vorschrift Folgendes ausgeführt:

„Es darf bei der Bestimmung des Startzeitpunkts der Frist nicht auf die Entscheidung der zuständigen Behörde nach § 54 Absatz 1 ATA-OTA-APrV ankommen, sondern vielmehr muss der Zeitpunkt der Entscheidung der antragstellenden Person ausschlaggebend sein, ob sie eine Eignungsprüfung oder einen Anpassungslehrgang absolvieren möchte. Ansonsten bleibt der zuständigen Behörde unter Umständen nicht genug Zeit für die Vorbereitung der Prüfung."

2 In der Begründung zur Verordnung (BR-Drs. 491/20, S. 103) wird zu der ursprünglichen Fassung der Vorschrift Folgendes ausgeführt:

„Zu Absatz 1

Um den Verwaltungsaufwand zu verringern, legt Absatz 1 fest, dass die Eignungsprüfung in Form einer staatlichen Prüfung stattfindet.

Zu Absatz 2

Nach Absatz 2 können die Länder zur Durchführung die Prüfungsausschüsse nach §§ 13 und 14 und die Prüfungstermine der staatlichen Prüfung nach § 19 nutzen. Darüber hinaus müssen die Länder gewährleisten, dass die antragstellende Person innerhalb von sechs Monaten, nachdem die Entscheidung über die Feststellung der wesentlichen Unterschiede nach § 54 Absatz 1 getroffen worden ist, die Eignungsprüfung ablegen kann. Damit wird gewährleistet, dass die antragstellende Person zügig ihre Prüfung durchlaufen kann.

Zu Absatz 3

Absatz 3 erklärt die §§ 21 bis 25 und 49 für anwendbar, soweit dieser Abschnitt nichts anderes regelt. Insoweit finden auch die Vorgaben zum Nachteilsausgleich entsprechend § 21 Anwendung."

§ 57 Inhalt der Eignungsprüfung

(1) Die Eignungsprüfung ist eine praktische Prüfung, die mit Prüfungsgesprächen verbunden ist.

(2) Die praktische Prüfung umfasst

1. **im Fall einer Person, die die Erlaubnis zum Führen der Berufsbezeichnung der Anästhesietechnischen Assistentin oder des Anästhesietechnischen Assistenten beantragt hat, mindestens zwei und höchstens vier anästhesiologische Situationen oder**
2. **im Fall einer Person, die die Erlaubnis zum Führen der Berufsbezeichnung Operationstechnische Assistentin oder Operationstechnischer Assistent beantragt hat, mindestens zwei und höchstens vier operative Situationen.**

(3) Jede anästhesiologische oder operative Situation ist mit einem Prüfungsgespräch verbunden.

(4) [1]Jede anästhesiologische oder operative Situation soll nicht länger als 120 Minuten dauern und als Prüfung einer konkreten Behandlungssituation an einer Patientin oder einem Patienten ausgestaltet sein. [2]Die betroffene Patientin oder der betroffene Patient oder eine vertretungsberechtigte Person sowie die verantwortliche Ärztin oder der verantwortliche Arzt müssen darin eingewilligt haben.

(5) Die zuständige Behörde legt nach Absatz 2 die Anzahl der anästhesiologischen oder operativen Situationen, auf die sich die Prüfung erstreckt, und die Kompetenzschwerpunkte der Anlage 1 oder 3 gemäß den festgestellten wesentlichen Unterschieden fest.

Erläuterungen

Abs. 1 war ursprünglich anders gefasst (BR-Drs. 491/20, S. 30). In den Beschlussempfehlungen (BR-Drs. 491/1/20, S. 13) wird zu der Änderung der Vorschrift Folgendes ausgeführt: 1

„Die Formulierung wird sprachlich an die Regelung in § 57 Absatz 3 ATA-OTA-APrV angeglichen."

Abs. 4 war ursprünglich anders gefasst (BR-Drs. 491/20, S. 30). In den Beschlussempfehlungen (BR-Drs. 491/1/20, S. 14) wird zu der Änderung der Vorschrift Folgendes ausgeführt: 2

„Die Formulierungen werden geschlechtergerecht angepasst. Zudem werden der bisherige § 57 Absatz 4 Satz 3 und der bisherige § 74 Absatz 3 Satz 3 ATA-OTA-APrV in anderer Weise aufgenommen, um deutlicher zu machen, dass sich die Entscheidung der verantwortlichen Ärztin oder des verantwortlichen Arztes auf die Beteiligung der konkreten Patientin oder des konkreten Patienten an der Prüfung bezieht und nicht auf die Durchführung der Prüfungsaufgabe an sich."

In der Begründung zur Verordnung (BR-Drs. 491/20, S. 104) wird zu der ursprünglichen Fassung der Vorschrift Folgendes ausgeführt: 3

„Zu Absatz 1

Absatz 1 regelt, dass die Eignungsprüfung aus einer praktischen Prüfung besteht, die mit einem Prüfungsgespräch verbunden ist.

Zu Absatz 2 und Absatz 3

Im Rahmen der Eignungsprüfung werden mindestens zwei und höchstens vier operative oder anästhesiologische Situationen geprüft. Jede der anästhesiologischen oder operativen Situationen ist mit einem Prüfungsgespräch zu verbinden. Durch die Verbindung mit einem Prüfungsgespräch wird sichergestellt, dass der Prüfungsinhalt auch mündlich von der Prüfungskandidatin oder dem Prüfungskandidaten erläutert werden kann.

Zu Absatz 4

Jede anästhesiologische oder operative Situation soll maximal 120 Minuten andauern. Da es sich um eine praktische Prüfung handelt, hat die Prüfungskandidatin oder der Prüfungskandidat in einer konkreten Behandlungssituation seine Kenntnisse, Fähigkeiten und Kompetenzen nachzuweisen. Dabei ist von wesentlicher Bedeutung, dass die Prüfung nur erfolgen kann, wenn die betroffene Patientin oder der betroffene Patient oder eine vertretungsberechtigte Person darin eingewilligt hat. Die verantwortliche Ärztin oder der verantwortliche Arzt können die Durchführung der Prüfung aus medizinischen Gründen ablehnen.

Zu Absatz 5

Absatz 5 enthält den Auftrag an die zuständige Behörde, die Anzahl der Situationen sowie die zu prüfenden Inhalte festzulegen. Bei der Auswahl sind die von der Behörde festgestellten wesentlichen Unterschiede zu berücksichtigen."

§ 58 Prüfungsort der Eignungsprüfung

(1) Für die einzelnen anästhesiologischen und operativen Situationen der Eignungsprüfung legt die zuständige Behörde den jeweiligen Prüfungsort fest.

(2) Prüfungsort soll eine Einrichtung sein, die nach § 14 Absatz 2 des Anästhesietechnische- und Operationstechnische-Assistenten-Gesetzes geeignet ist.

Erläuterungen

In der Begründung zur Verordnung (BR-Drs. 491/20, S. 104) wird zu der Vorschrift 1
Folgendes ausgeführt:

„§ 58 regelt, dass die Behörde den Prüfungsort festzulegen hat und dass als Prüfungsorte nur solche in Betracht kommen, die geeignete Einrichtungen im Sinne des § 14 Absatz 2 des Anästhesietechnische- und Operationstechnische-Assistenten-Gesetzes sind. Die Behörde kann die Schule vor ihrer Entscheidung einbeziehen."

§ 59 Durchführung der Eignungsprüfung

(1) Die Eignungsprüfung wird von zwei Personen abgenommen, von denen eine Person schulische Fachprüferin oder schulischer Fachprüfer und die andere Person praktische Fachprüferin oder praktischer Fachprüfer ist.

(2) Während der Eignungsprüfung sind den beiden Fachprüferinnen und Fachprüfern Nachfragen gestattet, die sich auf das praktische Vorgehen der Prüfungskandidatin oder des Prüfungskandidaten beziehen.

Erläuterungen

1 In der Begründung zur Verordnung (BR-Drs. 491/20, S. 104) wird zu der Vorschrift Folgendes ausgeführt:

„***Zu Absatz 1***

Absatz 1 legt fest, dass die Prüfung von einer schulischen Fachprüferin oder eines schulischen Fachprüfers und einer praktischen Fachprüferin oder eines praktischen Fachprüfers durchgeführt werden.

Zu Absatz 2

Nachfragen bezüglich des praktischen Vorgehens sind nach Absatz 2 gestattet.“

§ 60 Bewertung und Bestehen der Eignungsprüfung

(1) Die in der Eignungsprüfung gezeigte Leistung ist von den beiden Fachprüferinnen und Fachprüfern zu bewerten, die die Eignungsprüfung abgenommen haben.

(2) Für jede anästhesiologische oder operative Situation der Eignungsprüfung ist eine gesonderte Bewertung vorzunehmen.

(3) [1]Bewertet wird die Leistung entweder mit „bestanden“ oder mit „nicht bestanden“. [2]Mit „bestanden“ wird sie bewertet, wenn sie den Anforderungen genügt, also mindestens der Note „ausreichend (4)“ entspricht.

(4) [1]Kommen die beiden Fachprüferinnen und Fachprüfer zu einer unterschiedlichen Bewertung, so hat die oder der Vorsitzende des Prüfungsausschusses die Bewertung festzulegen. [2]Die oder der Vorsitzende des Prüfungsausschusses muss zu diesem Zweck während der Eignungsprüfung anwesend sein; ihr oder ihm steht ein Fragerecht zu.

(5) Die Eignungsprüfung ist bestanden, wenn die Fachprüferinnen und Fachprüfer jede anästhesiologische oder operative Situation mit „bestanden“ bewerten.

Erläuterungen

In der Begründung zur Verordnung (BR-Drs. 491/20, S. 104 f.) wird zu der Vorschrift Folgendes ausgeführt: 1

„§ 60 regelt das Bewerten und Bestehen der Eignungsprüfung. Eine endgültig nicht bestandene Eignungsprüfung schließt eine spätere Anerkennung der Berufsqualifikation der antragstellenden Person nicht aus. Gemäß § 51 des Verwaltungsverfahrensgesetzes können neue Tatsachenvorträge ein Wiederaufgreifen des Verfahrens rechtfertigen. Als solche kommen Nachweise weiterer Qualifikationen in Betracht, die die antragstellenden

Personen nach dem endgültigen Abschluss eines vorhergehenden Anerkennungsverfahrens, in dem die Anpassungsmaßnahmen nicht bestanden wurden, erworben haben.

Zu Absatz 1

Absatz 1 regelt, dass die Fachprüferinnen und Fachprüfer, die die Prüfung durchgeführt haben auch die Bewertung vornehmen.

Zu Absatz 2

Nach Absatz 2 ist jede Teilprüfung gesondert zu bewerten.

Zu Absatz 3

Bewertet wird die Leistung entweder mit ‚bestanden‘ oder mit ‚nicht bestanden‘. Mit ‚bestanden‘ wird sie bewertet, wenn sie mindestens der Note ‚ausreichend (4)‘ entspricht. Mit ‚nicht bestanden‘ wird sie bewertet, wenn sie der Note ‚mangelhaft (5)‘ oder ‚ungenügend (6)‘ entspricht.

Zu Absatz 4

Bei unterschiedlicher Bewertung der Fachprüferinnen und Fachprüfer trifft die oder der Vorsitzende des Prüfungsausschusses die Bewertung im Benehmen mit den Fachprüferinnen oder Fachprüfern.

Zu Absatz 5

Absatz 5 regelt, dass die Eignungsprüfung nur dann bestanden ist, wenn alle anästhesiologischen oder operativen Situationen mit ‚bestanden' bewertet worden sind.“

2 **Abs. 4** der Vorschrift ist durch Art. 3 Nr. 11 der Verordnung zur Modernisierung der Prüfungsverfahren im Recht der Heilberufe (Heilberufe-Prüfungsrechtmodernisierungsverordnung) (BGBl. 2023 I Nr. 148 vom 13.6.2023) neu gefasst worden. Die Verordnung ist am 1.10.2023 in Kraft getreten (Art. 16 der Verordnung).

In der Begründung zur Verordnung (BR-Drs. 81/23, S. 41) wird zu **Abs. 4** Folgendes ausgeführt:

„Nach höchstrichterlicher Rechtsprechung (BVerwG, Urteil vom 28. Oktober 2019 – 6 C 8.19) muss die dem Prüfungsausschuss vorsitzende Person die Leistung persönlich, unmittelbar und vollständig zur Kenntnis nehmen, um eine selbständige, eigenverantwortliche Bewertungsentscheidung zu treffen. Die vorliegende Regelung sieht daher nun vor, dass die vorsitzende Person im Falle von Bewertungsdifferenzen zwischen den beiden Fachprüferinnen und Fachprüfern ein Stichentscheidungsrecht inne hat, für das sie die Prüfungsleistung insofern selbst wahrgenommen haben und damit während der Prüfung anwesend gewesen sein muss.“

§ 61 Wiederholung

(1) Wer eine anästhesiologische oder eine operative Situation der Eignungsprüfung nicht bestanden hat, darf sie einmal wiederholen.

(2) Für die Wiederholung ist ein Antrag der Prüfungskandidatin oder des Prüfungskandidaten bei der oder dem Vorsitzenden des Prüfungsausschusses erforderlich.

Erläuterungen

In der Begründung zur Verordnung (BR-Drs. 491/20, S. 105) wird zu der Vorschrift 1
Folgendes ausgeführt:

„Die Eignungsprüfung darf in jeder anästhesiologischen oder operativen Situation, die nicht bestanden wurde, auf Antrag einmal wiederholt werden.“

§ 62 Bescheinigung

(1) Die oder der Vorsitzende des Prüfungsausschusses hat der Person, die die Eignungsprüfung bestanden hat, eine Bescheinigung auszustellen.

(2) Für die Bescheinigung ist das Muster der Anlage 9 zu verwenden.

Erläuterungen

1 In der Begründung zur Verordnung (BR-Drs. 491/20, S. 105) wird zu der Vorschrift Folgendes ausgeführt:

„Über das Bestehen der Eignungsprüfung ist eine Bescheinigung vom Vorsitz des Prüfungsausschusses nach dem Muster der Anlage 9 auszustellen.“

Unterabschnitt 2
Anpassungslehrgang

§ 63 Ziel und Inhalt des Anpassungslehrgangs

(1) Ziel des Anpassungslehrgangs ist es, die von der zuständigen Behörde festgestellten wesentlichen Unterschiede auszugleichen (Lehrgangsziel).

(2) Die zuständige Behörde legt die Dauer und die Inhalte des Anpassungslehrgangs so fest, dass das Lehrgangsziel erreicht werden kann.

(3) Für die Inhalte und die Durchführung des Anpassungslehrgangs können die Länder gemeinsame Empfehlungen abgeben.

Erläuterungen

In der Begründung zur Verordnung (BR-Drs. 491/20, S. 105 f.) wird zu der Vorschrift Folgendes ausgeführt: 1

„Zu Absatz 1

Ziel des Anpassungslehrgangs ist es, dass die von der zuständigen Behörde festgestellten wesentlichen Unterschiede zwischen den im Ausland erworbenen Kompetenzen, Kenntnisse und Fähigkeiten der dort erworbenen Berufsqualifikation und der für die in Deutschland für die Ausübung erforderlichen Kompetenzen, Kenntnisse und Fähigkeiten für die anästhesietechnischen oder operationstechnischen Assistenz ausgeglichen werden.

Zu Absatz 2

Nach Absatz 2 legt die zuständige Behörde eine angemessene Dauer des Anpassungslehrgangs fest.

Zu Absatz 3

Die Länder können durch die Abgabe gemeinsamer Empfehlungen über die Inhalte und Durchführung des Anpassungslehrgangs die beteiligten Behörden entlasten, die damit Vorschläge für die fachliche Ausgestaltung erhalten. Die Entscheidungsbefugnis der Behörden bleibt unberührt. Zugleich wird eine Harmonisierung der Lehrpläne für die Ausgleichsmaßnahmen gefördert, die sachgerecht ist, da der Lehrplan der inländischen Referenzberufe bundeseinheitlich ist.“

§ 64 Durchführung des Anpassungslehrgangs

(1) Im Anpassungslehrgang wird der Beruf der Anästhesietechnischen Assistentin oder des Anästhesietechnischen Assistenten oder der Operationstechnischen Assistentin oder des Operationstechnischen Assistenten unter der Verantwortung einer Person, die über die Erlaubnis zur Führung der jeweiligen Berufsbezeichnung verfügt, ausgeübt und entsprechend dem Lehrgangsziel begleitet durch

1. **theoretischen und praktischen Unterricht,**
2. **eine praktische Ausbildung mit theoretischer Unterweisung oder**
3. **theoretischen und praktischen Unterricht und eine praktische Ausbildung mit theoretischer Unterweisung.**

(2) Der theoretische und praktische Unterricht wird an Einrichtungen nach § 14 Absatz 1 des Anästhesietechnische- und Operationstechnische-Assistenten-Gesetzes oder an von der zuständigen Behörde als vergleichbar anerkannten Einrichtungen durchgeführt.

(3) Die praktische Ausbildung wird an Einrichtungen nach § 14 Absatz 2 des Anästhesietechnische- und Operationstechnische-Assistenten-Gesetzes oder an von der zuständigen Behörde als vergleichbar anerkannten Einrichtungen durchgeführt.

(4) An der theoretischen Unterweisung sollen praxisanleitende Personen, die die Voraussetzungen nach § 9 erfüllen, in angemessenem Umfang beteiligt werden.

Erläuterungen

1 **Abs. 1** war ursprünglich anders gefasst (BR-Drs. 491/20, S. 32). In den Beschlussempfehlungen (BR-Drs. 491/1/20, S. 15) wird zu der Änderung der Vorschrift Folgendes ausgeführt:

„Die bisherige Formulierung in § 64 Absatz 1 und § 82 Absatz 1 ATA-OTA-APrV wurde der Definition des Anpassungslehrgangs in Artikel 3 Absatz 1 Buchstabe g der Richtlinie 2005/36/EG nicht gerecht. Da sich § 82 ATA-OTA-APrV auf Drittstaatsabschlüsse bezieht, ist dies zwar nicht durch die Richtlinie geboten, aber dennoch ist eine Gleichbehandlung angezeigt."

2 **Abs. 2 und 3** waren ursprünglich anders gefasst (BR-Drs. 491/20, S. 32). In den Beschlussempfehlungen (BR-Drs. 491/1/20, S. 13) wird zu der Änderung der Vorschriften Folgendes ausgeführt:

„Die sprachlich gelungenere Formulierung der entsprechenden Absätze aus § 82 ATA-OTA-APrV wird übernommen. Der Regelungsgehalt bleibt unverändert."

3 In der Begründung zur Verordnung (BR-Drs. 491/20, S. 106) wird zu der Vorschrift in der ursprünglichen Fassung Folgendes ausgeführt:

„Zu Absatz 1

Absatz 1 enthält die Formen des Anpassungslehrgangs.

Zu Absatz 2

Absatz 2 enthält die Vorgabe, dass der theoretische und praktische Unterricht an den in § 14 Absatz 1 des Anästhesietechnische- und Operationstechnische-Assistenten-Gesetz aufgeführten Schulen oder vergleichbaren Einrichtungen durchgeführt wird.

Zu Absatz 3

Für die praktische Ausbildung wird festgelegt, dass diese nur an den nach § 14 Absatz 2 des Anästhesietechnische- und Operationstechnische-Assistenten-Gesetzes genannten Einrichtungen oder vergleichbaren Einrichtungen erfolgen darf. Hierdurch soll sichergestellt werden, dass auch bei der Durchführung der Praxisbezug gewährleistet ist und die vergleichbaren zukünftigen Einsatzorte einbezogen werden.

Zu Absatz 4

Durch die angemessene Beteiligung der praxisanleitenden Personen wird gewährleistet, dass auch in der theoretischen Unterweisung der Praxisbezug sichergestellt ist.“

§ 65 Bescheinigung

(1) Der Person, die am Anpassungslehrgang teilgenommen hat, hat die Einrichtung, bei der die Person den Anpassungslehrgang absolviert hat, eine Bescheinigung auszustellen.

(2) Für die Bescheinigung ist das Muster der Anlage 10 zu verwenden.

Erläuterungen

1 In der Begründung zur Verordnung (BR-Drs. 491/20, S. 106) wird zu der Vorschrift Folgendes ausgeführt:

*„**Zu Absatz 1***

Für die Teilnahme ist durch die Einrichtung, die den Anpassungslehrgang durchgeführt hat, eine Bescheinigung auszustellen.

Zu Absatz 2

Für die Bescheinigung ist das Muster der Anlage 10 zu verwenden.“

Abschnitt 3
Anpassungsmaßnahmen nach § 48 des Anästhesietechnische - und Operationstechnische - Assistenten - Gesetzes

Unterabschnitt 1
Kenntnisprüfung

§ 66 Zweck der Kenntnisprüfung

Die Kenntnisprüfung dient der Feststellung, dass die Prüfungskandidatin oder der Prüfungskandidat über die Kenntnisse, Fähigkeiten und Kompetenzen verfügt, die erforderlich sind

1. **zur Ausübung des Berufs der Anästhesietechnischen Assistentin oder des Anästhesietechnischen Assistenten oder**
2. **zur Ausübung des Berufs der Operationstechnischen Assistentin oder des Operationstechnischen Assistenten.**

Erläuterungen

In der Begründung zur Verordnung (BR-Drs. 491/20, S. 106) wird zu **Abschnitt 3** Folgendes ausgeführt: 1

„Dieser Abschnitt gilt für antragstellende Personen, die eine Berufsqualifikation vorlegen, die in einem Drittstaat, der kein gleichgestellter Staat ist, erworben worden ist und weder in einem anderen Mitgliedsstaat, noch in einem anderen Vertragsstaat, noch in einem gleichgestellten Staat anerkannt worden ist.“

In der Begründung zur Verordnung (BR-Drs. 491/20, S. 107) wird zu der Vorschrift Folgendes ausgeführt: 2

„In § 66 wird der Zweck der Kenntnisprüfung bestimmt. Dieser besteht in der Feststellung der für die Ausübung der Berufe der Anästhesietechnischen Assistentin oder des Anästhesietechnischen Assistenten sowie der Operationstechnischen Assistentin oder des Operationstechnischen Assistenten erforderlichen Kenntnisse, Fähigkeiten und Kompetenzen.“

§ 67 Kenntnisprüfung als staatliche Prüfung

(1) Die Kenntnisprüfung wird als staatliche Prüfung durchgeführt.

(2) [1]Zur Durchführung der Kenntnisprüfung können die Länder die Prüfungsausschüsse der staatlichen Prüfung (§§ 13 und 14) und die Prüfungstermine der staatlichen Prüfung (§ 19) nutzen. [2]Sie haben sicherzustellen, dass die antragstellende Person die Kenntnisprüfung innerhalb von sechs Monaten nach der Entscheidung nach § 47 Absatz 2 des Anästhesietechnische- und Operationstechnische-Assistenten-Gesetzes ablegen kann.

(3) Soweit in diesem Unterabschnitt nichts anderes bestimmt ist, gelten für die Kenntnisprüfung die §§ 21 bis 25 und 49 entsprechend.

Erläuterungen

1 In der ursprünglichen Vorschrift war **Abs. 2 Satz 2** anders gefasst (BR-Drs. 491/20, S. 30). In den Beschlussempfehlungen (BR-Drs. 491/1/20, S. 14) wird zu der Änderung der Vorschrift Folgendes ausgeführt:

„Es darf bei der Bestimmung des Startzeitpunkts der Frist nicht auf die Entscheidung der zuständigen Behörde nach § 54 Absatz 1 ATA-OTA-APrV ankommen, sondern vielmehr muss der Zeitpunkt der Entscheidung der antragstellenden Person ausschlaggebend sein, ob sie eine Eignungsprüfung oder einen Anpassungslehrgang absolvieren möchte. Ansonsten bleibt der zuständigen Behörde unter Umständen nicht genug Zeit für die Vorbereitung der Prüfung."

2 In der Begründung zur Verordnung (BR-Drs. 491/20, S. 107) wird zu der ursprünglichen Fassung der Vorschrift Folgendes ausgeführt:

„Zu Absatz 1

Absatz 1 legt fest, dass die Kenntnisprüfung in Form einer staatlichen Prüfung stattfindet.

Zu Absatz 2

Absatz 2 legt fest, dass die Länder zur Durchführung die Prüfungsausschüsse nach §§ 13 und 14 und die Prüfungstermine der staatlichen Prüfung nach § 19 nutzen können. Darüber hinaus müssen die Länder gewährleisten, dass die antragstellende Person innerhalb von sechs Monaten, nachdem die Entscheidung über die Feststellung der wesentlichen Unterschiede nach § 54 Absatz 1 getroffen worden ist, die Kenntnisprüfung ablegen kann. Damit wird gewährleistet, dass die antragstellende Person zügig ihre Prüfung durchlaufen kann.

Zu Absatz 3

Absatz 3 erklärt die §§ 21 bis 25 und 49 für anwendbar, soweit dieser Abschnitt nichts anderes regelt. Insoweit finden auch die Vorgaben zum Nachteilsausgleich entsprechend § 21 Anwendung."

§ 68 Bestandteile

Die Kenntnisprüfung besteht aus

1. **einem mündlichen Teil und**
2. **einem praktischen Teil.**

Erläuterungen

In der Begründung zur Verordnung (BR-Drs. 491/20, S. 107) wird zu der Vorschrift Folgendes ausgeführt: 1

„Die Kenntnisprüfung umfasst einen mündlichen und einen praktischen Teil."

§ 69 Inhalt des mündlichen Teils der Kenntnisprüfung

(1) Der mündliche Teil der Kenntnisprüfung erstreckt sich jeweils auf folgende Kompetenzschwerpunkte der Anlage 1 oder 3:

1. **„Berufsbezogene Aufgaben im ambulanten und stationären Bereich eigenverantwortlich planen und strukturiert ausführen“ (Kompetenzschwerpunkt 1),**
2. **„Bei der medizinischen Diagnostik und Therapie mitwirken und ärztliche Anordnungen eigenständig durchführen“ (Kompetenzschwerpunkt 2),**
3. **„Das eigene Handeln an rechtlichen Vorgaben und Qualitätskriterien ausrichten“ (Kompetenzschwerpunkt 5),**
4. **„Mit Patientinnen und Patienten aller Altersstufen und deren Bezugspersonen unter Berücksichtigung soziologischer, psychologischer, kognitiver, kultureller und ethischer Aspekte kommunizieren und interagieren“ (Kompetenzschwerpunkt 6) und**
5. **„Hygienische Arbeitsweisen umfassend beherrschen und beachten“ (Kompetenzschwerpunkt 8).**

(2) Der mündliche Teil soll für jede Prüfungskandidatin und jeden Prüfungskandidaten mindestens 45 Minuten und nicht länger als 60 Minuten dauern.

Erläuterungen

1 In der Begründung zur Verordnung (BR-Drs. 491/20, S. 107) wird zu der Vorschrift Folgendes ausgeführt:

„Die Vorschrift legt Einzelheiten des mündlichen Teils der Kenntnisprüfung nach § 48 des Anästhesietechnische- und Operationstechnische-Assistenten-Gesetzes fest.

Zu Absatz 1

Der mündliche Prüfungsteil erstreckt sich auf ausgewählte Kompetenzschwerpunkte, die die Kernbereiche der Ausbildung betreffen und deren Kenntnis damit für die Ausübung des Berufs der Anästhesietechnischen Assistentin oder des Anästhesietechnischen Assistenten oder des Berufs der Operationstechnischen Assistentin oder des Operationstechnischen Assistenten wesentliche Voraussetzung ist.

Zu Absatz 2

Absatz 2 bestimmt für die Dauer der mündlichen Prüfung mindestens 45 Minuten höchstens 60 Minuten je Prüfungskandidatin oder Prüfungskandidaten.“

§ 70 Prüfungsort des mündlichen Teils der Kenntnisprüfung

(1) Für die einzelnen anästhesiologischen und operativen Situationen der Kenntnisprüfung legt die zuständige Behörde den jeweiligen Prüfungsort fest.

(2) Prüfungsort soll eine Einrichtung sein, die nach § 14 Absatz 1 des Anästhesietechnische- und Operationstechnische-Assistenten-Gesetzes geeignet ist.

Erläuterungen

In der Begründung zur Verordnung (BR-Drs. 491/20, S. 107 f.) wird zu der Vorschrift Folgendes ausgeführt: 1

„§ 70 regelt, dass die Behörde den Prüfungsort festzulegen hat. Als Prüfungsorte können neben den geeigneten Einrichtungen im Sinne des § 14 Absatz 1 des Anästhesietechnische- und Operationstechnische-Assistenten-Gesetzes auch weitere staatlich anerkannte Einrichtungen in Betracht kommen."

§ 71 Durchführung des mündlichen Teils der Kenntnisprüfung

Der mündliche Teil der Kenntnisprüfung wird von zwei Personen abgenommen, von denen eine Person als schulische Fachprüferin oder schulischer Fachprüfer tätig ist.

Erläuterungen

1 In der Begründung zur Verordnung (BR-Drs. 491/20, S. 107 f.) wird zu der Vorschrift Folgendes ausgeführt:

„§ 71 enthält Regelungen zu den Prüferinnen oder Prüfern, die die Prüfung abnehmen."

§ 72 Bewertung und Bestehen des mündlichen Teils der Kenntnisprüfung

(1) Die im mündlichen Teil der Kenntnisprüfung gezeigte Leistung ist von den beiden Personen zu benoten, von denen der mündliche Teil abgenommen worden ist.

(2) [1]Bewertet wird die Leistung entweder mit „bestanden“ oder mit „nicht bestanden“. [2]Mit „bestanden“ wird sie bewertet, wenn sie den Anforderungen genügt, also mindestens der Note „ausreichend (4)“ entspricht.

(3) [1]Kommen die beiden Fachprüferinnen und Fachprüfer zu einer unterschiedlichen Bewertung, so hat die oder der Vorsitzende des Prüfungsausschusses die Bewertung festzulegen. [2]Die oder der Vorsitzende des Prüfungsausschusses muss zu diesem Zweck während des mündlichen Teils der Kenntnisprüfung anwesend sein; ihr oder ihm steht ein Fragerecht zu.

Erläuterungen

In der Begründung zur Verordnung (BR-Drs. 491/20, S. 108) wird zu der Vorschrift Folgendes ausgeführt: 1

*„**Zu Absatz 1***

Absatz 1 regelt, dass die Fachprüferinnen und Fachprüfer, die die Prüfung durchgeführt haben, auch die Bewertung vornehmen.

Zu Absatz 2

Bewertet wird die Leistung entweder mit ‚bestanden‘ oder mit ‚nicht bestanden‘. Mit ‚bestanden‘ wird sie bewertet, wenn sie mindestens der Note ‚ausreichend (4)‘ entspricht. Mit ‚nicht bestanden‘ wird sie bewertet, wenn sie der Note ‚mangelhaft (5)‘ oder ‚ungenügend (6)‘ entspricht.

Zu Absatz 3

Bei unterschiedlicher Bewertung der Fachprüferinnen und Fachprüfer trifft die oder der Vorsitzende des Prüfungsausschusses die Bewertung im Benehmen mit den Fachprüferinnen oder Fachprüfern.“

Abs. 3 der Vorschrift ist durch Art. 3 Nr. 12 der Verordnung zur Modernisierung der Prüfungsverfahren im Recht der Heilberufe (Heilberufe-Prüfungsrechtmodernisierungsverordnung) (BGBl. 2023 I Nr. 148 vom 13.6.2023) neu gefasst worden. Die Verordnung ist am 1.10.2023 in Kraft getreten (Art. 16 der Verordnung). 2

In der Begründung zur Verordnung (BR-Drs. 81/23, S. 41) wird zu **Abs. 3** Folgendes ausgeführt:

„Nach höchstrichterlicher Rechtsprechung (BVerwG, Urteil vom 28. Oktober 2019 – 6 C 8.19) muss die dem Prüfungsausschuss vorsitzende Person die Leistung persönlich, unmittelbar und vollständig zur Kenntnis nehmen, um eine selbständige, eigenverantwortliche Bewertungsentscheidung zu treffen. Die vorliegende Regelung sieht daher nun vor, dass die vorsitzende Person im Falle von Bewertungsdifferenzen zwischen den beiden Fachprüferinnen und Fachprüfern ein Stichentscheidungsrecht inne hat, für das sie die Prüfungsleistung insofern selbst wahrgenommen haben und damit während der Prüfung anwesend gewesen sein muss."

§ 73 Wiederholung des mündlichen Teils der Kenntnisprüfung

(1) Wer den mündlichen Teil der Kenntnisprüfung nicht bestanden hat, darf ihn einmal wiederholen.

(2) Für die Wiederholung ist ein Antrag der Prüfungskandidatin oder des Prüfungskandidaten bei der oder dem Vorsitzenden des Prüfungsausschusses erforderlich.

Erläuterungen

In der Begründung zur Verordnung (BR-Drs. 491/20, S. 108) wird zu der Vorschrift 1
Folgendes ausgeführt:

„§ 73 enthält eine Regelung zu den Wiederholungsmöglichkeiten der mündlichen Prüfung. Danach kann jeder Prüfungsteil auf Antrag einmal wiederholt werden."

§ 74 Inhalt des praktischen Teils der Kenntnisprüfung

(1) Der praktische Teil der Kenntnisprüfung besteht

1. **im Fall einer Person, die die Erlaubnis zum Führen der Berufsbezeichnung Anästhesietechnische Assistentin oder Anästhesietechnischer Assistent beantragt hat, aus mindestens zwei und höchstens vier anästhesiologischen Situationen oder**
2. **im Fall einer Person, die das Führen der Berufsbezeichnung der Anästhesietechnischen Assistentin oder des Anästhesietechnischen Assistenten beantragt hat, aus mindestens zwei und höchstens vier operativen Situationen.**

(2) Die zuständige Behörde legt die Anzahl der anästhesiologischen oder operativen Situationen, auf die sich die praktische Prüfung erstreckt, und die Kompetenzschwerpunkte der Anlagen 1 und 3 fest.

(3) [1]Jede anästhesiologische oder operative Situation soll nicht länger als 120 Minuten dauern und als Prüfung einer konkreten Behandlungssituation an einer Patientin oder einem Patienten ausgestaltet sein. [2]Die betroffene Patientin oder der betroffene Patient oder eine vertretungsberechtigte Person sowie die verantwortliche Ärztin oder der verantwortliche Arzt müssen darin eingewilligt haben.

Erläuterungen

1 **Abs. 1 Nr. 2** war ursprünglich anders gefasst (BR-Drs. 491/20, S. 35). In den Beschlussempfehlungen (BR-Drs. 491/1/20, S. 13) wird darauf hingewiesen, dass es sich nur um eine redaktionelle Korrektur handelt.

2 **Abs. 3** war ursprünglich anders gefasst (BR-Drs. 491/20, S. 30). In den Beschlussempfehlungen (BR-Drs. 491/1/20, S. 14) wird zu der Änderung der Vorschrift Folgendes ausgeführt:

„Die Formulierungen werden geschlechtergerecht angepasst. Zudem werden der bisherige § 57 Absatz 4 Satz 3 und der bisherige § 74 Absatz 3 Satz 3 ATA-OTA-APrV in anderer Weise aufgenommen, um deutlicher zu machen, dass sich die Entscheidung der verantwortlichen Ärztin oder des verantwortlichen Arztes auf die Beteiligung der konkreten Patientin oder des konkreten Patienten an der Prüfung bezieht und nicht auf die Durchführung der Prüfungsaufgabe an sich."

3 In der Begründung zur Verordnung (BR-Drs. 491/20, S. 108) wird zu der Vorschrift in der ursprünglichen Fassung Folgendes ausgeführt:

„Die Vorschrift legt Einzelheiten des praktischen Teils der Kenntnisprüfung nach § 48 des Anästhesietechnische- und Operationstechnische-Assistenten-Gesetzes fest.

Zu Absatz 1

Absatz 1 regelt den Umfang der praktischen Prüfung, die aus mindestens zwei und höchstens vier anästhesiologischen oder operativen Situationen besteht.

Zu Absatz 2

Absatz 2 enthält den Auftrag an die zuständige Behörde, die Anzahl der Situationen und die zu prüfenden Inhalte festzulegen.

Zu Absatz 3

Absatz 3 bestimmt die Dauer der praktischen Prüfung. Dabei ist von wesentlicher Bedeutung, dass die praktische Prüfung nur erfolgen kann, wenn die betroffene Patientin oder der betroffene Patient oder eine vertretungsberechtigte Person darin eingewilligt hat. Die verantwortliche Ärztin oder der verantwortliche Arzt können die Durchführung der Prüfung aus medizinischen Gründen ablehnen.“

§ 75 Prüfungsort des praktischen Teils der Kenntnisprüfung

(1) Für die einzelnen anästhesiologischen oder operativen Situationen des praktischen Teils der Kenntnisprüfung legt die zuständige Behörde die Prüfungsorte fest.

(2) Prüfungsort soll eine Einrichtung sein, die nach § 14 Absatz 2 des Anästhesietechnische- und Operationstechnische-Assistenten-Gesetzes geeignet ist.

Erläuterungen

1 In der Begründung zur Verordnung (BR-Drs. 491/20, S. 109) wird zu der Vorschrift Folgendes ausgeführt:

„Zu Absatz 1

Absatz 1 erklärt die Behörde für die Festlegung der Prüfungsorte als zuständig. Die Behörde kann die Schule vor ihrer Entscheidung einbeziehen.

Zu Absatz 2

In Absatz 2 wird bestimmt, dass der praktische Teil der Kenntnisprüfung an nach § 14 Absatz 1 des Anästhesietechnische- und Operationstechnische-Assistenten-Gesetzes geeigneten Einrichtungen durchzuführen ist.“

§ 76 Durchführung des praktischen Teils der Kenntnisprüfung

(1) Der praktische Teil der Kenntnisprüfung wird von zwei Personen abgenommen, von denen eine Person schulische Fachprüferin oder schulischer Fachprüfer und die andere Person praktische Fachprüferin oder praktischer Fachprüfer ist.

(2) Während des praktischen Teils der Kenntnisprüfung sind den beiden Fachprüferinnen und Fachprüfern Nachfragen gestattet, die sich auf das praktische Vorgehen der Prüfungskandidatin oder des Prüfungskandidaten beziehen.

Erläuterungen

In der Begründung zur Verordnung (BR-Drs. 491/20, S. 109) wird zu der Vorschrift Folgendes ausgeführt: 1

*„**Zu Absatz 1***

Absatz 1 legt fest, dass die Prüfung von einer schulischen Fachprüferin oder eines schulischen Fachprüfers und einer praktischen Fachprüferin oder eines praktischen Fachprüfers durchgeführt werden.

Zu Absatz 2

Nachfragen bezüglich des praktischen Vorgehens des Prüflings sind nach Absatz 2 gestattet."

§ 77 Bewertung und Bestehen des praktischen Teils der Kenntnisprüfung

(1) Die im praktischen Teil der Kenntnisprüfung gezeigte Leistung ist von den beiden Fachprüferinnen und Fachprüfern zu bewerten, die den praktischen Teil abgenommen haben.

(2) Für jede anästhesiologische oder operative Situation der Kenntnisprüfung ist eine gesonderte Bewertung vorzunehmen.

(3) [1]Bewertet wird die Leistung entweder mit „bestanden" oder mit „nicht bestanden". [2]Mit „bestanden" wird sie bewertet, wenn sie den Anforderungen genügt, also mindestens der Note „ausreichend (4)" entspricht.

(4) [1]Kommen die beiden Fachprüferinnen und Fachprüfer zu einer unterschiedlichen Bewertung, so hat die oder der Vorsitzende des Prüfungsausschusses die Bewertung festzulegen. [2]Die oder der Vorsitzende des Prüfungsausschusses muss zu diesem Zweck während des praktischen Teils der Kenntnisprüfung anwesend sein; ihr oder ihm steht ein Fragerecht zu.

(5) Der praktische Teil der Kenntnisprüfung ist bestanden, wenn die Fachprüferinnen und Fachprüfer jede anästhesiologische oder operative Situation mit „bestanden" bewerten.

Erläuterungen

1 In der Begründung zur Verordnung (BR-Drs. 491/20, S. 109) wird zu der Vorschrift Folgendes ausgeführt:

*„**Zu Absatz 1***

Absatz 1 regelt, dass die Fachprüferinnen oder Fachprüfer, die die Prüfung durchgeführt haben, auch die Bewertung vornehmen.

Zu Absatz 2

Nach Absatz 2 ist jede Teilprüfung gesondert zu bewerten.

Zu Absatz 3

Bewertet wird die Leistung entweder mit ‚bestanden' oder mit ‚nicht bestanden'. Mit ‚bestanden' wird sie bewertet, wenn sie mindestens der Note ‚ausreichend (4)' entspricht. Mit ‚nicht bestanden' wird sie bewertet, wenn sie der Note ‚mangelhaft (5)' oder ‚ungenügend (6)' entspricht.

Zu Absatz 4

Bei unterschiedlicher Bewertung der Fachprüferinnen und Fachprüfer trifft der oder die Vorsitzende des Prüfungsausschusses die Bewertung im Benehmen mit den Fachprüferinnen oder Fachprüfern.

Zu Absatz 5

Absatz 5 regelt, dass die Kenntnisprüfung nur dann bestanden ist, wenn alle drei Teilprüfungen mit bestanden bewertet worden sind."

Abs. 4 der Vorschrift ist durch Art. 3 Nr. 13 der Verordnung zur Modernisierung der Prüfungsverfahren im Recht der Heilberufe (Heilberufe-Prüfungsrechtmodernisierungsverordnung) (BGBl. 2023 I Nr. 148 vom 13.6.2023) neu gefasst worden. Die Verordnung ist am 1.10.2023 in Kraft getreten (Art. 16 der Verordnung). 2

In der Begründung zur Verordnung (BR-Drs. 81/23, S. 41) wird zu **Abs. 4** Folgendes ausgeführt:

„Nach höchstrichterlicher Rechtsprechung (BVerwG, Urteil vom 28. Oktober 2019 – 6 C 8.19) muss die dem Prüfungsausschuss vorsitzende Person die Leistung persönlich, unmittelbar und vollständig zur Kenntnis nehmen, um eine selbständige, eigenverantwortliche Bewertungsentscheidung zu treffen. Die vorliegende Regelung sieht daher nun vor, dass die vorsitzende Person im Falle von Bewertungsdifferenzen zwischen den beiden Fachprüferinnen und Fachprüfern ein Stichentscheidungsrecht inne hat, für das sie die Prüfungsleistung insofern selbst wahrgenommen haben und damit während der Prüfung anwesend gewesen sein muss.“

§ 78 Wiederholung des praktischen Teils der Kenntnisprüfung

(1) Wer eine anästhesiologische oder eine operative Situation des praktischen Teils der Kenntnisprüfung nicht bestanden hat, darf sie einmal wiederholen.

(2) Für die Wiederholung ist ein Antrag der Prüfungskandidatin oder des Prüfungskandidaten bei der oder dem Vorsitzenden des Prüfungsausschusses erforderlich.

Erläuterungen

1 In der Begründung zur Verordnung (BR-Drs. 491/20, S. 110) wird zu der Vorschrift Folgendes ausgeführt:

„§ 78 enthält eine Regelung, zu den Wiederholungsmöglichkeiten der praktischen Prüfung. Danach kann jeder Prüfungsteil auf Antrag einmal wiederholt werden."

§ 79 Bestehen der Kenntnisprüfung

Die Kenntnisprüfung hat bestanden, wer den mündlichen und den praktischen Teil der Kenntnisprüfung bestanden hat.

Erläuterungen

In der Begründung zur Verordnung (BR-Drs. 491/20, S. 110) wird zu der Vorschrift Folgendes ausgeführt: 1

„Nach § 79 ist Voraussetzung für den erfolgreichen Abschluss der Kenntnisprüfung, dass die zu prüfende Person den mündlichen und praktischen Prüfungsteil bestanden hat.

Eine endgültig nicht bestandene Kenntnisprüfung schließt eine spätere Anerkennung der Berufsqualifikation der antragstellenden Person nicht aus. Gemäß § 51 des Verwaltungsverfahrensgesetzes können neue Tatsachenvorträge ein Wiederaufgreifen des Verfahrens rechtfertigen. Als solche kommen Nachweise weiterer Qualifikationen in Betracht, die die antragstellenden Personen nach dem endgültigen Abschluss eines vorhergehenden Anerkennungsverfahrens, in dem die Anpassungsmaßnahmen nicht bestanden wurden, erworben haben."

§ 80 Bescheinigung

(1) Der Person, die die Kenntnisprüfung bestanden hat, hat die Behörde eine Bescheinigung auszustellen.

(2) Für die Bescheinigung ist das Muster der Anlage 11 zu verwenden.

Erläuterungen

1 In der Begründung zur Verordnung (BR-Drs. 491/20, S. 110) wird zu der Vorschrift Folgendes ausgeführt:

„Über den erfolgreichen Abschluss der Kenntnisprüfung stellt die Behörde eine Bescheinigung nach dem in Anlage 11 dieser Verordnung vorgegebenen Muster aus."

Unterabschnitt 2
Anpassungslehrgang

§ 81 Ziel und Inhalt des Anpassungslehrgangs

(1) Ziel des Anpassungslehrgangs zusammen mit dem Abschlussgespräch ist die Feststellung, dass die antragstellende Person über die erforderlichen Kenntnisse, Fähigkeiten und Kompetenzen verfügt (Lehrgangsziel), die erforderlich sind

1. **zur Ausübung des Berufs der Anästhesietechnischen Assistentin oder des Anästhesietechnischen Assistenten oder**
2. **zur Ausübung des Berufs der Operationstechnischen Assistentin oder des Operationstechnischen Assistenten.**

(2) Die zuständige Behörde legt die Dauer und die Inhalte des Anpassungslehrgangs so fest, dass das Ziel des Anpassungslehrgangs erreicht werden kann.

(3) Für die Inhalte und die Durchführung des Anpassungslehrgangs können die Länder gemeinsame Empfehlungen abgeben.

Erläuterungen

In der Begründung zur Verordnung (BR-Drs. 491/20, S. 110) wird zu der Vorschrift Folgendes ausgeführt: 1

*„**Zu Absatz 1***

Absatz 1 Satz 1 legt als Ziel des Anpassungslehrgangs zusammen mit dem Abschlussgespräch fest, dass die zu prüfende Person die Kenntnisse, Fähigkeiten und Kompetenzen zur Ausübung des Berufes als Anästhesietechnische Assistentin oder Anästhesietechnischen Assistenten oder als Operationstechnische Assistentin oder Operationstechnischen Assistenten vorliegen.

Zu Absatz 2

Nach Absatz 2 legt die zuständige Behörde sowohl Dauer als auch den Inhalt des Anpassungslehrgangs fest.

Zu Absatz 3

Die Länder können durch die Abgabe gemeinsamer Empfehlungen über die Inhalte und Durchführung des Anpassungslehrgangs die beteiligten Behörden entlasten, die damit Vorschläge für die fachliche Ausgestaltung erhalten. Die Entscheidungsbefugnis der Behörden bleibt unberührt. Zugleich wird eine Harmonisierung der Lehrpläne für die Ausgleichsmaßnahmen gefördert, die sachgerecht ist, da der Lehrplan der inländischen Referenzberufe bundeseinheitlich ist.“

§ 82 Durchführung des Anpassungslehrgangs

(1) Im Anpassungslehrgang wird der Beruf der Anästhesietechnischen Assistentin oder des Anästhesietechnischen Assistenten oder der Operationstechnischen Assistentin oder des Operationstechnischen Assistenten unter der Verantwortung einer Person, die über die Erlaubnis zur Führung der jeweiligen Berufsbezeichnung verfügt, ausgeübt und entsprechend dem Lehrgangsziel begleitet durch

1. **theoretischen und praktischen Unterricht,**
2. **eine praktische Ausbildung mit theoretischer Unterweisung oder**
3. **theoretischen und praktischen Unterricht und eine praktische Ausbildung mit theoretischer Unterweisung.**

(2) Der theoretische und praktische Unterricht wird an Einrichtungen nach § 14 Absatz 1 des Anästhesietechnische- und Operationstechnische-Assistenten-Gesetzes oder an von der zuständigen Behörde als vergleichbar anerkannten Einrichtungen durchgeführt.

(3) Die praktische Ausbildung wird an Einrichtungen nach § 14 Absatz 2 des Anästhesietechnische- und Operationstechnische-Assistenten-Gesetzes oder an von der zuständigen Behörde als vergleichbar anerkannten Einrichtungen durchgeführt.

(4) An der theoretischen Unterweisung sollen praxisanleitende Personen, die die Voraussetzungen nach § 9 erfüllen, in angemessenem Umfang beteiligt werden.

(5) Der Anpassungslehrgang schließt mit einer Prüfung ab.

Erläuterungen

1 **Abs. 1** war ursprünglich anders gefasst (BR-Drs. 491/20, S. 37). In den Beschlussempfehlungen (BR-Drs. 491/1/20, S. 15) wird zu der Änderung der Vorschrift Folgendes ausgeführt:

„Die bisherige Formulierung in § 64 Absatz 1 und § 82 Absatz 1 ATA-OTA-APrV wurde der Definition des Anpassungslehrgangs in Artikel 3 Absatz 1 Buchstabe g der Richtlinie 2005/36/EG nicht gerecht. Da sich § 82 ATA-OTA-APrV auf Drittstaatsabschlüsse bezieht, ist dies zwar nicht durch die Richtlinie geboten, aber dennoch ist eine Gleichbehandlung angezeigt.“

2 In der Begründung zur Verordnung (BR-Drs. 491/20, S. 110 f.) wird zu der Vorschrift in der ursprünglichen Fassung Folgendes ausgeführt:

„Zu Absatz 1

Absatz 1 enthält die Formen des Anpassungslehrgangs.

Zu Absatz 2

Absatz 2 enthält die Vorgabe, dass der theoretische und praktische Unterricht an den in § 14 Absatz 1 des Anästhesietechnische- und Operationstechnische-Assistenten-Gesetz aufgeführten Schulen oder vergleichbaren Einrichtungen durchgeführt wird.

Zu Absatz 3

Für die praktische Ausbildung wird festgelegt, dass diese an den nach § 14 Absatz 2 des Anästhesietechnische- und Operationstechnische-Assistenten-Gesetzes genannten Einrichtungen oder an von der zuständigen Behörde als vergleichbar anerkannten Einrichtungen erfolgen darf. Hierdurch soll sichergestellt werden, dass auch bei der Durchführung der Praxisbezug gewährleistet ist und die vergleichbaren zukünftigen Einsatzorte einbezogen werden.

Zu Absatz 4

Absatz 4 regelt, dass praxisanleitende Personen im angemessenen Umfang an der theoretischen Unterweisung beteiligt werden sollen.

Zu Absatz 5

Der Anpassungslehrgang wird mit einer Prüfung abgeschlossen.“

§ 83 Durchführung und Inhalt des Abschlussgesprächs

(1) Die Prüfung, mit der der Anpassungslehrgang abschließt, ist in Form eines Abschlussgesprächs durchzuführen.

(2) Das Abschlussgespräch mit der antragstellenden Person wird von zwei Personen geführt, von denen

1. **im Fall des § 82 Absatz 1 Nummer 1 beide Personen eine schulische Fachprüferin oder ein schulischer Fachprüfer sein müssen oder**
2. **im Fall des § 82 Absatz 1 Nummer 2 oder 3 eine Person eine schulische Fachprüferin oder ein schulischer Fachprüfer sein muss und die andere Person eine praxisanleitende Person nach § 9, die die antragstellende Person während des Anpassungslehrgangs betreut hat.**

(3) Während des Abschlussgesprächs sind den beiden Prüferinnen und Prüfern Nachfragen gestattet.

(4) Inhalt des Abschlussgesprächs sind die im Anpassungslehrgang vermittelten Kenntnisse, Fähigkeiten und Kompetenzen.

Erläuterungen

1 In der Begründung zur Verordnung (BR-Drs. 491/20, S. 111 f.) wird zu der Vorschrift Folgendes ausgeführt:

„Zu Absatz 1

Die vorgesehene Prüfung über den Inhalt des Anpassungslehrgangs wird in Form eines Abschlussgespräches durchgeführt.

Zu Absatz 2

Absatz 2 regelt, wer das Abschlussgespräch durchführt.

Zu Nummer 1

Sofern der Anpassungslehrgang in Form des theoretischen oder praktischen Unterrichts durchgeführt wird, handelt es sich bei den beiden prüfenden Personen um schulische Fachprüferinnen oder Fachprüfer.

Zu Nummer 2

Sofern der Anpassungslehrgang ein praktisches Element in Form der praktischen Ausbildung aufweist, ist es erforderlich, dass neben einer schulischen Fachprüferin oder einem Fachprüfer auch die praxisanleitende Person, die die antragstellende Person während der praktischen Ausbildung im Rahmen des Anpassungslehrgangs begleitet hat, das Abschlussgespräch durchführt. Hierdurch wird sichergestellt, dass im Abschlussgespräch zum einen der Praxisbezug hergestellt wird und zum anderen konkrete in der praktischen Ausbildung durchgeführte Lerninhalte einbezogen werden können.

Zu Absatz 3

Nach Absatz 3 sind den Prüfern Nachfragen gestattet.

Zu Absatz 4

Absatz 4 bestimmt, dass Inhalt des Abschlussgesprächs, die im Anpassungslehrgang vermittelten Kenntnisse, Fähigkeiten und Kompetenzen sind, also die von der zuständigen Behörde zum Ausgleich der festgestellten Unterschiede bestimmten Inhalte für den Anpassungslehrgang.“

§ 84 Bewertung und erfolgreiches Absolvieren des Anpassungslehrgangs

(1) Die im Abschlussgespräch gezeigte Leistung ist von den beiden Prüferinnen und Prüfern zu bewerten.

(2) [1]Bewertet wird das Abschlussgespräch entweder mit „bestanden" oder mit „nicht bestanden". [2]Mit „bestanden" wird die Leistung bewertet, wenn sie den Anforderungen genügt und damit mindestens der Note „ausreichend (4)" entspricht.

(3) [1]Kommen die beiden Fachprüferinnen und Fachprüfer zu einer unterschiedlichen Bewertung, so hat die oder der Vorsitzende des Prüfungsausschusses die Bewertung festzulegen. [2]Die oder der Vorsitzende des Prüfungsausschusses muss zu diesem Zweck während des Abschlussgesprächs anwesend sein; ihr oder ihm steht ein Fragerecht zu.

(4) Erfolgreich absolviert wurde der Anpassungslehrgang, wenn das Abschlussgespräch mit „bestanden" bewertet worden ist.

Erläuterungen

1 **Abs. 1** war ursprünglich anders gefasst (BR-Drs. 491/20, S. 38). In den Beschlussempfehlungen (BR-Drs. 491/1/20, S. 13) wird darauf hingewiesen, dass es sich nur um eine redaktionelle Korrektur handelt.

2 In der Begründung zur Verordnung (BR-Drs. 491/20, S. 112) wird zu der Vorschrift in der ursprünglichen Fassung Folgendes ausgeführt:

„Zu Absatz 1

Absatz 1 bestimmt, dass die Fachprüferinnen oder Fachprüfer die Leistung bewerten.

Zu Absatz 2

Bewertet wird die Leistung entweder mit ‚bestanden' oder mit ‚nicht bestanden'. Mit ‚bestanden' wird sie bewertet, wenn sie mindestens der Note ‚ausreichend (4)' entspricht. Mit ‚nicht bestanden' wird sie bewertet, wenn sie der Note ‚mangelhaft (5)' oder ‚ungenügend (6)' entspricht.

Zu Absatz 3

Bei unterschiedlicher Bewertung der Fachprüferinnen oder Fachprüfer trifft die Bewertung die oder der Vorsitzende im Benehmen mit den Fachprüferinnen oder Fachprüfern.

Zu Absatz 4

Nach Absatz 4 ist der Anpassungslehrgang erfolgreich abgeleistet, wenn das Abschlussgespräch mit ‚bestanden' bewertet worden ist."

2 **Abs. 3** der Vorschrift ist durch Art. 3 Nr. 14 der Verordnung zur Modernisierung der Prüfungsverfahren im Recht der Heilberufe (Heilberufe-Prüfungsrechtmodernisierungsverordnung) (BGBl. 2023 I Nr. 148 vom 13.6.2023) neu gefasst worden. Die Verordnung ist am 1.10.2023 in Kraft getreten (Art. 16 der Verordnung).

In der Begründung zur Verordnung (BR-Drs. 81/23, S. 41 f.) wird zu **Abs. 3** Folgendes ausgeführt:

„Nach höchstrichterlicher Rechtsprechung (BVerwG, Urteil vom 28. Oktober 2019 – 6 C 8.19) muss die dem Prüfungsausschuss vorsitzende Person die Leistung persönlich, unmittelbar und vollständig zur Kenntnis nehmen, um eine selbständige, eigenverantwortliche Bewertungsentscheidung zu treffen. Die vorliegende Regelung sieht daher nun vor, dass die vorsitzende Person im Falle von Bewertungsdifferenzen zwischen den beiden Fachprüferinnen und Fachprüfern ein Stichentscheidungsrecht inne hat, für das sie die Prüfungsleistung insofern selbst wahrgenommen haben und damit während der Prüfung anwesend gewesen sein muss.“

§ 85 Verlängerung und Wiederholung des Anpassungslehrgangs

(1) Hat eine Person den Anpassungslehrgang nicht erfolgreich absolviert, entscheidet die Fachprüferin oder der Fachprüfer im Benehmen mit der praxisanleitenden Person über eine angemessene Verlängerung des Anpassungslehrgangs.

(2) [1]Eine Verlängerung ist nur einmal zulässig. [2]Der Verlängerung folgt ein weiteres Abschlussgespräch.

(3) Wird das Abschlussgespräch nach der Verlängerung mit „nicht bestanden" bewertet, darf die teilnehmende Person den Anpassungslehrgang einmal wiederholen.

Erläuterungen

1 In der Begründung zur Verordnung (BR-Drs. 491/20, S. 112) wird zu der Vorschrift Folgendes ausgeführt:

„Zu Absatz 1

Wird beim Abschlussgespräch festgestellt, dass die antragstellende Person den Anpassungslehrgang ohne Erfolg abgeleistet hat, wird der Lehrgang verlängert und ein erneutes Abschlussgespräch geführt. Darüber entscheiden die Fachprüferinnen oder Fachprüfer im Benehmen mit der an dem Gespräch teilnehmenden praxisanleitenden Person

Zu Absatz 2

Die Verlängerung des Anpassungslehrgangs darf einmal erfolgen. Die Verlängerung schließt mit einem erneuten Abschlussgespräch.

Zu Absatz 3

Kann auch bei Verlängerung des Anpassungslehrgangs und erneutem Abschlussgespräches kein erfolgreicher Abschluss des Lehrgangs festgestellt werden, darf die gesamte Anpassungsmaßnahme einmal wiederholt werden.

Ein endgültig nicht bestandenes Abschlussgespräch schließt eine spätere Anerkennung der Berufsqualifikation der antragstellenden Person nicht aus. Gemäß § 51 des Verwaltungsverfahrensgesetzes können neue Tatsachenvorträge ein Wiederaufgreifen des Verfahrens rechtfertigen. Als solche kommen Nachweise weiterer Qualifikationen in Betracht, die die antragstellenden Personen nach dem endgültigen Abschluss eines vorhergehenden Anerkennungsverfahrens, in dem die Anpassungsmaßnahmen nicht bestanden wurden, erworben haben."

§ 86 Bescheinigung

(1) Der Person, die am Anpassungslehrgang teilgenommen hat, hat die Einrichtung, bei der die Person den Anpassungslehrgang absolviert hat, eine Bescheinigung auszustellen.

(2) Für die Bescheinigung ist das Muster der Anlage 12 zu verwenden.

Erläuterungen

Abs. 1 war ursprünglich anders gefasst (BR-Drs. 491/20, S. 39). In den Beschlussempfehlungen (BR-Drs. 491/1/20, S. 13) wird zur Begründung der Änderung ausgeführt: 1

„Die Formulierung aus § 65 ATA-OTA-APrV wird übernommen. Dies ist insbesondere deshalb geboten, weil die bisherige Formulierung explizit vorsah, dass die Bescheinigung nur an Personen auszustellen ist, die den Anpassungslehrgang erfolgreich abgeleistet haben, obwohl § 84 ATA-OTA-APrV regelt, dass das Abschlussgespräch auch nicht bestanden und der Anpassungslehrgang ohne Erfolg absolviert werden kann, und auch das Muster der Anlage 12 (zu § 86 Absatz 2) eine entsprechende Ausfüllmöglichkeit vorsieht."

In der Begründung zur Verordnung (BR-Drs. 491/20, S. 113) wird zu der Vorschrift in der ursprünglichen Fassung Folgendes ausgeführt: 2

„Über den erfolgreichen Abschluss des Anpassungslehrgangs stellt die Einrichtung, in der der Anpassungslehrgang absolviert worden ist, eine Bescheinigung nach dem in Anlage 12 dieser Verordnung vorgegebenen Muster aus."

Abschnitt 4
Nachweise der Zuverlässigkeit und der gesundheitlichen Eignung durch Inhaberinnen und Inhaber von Berufsqualifikationen aus einem anderen Mitgliedstaat, einem anderen Vertragsstaat oder einem gleichgestellten Staat

§ 87 Nachweise der Zuverlässigkeit

(1) [1]Eine Person, die über eine Berufsqualifikation aus einem anderen Mitgliedstaat, einem anderen Vertragsstaat oder einem gleichgestellten Staat verfügt und die eine Erlaubnis zum Führen der Berufsbezeichnung nach § 1 Absatz 1 oder nach § 2 Absatz 1 des Anästhesietechnische- und Operationstechnische-Assistenten-Gesetzes beantragt, kann zum Nachweis, dass bei ihr die in § 1 Absatz 2 Nummer 2 oder § 2 Absatz 2 Nummer 2 des Anästhesietechnische- und Operationstechnische-Assistenten-Gesetzes genannte Voraussetzung vorliegt, eine von der zuständigen Behörde ihres Herkunftsstaates ausgestellte entsprechende Bescheinigung oder einen von einer solchen Behörde ausgestellten Strafregisterauszug vorlegen. [2]Wenn ein solcher Nachweis nicht vorgelegt werden kann, kann die antragstellende Person einen gleichwertigen Nachweis vorlegen.

(2) Hat die für die Erteilung der Erlaubnis zuständige Behörde berechtigte Zweifel an einem der in Absatz 1 genannten Dokumente, so kann sie von der zuständigen Behörde des Herkunftsstaates eine Bestätigung verlangen, aus der sich ergibt, dass der antragstellenden Person die Ausübung des Berufs, der dem Beruf der Anästhesietechnischen Assistentin oder des Anästhesietechnischen Assistenten oder dem Beruf der Operationstechnischen Assistentin oder des Operationstechnischen Assistenten entspricht, nicht aufgrund eines schwerwiegenden standeswidrigen Verhaltens oder einer Verurteilung wegen strafbarer Handlungen dauerhaft oder vorübergehend untersagt worden ist.

(3) Hat die für die Erteilung der Erlaubnis zuständige Behörde Kenntnis von Tatsachen, die außerhalb des Geltungsbereichs des Anästhesietechnische- und Operationstechnische-Assistenten-Gesetzes eingetreten sind und im Hinblick auf die Voraussetzungen des § 1 Absatz 2 Nummer 2 oder § 2 Absatz 2 Nummer 2 des Anästhesietechnische- und Operationstechnische-Assistenten-Gesetzes von Bedeutung sein können, so hat sie

1. die zuständige Stelle des Herkunftsstaates über diese Tatsachen zu unterrichten und
2. die zuständige Stelle des Herkunftsstaates zu bitten,
   a) diese Tatsachen zu überprüfen und
   b) ihr das Ergebnis und die Folgerungen, die die zuständige Stelle des Herkunftsstaates hinsichtlich der von ihr ausgestellten Bescheinigungen und Nachweise daraus zieht, mitzuteilen.

(4) Werden von der zuständigen Stelle des Herkunftsstaates innerhalb von zwei Monaten weder die in Absatz 1 genannten Bescheinigungen oder Strafregisterauszüge ausgestellt, noch die nach Absatz 2 oder 3 nachgefragten Bestätigungen

oder Mitteilungen gemacht, kann die antragstellende Person sie ersetzen durch Vorlage einer Bescheinigung über

1. **die Abgabe einer eidesstattlichen Erklärung gegenüber der zuständigen Behörde des Herkunftsstaates oder**
2. **die Abgabe einer feierlichen Erklärung, wenn es in dem Herkunftsstaat keine eidesstattliche Erklärung gibt.**

Erläuterungen

In der Begründung zur Verordnung (BR-Drs. 491/20, S. 113) wird zu der Vorschrift Folgendes ausgeführt: 1

„Nach § 1 Absatz 2 Nummer 2 bzw. § 2 Absatz 2 Nummer 2 des Anästhesietechnische- und Operationstechnische-Assistenten-Gesetzes ist Voraussetzung für die Erteilung der Erlaubnis zum Führen der Berufsbezeichnung ‚Anästhesietechnische Assistentin' oder ‚Anästhesietechnischer Assistent' bzw. ‚Operationstechnische Assistentin' oder ‚Operationstechnischer Assistent', dass sich die antragstellende Person nicht eines Verhaltens schuldig gemacht hat, aus dem sich ihre Unwürdigkeit oder ihre Unzuverlässigkeit zur Ausübung des Berufs ergibt. Die Vorschrift gilt für Personen, die mit einer Berufsqualifikation aus einem anderen Mitgliedstaat, einem anderen Vertragsstaat oder einem gleichgestellten Staat eine Erlaubnis zum Führen der Berufsbezeichnung ‚Anästhesietechnische Assistentin' oder ‚Anästhesietechnischer Assistent' bzw. ‚Operationstechnische Assistentin' oder ‚Operationstechnischer Assistent' nach § 1 Absatz 1 bzw. § 2 Absatz 1 des Anästhesietechnische- und Operationstechnische-Assistenten-Gesetzes beantragen. Die Vorschrift regelt, wie die genannten Personen die Voraussetzungen des § 1 Absatz 2 Nummer 2 bzw. § 2 Absatz 2 Nummer 2 des Anästhesietechnische- und Operationstechnische-Assistenten-Gesetzes nachweisen können.

Zu Absatz 1

Nach Absatz 1 kann die antragstellende Person eine Bescheinigung oder einen Strafregisterauszug des Herkunftsstaates vorlegen. Wenn ein solcher Nachweis nicht vorgelegt werden kann, kann ein gleichwertiger Nachweis vorgelegt werden.

Zu Absatz 2

Absatz 2 regelt das Vorgehen der für die Erteilung der Erlaubnis zuständigen Behörde für den Fall, dass diese berechtigte Zweifel an einem der nach Absatz 1 vorgelegten Dokumente hat.

Zu Absatz 3

Absatz 3 enthält Vorschriften für den Fall, dass die zuständige Behörde von Tatsachen Kenntnis hat, die außerhalb des Geltungsbereiches des Anästhesietechnische- und Operationstechnische-Assistenten-Gesetzes eingetreten sind und im Hinblick auf die Voraussetzungen des § 1 Absatz 2 Nummer 2 bzw. § 2 Absatz 2 Nummer 2 des Anästhesietechnische- und Operationstechnische-Assistenten-Gesetzes von Bedeutung sein können.

Zu Absatz 4

Nach Absatz 4 können Dokumente, die von der zuständigen Stelle des Herkunftsstaates nicht oder nicht rechtzeitig ausgestellt werden, durch eidesstattliche Erklärungen oder feierliche Erklärungen, wenn es in dem Herkunftsstaat keine eidesstattlichen Erklärungen gibt, ersetzt werden."

§ 88 Nachweise der gesundheitlichen Eignung

(1) Eine Person, die über eine Berufsqualifikation aus einem anderen Mitgliedstaat, einem anderen Vertragsstaat oder einem gleichgestellten Staat verfügt und die eine Erlaubnis zum Führen der Berufsbezeichnung nach § 1 Absatz 1 oder nach § 2 Absatz 1 des Anästhesietechnische- und Operationstechnische-Assistenten-Gesetzes beantragt, kann zum Nachweis, dass bei ihr die in § 1 Absatz 2 Nummer 3 oder § 2 Absatz 2 Nummer 3 des Anästhesietechnische- und Operationstechnische-Assistenten-Gesetzes genannte Voraussetzung vorliegt, einen entsprechenden Nachweis ihres Herkunftsstaates vorlegen.

(2) Wird im Herkunftsstaat ein solcher Nachweis nicht verlangt, ist eine von einer zuständigen Behörde dieses Staates ausgestellte Bescheinigung anzuerkennen, aus der sich ergibt, dass die in § 1 Absatz 2 Nummer 3 oder § 2 Absatz 2 Nummer 3 des Anästhesietechnische- und Operationstechnische-Assistenten-Gesetzes genannte Voraussetzung erfüllt ist.

Erläuterungen

In der Begründung zur Verordnung (BR-Drs. 491/20, S. 114) wird zu der Vorschrift Folgendes ausgeführt: 1

„Nach § 1 Absatz 2 Nummer 3 bzw. § 2 Absatz 2 Nummer 3 des Anästhesietechnische- und Operationstechnische-Assistenten-Gesetzes ist Voraussetzung für die Erteilung der Erlaubnis zum Führen der Berufsbezeichnung ‚Anästhesietechnische Assistentin' oder ‚Anästhesietechnischer Assistent' bzw. ‚Operationstechnische Assistentin' oder ‚Operationstechnischer Assistent' das die antragstellende Person nicht in gesundheitlicher Hinsicht zur Ausübung des Berufs ungeeignet ist.

Die Vorschrift regelt den Nachweis der gesundheitlichen Eignung durch Personen, die mit einer Berufsqualifikation aus einem anderen Mitgliedstaat, einem anderen Vertragsstaat oder einem gleichgestellten Staat eine Erlaubnis zum Führen der Berufsbezeichnung ‚Anästhesietechnische Assistentin' oder ‚Anästhesietechnischer Assistent' bzw. ‚Operationstechnische Assistentin' oder ‚Operationstechnischer Assistent' nach § 1 Absatz 1 bzw. § 2 Absatz 2 des Anästhesietechnische- und Operationstechnische-Assistenten-Gesetzes beantragen.

Zu Absatz 1

Nach Absatz 1 kann der Nachweis über die gesundheitliche Eignung durch den Nachweis erbracht werden, mit dem die Voraussetzung der gesundheitlichen Eignung zur Berufsausübung im Herkunftsstaat erbracht worden ist.

Zu Absatz 2

Absatz 2 regelt, dass ein jeglicher Nachweis aus dem Herkunftsstaat genügt, aus dem sich ergibt, dass die Person in gesundheitlicher Hinsicht zur Berufsausübung nicht ungeeignet ist."

§ 89 Aktualität von Nachweisen

Die Nachweise nach den §§ 87 und 88 dürfen von der zuständigen Behörde der Beurteilung nur zugrunde gelegt werden, wenn zum Zeitpunkt der Antragstellung der Zeitpunkt, zu dem die Nachweise ausgestellt worden sind, höchstens drei Kalendermonate zurückliegt.

Erläuterungen

1 In der Begründung zur Verordnung (BR-Drs. 491/20, S. 114) wird zu der Vorschrift Folgendes ausgeführt:

„Die Vorschrift regelt die Aktualität der in den §§ 87 und 88 genannten Nachweise. Der Ausstellungszeitpunkt darf höchstens drei Monate zurückliegen."

Abschnitt 5
Verfahren bei der Erbringung von Dienstleistungen durch Inhaberinnen und Inhaber von Berufsqualifikationen aus einem anderen Mitgliedstaat der Europäischen Union oder einem anderen Vertragsstaat des Abkommens über den Europäischen Wirtschaftsraum

§ 90 Verfahren bei der Erbringung von Dienstleistungen

(1) Die zuständige Behörde prüft die Berufsqualifikation der meldenden Person nach § 56 des Anästhesietechnische- und Operationstechnische-Assistenten-Gesetzes und teilt der meldenden Person spätestens einen Monat nach vollständigem Eingang der in § 53 des Anästhesietechnische- und Operationstechnische-Assistenten-Gesetzes genannten Meldung und Dokumente ihre Entscheidung mit, ob sie zur Erbringung der Dienstleistung berechtigt ist oder die meldende Person eine Eignungsprüfung ablegen muss.

(2) [1]Ist der zuständigen Behörde eine Prüfung innerhalb eines Monats nach Eingang der Meldung und der Dokumente in Ausnahmefällen nicht möglich, unterrichtet sie die meldende Person innerhalb dieser Frist über die Gründe der Verzögerung. [2]Die der Verzögerung zugrunde liegenden Schwierigkeiten werden binnen eines Monats nach dieser Mitteilung behoben. [3]Die Entscheidung nach § 56 des Anästhesietechnische- und Operationstechnische-Assistenten-Gesetzes ergeht binnen zwei Monaten nach Behebung der der Verzögerung zugrunde liegenden Schwierigkeiten.

(3) Bleibt eine Mitteilung nach Absatz 1 oder Absatz 2 binnen der genannten Fristen aus, darf die Dienstleistung erbracht werden.

Erläuterungen

In der Begründung zur Verordnung (BR-Drs. 491/20, S. 114 f.) wird zu der Vorschrift Folgendes ausgeführt: 1

„Zu Absatz 1

Absatz 1 regelt, dass innerhalb von einem Monat die zuständige Behörde die Entscheidung getroffen haben muss, ob die meldende Person zur Dienstleistungserbringung berechtigt ist oder andernfalls eine Eignungsprüfung belegen muss. Die Entscheidung und die Mitteilung darüber müssen innerhalb eines Monats nach vollständigem Eingang aller Unterlagen erfolgen.

Zu Absatz 2

Absatz 2 regelt den Ausnahmefall, dass sich die Entscheidung der Behörde über die Berechtigung zur Erbringung von Dienstleistungen im konkreten Einzelfall verzögert. Sollte es der zuständigen Behörde aufgrund besonderer Umstände nicht möglich sein, die einmonatige Frist nach Absatz 1 einzuhalten, muss sie die meldende Person über die Gründe der Verzögerung innerhalb dieser einmonatigen Frist unterrichten. Innerhalb eines Monats nach dieser Unterrichtung muss die zuständige Behörde die für die Verzögerung verantwortlichen Schwierigkeiten beheben. Innerhalb von zwei Monaten, nachdem die Verzögerungen behoben worden sind, hat die Behörde eine Entscheidung zu treffen und der meldenden Person mitzuteilen. Die Fristen beruhen auf Artikel 7 Absatz 4 der Richtlinie 2005/36/EG.

Zu Absatz 3

Erhält die meldende Person weder eine Mitteilung nach Absatz 1 noch eine Mitteilung nach Absatz 2 innerhalb der dort genannten Fristen, greift eine Erteilungsfiktion mit der Folge, dass die Dienstleistung erbracht werden darf."

Teil 4
Nachprüfung

Abschnitt 1
Ziel und Verfahren der Nachprüfung

§ 91 Ziel der Nachprüfung

Die Nachprüfung dient der Feststellung, dass die Prüfungskandidatin oder der Prüfungskandidat über die Kenntnisse, Fähigkeiten und Kompetenzen verfügt, die erforderlich sind

1. **zur Ausübung des Berufs der Anästhesietechnischen Assistentin oder des Anästhesietechnischen Assistenten oder**
2. **zur Ausübung des Berufs der Operationstechnischen Assistentin oder des Operationstechnischen Assistenten.**

Erläuterungen

In der Begründung zur Verordnung (BR-Drs. 491/20, S. 115) wird zu **Teil 4** Folgendes ausgeführt: 1

„Nach § 69 Absatz 3 des Anästhesietechnischen- und Operationstechnischen-Assistenten-Gesetzes besteht eine Pflicht zur Nachprüfung für Personen, deren Ausbildung nicht nach den landesrechtlichen Regelungen des § 69 Absatz 1 Nummer 2 bis 4 des Anästhesietechnischen- und Operationstechnischen-Assistenten-Gesetzes oder nach den DKG-Empfehlungen erfolgt ist. Ausgenommen sind nach § 69 Absatz 3 Satz 2 des Anästhesietechnischen- und Operationstechnischen-Assistenten-Gesetzes Personen, deren Ausbildung durch die DKG anerkannt worden ist. Hierzu zählen insbesondere diejenigen, die vor Inkrafttreten der ersten Richtlinie zur OTA-Ausbildung der DKG vom 26. Juni 1996 nach dem ‚Mülheimer Konzept' ab 1990 zur Operationstechnischen Assistenz ausgebildet worden sind. Bei den Anästhesietechnischen Assistenten zählen diejenigen dazu, die vor der ersten ‚Empfehlung zur Ausbildung und Prüfung von Operationstechnischen und Anästhesietechnischen Assistentinnen/Assistenten' der DKG vom 20. September 2011 nach den ‚Normativen Grundlagen zur Ausbildung von Anästhesietechnischen Assistentinnen/Assistenten' vom 18. November 2008 ausgebildet worden sind."

In der Begründung zur Verordnung (BR-Drs. 491/20, S. 115) wird zu der Vorschrift ausgeführt: 2

„Ziel der Nachprüfung ist die Feststellung, dass Personen, die die Berufsbezeichnung ‚Anästhesietechnische Assistentin' oder ‚Anästhesietechnischer Assistent' oder ‚Operationstechnische Assistentin' oder ‚Operationstechnischer Assistent' führen wollen, über die Kenntnisse, Fähigkeiten und Kompetenzen verfügt, die zur Ausübung des entsprechenden Berufes erforderlich sind."

§ 92 Zulassung zur Nachprüfung

(1) [1]Personen, die nicht auf einer der in § 69 Absatz 1 des Anästhesietechnische- und Operationstechnische-Assistenten-Gesetzes genannten Grundlagen ausgebildet sind, können einen Antrag auf Zulassung zur Nachprüfung bei der zuständigen Behörde stellen, um die Erlaubnis zum Führen der Berufsbezeichnung nach § 1 Absatz 1 oder nach § 2 Absatz 1 des Anästhesietechnische- und Operationstechnische-Assistenten-Gesetzes zu erlangen. [2]Über den Antrag entscheidet die zuständige Behörde.

(2) Die Zulassung zur Nachprüfung ist zu erteilen, wenn die folgenden Nachweise vorliegen:

1. **ein Identitätsnachweis der antragstellenden Person in amtlich beglaubigter Abschrift und**
2. **ein Nachweis über die erworbene Berufsqualifikation, die nicht auf einer der in § 69 Absatz 1 des Anästhesietechnische- und Operationstechnische-Assistenten-Gesetzes genannten Grundlagen erlangt worden ist.**

Erläuterungen

1 In der Begründung zur Verordnung (BR-Drs. 491/20, S. 115) wird zu der Vorschrift Folgendes ausgeführt:

„Zu Absatz 1

Absatz 1 regelt, dass bei der zuständigen Behörde ein Antrag zur Zulassung einzureichen ist.

Zu Absatz 2

Absatz 2 regelt, dass Zulassung zur Nachprüfung zu erteilen ist, wenn die antragstellende Person Nachweise über ihre Identität und ihre erworbene Berufsqualifikation, die nicht nach einer der in § 69 Absatz 1 des Anästhesietechnische- und Operationstechnische-Assistenten-Gesetzes genannten Grundlagen erlangt worden ist, erbracht hat.“

§ 93 Bestandteile der Nachprüfung

(1) Die Nachprüfung wird als staatliche Prüfung durchgeführt.

(2) Die Nachprüfung besteht aus einem praktischen Teil und einem mündlichen Teil.

Erläuterungen

In der Begründung zur Verordnung (BR-Drs. 491/20, S. 115 f.) wird zu der Vorschrift Folgendes ausgeführt: 1

*„**Zu Absatz 1***

Absatz 1 regelt, dass es sich bei der Nachprüfung um eine staatliche Prüfung handelt.

Zu Absatz 2

Die Nachprüfung besteht aus einem praktischen und einem mündlichen Teil.“

§ 94 Durchführung und Inhalt der Nachprüfung

Soweit in diesem Teil nichts anderes bestimmt ist, gelten die §§ 12 bis 27 und 49 für die Nachprüfung entsprechend.

Erläuterungen

1 In der Begründung zur Verordnung (BR-Drs. 491/20, S. 116) wird zu der Vorschrift Folgendes ausgeführt:

„§ 94 regelt, dass die allgemeinen Vorschriften über die Staatliche Prüfung bei der Nachprüfung entsprechend Anwendung finden. Hierzu zählen insbesondere auch die Vorschriften wie beispielsweise über den Nachteilsausgleich, den Rücktritt oder die Einsichtnahme in die Prüfungsunterlagen."

Abschnitt 2
Praktischer Teil der Nachprüfung

§ 95 Praktischer Teil der Nachprüfung

(1) Im praktischen Teil der Nachprüfung hat die Prüfungskandidatin oder der Prüfungskandidat nachzuweisen, dass sie oder er über die Kompetenzen verfügt, die

1. im Fall der Nachprüfung zur Anästhesietechnischen Assistentin oder zum Anästhesietechnischen Assistenten erforderlich sind zur eigenverantwortlichen Ausführung von und Mitwirkung bei berufsfeldspezifischen Aufgaben im anästhesiologischen Bereich der ambulanten oder stationären Versorgung oder
2. im Fall der Nachprüfung zur Operationstechnischen Assistentin oder zum Operationstechnischen Assistenten erforderlich sind zur eigenverantwortlichen Ausführung von und Mitwirkung bei berufsfeldspezifischen Aufgaben im operativen Bereich der ambulanten oder stationären Versorgung.

(2) Der praktische Teil der Nachprüfung besteht

1. im Fall der Nachprüfung zur Anästhesietechnischen Assistentin oder zum Anästhesietechnischen Assistenten aus einer Aufgabe zur umfassenden Vorbereitung, Assistenz und Nachbereitung einer anästhesiologischen Maßnahme oder
2. im Fall der Nachprüfung zur Operationstechnischen Assistentin oder zum Operationstechnischen Assistenten aus einer Aufgabe zur umfassenden Vorbereitung, Instrumentation und Nachbereitung eines operativen Eingriffs.

(3) Der praktische Teil muss sich erstrecken auf

1. im Fall der Nachprüfung zur Anästhesietechnischen Assistentin oder zum Anästhesietechnischen Assistenten die Kompetenzschwerpunkte 1 bis 8 der Anlage 1 oder
2. im Fall der Nachprüfung zur Operationstechnischen Assistentin oder zum Operationstechnischen Assistenten die Kompetenzschwerpunkte 1 bis 8 der Anlage 3.

(4) Die Aufgabe der anästhesiologischen Assistenz ist so zu gestalten, dass die Prüfungskandidatin oder der Prüfungskandidat zeigen kann, dass sie oder er die erforderlichen Kompetenzen erworben hat, um alle anfallenden Aufgaben zu planen, zu organisieren, durchzuführen, zu begründen und in einem Reflexionsgespräch zu evaluieren.

(5) Die Aufgabe der operativen Assistenz ist so zu gestalten, dass die Prüfungskandidatin oder der Prüfungskandidat zeigen kann, dass sie oder er die erforderlichen Kompetenzen erworben hat, um alle anfallenden Aufgaben zu planen, zu organisieren, durchzuführen, zu begründen und in einem Reflexionsgespräch zu evaluieren.

Erläuterungen

1 In der Begründung zur Verordnung (BR-Drs. 491/20, S. 116) wird zu der Vorschrift Folgendes ausgeführt:

„Zu Absatz 1

Absatz 1 regelt, dass die Prüfungskandidatin oder der Prüfungskandidat im praktischen Teil nachzuweisen hat, dass sie oder er über die Kompetenzen verfügt, die zur eigenverantwortlichen Ausführung von und Mitwirkung bei berufsfeldspezifischen Aufgaben erforderlich sind. Der Gegenstand der praktischen Prüfung ergibt sich aus dem Arbeitsalltag der ambulanten oder stationären Versorgung. Damit soll gewährleistet sein, dass die Kompetenzen zur umfassenden Bewältigung von berufsfeldspezifischen Anforderungen im praktischen Teil der staatlichen Prüfung zum Tragen kommen.

Zu Absatz 2

Absatz 2 regelt den Gegenstand der praktischen Prüfung. Die Prüfung umfasst die Übernahme aller anfallenden Aufgaben einer prozessorientierten anästhesietechnischen oder operationstechnischen Assistenz und spiegelt die maßgeblichen beruflichen Tätigkeiten des Berufs der Anästhesietechnischen Assistentin und des Anästhesietechnischen Assistenten oder der Operationstechnischen Assistentin und des Operationstechnischen Assistenten wieder.

Zu Absatz 3

Zu Nummer 1

Nummer 1 stellt klar, dass im praktischen Teil der Nachprüfung zum Führen der Berufserlaubnis in der anästhesietechnischen Assistenz die Kompetenzschwerpunkte 1 bis 8 der Anlage 1 abzuprüfen sind.

Zu Nummer 2

Nummer 2 stellt klar, dass im praktischen Teil der Nachprüfung zum Führen der Berufserlaubnis in der operationstechnischen Assistenz die Kompetenzschwerpunkte 1 bis 8 der Anlage 2 abzuprüfen sind.

Zu Absatz 4 und Absatz 5

Es ist Aufgabe der zu prüfenden Person, alle Kompetenzen einzubringen, die für eine angemessene Bewältigung der als Prüfungssituation ausgewählten anästhesiologischen oder operativen Situationen erforderlich sind. Die zu prüfende Person übernimmt dabei alle für eine fachgerechte Versorgung der zu betreuenden Patientinnen und Patienten notwendigen Aufgaben. Diese umfassen neben der Organisation auch die Durchführung. Im Rahmen eines Reflexionsgespräches ist die gesamte praktische Prüfung zu reflektieren."

§ 96 Durchführung des praktischen Teils der Nachprüfung

(1) Im praktischen Teil der Nachprüfung ist jede Prüfungskandidatin und jeder Prüfungskandidat einzeln zu prüfen.

(2) Der praktische Teil muss

1. **im Fall der Nachprüfung zur Anästhesietechnischen Assistentin oder zum Anästhesietechnischen Assistenten in einer realen und komplexen anästhesiologischen Situation durchgeführt werden oder**
2. **im Fall der Nachprüfung zur Operationstechnischen Assistentin oder zum Operationstechnischen Assistenten in einer realen und komplexen operativen Situation durchgeführt werden.**

(3) Der praktische Teil muss von zwei Fachprüferinnen und Fachprüfern abgenommen werden, von denen mindestens eine oder einer zum Zeitpunkt der Prüfung als praxisanleitende Person tätig ist.

(4) [1]Die betroffenen Patientinnen und Patienten oder eine vertretungsberechtigte Person müssen in die Teilnahme an der Prüfungssituation eingewilligt haben. [2]Die verantwortliche Ärztin oder der verantwortliche Arzt kann die Durchführung der Aufgabe aus medizinischen Gründen ablehnen.

Erläuterungen

In der Begründung zur Verordnung (BR-Drs. 491/20, S. 117) wird zu der Vorschrift Folgendes ausgeführt: 1

„Zu Absatz 1

Vorgegeben wird, dass die zu prüfenden Personen einzeln geprüft werden. Damit wird gewährleistet, dass die Kompetenzen der einzelnen zu prüfenden Person zur umfassenden Bewältigung von anästhesiologischen oder operativen Situationen und die damit verbundene Verantwortungsübernahme Gegenstand der Prüfung und Beurteilung sind. Bei einer Gruppenprüfung mit Beteiligung mehrerer zu prüfender Personen können die individuellen Anteile nicht zuverlässig bestimmt und nachgewiesen werden. Dies wäre besonders problematisch, wenn Fehler gemacht würden und diese nicht eindeutig einer zu prüfenden Person zugerechnet werden könnten.

Zu Absatz 2

Der praktische Teil der Nachprüfung wird in einer realen und komplexen anästhesiologischen oder operativen Situation durchgeführt. Damit soll der Praxisbezug dieses Prüfungsteils sichergestellt werden. Nur in einer Situation des Alltags können die Kompetenzen der Prüfungskandidatin oder des Prüfungskandidaten hinreichend nachgewiesen werden.

Zu Absatz 3

Der praktische Teil der Nachprüfung findet vor mindestens zwei Fachprüferinnen oder Fachprüfern statt, von denen eine oder einer zum Zeitpunkt der Prüfung als praxisanleitende Person tätig ist. Damit soll gewährleistet werden, dass auf Seiten der Fachprüferinnen und Fachprüfer auch praktische Erfahrungen in der anästhesietechnischen oder operationstechnischen Assistenz vorhanden sind, die für die Bewertung der Prüfungsleistungen unverzichtbar sind. Die Fachprüferinnen und Fachprüfer benoten die Prüfung. Die oder der Vorsitzende des Prüfungsausschusses kann an der Prüfung teilnehmen und sich durch Fragen aktiv in das Prüfungsgeschehen einbringen.

Zu Absatz 4

Es ist von wesentlicher Bedeutung, dass die praktische Prüfung nur erfolgen kann, wenn die betroffene Patientin oder der betroffene Patient oder eine vertretungsberechtigte Person in die Teilnahme an der Prüfungssituation eingewilligt hat. Die verantwortliche Ärztin oder der verantwortliche Arzt können die Durchführung der Prüfung aus medizinischen Gründen ablehnen."

2 **Abs. 3** der Vorschrift ist durch Art. 3 Nr. 15 der Verordnung zur Modernisierung der Prüfungsverfahren im Recht der Heilberufe (Heilberufe-Prüfungsrechtmodernisierungsverordnung) (BGBl. 2023 I Nr. 148 vom 13.6.2023) neu gefasst worden. Satz 2 ist aufgehoben worden. Die Verordnung ist am 1.10.2023 in Kraft getreten (Art. 16 der Verordnung).

In der Begründung zur Verordnung (BR-Drs. 81/23, S. 42) wird zu **Abs. 3** Folgendes ausgeführt:

„Für den praktischen Teil der Nachprüfung wird bestimmt, dass die Prüfungsleistung von zwei Prüferinnen oder Prüfern abgenommen und bewertet wird. Damit wird die exakte Anzahl der Prüferinnen und Prüfer rechtssatzmäßig festgelegt."

Bei der Aufhebung des Satzes 2 handelt es sich um eine Folgeänderung aufgrund des neu gefassten § 98 Abs. 3.

§ 97 Bestandteile des praktischen Teils und Dauer der Nachprüfung

(1) Der praktische Teil der Nachprüfung besteht aus

1. **der Erstellung eines umfassenden perioperativen Ablaufplanes,**
2. **der Fallvorstellung,**
3. **der Durchführung der geplanten und situativ erforderlichen berufsfeldspezifischen Maßnahmen und**
4. **einem Reflexionsgespräch.**

(2) [1]Die gesamte Dauer der Prüfung soll einschließlich des Reflexionsgespräches maximal drei Stunden betragen. [2]Der Ablaufplan ist innerhalb einer Bearbeitungszeit von 60 Minuten zu erstellen. [3]Die Fallvorstellung darf maximal 10 Minuten dauern. [4]Das Reflexionsgespräch darf maximal 10 Minuten dauern.

Erläuterungen

In der Begründung zur Verordnung (BR-Drs. 491/20, S. 117 f.) wird zu der Vorschrift 1
Folgendes ausgeführt:

„Zu Absatz 1

Zu Nummer 1, Nummer 2 und Nummer 3

Der praktische Teil der Nachprüfung besteht aus der Erstellung eines perioperativen Ablaufplanes, auf dessen Grundlage die Fallvorstellung und die Durchführung der berufsspezifischen Aufgaben durch die zu prüfende Person erfolgen.

Zu Nummer 4

Voraussetzung für die ordnungsgemäße Erledigung der Prüfungsaufgaben sind die Kompetenzen, auf die es bei der Berufsausübung entscheidend ankommt. Die zu prüfende Person hat daher in einem sich an die anästhesiologischen oder operativen Maßnahmen anschließenden Reflexionsgespräch Erläuterungen und Begründungen zu der von ihr durchgeführten Versorgung abzugeben. Sie erhält dadurch die Gelegenheit nachzuweisen, dass sie nicht nur Prüfungsaufgaben sachgerecht erledigen kann, sondern auch in der Lage ist, ihr Handeln auf andere Fallkonstellationen zu übertragen. Mit dem Beleg für ein begründetes Handeln in Funktions- sowie weiteren Versorgungsbereichen und der Aufforderung, das eigene Tun kritisch zu hinterfragen, wird im Rahmen der praktischen Prüfung eine wichtige Grundlage für die selbständige Gestaltung des Arbeitsprozesses während der berufsspezifischen Tätigkeit gelegt. Bei dem Reflexionsgespräch ist darauf zu achten, dass die Nachfragen der prüfenden Personen nicht zur Situation einer weiteren mündlichen Prüfung führen.

Zu Absatz 2

Im Interesse der zu prüfenden Person und zur Gewährleistung der Chancengleichheit im Prüfungsverfahren sollen Fallvorstellung und Reflexionsgespräch jeweils höchstens 10 Minuten dauern und die Gesamtdauer des praktischen Teils der Nachprüfung nicht länger als drei Zeitstunden. Der Ablaufplan ist innerhalb einer Bearbeitungszeit von 60 Minuten zu erstellen.“

§ 98 Bewertung und Bestehen des praktischen Teils der Nachprüfung

(1) Die im praktischen Teil der Nachprüfung gezeigte Leistung wird von den Fachprüferinnen und Fachprüfern bewertet, die den praktischen Teil der Nachprüfung abgenommen haben.

(2) [1]Bewertet wird die Leistung entweder mit „bestanden“ oder mit „nicht bestanden“. [2]Mit „bestanden“ wird sie bewertet, wenn sie den Anforderungen genügt, also mindestens der Note „ausreichend (4)“ entspricht.

(3) [1]Kommen die beiden Fachprüferinnen und Fachprüfer zu einer unterschiedlichen Bewertung, so hat die oder der Vorsitzende des Prüfungsausschusses die Bewertung festzulegen. [2]Die oder der Vorsitzende des Prüfungsausschusses muss zu diesem Zweck während des praktischen Teils der Nachprüfung anwesend sein; ihr oder ihm steht ein Fragerecht zu.

(4) Der praktische Teil der Nachprüfung ist erfolgreich abgeschlossen, wenn die Fachprüferinnen und Fachprüfer den praktischen Teil mit „bestanden“ bewerten.

Erläuterungen

1 In der Begründung zur Verordnung (BR-Drs. 491/20, S. 118) wird zu der Vorschrift Folgendes ausgeführt:

*„**Zu Absatz 1***

Absatz 1 regelt, dass diejenigen Fachprüferinnen und Fachprüfer die Bewertung vornehmen, die die Prüfung auch durchgeführt haben.

Zu Absatz 2

Bewertet wird die erbrachte Prüfungsleistung entweder mit ‚bestanden‘ oder ‚nicht bestanden‘. Mit ‚bestanden‘ wird sie bewertet, wenn sie mindestens der Note ‚ausreichend (4)‘ entspricht. Mit ‚nicht bestanden‘ wird sie bewertet, wenn sie der Note ‚mangelhaft (5)‘ oder ‚ungenügend (6)‘ entspricht.

Zu Absatz 3

Bei unterschiedlicher Bewertung der Fachprüferinnen und Fachprüfer trifft der oder die Vorsitzende des Prüfungsausschusses die Bewertung im Benehmen mit den Fachprüferinnen oder Fachprüfern.

Zu Absatz 4

Absatz 4 regelt, dass der praktische Teil der Nachprüfung erfolgreich abgeschlossen ist, wenn dieser mit ‚bestanden‘ bewertet worden ist.“

2 **Abs. 3** der Vorschrift ist durch Art. 3 Nr. 16 der Verordnung zur Modernisierung der Prüfungsverfahren im Recht der Heilberufe (Heilberufe-Prüfungsrechtmodernisierungsverordnung) (BGBl. 2023 I Nr. 148 vom 13.6.2023) neu gefasst worden. Die Verordnung ist am 1.10.2023 in Kraft getreten (Art. 16 der Verordnung).

In der Begründung zur Verordnung (BR-Drs. 81/23, S. 42) wird zu **Abs. 3** Folgendes ausgeführt:

„Nach höchstrichterlicher Rechtsprechung (BVerwG, Urteil vom 28. Oktober 2019 – 6 C 8.19) muss die dem Prüfungsausschuss vorsitzende Person die Leistung persönlich, unmittelbar und vollständig zur Kenntnis nehmen, um eine selbständige, eigenverantwortliche Bewertungsentscheidung zu treffen. Die vorliegende Regelung sieht daher nun vor, dass die vorsitzende Person im Falle von Bewertungsdifferenzen zwischen den beiden Fachprüferinnen und Fachprüfern ein Stichentscheidungsrecht inne hat, für das sie die Prüfungsleistung insofern selbst wahrgenommen haben und damit während der Prüfung anwesend gewesen sein muss."

§ 99 Wiederholung des praktischen Teils der Nachprüfung

(1) Wer den praktischen Teil der Nachprüfung nicht bestanden hat, kann ihn einmal wiederholen.

(2) Für die Wiederholung ist ein Antrag der Prüfungskandidatin oder des Prüfungskandidaten bei der oder dem Vorsitzenden des Prüfungsausschusses erforderlich.

(3) [1]Die Wiederholungsprüfung muss spätestens zwölf Monate nach der letzten Prüfung abgeschlossen sein. [2]Ausnahmen kann die zuständige Behörde in begründeten Fällen zulassen.

Erläuterungen

1 In der Begründung zur Verordnung (BR-Drs. 491/20, S. 118) wird zu der Vorschrift Folgendes ausgeführt:

„Zu Absatz 1

Absatz 1 regelt die einmalige Möglichkeit zum Wiederholen des praktischen Teils der Nachprüfung, wenn dieser nicht bestanden wurde.

Zu Absatz 2

Absatz 2 regelt, dass eine Wiederholung nur auf Antrag bei der oder dem Vorsitzenden des Prüfungsausschusses möglich ist."

2 Der Vorschrift ist durch Art. 3 Nr. 17 der Verordnung zur Modernisierung der Prüfungsverfahren im Recht der Heilberufe (Heilberufe-Prüfungsrechtmodernisierungsverordnung) (BGBl. 2023 I Nr. 148 vom 13.6.2023) ein **Abs. 3** angefügt worden. Die Verordnung ist am 1.10.2023 in Kraft getreten (Art. 16 der Verordnung).

In der Begründung zur Verordnung (BR-Drs. 81/23, S. 42) wird zu dem neu angefügten **Abs. 3** Folgendes ausgeführt:

„Die zeitliche Befristung der Wiederholungsprüfung entspricht den üblichen Regelungen der Gesundheitsfachberufe. Durch die befristete Wiederholungsmöglichkeit werden einheitliche Rahmenbedingungen geschaffen, die für alle Prüfungskandidatinnen und Prüfungskandidaten gleichermaßen gelten. Zudem dient die Regelung der Rechtsicherheit, da bei Nichteintritt in das Wiederholungsverfahren ein endgültiges Nichtbestehen festgestellt und das Verfahren insgesamt geschlossen werden kann."

Abschnitt 3
Mündlicher Teil der Nachprüfung

§ 100 Mündlicher Teil der Nachprüfung

(1) [1]Im mündlichen Teil der Nachprüfung hat die Prüfungskandidatin oder der Prüfungskandidat nachzuweisen, dass sie oder er über die Fachkompetenz und über die personale Kompetenz, die zur Berufsausübung erforderlich ist, verfügt. [2]Die personale Kompetenz schließt Sozialkompetenz und Kompetenz zu selbständigem Handeln mit ein.

(2) Der mündliche Teil erstreckt sich auf die folgenden Kompetenzschwerpunkte der Anlage 1 oder 3:

1. **„Berufsbezogene Aufgaben im ambulanten und stationären Bereich eigenverantwortlich planen und strukturiert ausführen“ (Kompetenzschwerpunkt 1),**
2. **„Bei der medizinischen Diagnostik und Therapie mitwirken und ärztliche Anordnungen eigenständig durchführen“ (Kompetenzschwerpunkt 2) und**
3. **„Das eigene Handeln an rechtlichen Vorgaben und Qualitätskriterien ausrichten“ (Kompetenzschwerpunkt 5).**

Erläuterungen

In der Begründung zur Verordnung (BR-Drs. 491/20, S. 119) wird zu der Vorschrift Folgendes ausgeführt: 1

„Zu Absatz 1

Die mündliche Prüfung erfolgt anhand einer komplexen Aufgabenstellung, die es ermöglicht, die in Absatz 2 genannten Kompetenzschwerpunkte einzubeziehen. Die zu prüfenden Personen müssen sich mit einer Fallsituation auseinandersetzen, bei deren Bearbeitung sie nachweisen können, dass sie über die Kompetenzen zur situationsangemessenen Handlungsplanung und zur Reflexion der Handlungsfolgen verfügen.

Zu Absatz 2

Die in Absatz 2 genannten Kompetenzschwerpunkte der Anlagen 1 oder 3 sind Inhalte der mündlichen Nachprüfung. Sie umfassen elementare Berufskompetenzen, die die zu prüfende Person beherrschen muss.“

§ 101 Durchführung des mündlichen Teils der Nachprüfung

(1) Im mündlichen Teil der staatlichen Prüfung sind die Prüfungskandidatinnen und Prüfungskandidaten einzeln oder zu zweit zu prüfen.

(2) Der mündliche Teil soll für jede Prüfungskandidatin und jeden Prüfungskandidaten mindestens 30 Minuten und höchstens 45 Minuten dauern.

(3) Der mündliche Teil wird von zwei Fachprüferinnen und Fachprüfern abgenommen.

Erläuterungen

1 In der Begründung zur Verordnung (BR-Drs. 491/20, S. 119) wird zu der Vorschrift Folgendes ausgeführt:

*„**Zu Absatz 1***

In Absatz 1 wird die Anzahl der an einer mündlichen Prüfung teilnehmenden zu prüfenden Personen festgelegt. Um eine angemessene Prüfungssituation zu gewährleisten, wird die Anzahl der zu prüfenden Personen pro Prüfung auf maximal zwei Personen begrenzt.

Zu Absatz 2

In Absatz 2 wird festgelegt, dass die Prüfungsdauer zwischen 30 und 45 Minuten betragen darf.

Zu Absatz 3

Die mündliche Prüfung findet vor mindestens zwei Fachprüferinnen oder Fachprüfern statt. Der Vorsitzende des Prüfungsausschusses kann an der Prüfung teilnehmen und sich durch Fragen aktiv in das Prüfungsgeschehen einbringen.“

2 **Abs. 3** der Vorschrift ist durch Art. 3 Nr. 18 der Verordnung zur Modernisierung der Prüfungsverfahren im Recht der Heilberufe (Heilberufe-Prüfungsrechtmodernisierungsverordnung) (BGBl. 2023 I Nr. 148 vom 13.6.2023) geändert worden. Die Verordnung ist am 1.10.2023 in Kraft getreten (Art. 16 der Verordnung). Abs. 3 Satz 1 ist geändert, Satz 2 aufgehoben worden.

In der Begründung zur Verordnung (BR-Drs. 81/23, S. 42) wird zu **Abs. 3 Satz 1** Folgendes ausgeführt:

„Für den mündlichen Teil der Nachprüfung wird bestimmt, dass die Prüfungsleistung von zwei Prüferinnen oder Prüfern abgenommen und bewertet wird. Damit wird die exakte Anzahl der Prüferinnen und Prüfer rechtssatzmäßig festgelegt.“

Zur Aufhebung des **Abs. 3 Satz 2** wird in der Begründung zur Verordnung (BR-Drs. 81/23, S. 42) gesagt, dass es sich um eine Folgeänderung aufgrund des neu gefassten § 16 ATA-OTA-APrV handele. S. hierzu → Erl. zu § 16 ATA-OTA-APrV, Rn. 1.

§ 102 Bewertung und Bestehen des mündlichen Teils der Nachprüfung

(1) Die im mündlichen Teil der Nachprüfung gezeigte Leistung wird von den beiden Fachprüferinnen und Fachprüfern bewertet, die den mündlichen Teil der Nachprüfung abgenommen haben.

(2) [1]Bewertet wird die Leistung entweder mit „bestanden“ oder mit „nicht bestanden“. [2]Mit „bestanden“ wird sie bewertet, wenn sie den Anforderungen genügt, also mindestens der Note „ausreichend (4)“ entspricht.

(3) [1]Kommen die beiden Fachprüferinnen und Fachprüfer zu einer unterschiedlichen Bewertung, so hat die oder der Vorsitzende des Prüfungsausschusses die Bewertung festzulegen. [2]Die oder der Vorsitzende des Prüfungsausschusses muss zu diesem Zweck während des mündlichen Teils der Nachprüfung anwesend sein; ihr oder ihm steht ein Fragerecht zu.

(4) Der mündliche Teil der Nachprüfung ist erfolgreich abgeschlossen, wenn die Fachprüferinnen und Fachprüfer den mündlichen Teil mit „bestanden“ bewerten.

Erläuterungen

In der Begründung zur Verordnung (BR-Drs. 491/20, S. 119 f.) wird zu der Vorschrift Folgendes ausgeführt: 1

*„**Zu Absatz 1***

Absatz 1 regelt, dass die Fachprüferinnen und Fachprüfer, die den mündlichen Teil der Nachprüfung durchgeführt haben, auch die Bewertung vornehmen.

Zu Absatz 2

Bewertet wird die Leistung entweder mit ‚bestanden‘ oder mit ‚nicht bestanden‘. Mit ‚bestanden‘ wird sie bewertet, wenn sie mindestens der Note ‚ausreichend (4)‘ entspricht. Mit ‚nicht bestanden‘ wird sie bewertet, wenn sie der Note ‚mangelhaft (5)‘ oder ‚ungenügend (6)‘ entspricht.

Zu Absatz 3

Bei unterschiedlicher Bewertung der Fachprüferinnen und Fachprüfer trifft die oder der Vorsitzende des Prüfungsausschusses die Bewertung im Benehmen mit den Fachprüferinnen oder Fachprüfern.

Zu Absatz 4

Absatz 4 regelt, dass der mündliche Teil der Nachprüfung erfolgreich abgeschlossen ist, wenn dieser mit ‚bestanden‘ bewertet worden ist.“

Abs. 3 der Vorschrift ist durch Art. 3 Nr. 19 der Verordnung zur Modernisierung der Prüfungsverfahren im Recht der Heilberufe (Heilberufe-Prüfungsrechtmodernisierungsverordnung) (BGBl. 2023 I Nr. 148 vom 13.6.2023) neu gefasst worden. Die Verordnung ist am 1.10.2023 in Kraft getreten (Art. 16 der Verordnung). 2

In der Begründung zur Verordnung (BR-Drs. 81/23, S. 42 f.) wird zu **Abs. 3** Folgendes ausgeführt:

„Nach höchstrichterlicher Rechtsprechung (BVerwG, Urteil vom 28. Oktober 2019 – 6 C 8.19) muss die dem Prüfungsausschuss vorsitzende Person die Leistung persönlich, unmittelbar und vollständig zur Kenntnis nehmen, um eine selbständige, eigenverantwortliche Bewertungsentscheidung zu treffen. Die vorliegende Regelung sieht daher nun vor, dass die vorsitzende Person im Falle von Bewertungsdifferenzen zwischen den beiden Fachprüferinnen und Fachprüfern ein Stichentscheidungsrecht inne hat, für das sie die Prüfungsleistung insofern selbst wahrgenommen haben und damit während der Prüfung anwesend gewesen sein muss."

§ 103 Wiederholung des mündlichen Teils der Nachprüfung

(1) Wer den mündlichen Teil der Nachprüfung nicht bestanden hat, kann ihn einmal wiederholen.

(2) Für die Wiederholung ist ein Antrag der Prüfungskandidatin oder des Prüfungskandidaten bei der oder dem Vorsitzenden des Prüfungsausschusses erforderlich.

(3) [1]Die Wiederholungsprüfung muss spätestens zwölf Monate nach der letzten Prüfung abgeschlossen sein. [2]Ausnahmen kann die zuständige Behörde in begründeten Fällen zulassen.

Erläuterungen

In der Begründung zur Verordnung (BR-Drs. 491/20, S. 120) wird zu der Vorschrift 1
Folgendes ausgeführt:

„Zu Absatz 1

Absatz 1 regelt die einmalige Möglichkeit zum Wiederholen des praktischen Teils der Nachprüfung, wenn dieser nicht bestanden wurde.

Zu Absatz 2

Absatz 2 regelt, dass eine Wiederholung nur auf Antrag bei der oder dem Vorsitzenden des Prüfungsausschusses möglich ist.“

Der Vorschrift ist durch Art. 3 Nr. 20 der Verordnung zur Modernisierung der 2
Prüfungsverfahren im Recht der Heilberufe (Heilberufe-Prüfungsrechtmodernisierungsverordnung) (BGBl. 2023 I Nr. 148 vom 13.6.2023) ein **Abs. 3** angefügt worden. Die Verordnung ist am 1.10.2023 in Kraft getreten (Art. 16 der Verordnung).

In der Begründung zur Verordnung (BR-Drs. 81/23, S. 43) wird zu **Abs. 3** Folgendes ausgeführt:

„Die zeitliche Befristung der Wiederholungsprüfung entspricht den üblichen Regelungen der Gesundheitsfachberufe. Durch die befristete Wiederholungsmöglichkeit werden einheitliche Rahmenbedingungen geschaffen, die für alle Prüfungskandidatinnen und Prüfungskandidaten gleichermaßen gelten. Zudem dient die Regelung der Rechtsicherheit, da bei Nichteintritt in das Wiederholungsverfahren ein endgültiges Nichtbestehen festgestellt und das Verfahren insgesamt geschlossen werden kann.“

Abschnitt 4
Abschluss des Nachprüfungsverfahrens

§ 104 Bestehen der Nachprüfung

Die Nachprüfung ist bestanden, wenn der praktische Teil und der mündliche Teil mit jeweils „bestanden" bewertet wurde.

Erläuterungen

1 In der Begründung zur Verordnung (BR-Drs. 491/20, S. 120) wird zu der Vorschrift Folgendes ausgeführt:

„§ 104 regelt, dass die Nachprüfung bestanden ist, wenn der praktische Teil und der mündliche Teil mit jeweils ‚bestanden' bewertet wurde. Mit ‚bestanden' wird sie daher bewertet, wenn sie insgesamt mindestens der Note ‚ausreichend (4)' entspricht."

§ 105 Bescheinigung

(1) Die Behörde hat der Person, die die Nachprüfung bestanden hat, eine Bescheinigung auszustellen.

(2) Für die Bescheinigung ist das Muster der Anlage 13 zu verwenden.

Erläuterungen

In der Begründung zur Verordnung (BR-Drs. 491/20, S. 120) wird zu der Vorschrift Folgendes ausgeführt: 1

„Zu Absatz 1 und Absatz 2 Absatz 1 beinhaltet die Verpflichtung der Behörde, der Person, die die Nachprüfung erfolgreich bestanden hat, eine Bescheinigung auszustellen. Hierzu ist das Muster in der Anlage 13 zu verwenden."

Anlagen

Hinweis des Verlages: Die Anlagen 1 bis 13 finden sich beim Abdruck des Textes der ATA-OTA-APrV in Teil C.

Stichwortverzeichnis